골짜기에서 흐르는 영혼의 생수

골짜기의 샘

L. B. 카우만 지음 | 장동숙·김진선 옮김

매일 주님을 누리는
365일 묵상집

토기장이

Springs in the Valley

ⓒ 1939, 1968, 1997 by Zondervan
Originally published in English as Springs in the Valley
by Zondervan, Nashville, TN, U.S.A.
Published by arrangement with HarperCollins Christian Publishing, Inc.
through rMaeng2, Seoul, Republic of Korea.
This Korean translation edition ⓒ 2023 by Togijangi Publishing House, Seoul, Republic of Korea
All rights reserved.

이 한국어판의 저작권은 알맹2를 통하여 HarperCollins Christian Publishing, Inc.와 독점 계약한
도서출판 토기장이에 있습니다.
저작권법에 의하여 한국 내에서 보호받는 저작물이므로 무단 전재와 무단 복제를 금합니다.

특별한 표기가 없는 모든 성경 구절은 개역개정성경을 인용한 것입니다.

골짜기의 샘

"여호와께서 샘을 골짜기에서 솟아나게 하시고
산 사이에 흐르게 하사"
시 104:10

추천의 글

골짜기의 샘이 흘러 시내와 강을 이루리라

미국 복음주의운동이 활발하게 일어난 19세기 후반과 20세기 초에 저자 레티 카우만Lettie Burd Cowman, 1870-1960은 남편보다 먼저 은혜를 체험하였고, 그녀의 기도와 계속되는 권고로 남편 찰스 카우만Charles E. Cowman도 회심하였습니다. 카우만 부부는 어네스트 길보른Ernest A. Kilbourne과 직장동료들을 전도하여 70여 명의 전신기사선교단Telegraphers' Mission Band을 만들었고, 이들이 1901년 최초로 일본에 카우만과 길보른을 선교사로 파송하였는데, 그것이 동양선교회The Oriental Missionary Society의 시작입니다. 1900년 레티 카우만은 남편 찰스 카우만과 함께 만국성결연맹에서 목사안수를 받고, 선교사역을 위해 일본에 동경성서학원을 세웁니다. 아세아를 선교하고자 1901년에 태동된 동양선교회OMS에 찰스 카우만이 1대 총재, 2대 총재 길보른에 이어, 레티 카우만이 3대 총재가 되어 1929년부터 1949년까지 동양선교회를 세계화하는 데 크게 기여했습니다.

해방 이전 선교사들이 추방되기 전까지 한국성결교회 모든 교역자들은 동양선교회 총재인 카우만 여사의 행정적인 지도를 받았습니다. 카우만 부부는 1907년 한국성결교회와 중앙성결교회를 세운 정빈, 김상준을 동경성서학원에서 가르쳤고, 서울에 교회가 세워졌을 때는 한국에 와서 중앙성결교회와 경성성서학원(서울신학대학교)을 세우는 일을 도왔습니다. 중앙교회 최초의 예배당을 지을 때, 레티 카우만은 부친에게서 받은 유산을 대지구입 비용으로 헌금했습니다. 남편 찰스 카우만이 건강이 악화되자 1917년 미국으로 귀국하여 남편을 곁에서 돌보면서 남편에게 영적인 힘을 주기 위해 레티 카우만이 써서 읽어 주던 글들이 1925년 「사막의 강물」Streams in the Desert(「하나님께 더 가까이」, 복있는사람)로 출간되었고, 남편이 죽자, 1932년에는 자신과 같은 어려움을 겪는 사람들을 위로하고 격려하고자 「위로」Consolation 365일 묵상집을 펴내었습니다. 이런 책들은 오스왈드 챔버스 부인에게 영향을 미쳐 「주님은 나의 최고봉」(토기장이)이라는 365일 묵상집이 나오게 되었습니다. 레티 카우만은 1939년에는 「골짜기의 샘」Springs in the Valley이라는 365일 묵상집을 다시 펴내었는데, 「사막의 강물」과 「골짜기의 샘」은 영미권에서 200만 권이 넘는 초베스트셀러가 되었습니다. 그 외에도 레티 카우만은 「Missionary Warrior」(찰스 카우만), 「Count it all Joy」, 「Praise Changes Things」, 「Sit, Still, Until」, 「Thoughts for the Quiet Hour」, 「Mountain Trailways for Youth」, 「Traveling Toward Sunrise」, 「Handfuls of Purpose」라는 책들을 썼습니다. 그런데 아쉽게도 한국에는 잘 알려지지 않았습니다. 카우만 부부는 광야와 골짜기 같은 선교지에 생수가 흐르게 하기 위해 평생을 헌신했고, 1924년 찰스 카우만이 하나님 나라의 안식에 들어간 후에는 그의 횃불을 이어 받아 레티 카우만이 골짜기에서 샘이 솟아 광야에 흐르고 시내와 강물을 이루는 비전을 이루었습니다. 이들의 순례여정은 지금 험산준령을 넘는 독자들에게 위로와 평안을 줄 것입니다.

「골짜기의 샘」 365는 100년 전에 보내온 편지를 이제 개봉하여 읽는 것과 같습니다. 시와 음악과 고전에 조예가 깊었던 카우만 여사의 영성을 통하여 전달되는 가슴 설레고 흥분되고 감동이 되는 주옥같은 말씀들이 매일 샘물처럼 솟아납니다. 찰스 카우만의 동역자이며 아내로서 심장병으로 고통받는 남편을 간병하면서 써 내려간 레티 카우만 여사의 글들은 매일매일 그 날에 필요한 위로의 메시지를 줍니다. 이 말씀으로 그들은 어려운 시련을 잘 견디어 냈을 뿐 아니라 자신들의 체험에서 나온 메시지는 어려운 시기를 지나는 우리에게도 큰 힘이 됩니다. 더구나 그가 당시에 읽거나 수집한 귀한 글들을 이 책에서 인용하고 있습니다. 어떤 것은 경건서적과 설교에서, 어떤 것은 시와 문학에서, 어떤 것은 신문이나 잡지 그리고 일기에서, 심지어 구전되는 이야기와 전해들은 이야기와 자신의 실제 경험에서 묵상의 내용을 끌어내고 있습니다. 출처를 정확하게 알 수 없는 글들도 있지만 그만큼 잃어버릴 뻔했던 믿음의 유산들을 이렇게 우리에게 전달해 주고 있습니다. 기독교 신앙의 전성기였던 18세기 19세기의 영국과 미국의 경건한 신앙인 그리고 영성가들의 묵상과 글을 이 책을 통해 우리는 접할 기회를 갖습니다. 우리에게 익숙한 잔느 귀용, 존 웨슬리, 찰스 스펄전, 조지 뮬러, 찰스 피니, 디엘 무디, A. B. 심슨, 오스왈드 챔버스, 오스왈드 스미스 같은 분들 뿐 아니라 우리에게 비교적 덜 알려진 제임스 맥콘키, 존 옥슨햄, 머리 맥체인, C. A. 폭스 같은 분들의 영성의 정수를 이 책에서 만날 수 있습니다. 이 책은 믿음의 선배들의 영성의 값진 보물을 모아 둔 창고입니다.

    이 책을 감수하면서 믿음의 선배들은 성경의 짧은 한 절 아니 한 문장에서 이렇게 폭포수 같은 생명수를 공급받고 있는 것에 감탄했습니다. 성경의 각 사건이나 말씀을 얼마나 깊이 묵상하고 있는지 새삼 놀라웠습니다. 그리고 그 말씀에 거룩한 상상력을 불어넣어 시적인 표현으로 다양하게 풀어내는 것에도 경탄했습니다. 오래토록 말씀을 붙들게 만들어 주고, 잊고 지낸 것을 다시 생각나게 해주고, 많은 영감을 공급하는 풍부한 소재가 되어 주었습니다. 영성의 거대하고 풍성한 광맥을 찾은 느낌입니다. 이미 많은 묵상집이 출간되었지만 대부분 너무나도 친절합니다. 그래서 읽으면 모든 것을 이해할 수 있고 따라서 내가 생각할 수 있는 것이 별로 없습니다. 그러나 「골짜기의 샘」은 우리에게 생각할 소재를 풍부하게 제공합니다. 그리고 깊이 묵상해야 깨달을 수 있는 부분도 있습니다. 때로는 저자의 의도와 다르게 발전시킬 수 있는 여지도 많습니다. 그래서 이 책은 우리에게 매일 영감을 주는 책입니다. 책을 읽으면서 자신이 받은 말씀을 기록하게 하는 책입니다.

번역은 1월부터 6월까지는 제 아내 장동숙 씨가, 7월부터 12월까지는 전문 번역가 김진선 씨가 정말 많은 수고를 하였습니다. 100년 전에 쓰인 글을 우리의 언어로 옮기는 것은 힘들면서도 보람 있는 일입니다. 저는 이 책을 감수하면서 원문에는 없던 제목을 내용을 참고하여 붙였습니다. 성경 번역은 개역개정판을 사용했지만 레티 카우만이 보았던 KJV 번역이 저자의 의도를 잘 드러내는 경우에는 별도로 표기하였습니다. 이 말씀을 통하여 앞서가신 영성가들과 서로 만나서 대화하면서 시공간을 초월하여 영적 친교를 나누었으면 좋겠습니다. 매일 주어진 말씀을 나누다가 기도하고, 기도하다가 말씀을 나누었으면 좋겠습니다. 일상이 은혜가 되고, 은혜가 일상이 될 것입니다.

감수자 겸 추천인 한기채 목사

중앙성결교회 담임, 기독교대한성결교회 114년차 총회장

차례

추천의 글

1월 뿌리를 내리는 데에는 폭풍우가 필요합니다 — 013

2월 주께서 매듭을 푸시는 동안 조용히 기다리십시오! — 063

3월 내 안에서 당신의 아름다움이 빛나게 하소서 — 107

4월 하나님은 종종 거친 바위들 가운데 당신의 꽃을 심으십니다 — 153

5월 하나님은 항상 하나님의 때에 계십니다 — 197

6월 높은 비상은 넓은 시야를 제공합니다 — 247

7월 향유 옥합은 깨뜨리지 않으면 향기를 내지 못합니다 — 289

8월 비전을 지니기 위해서는 대가가 필요합니다 — 339

9월 믿음은 오직 진리를 토대로 합니다 — 387

10월 하나님의 침묵은 생명을 품는 시간입니다 — 427

11월 곧 순종하겠다가 아니라 바로 지금 순종해야 합니다 — 471

12월 모든 것을 버림으로 모든 것을 얻습니다 — 517

1월

뿌리를 견고히 내리는 데에는
폭풍우가 필요합니다

1월 1일

윗 샘과 아랫 샘을 주시리라

*"네 하나님 여호와께서 너를 아름다운 땅에 이르게 하시나니
그곳은 골짜기든지 산지든지 시내와 분천과 샘이 흐르고 밀과 보리의 소산지요
포도와 무화과와 석류와 감람나무와 꿀의 소산지라 네가 먹을 것에 모자람이 없고
네게 아무 부족함이 없는 땅이며 그 땅의 돌은 철이요 산에서는 동을 캘 것이라
네가 먹어서 배부르고 네 하나님 여호와께서 옥토를 네게 주셨음으로 말미암아
그를 찬송하리라"* 신 8:7-10

새해가 시작되었습니다. 바야흐로 새로운 시대가 열리고 있음이 분명합니다. 만일 우리가 과거에서 교훈을 얻는다면, 말로 다 표현할 수 없는 축복의 유산들이 우리 앞에 놓여 있다는 것을 알게 됩니다. 본문에 나와 있는 생생한 비유들을 상세하게 다 표현할 수는 없지만, 영원무궁한 축복의 자원들입니다. 샘과 시내는 하나님의 측량할 수 없는 은혜의 모습이기 때문입니다. 바로 그분 안에 생명의 샘이 있습니다.

영원한 생명수가 공급되는 샘!

우리에게 그러한 것들이 무진장 공급됩니다. 즉, "모자람이 없는 빵"(신 8:9, KJV), 성령을 일컫는 올리브기름, 그분의 사랑의 달콤함을 의미하는 꿀, 다른 축복을 재생산할 수 있는 생명력을 가진 씨 가진 과일 석류를 말합니다.

그것들은 "아래의 샘물" 즉 인생의 험난한 곳에서, 사막 같은 곳에서, 외로운 곳에서, 거룩하신 하나님이 계신 곳과는 아주 동떨어져 보이는 평범한 일상에서 흘러나오는 것입니다.

아주 깊은 슬픔 가운데서도 그분이 주시는 기쁨을 누리고, 역경 가운데서도 주님께 영광을 돌릴 수 있다는 것이 얼마나 즐거운 일인가요. 그것들은 바로 시련 가운데 나오는 즐거움이요, 대적의 손아귀에서 다시 찾아낸 보물들입니다.

우리가 시험을 받는 곳까지 이 샘물이 흘러 들어가는 것이 얼마나 소중한 일인지요. 왜냐하면 주님께서 우리 삶에 사탄의 손이나 파괴자

의 숨소리조차 미치지 못하도록 지켜주시기 때문입니다. 오, 그림자만큼이나 아주 깊은 곳, 그곳에서조차 빛을 발견하고, 지옥문이 바로 옆에 있는 것같이 느껴지는 어려운 때에도 천국이 가장 가까이 있음을 아는 것이 얼마나 기쁜 일인가요. 그래서 우리는 여러 시험을 당하면서도 "시험을 참는 자는 복이 있나니 이는 시련을 견디어 낸 자가 주께서 자기를 사랑하는 자들에게 약속하신 생명의 면류관을 얻을 것이기 때문이라"(약 1:12)라고 기쁨으로 말할 수 있습니다.

건강을 얻는 샘물을 매일 마시며 새로운 힘을 얻고, 하나님의 생명이 우리 신체 기관과 신체 활동에 흘러 들어오는 것은 얼마나 큰 축복인가요!

"내 모든 것을 새롭게 하는 샘물이 당신에게 있습니다!"

사랑하시기에 하나님께서는 우리에게 매일 필요한 샘물을 주십니다. 자, 하나님이 주시는 생수를 마십시다. 그래요. 그 생수를 우리 가슴에 받아들이면 어디를 가든지 우리는 생수를 가져갈 것입니다.A. B. 심슨 A. B. Simpson

하나님께서 우리에게 오시기 전에는 우리는 결코 "샘물"이 될 수 없습니다. 하나님께서 우리에게 오시기 전에는 우리는 다른 사람을 위해 신선하고 풍성하고 유용한 열매를 맺지 못할 것입니다. 만약 하나님께서 지속적으로 우리를 찾아오지 않으신다면 "샘물"이 되는 일은 즉시 멈춰질 것입니다. 그리고 급기야 메마르고 황량한 과거로 돌아갈 것입니다. 헬레나 개럿Helena Garratt

앞으로 다가오는 날들에서 아버지 하나님께 우리 몫의 유산을 요구합시다. 그리고 인생의 가장 힘든 곳에서 하나님이 주시는 가장 큰 기회와 신앙의 가장 강력한 도전을 경험합시다.

골짜기에서 샘을 얻는 것은 매우 이례적입니다. 그러나 그분은 우리에게 윗 샘과 아랫 샘을 주실 것입니다!

1월 2일

인생의 동반자

*"그들이 서로 이야기하며 문의할 때에
예수께서 가까이 이르러 그들과 동행하시나" 눅 24:15*

어느 봄날 저녁에 두 사람이 엠마오로 내려가고 있었습니다. 자신들이 따르던 주님의 죽음을 슬퍼하며 무거운 짐을 진 것처럼 고개를 숙이고 걸어갈 때, 갑자기 어떤 사람이 나타나 그들을 따라 걷기 시작했습니다. 그 낯선 사람과 발을 맞춰 걸으면서 이야기를 나누는데, 그들의 마음에 무엇인가, 영혼에 포근한 빛처럼 내리는 감동이 느껴졌습니다. 엠마오에 이르러 그분이 그냥 가시려 하자, 그들은 그분을 강권하여 소박한 저녁을 함께했습니다. 그리고 그분이 떡을 떼자… 그들은 알아차렸습니다. 그분이 주님이신 것을….

그렇습니다. 그분은 우리의 인생길에 이렇게 들어오십니다. 우리의 슬픔의 길에 그분의 찬란한 빛을 비추십니다. 오, 그분은 오셔서 마음을 따뜻하게 하시고, 우리의 무거운 짐을 가볍게 하시며, 엠마오로 내려가는 길을 걷는 동안 우리와 내내 동행하십니다.

외로운 길이라도 걸으십시오. 용기를 갖고, 두려워하지 말고 걷다 보면 어스름한 그림자가 사라집니다. 무소부재하신 사랑의 하나님이 우리가 실패하도록 내버려 두실까요? 아니면, 그분이 자기의 백성들과 맺은 언약을 잊으실까요? 페이션스 스트롱 Patience Strong

예수님은 결코 우리를 홀로 앞서 보내지 않으십니다. 그분은 복잡하게 뒤얽혀 있는 숲속도 올곧은 길로 밝히십니다. 그리고 부드럽게 우리를 부르십니다. "나를 따라오너라. 너와 나, 우리 함께 가자." 그분은 우리가 가도록 부름을 받은 곳 어디에나 계십니다. 그분의 발은 우리에게 다가오는 모든 경험을 통하여 우리가 가는 길을 부드럽고 평평하게 다지십니다. 그분은 모든 길을 아십니다. 그것도 아주 잘 아십니다. 어두운 그림자가 내려앉은 실망의 골짜기도 아십니다. 돌투성이인 좁은 골짜기와 미끄러운 협곡을 통과하는 가파른 유혹의 길도 아닙니다. 가시나무 덩굴이 양쪽 아주 가까이서 베고 찌르는 고통의 좁은 길도 아닙니다. 승리의 높은 곳을 따라 바짝 붙어있는 어질어질한 길도 아닙니다. 평범한 일상의 삶에 오래 다져진 길도 아닙니다. 그분은 매일 길을 걸으셨고 영화롭게 하셨기에 우리 모두와 함께 새롭게 걸으실 것입니다. 여행에서 안전하고도 유일한 길은 그분과 함께 그분의 통제 아래 걷는 것입니다.S. D. 고든 S. D. Gordon

이리 오라. 나와 동행하자. 나의 자녀여,
좋은 날이나 궂은 날이나
혼자보다 둘이 더 빠르다오,
그러니 우리 함께 가자.

이리 오라. 나와 동행하자. 나의 자녀여,
너는 결코 낙오되지 않을 것이니,
미지 세계에 대한 의심과 두려움이
더 이상 너를 공격하지 못할 것이다.

이리 오라. 나와 동행하자. 나의 자녀여,
내가 너의 기쁨과 슬픔도 함께 나눌 것이다.
손에 손잡고 우리 함께 보좌로 나가자.
하나님의 위대한 기쁨의 아침이 이르리니.

이리 오라. 나와 동행하자. 나의 자녀여,
검은 구름이 몰려 있는 곳에도,
나의 자녀여, 내 그대 짐을 함께 지리니,
우리 함께 나아가자.

그리고 우리가 가는 동안

그 길을 여행하는 모든 사람들과도 나누리라.

나와 함께 길을 가는 모든 사람은

그 길 위에 있는 모든 것을 나눠야 하리라.

우리 모두 하나 되어,

사랑의 금줄로 서로 매어,

무슨 일이 있어도 함께 도달할 수 있으리니,

함께, 그래요. 함께!

존 옥슨햄John Oxenham, "길동무"Roadmates

위험한 남극의 산과 빙하를 오랫동안 진군했던 남극 탐험가가 자기 대장에게 이런 말을 했습니다. "우리가 행군하는 동안 우리 옆에 또 한 분이 계시다는 아주 신기한 느낌이 들었습니다!"

또 다른 한 분! 그분은 자신을 신뢰하는 자들 옆에서 나란히 동행하십니다. 그분의 손을 잡으십시오. 그리고 그분과 함께 행진하십시오!

1월 3일

하나님의 날

"그러므로 내일 일을 위하여 염려하지 말라 내일 일은 내일이 염려할 것이요
한 날의 괴로움은 그 날로 족하니라" 마 6:34

주간 중 이틀 동안은 나에게 황금 같은 시간들로서 나는 그날에 대해 전혀 걱정하지 않습니다. 그날들은 두려움이나 염려로부터 신성하게 자유로운 근심 없는 날들입니다.

이날들 중 하나가 어제입니다. 어제의 조심과 조바심, 모든 고통과 아픔, 모든 결함과 실패, 큰 실수들은 모두 영원히 내 기억 너머로 지나

가 버렸습니다. 내가 한 말을 안 한 것처럼 꾸며낼 수도 없고, 내가 한 행동을 취소할 수도 없습니다. 나의 삶, 잘못, 후회, 슬픔에 대한 모든 것은 바위에서도 꿀을 내시고, 가장 삭막한 사막에서도 가장 달콤한 물을 끌어내실 수 있는 전능하신 사랑의 하나님의 손에 달려 있습니다. 그러나 지나간 날의 달콤하고 부드러운 아름다운 기억들은 한 송이 장미꽃의 향기처럼 마음에 잘 간직하십시오. 어제는 내가 어떻게 할 수 없습니다. 어제는 '나의 날'이었으나, 지금은 '하나님의 날'이 되었습니다!

그리고 내가 염려하지 않는 또 다른 날은 '내일'입니다. 내일은 온갖 역경, 부담, 위험, 큰 기대 그러나 빈약한 성과, 실패, 실수의 가능성을 가지고 있습니다. '내일'은 이미 지나 버린 '어제'와 마찬가지로 나의 능력 밖에 있습니다. 내일은 하나님의 날입니다. 내일의 태양은 장밋빛으로 빛나거나 아니면 잔뜩 눈물을 머금은 구름 가면처럼 떠오를 것입니다. 좌우간 내일은 떠오를 것입니다.

자, 그러므로 어제 품었던 똑같은 사랑과 인내로 내일을 맞이합시다. 내일의 언덕 너머에 영원히 빛나는 희망의 별을 간직하면서, 오늘의 마음에 부드러운 약속이 빛나게 합시다. 아직은 은총이 잉태되지 않은 날이라 내가 아무것도 소유하고 있지 않은 것 같지만, 모든 약속은 별보다 높고, 하늘보다 넓고, 바다보다 깊은 영원한 사랑이신 분께 안전하게 잘 간직되어 있습니다. 내일은 '하나님의 날'입니다! 그것은 '나의 날'이 될 것입니다!

그러면 나를 위해 남겨진 날은 일주일 중 하루, 바로 오늘입니다! 누구든지 오늘의 싸움은 싸울 수 있습니다. 어떤 여성이라도 단 하루의 짐은 짊어질 수 있습니다. 어떤 남성이라도 오늘의 유혹은 물리칠 수 있을 것입니다. 오, 친구들이여! 어제와 내일이라는 이 두 개의 끔찍한 짐을 더하지 마십시오. 그러한 짐들은 전능하신 하나님만이 감당하실 수 있는 짐입니다. 그 짐을 고의로 더할 때 우리는 무너집니다. 사람들을 미치게 만드는 것은 오늘의 경험이 아닙니다. 어제 있었던 일에 대한 후회입니다. 내일 무엇이 일어날지 모른다는 두려움입니다.

이런 날들은 하나님의 날들입니다. 하나님께 맡기십시오.

그러므로 나는 이렇게 생각하고 행동합니다. 나는 한 번에 하루의 여정을 행하겠다고. 이것이 쉬운 방법입니다. 그것이 바로 사람의 날입니다. 나는 하루 동안 충실하게 나의 길을 달리고 그날에 할당된 내 임무를 수행합니다. 전능하시고 사랑이 많으신 하나님께서 어제와 내일을 돌보십니다. 밥 버뎃 Bob Burdette

그러나, 주님, 내일입니다!
제가 당신을 위해 죽지 않았나요?
제가 당신을 위해 살지 않나요?
제게 내일을 남겨 주세요!

크리스티나 로세티 Chrisitina Rossetti

"내일은 하나님의 비밀이지만, 오늘은 당신이 살아야 하는 날입니다."

우리 삶의 모든 내일들은
우리에게 도달하기 전에
반드시 그분을 거쳐야 합니다.
나는 저녁에 부드럽게 속삭이는 소리를 듣습니다.
"당신의 어제를 내일로 삼지 마세요.
지난 주 슬픔의 짐을 이번 주에도 짊어지지 마세요.
당신에게 닥치는 모든 짐을
다 들어 올려 짊어지려고 하지 마세요.
그때그때 당장 짊어지려 하지 마세요.
한 걸음씩, 또 한 걸음씩 당신의 길을 가세요.
오늘을 사세요."

줄리아 해리스 메이 Julia Harris May

1월 4일

내 영혼의 깊은 갈망

"내가 주는 물을 마시는 자는 영원히 목마르지 아니하리니" 요 4:14

오, 주님, 내 마음은 당신을 필요로 합니다. 내 마음에 당신이 필요합니다! 내 존재의 모든 부분이 내 마음처럼 당신이 필요합니다. 내 안의 모든 것은 당신의 선물들로 채워질 수 있습니다. 나의 배고픔은 일용할 양식으로 채워지고, 나의 목마름은 이 땅의 물로 해갈되겠지요. 나의 추위는 집 안에 불을 때서 해결하고, 나의 피로는 외적인 휴식으로 해소될 수 있습니다. 그러나 외부의 그 어떤 것으로도 내 마음을 정결하게 할 수 없습니다. 가장 평온한 날도 나의 열정을 차분하게 가라앉히지 못할 것입니다. 가장 아름다운 경치도 내 영혼을 아름답게 하지 못할 것입니다. 가장 풍요로운 음악도 내 안에서 완전한 하모니를 이루어내지 못할 것입니다. 산들바람은 공기를 맑게 할 수는 있으나 영혼을 정화시키지는 못할 것입니다. 이 세상은 내 마음에 필요한 것을 줄 수 없습니다. 세상은 내 눈에, 내 귀에, 내 감각에, 내 미각에, 내 미적 감각에 무엇인가를 공급하지만, 내 마음은 채울 수 없습니다.

눈을 들어 갈보리 언덕을 보십시오! "갈보리의 가파른 산언덕"에 올라가 보십시오. 오르는 길에 겟세마네 동산 올리브 나무들이 자라는 산비탈을 지날 것입니다. 그곳에서 잠시 주님의 고뇌를 묵상해 보십시오. 그분은 이미 고난의 쓴 잔을 맛보셨습니다. 그분은 다음 날 정오에 십자가 위에서 쓴잔을 마지막 한 방울까지 마시셨습니다. 그곳에 바로 당신이 필요로 하는 답이 있습니다.

오, 주님, 내 마음에 오시옵소서. 우리는 피조물 가운데 날개 없는 새입니다. 오, 주님, 날개를 달아 주소서! 오, 주님, 날개를 달아 주소서! 땅은 날개를 주는 데 실패했습니다. 사랑의 힘도 우리를 곧잘 수렁에 빠트립니다. 주님, 내 마음에 힘이 되어 주소서. 유혹에는 요새가 되시고, 회한에는 방패가 되시며, 폭풍우에는 은신처가 되시고, 밤에는 별이 되시고, 홀로 있을 때 당신의 목소리를 들려주소서. 어둠 속에 있을 때 인도자가 되어 주소서. 더위에는 도움, 의심에는 안내, 갈등에는 평정을 주소서. 혼란은 빨리 지나가게 하소서. 모든 미궁을 통과하게 하소서. 폐허로부터 다시 일어서게 하소서.

나는 자신의 마음조차 다스릴 수가 없습니다. 주님의 날개 그늘 아래 지켜주소서. 조지 매더슨George Matheson

어린 양밖에 없어요! 다른 이름 없어요!
하늘이나, 땅이나, 바다에 다른 소망 없어요!
죄와 수치심을 감출 다른 은신처도 없어요!
주님밖에 아무도 없어요!

나의 믿음이 낮게 타오르고,
나의 소망도 낮게 타오릅니다.
오직 내 영혼의 깊은 갈망만이 내 안에서 흘러나오니
나의 결핍과 비애의 깊은 뇌성으로,
주님께 소리쳐 외칩니다.

주님, 나는 죽었지만 당신은 생명이십니다!
내가 아무리 차가워도 당신은 사랑의 불꽃이십니다!
나는 하늘도 없고, 머리 둘 곳도 없고,
집도 없습니다.
오로지 주님뿐입니다.

크리스티나 로세티Christina Rossetti

"내게로 오라 내가 너희를 쉬게 하리라"(마 11:28).

1월 5일

하나님의 신실하심

"어찌 … 염려하느냐" 마 6:28

하나님의 계획 안에서 살아가는 사람은 자신의 사업이나 집이나 소유된 것들에 대해 걱정할 필요가 없습니다. 자신을 의지하지 마십시오. 하나님의 신실하심을 바라보십시오! 자신의 주변 환경에 집중하지 마십시오. 무한하신 하나님의 자원을 계속 바라보십시오!

사람이 이생에서 유일하게 걱정할 일은 자신이 하나님의 계획에 따라 살며 하나님의 일을 하고 있는지 여부입니다. 그렇다면 모든 것은 하나님께 달렸습니다.

기도하면서도 우리가 절대적으로 요구할 수 없는 것들이 있습니다. 왜냐하면 그것들이 우리를 향하신 하나님의 마음에 있는지 여부를 우리가 모르기 때문입니다. 그럴 수도 있고 아닐 수도 있지만 우리는 오로지 기도로 말씀드릴 수 있습니다. 하나님과 함께하는 사람은 기도하는 가운데 거룩한 확신이 올 것입니다. 그리고 그들은 하나님의 말씀 안에서 약속을 붙들기에 그 약속은 이루어질 것입니다.

그러므로 우리 모두는 하나님께 자신을 드립시다. 그러면 살아계신 하나님이 가난하고, 어리석고, 연약한 우리의 마음에 흘러넘치게 될 것입니다.

만일 하나님께서 당신을 돌보신다면, 당신은 안식을 얻을 것입니다.

레이턴 대주교 Archbishop Leighton

어려움 가운데 자라나는 백합화를 볼 때,
사랑스러움을 만들어 내는 것들을 생각해 봅니다.
헛간에다 새집을 짓는 새들을 볼 때,
염려하고 있는 우리를 떠올립니다.
전에는 안 그랬는데!

도선사가 선박을 안전한 수로로 안내하기 위해 이미 배에 승선을 했는데, 왜 아직도 선장은 지친 발을 쉬지 못하고 갑판 위에 올리고 있습니까?

1월 6일

하나님을 신뢰하라

"하나님을 믿으라" 막 11:22

카타콤 탐험가들은 한 줄기의 섬광으로 캄캄한 통로와 구불구불한 길을 통과하고, 또 그 섬광을 의지하여 빛으로 다시 돌아오는 길을 찾는다는 이야기가 있습니다. 우리가 캄캄한 복도를 통과할 때도 그런 가느다란 섬광이 있습니다. 우리가 하나님을 신뢰하기만 한다면 모든 위험을 헤쳐 나가 결국 빛의 세계에 도착할 것입니다. 이것이 바로 우리가 실제적인 삶의 온갖 곤란한 상황에서 기억해야 할 권고입니다.

"왜?"라는 모든 질문에는 답이 있습니다. 대답은 "하나님을 신뢰하기 때문에"입니다.

그분이 모든 것을 아시고, 모든 것에 공감해 주시고, 모든 잘못을 바로 잡으신다는 것에 대한 믿음을 가지십시오!

그분의 자비로운 목적이 성취되고 있다는 것에 믿음을 가지십시오. 폐허가 되어 산더미처럼 쌓인 사막 같은 곳이 꽃동산이 될 것입니다. 하나님을 신뢰하십시오. 그분 편에서 그분의 뜻을 가까이하십시오. 그러면 그분은 우리에게 참된 것과 올바른 방법을 가르쳐 주실 것입니다. 하나님께서 모든 것을 알고 계신다는 믿음을 가지십시오. 그리고 곧 일이 왜 그렇게 되는지를 점진적으로 더 알게 될 것이라는 믿음을 가지십시오.

우리는 물었지만 대답이 없었습니다.
그래서 우리는 이렇게 말합니다.
하나님이 잊으셨구나,

아니면, 하나님이 계시지 않구나.

세월이 지나
눈물을 머금고 뒤돌아보니,
놀다가 뛰어가는 한 아이가 보입니다.
아이의 간절한 발걸음은
아이를 아버지의 무릎 앞으로 데려다줍니다.

"만일 하나님이 지혜롭고 인자하신 분이라면
왜 나의 장미를 죽게 내버려 두셨을까요?" 그 아이가 물었습니다.
그때 잠시 침묵이 흐르고, 미소를 지으며, 작은 숨을 내쉬며,
"사랑하는 아가야, 나는 모른단다.
어떤 질문들은 여기에서 해답이 주어지지 않아."

"그러나 질문하는 것이 잘못인가요?"
"그렇지 않아. 나의 아가야,
우리는 알기 위해 질문해야 하지.
의심을 넘어 분명한 지식에 도달해야지.
그리고 언젠가는 우리는 알게 될 거야.
장미가 죽은 이유를."

그리고 나는 기다립니다.
조만간 내 대답은 확실해집니다.
그 사랑이 나를 붙잡고 있다는 것을 확신합니다.
삶의 위대한 신비의 열쇠,
그리고 오, 그것을 거기에 두어서 정말 기쁩니다.
나의 죽은 장미는 너무나 아름다웠습니다.

작가 미상

1월 7일

영원한 기념비

> "그들에게 명령하여 이르기를 요단 가운데 제사장들의 발이 굳게 선 그곳에서 돌 열둘을 택하여 그것을 가져다가 오늘 밤 너희가 유숙할 그곳에 두게 하라 하시니라 … 이것이 너희 중에 표징이 되리라 후일에 너희의 자손들이 물어 이르되 이 돌들은 무슨 뜻이냐 하거든 … 이 돌들이 이스라엘 자손에게 영원히 기념이 되리라 하라 하니라" 수 4:3, 6-7

당신이 담대하게 첫걸음을 내딛지 않는다면 결단코 하나님과 함께 아무 곳에도 갈 수 없습니다. 하나님은 아브라함을 부르실 때도 아주 분명하게 하셨습니다. 그분은 아브라함을 정해진 장소로 데리고 가셨고, 아브라함은 그곳에 표시를 해두었습니다.

이스라엘 자손이 요단을 건넜을 때, 강바닥에서 가지고 온 열두 개의 돌로 강 언덕에 표시를 해두었습니다. 물론 후에는 다시 물로 덮여 은밀한 장소가 되었지만 말입니다.

하나님은 우리 그리스도인들이 분명한 단계를 밟고, 그것을 지난 다음 그 흔적을 표시해 두기를 원하십니다. 당신 마음속에는 요단강이 넘실대는 장소가 있습니다. 이는 아무도 볼 수도 없고 알 수도 없지만 하나님은 아시는 은밀한 장소입니다. 당신은 하나님께 헌신하면서 이렇게 말합니다. "하나님이여 나를 살피사 내 마음을 아시며 나를 시험하사 내 뜻을 아옵소서 내게 무슨 악한 행위가 있나 보시고 나를 영원한 길로 인도하소서"(시 139:23-24). 하나님은 모든 것을 아시고 당신의 기도에 응답하십니다.

지금이 당신 인생의 위기의 시간입니까? 그렇다면 지금 해결하십시오. 우리는 결코 하나님과 처음 거래하는 관계로 되돌아가서는 안 됩니다. 돌이킬 수 없는 관계에 놓인 사람에게 하나님께서 무슨 일을 하실지는 두고 볼 일입니다. 우리가 부분적으로 하나님께 드렸기 때문에 우리 안에 역사하시는 하나님을 불완전하게 경험하는 것입니다. 당신 자신을 온전히 하나님께 드렸다면 하나님이 온전히 받으셨다고 확신하십시오.

어떤 때는 기도하는 것을 멈추고 그냥 믿어야 할 때가 있습니다. 어떤 그리스도인들은 "오, 주님, 오셔서 저를 채우소서"라고 기도합니다. 그들은 계속 그렇게 기도하는데, 주님은 이렇게 말씀하십니다. "내가 이미 왔음을 믿어라. 내가 온 것을 생각해라. 그러면 내가 오겠다."

한 친구는 "하나님이 나에게 생각하라고 말씀하신다면, 그분은 그 생각하는 것이 이루어지도록 자신에게 약속하신다"라고 말합니다. 우리가 계속 그렇게 생각한다면 우리는 깨닫게 될 것입니다. 주님이 명령하신 대로 행하는 사람은 실수하지 않습니다. 토마스 쿡 Thomas Cook

주님께 당신 삶을 온전히 드렸던 특별한 시간을 기억해 보십시오. 그 자리를 분명히 하기 위해 돌을 쌓아 표시를 해두십시오. 그리고 또 다른 생명의 쪽에, 즉 부활 쪽에는 또 다른 돌을 쌓으십시오! 오늘 지금 하십시오! 지금 표시할 돌무더기를 쌓고, 다시는 이 오래된 싸움을 되풀이하지 마십시오. 돌을 쌓았다가 허물고 다시 쌓았다가 하지 마십시오. 우리는 죽었다가 일어서고, 또 죽었다가 다시 일어서는 것이 아닙니다. 우리의 기념비적인 돌은 한 번 쌓는 것으로 족합니다. 그러면 그것은 그 시간부터 영원할 것입니다!

1월 8일

빛나는 다이아몬드

"나를 갈고 닦은 화살로 만드사" 사 49:2
"우리 딸들은 궁전의 양식대로 아름답게 다듬은 모퉁잇돌들과 같으며" 시 144:12

자르세요! 빛나도록!

한 여행자가 이런 말을 했습니다. "지난 여름 네덜란드 암스테르담에 갔을 때, 다이아몬드 연마로 유명한 장소를 방문하여 굉장히 흥미로운 광경을 보았습니다. 우리는 그곳에서 열심히 작업을 하는 사람들을 보았습니다. 다이아본드가 처음 발견되었을 때, 그 원석은 그냥 평범한 조약돌처럼 거칠고 어두웠습니다. 이것을 연마하는 작업은 꽤 오랜 시간이 소요되고 힘든 작업 과정을 거쳐야 했습니다. 빙글빙글 돌아가는 큰 바퀴 달린 기계 표면에 원석을 바짝 갖다 댑니다. 비싼 다이아몬드에서 나오는 먼지가 기계에 달라붙습니다. 이렇게 힘들게 다이아몬드를 연마하는 것 외에 다른 방도는 없습니다. 이 작업은 완전히 끝날 때까지 수개월, 아니 수년이 걸릴 수도 있습니다. 다이아몬드가 왕을 위한 것이라면 더 많은 시간과 수고가 필요합니다."

귀중한 보석이 깨지고 깎여 캐럿이 십분의 일까지 줄어들더라도 할 수 없습니다! 그러나 절단과 연마 작업이 끝나고 나면 수천 개의 반사광으로 빛날 것입니다. 모든 캐럿은 잘리고 깎기고 위협적인 파괴의 과정을 거쳐서 수백 배의 가치를 만들어낼 것입니다!

하나님의 때를 기다립시다. 하나님의 사랑을 신뢰합시다.

"너희 믿음의 확실함은 불로 연단하여도 없어질 금보다 더 귀하여 예수 그리스도께서 나타나실 때에 칭찬과 영광과 존귀를 얻게 할 것이니라"(벧전 1:7).

1월 9일

하나님께 정면 돌파하라

"야곱은 홀로 남았더니 어떤 사람이 날이 새도록 야곱과 씨름하다가 … 그가 이르되 네 이름을 다시는 야곱이라 부를 것이 아니요 이스라엘이라 부를 것이니 이는 네가 하나님과 및 사람들과 겨루어 이겼음이니라" 창 32:24, 28

만일 당신이 무릎을 꿇고 가까이에서 친밀한 왕의 모습을 보게 된다면, 그 광경에 경탄할 것입니다. 보십시오! 그는 접견실에 있습니다. 다른 귀족들 사이에 그를 위한 지정석이 있습니다. 그는 제국의 오래된 귀족들 사이에 자리를 잡고 앉았습니다. 왕은 기도에 전념하는 사람이 "내게 명하여 주옵소서"라고 말하고 나서야 명령을 봉인할 인장반지를 착용하고 그에게 말합니다. "내 아들들의 일을 위해 구하라, 그들에게 임할 일을 명령하라!" 그리고 그 명령이 이루어지기 위해, 기도에 전념하는 그 사람은 여전히 무릎을 꿇고 있습니다. 그는 거기에서 씨름을 하고 있는 것입니다. 눈에 보이는 대적은 없습니다. 그러나 그는 여전히 힘 있는 장수처럼 씨름을 하고 있습니다. 그렇게 씨름하면서 그는 무엇을 하고 있을까요? 당신은 그가 무엇을 하고 있는지 모릅니까? 그는 지금 하늘과 땅을 오가고 있습니다. 그는 거대한 산을 들어 바다 한가운데로 던지고 있습니다. 그는 왕좌를 끌어내리고 있습니다. 그는 옛 제국을 강타하여 조각내고 있습니다. 그렇습니다. 그는 지금 씨름하고 있습니다. 알렉산더 화이트 Alexander Whyte

하나님께 정면 돌파하세요.
하나님께서 충분히 이해하십니다.
당신은 그분의 친밀한 손안에 있습니다.
하나님의 명령이 성취될 때까지,
하나님께 정면 돌파하세요.

하나님께 정면 돌파하세요.
담대하게, 신실하게, 강하게,
싸움이 오래 지속될지라도,
승리의 노래를 하나님께 올려드리세요.
하나님께 정면 돌파하세요.

하나님께 정면 돌파하세요.
마음이 움츠러들어도,
대적들이 비난을 하더라도,
갈보리의 승리는 결코 실패하지 않을 거예요.
하나님께 정면 돌파하세요!

1904년 웨일스에서 일어난 부흥을 회고하면서 선구자 세스 조슈아 Seth Joshua는 이렇게 기록했습니다. "축복이 임하기 전에 주의 비밀이 여러 사람에게 나타났습니다. 제가 아는 어떤 사람은 5년 동안 성령의 감동을 받아 웨일스 강변을 따라 걸으며 울면서 기도했습니다. 마침내 그 산고의 시간이 끝나고, 제가 지금 쓰고 있는 이 사람의 영혼에 고요한 기대감이 격렬하게 일어났습니다. 그는 하나님께 마음으로 부르짖던 기도의 응답을 생생하게 목도했습니다. 그 사람은 처음으로 역사적인 부흥이 일어난 예배 현장에 있었습니다."

하나님께 정면 돌파하십시오!

1월 10일
기도로 여는 새로운 세상

"베드로가 기도하려고 지붕에 올라가니" 행 10:9

베드로는 기도하기 위해 지붕에 올라갔습니다. 아마 빛이 더 잘 드는 곳을 찾아간 것 같습니다. 베드로의 평생 사역을 성취하기 위한 다음 단계는 무엇이었을까요? 무리들에게 다가가는 것일까요? 다가오는 하나님의 역사의 새로운 차원을 자신과 다른 사람들이 깨닫는 것이었을까요?

베드로가 기도할 때 하늘이 열렸고, 하나님은 베드로에게 실제적인 환상을 통해서 하나님의 뜻을 보여 주셨습니다. 그때 베드로는 그 환상이 무엇을 의미하는지 알 수 없어 당황스러웠습니다. 문을 두드리는 소리가 들리고, 한낮의 정적을 깨는 자기 이름을 부르는 소리를 들었을 때, 두려워하거나 더 이상 망설일 필요가 없다는 성령께서 주시는 확신이 들었습니다. 이 모든 것은 운명의 시간이 도래했음을 깨닫게 해주었습니다. 즉, 새로운 시대가 시작된 것입니다. 그래서 베드로는 예수님 승천 이후, 교회 시대의 가장 위대한 혁신을 이끌게 되었습니다.

이 사건은 때때로 당황해하고 불안해하는 우리에게 얼마나 놀라운 교훈을 주는지 모릅니다! 주님이 주시는 평안을 기다리는 것의 어려움을 우리는 압니다. 새장에 갇힌 새와 같이 우리는 새장의 철조망에 가슴을 치고 있습니다. 우리는 기도하면서도 정작 믿지 못합니다. 우리는 우리의 안위나 진로나 우리 자신을 하나님께 맡기라는 주님의 명령에 순종하기 어려워합니다.

당신의 두려움을 바람에 날려 보내세요.
소망을 갖고 낙담하지 마세요.
하나님께서 당신의 한숨을 들으시고, 당신의 눈물을 헤아리십니다.
하나님께서 당신의 머리를 들어 올리실 것입니다.

하나님의 주권에 당신의 선택을 맡기세요.
그리고 그분의 명령을 따르세요.
당신은 곧 경이로움으로 충만해질 것입니다.
하나님은 얼마나 현명하시고, 그분의 손은 얼마나 강하신가요!

파도와 구름과 폭풍우 속에서도,
하나님은 당신의 나갈 길을 부드럽게 보이시는 분입니다.
하나님의 때를 기다리세요.
그러면 어둠이 걷히고 기쁨의 날이 올 것입니다.

하나님은 어디에서나 운행하시고
모든 만물은 하나님의 전능하심을 나타냅니다.
하나님의 모든 행위는 순전한 축복이요,
하나님의 행하시는 길은 순전한 빛입니다.

1월 11일

죽어야 산다

"죽은 자 같으나 보라 우리가 살아 있고" 고후 6:9

예배의 비밀을 묻는 자에게 조지 뮬러George Muller는 이렇게 대답했습니다. "제 자신이 죽는 날입니다. 말하자면 조지 뮬러에 대해 완전히 죽는 날입니다." 그는 바닥에 거의 닿을 때까지 점점 몸을 굽히면서 말했습니다. "제 자신의 의견이나 선호도나 취향이나 의지에 대해 죽는 것이고, 세상의 인정이나 비난에 대해 죽는 것이며, 심지어 제 형제와 친구들의 인정이나 비난에 대해 죽는 것입니다. 그런 다음 저 자신이 오로지 하나님께만 인정받기를 탐구했습니다."

우리는 이해하거나 알지 못할 수도 있습니다.
거대한 떡갈나무가 어떻게 그 가지들을 넓게 뻗쳐나가는지를,
조그만 야생화들이 어떻게 산등성이에 붙어 자라는지를.

우리는 이해하거나 보지 못할 수도 있습니다.
고통과 눈물의 그 깊이와 신비를,
그리고 인고의 세월에서 피는 공감의 꽃들을.

피어나 여기저기 흩어집니다. 꽃들의 향이 향긋한 공기 속으로.
하지만 아세요! 그 씨가 죽어야 한다는 것을.
그 씨가 꽃을 피우고 번성하면 잘 익은 과실을 맺지요.

토마스 킴버Thomas Kimber

저 멋진 떡갈나무를 보십시오. 그 떡갈나무는 어디서 나왔을까요? 무덤 같은 땅속에서 나왔습니다. 도토리가 땅에 떨어집니다. 땅속에서 싹이 트고 그 싹이 쑥쑥 올라옵니다. 도토리가 땅속에 단 하루만 있었습니까?

아닙니다. 한 백년 동안 매일 땅속에 있었습니다. 결국 죽음의 자리에서 생명을 찾은 것입니다. "천 개의 숲은 하나의 도토리에서 시작됩니다."

나의 뿌리가 어둠 속에서 시들지 않기 위해서 나의 잎새는 바람 속에서 얼마나 많이 흔들리며 노래해야 할까요? 페르시아 시

1월 12일

위대한 포기

"내가 그를 위하여 모든 것을 잃어버리고 배설물로 여김은 그리스도를 얻고" 빌 3:8

모든 위대한 삶에는 위대한 포기가 있습니다.

아브라함은 고향을 떠남으로써 믿음의 여정을 시작했습니다. 그것을 오로지 포기하는 길이었습니다. 첫째로 집과 아버지 그리고 과거를 포기했습니다. 다음은 그의 유산을 이기적인 조카 롯에게 포기했습니다. 그리고 결정적으로 약속으로 받은 자녀 이삭을 모리아의 제단에서 포기했습니다. 그렇지만 그는 모든 믿는 자들의 아버지가 되었고, 그의 자손은 바다의 모래와 하늘의 별 만큼 많아졌습니다.

다윗의 말을 들어보십시오. "내가 값을 주고 네게서 사리라 값 없이는 내 하나님 여호와께 번제를 드리지 아니하리라"(삼하 24:24). 다윗은 타작마당의 값을 아라우나에게 다 지불했습니다. 그래서 우리는 "다윗의 왕위는 영원히 여호와 앞에서 견고히 서리라"(왕상 2:45)라는 말씀을 읽고 있습니다.

한나는 자신의 아들을 드렸고, 그 아들은 고대 이스라엘을 회복한 선지자가 되었습니다. 바울은 모든 것을 잃는 고통을 당했을 뿐만 아니라, 그것을 받아들이고 그리스도를 대적하는 것을 거부하였습니다. 그래서 바울은 일반 백성들 앞에 그리고 왕들의 궁정에도 서게 되었습니다.

언제나 그렇습니다. 자아를 완전히 항복하는 진정한 희생은 하나님의 계시의 충만함을 우리에게 가져다줍니다. 이미 우리가 보았듯이 야

곱의 아들들이 요셉의 얼굴을 다시 볼 수 있었던 것은 야곱이 베냐민을 데려갈 수 있도록 내어주었기 때문입니다. 그리고 유다는 이보다 더 나아가 영원히 요셉의 노예가 되겠다고 했습니다. 그래서 요셉은 더 이상 자신을 숨길 수 없어 결국 마음으로 그리워했던 형제들 앞에 자신을 드러내게 되었던 것입니다. 이것이 우리와 함께하시는 하나님의 방법입니다. 우리는 우리의 소유뿐 아니라 존재 자체를 무조건적으로 영원히 항복할 때까지 예수 그리스도 안에 있는 하나님의 성품과 사랑을 충분히 알 수 없습니다. 우리가 항복할 때 하나님은 더 이상 참지 않으시고 그리스도 안에서 말로 표현할 수 없는 자신의 계시를 우리에게 아낌없이 알려 주십니다.

이것이 최상의 희생 제사입니다!

하나님은 그리스도 안에서 우리에게 나타나시기 위해 자신을 희생하셨습니다. 그러나 그분의 희생만으로는 충분하지 않습니다. 우리가 자신을 그분께 드리기 전까지 계시는 가능하지도 완전하지도 못합니다. 얼마나 위대한 계시인가요! 하나님께서 우리 생명을 위해 그리스도의 생명을 주신 것이 얼마나 큰 영광입니까! 이때부터 우리의 모든 것이 기근 상태에서 왕의 풍요로움으로 바뀌었습니다! 아침에 오는 메시지 Messages for the Morning Watch

나는 아주 부드럽게 부르는 목소리를 들었습니다.
"너의 십자가를 지고 나를 따르라."
내 마음에는 폭풍우가 내리고 있었고,
이것은 나에게 살아있는 십자가였습니다.

내가 그분의 십자가를 질 때, 그것은 더 이상 십자가가 아니고,
나에게 백배의 생명을 가져다줍니다.
내 마음은 기쁨으로 넘쳐흐릅니다.
그분의 사랑과 생명은 나에게 빛이십니다.

1월 13일

나무속에 잠자던 노래

"너희가 거룩한 절기를 지키는 밤에 하듯이 노래할 것이며" 사 30:29

어느 겨울 저녁에 어떤 사람이 벽난로 옆에 앉아 불길이 타오르는 녹색 통나무의 노랫소리를 듣고 있다고 글을 씁니다. 나무가 타면서 온갖 소리가 났는데, 작가는 시적 상상력으로 오랫동안 나무속에 갇혀 잠자던 노래들이 방금 불로 튀어나왔다고 했습니다.

나무가 숲에 들어서자 새들이 나뭇가지에 앉아 노래를 불렀습니다. 바람도 나뭇가지 사이로 기이한 음악을 만들어냈습니다. 어느 날 한 아이가 나무 그루터기 옆에 앉아서 달콤한 선율을 담아 그 행복한 기쁨을 노래했습니다. 어떤 참회자는 나무 그늘 아래 앉아 떨어지는 낙엽 사이에서 떨리는 음색으로 시편 51편을 노래했습니다. 이렇게 다양한 노래의 음계들이 나무에 고스란히 스며들어 줄기 속에 감춰졌습니다. 그 노래들은 나무가 베어질 때까지 그곳에서 잠을 잤고, 나무의 일부는 활활 타오르는 저녁 불 속의 큰 장작이 되었습니다. 그러자 불꽃이 음악을 나무에서 끌어냈습니다.

이것은 단지 나무와 큰 장작의 노래에 관한 한 시인의 상상에 불과합니다. 그러나 많은 사람의 삶과 비교할 수 있는 아주 작은 비유가 거기에 들어있지 않습니까? 인생에는 다양한 음표와 음색이 있습니다. 어떤 사람은 즐거워하고, 어떤 사람은 눈물에 숨이 막힐 지경입니다. 세월이 흘러도 인생은 찬양의 노래를 부르지 않고, 다른 사람을 축복하는 노래도 부르지 않습니다. 그러나 마침내 슬픔이 찾아오고, 화염 속에 오랫동안 감금된 음악이 풀려나며 하나님을 찬양하고 세상을 격려하고 축복하는 사랑의 음계를 노래합니다. 인생의 긴 여름에 모아 마음에 쌓아놓았던 것들이 고난과 고통의 시간에 쓰입니다.

기뻐하는 많은 그리스도인들은 불길에 휩싸일 때까지 노래하는 법을 결코 배우지 못했습니다. J. R. 밀러 J. R. Miller

겨울에 불을 밝혀 줄 떠내려온 나무를 모으십시오!

1월 14일
오직 십자가의 예수

"내가 너희 중에서 예수 그리스도와 그가 십자가에 못 박히신 것 외에는
아무것도 알지 아니하기로 작정하였음이라" 고전 2:2
"이 닦아 둔 것 외에 능히 다른 터를 닦아 둘 자가 없으니
이 터는 곧 예수 그리스도라" 고전 3:11

나는 그리스도의 십자가에서 영광을 돌리며, 시간의 난파선을 탑니다. 마틴 루터는 잠자고 있던 유럽에서 대속하는 피의 교리를 설교했습니다. 그리고 유럽은 죽음에서 깨어났습니다. 칼빈은 하나님의 주권을 옹호하면서 결코 대속을 소홀히 하거나 얕본 적이 한 번도 없었습니다. 코퍼는 우스 강가에 핀 수련 사이에서 대속을 노래했습니다. 스펄전은 십자가에 못 박힌 그리스도의 영광스러운 이 교리를 많은 물소리 같은 목소리로 신도들과 농부들에게 설파했습니다. 존 번연은 십자가를 천상의 도시로 가는 출발점으로 삼았습니다. 무디의 종소리는 갈보리를 중심으로 울려 퍼졌습니다. 나폴레옹은 유럽 전역을 거의 정복한 후 영국 제도를 표시한 붉은 점을 가리키며 "저 붉은 점이 없었다면 세계를 정복했을 것이다"라고 했습니다. 그래서 사탄은 갈보리를 예수 그리스도가 피를 흘리신 곳이라고 말합니다.

예수의 십자가 아래, 나는 기꺼이 서네.
거대한 바위 그림자 지친 땅에서,
광야 가운데 있는 집, 길 위의 안식처,
그날의 짐과 한낮의 타는 더위로부터,
예수의 십자가 위에, 내 눈이 보네,
나를 위해 고통받는 그분 죽어가는 모습.

눈물로 깊이 감동된 내 마음은, 이러한 경이로움을 고백하네,
그분의 영광스러운 사랑의 경이로움, 그리고 나 자신의 무가치함을.
오, 나는 그분의 십자가 그늘에서, 내가 거할 곳을 삼았네.
나는 그분의 얼굴에서 빛나는 광채 이상, 그 어떤 광채도 구하지 않네.
얻은 것도 잃은 것도 알지 못하지만 세상이 지나가는 것에 만족하네.
나의 죄악된 자아는 나의 유일한 수치, 나의 모든 영광은 십자가.

모든 진정한 복음 전도자들은 자신의 모든 진주를 대속의 붉은 줄에 매어 놓습니다.T. L. 카일러T. L. Cuyler
갈보리는 모든 것을 덮습니다!

1월 15일

다 이루었다

"내게 말씀하시되 이루었도다" 계 21:6

많은 사람들이 끊임없이 일을 하고 있지만 그것을 끝까지 마무리하는 사람은 얼마나 적은가요! 어떤 일을 해결하거나 완수하고 나서 "다 이루었다!"라고 자신 있게 말할 수 있는 사람이 얼마나 될까요.

우리가 진정으로 믿을 때, 우리는 거기에 능력이 있음을 의식합니다. 그럴 때 우리는 하나님을 만질 수 있고, 우리의 영혼 안에 있는 불은 어떤 것에 영원히 안주하였음을 확신합니다.

믿음은 타협 없는 전적인 헌신이라는 강철의 손가락으로 하나님을 확실하게 붙잡는 것입니다. 물에서 뜨는 법을 배우려면 먼저 물에 자신을 완전히 맡겨야 합니다. 물이 당신을 지탱할 수 있다고 믿어야 합니다. 그래서 헌신은 이러한 단계를 밟아 하나님을 바라보며 확신 있게 "다 이루었다"라고 말합니다. 우리의 몫은 헌신입니다. 하나님의 몫은 역사하시는 것입니다. 우리가 헌신하는 그 순간에 하나님은 역사하십니다. 우

리는 우리가 헌신한 것을 하나님이 수행하신다고 믿어야 합니다. 믿음은 하나님의 약속을 되새기면서 담대히 "다 이루었다"라고 말합니다.

하나님의 손이 취하셨기 때문에 그 일은 다 이루어진 것만큼이나 좋은 것입니다.

이제 헛된 약속에서 벗어나 "없는 것을 있는 것으로 부르시는"(롬 4:17) 하나님을 따르십시오. 그러면 하나님은 당신이 마음으로 생각하는 것을 현실로 만들어 주실 것이며, 그것은 실제 경험을 통해 이루어질 것입니다. 지상에서 천국의 날들Days of Heaven upon Earth

나의 옛 은사인 켈빈 경Lord Kelvin이 수업시간에 아주 놀라운 말을 한 적이 있습니다. 그는 어둠 속에서 도약했을 때, 자신의 모든 위대한 발견에 도달했다고 말했습니다. 그리고 단단한 기반에서 도약하는 것을 두려워하는 사람은 그 누구도 믿음의 즐거움을 알지 못할 것이라고 했습니다.

우리 자신을 그리스도께 아낌없이 헌신하는 것은 세상에서 가장 큰 모험입니다! 놀라운 것은 우리가 담대함을 가지고 켈빈 경의 "어둠 속으로의 도약"을 받아들일 때, 그것이 전혀 어두움이 아니고 풍요로운 삶과 자유와 평화라는 것을 발견하게 된다는 것입니다. 조지 H. 모리슨George H. Morrison

하나님께서 그렇게 말씀하셨으니 그것이 해결되었음을 믿으십시오!

1월 16일

잠잠히 계십시오

"여호와여 내 입에 파수꾼을 세우시고 내 입술의 문을 지키소서" 시 141:3

내가 생각 없이 잘못된 말이나 쓸데없는 말을 하지 않게 하소서,
오늘 하루만이라도 내 입술을 인으로 봉하소서.

잠잠히 계십시오! 문제가 발생했을 때 잠잠히 계십시오! 중상모략이 자행될 때 잠잠히 계십시오! 감정이 상했을 때 흥분이 가라앉을 때까지

잠잠히 계십시오! 동요되지 않는 눈으로 바라보면 상황이 다르게 보입니다.

나는 격동 속에서 편지를 써서 보낸 적이 있는데, 그러고는 후회를 했습니다. 최근에 나는 또 다른 혼란스러운 일을 겪었고 또 다른 긴 편지를 썼습니다. 시간이 지나면서 내 감정은 어느 정도 수습이 되었고, 동요되거나 눈물을 흘리지 않고도 그 편지를 볼 수 있을 때까지 주머니에 넣어 두었습니다. 나는 그렇게 한 것이 기뻤습니다. 편지를 보낼 필요가 점점 줄어들었습니다. 그것이 어떤 해를 끼칠지 확신할 수는 없었지만, 불확실한 상황 속에서 나는 과묵함을 배웠고 결국 그 편지는 파기되었습니다.

시간은 놀라운 일을 합니다! 침착하게 말할 수 있을 때까지 기다리면 아마도 우리는 말할 필요가 없어질 것입니다. 침묵은 때로 상상할 수 없을 정도로 강력합니다. 그것은 웅장함을 지닌 힘입니다. 그것은 마치 전장 속에서 조용히 서 있으라는 명령을 받은 군대와 같습니다. 뛰어드는 것이 두 배는 쉬웠을 것입니다. 그러나 조용히 있는 법을 배운다고 해서 잃는 것은 없습니다. 한나 휘톨 스미스 Hannah Whitall Smith

주님, 저를 잠잠케 하소서.
거센 폭풍이 불어 닥칠지라도
내 작은 배가 흔들릴지라도
어둠 속에서 내가 가야만 한다면,
저를 잠잠케 하소서, 저를 잠잠케 하소서.

주님, 저를 잠잠케 하소서.
파도가 당신의 손에 있으니,
거친 풍랑도 당신 명령에 가라앉습니다.
내 나무배를 안전하게 육지로 움직이소서.
저를 잠잠케 하소서, 저를 잠잠케 하소서.

주님, 저를 잠잠케 하소서.
위로하시고 격려하시는
당신의 고요하게 속삭이는 음성을 들을 수 있기를,
그래서 나는 항상 당신이 가까이 계심을 알고 느낄 것입니다.
저를 잠잠케 하소서, 저를 잠잠케 하소서.

침묵은 위대한 피스메이커peacemaker입니다. 헨리 워즈워스 롱펠로Henry Wadsworth Longfellow

1월 17일

예수님만 보게 하소서

"웃시야 왕이 죽던 해에 내가 본즉" 사 6:1

다른 사람들로부터 눈을 떼기 전에는 예수님을 온전히 볼 수 없습니다. 모세와 엘리야도 여러 가지 과정을 통과한 후에야 예수님의 비전을 볼 수 있었습니다. 이사야는 웃시야 왕이 죽은 해에 주를 보았다고 했습니다. 이사야는 소망의 눈으로 강력하고 승리에 찬 지상의 지도자를 바라보았고, 그분의 죽음은 이 모든 소망을 절망에 빠트렸습니다. 그러나 하늘의 별은 지구의 빛이 사라질 때 나타납니다. 그때부터 이사야의 참된 비전과 삶이 시작되었습니다.

예수님을 다른 사물, 사람들과 나란히 보는 것으로는 충분하지 않습니다. 우리에게 필요한 것은 우리의 모든 비전, 하늘, 마음, 계획과 미래까지 예수님으로 채우는 것입니다. 예수님은 우리의 "제일의 사랑", 삶의 최상의 자리를 원하십니다. 예수님은 우리의 모든 것이 되실 때까지는 만족하지 않으십니다. 그분은 우리 존재의 모든 것을 채울 능력이 있으시고, 이는 어떤 애정이나 직업으로 대체할 수 없습니다. 어떤 것과 혼합하거나 어떤 것으로도 통제할 수 없습니다. 그것은 우리가 말할 수 있는 모든 생각과 모든 기쁨의 본질이 됩니다. 그래서 우리는 이렇게 말할 수 있습니다. "내게 사는 것이 그리스도니"(빌 1:21). "그리스도의 사랑이 우리를 강권하시는도다"(고후 5:14). 이는 좁은 길에 갇혀 있는 급류처럼 오직 한 길, 나를 위해 살지 않고 그를 위해 사는, "나를 사랑하사 나를 위하여 자기 자신을 버리신"(갈 2:20) 분을 위하여 사는 것입니다.

성령님, 우리를 변화시켜 주소서. 우리 한 사람 한 사람을 그 환상을 본 변화산으로 데려가시고, 모세와 엘리야를 지나쳐 오직 예수님만 보게 하소서. 새로운 창조의 메아리 Echoes of a New Creation

그분은 저만으로는 충분하지 않나요?
그분을 위해 저만으로도 충분한가요?
세상에는 궁전 탑이 있고,
마법의 꽃이 만발한 정원이 있는데,
당신은 어디에 계실까요?
공정한 것들과 거짓이 있습니다,
거짓이지만 공정한 것들,
마침내 당신이 찾은 모든 것은
오직 내 안에만 있습니다.
저만으로는 충분하지 않나요?
저는 영원히 혼자인가요?
저는 당신을 필요로 하나요?

하인리히 수소 suso

1월 18일

일치하는 세 가지

*"내가 하늘에서 내려온 것은 내 뜻을 행하려 함이 아니요
나를 보내신 이의 뜻을 행하려 함이니라"* 요 6:38

메이어 F. B. Meyer 박사는 별도 없는 어느 어두운 밤에 아일랜드 해협을 건너고 있을 때 갑판에서 선장에게 "이렇게 캄캄한데 홀리해드 항구를 어떻게 알 수 있습니까?"라고 물었다고 합니다. 그때 선장은 이렇게 말했습니다. "저 세 개의 불빛이 보이십니까? 그 셋이 한 줄로 보이는 것으로 항구 입구를 정확히 알 수 있습니다."

우리가 하나님의 뜻을 알고자 할 때 반드시 일치하는 세 가지가 있습니다. 내적인 감동, 하나님의 말씀, 그리고 상황입니다. 마음에 계신 하나님이 당신을 앞으로 나아가게 하십니다. 성경에 계시는 하나님이 말씀하신 것을 확증시켜 주십니다. 상황 가운데 계시는 하나님이 언제나 그분의 뜻을 가리키십니다. 이 세 가지가 일치할 때까지는 결코 일을 시작하지 마십시오.

걷거나 뛸 준비를 하면서 교차로에 가만히 서 계세요.
그러면 당신은 그렇게 오래 기다리지 않을 겁니다.

좌회전을 해야 하나 우회전을 해야 하나 확실하지 않을 때, 나아갈 길의 푯말이 보인다는 것은 축복이 아닐 수 없습니다! 길도 모르는데, 푯말도 없다면 잘못된 방향으로 수 마일을 방황할 수 있습니다.

하나님은 인생의 낯선 길과 구불구불한 길에 이정표를 세우셨습니다. 우리가 맹목적으로 짊어진 짐으로 비틀거리며 구불구불한 길을 통과해야 할 때, 하나님은 우리의 발걸음을 인도하실 것입니다. 우리가 교차로에 서서 갈 길을 결정해야 할 때, 성경 말씀, 찬송, 친구 등을 통해 불확실한 시간의 어둠 가운데에서도 어떤 식으로든 우리를 인도하실 것

이기 때문에 우리는 두려워할 필요가 없습니다. 비록 길이 낯설고 빛도 희미하지만 길에 이정표가 있으니 안심하십시오. 페이션스 스트롱 Patience Strong

하나님을 잠잠히 기다리십시오. 그리고 지금도 우리가 필요로 하는 말씀이나 방향이나 도움을 갖고 메신저들이 길을 서두르고 있음을 믿으십시오.

1월 19일
하나님은 하실 수 있다

"하나님이 광야에서 식탁을 베푸실 수 있으랴" 시 78:19

"하나님이 하실 수 있을까?"
교활한 유혹자가 내면에서 숨을 쉬고
확실한 패배 외에는 모든 것을 잃은 것처럼 보일 때,
"하나님이 죄의 거센 바다를 저지시키실 수 있을까?"
"하나님이 하실 수 있을까?"
의기소침한 마음은 이런 질문을 빠르게 반복한다.

"하나님은 하실 수 있어요!"
믿음의 기쁜 외침이 트럼펫소리로 울려 퍼진다.
그리고 다윗처럼 거대한 대적도 두려워하지 않는다.
믿음은 고요함 그리고 높은 산에 거하고,
반면 불신앙의 어두운 구름은 저 멀리 아래로 굴러간다.

"하나님은 하실 수 있어요!"
하나님의 옛 성도들은 완전한 확증을 거듭 거듭 보여 준다.
그리고 오래전 죽은 뼈들에 생명을 주셨던 하나님은
지금도 죽은 자들에게 다시 생명을 주실 수 있다.

"하나님은 하실 수 있어요!"
그러니 두려워하지 말고 일어섭시다!
우리의 좌우명은 그분이 주신 이 말씀입니다.
우리가 믿음이 있다면 방황하는 자들 눈앞에
강한 군대가 되어 일어나 살아날 것입니다!
J. A. R.

"하나님이 하실 수 있을까?" 아, 이것은 치명적인 질문입니다! 이것 때문에 이스라엘은 약속의 땅에서 차단되었습니다. 그리고 우리는 똑같은 실수를 반복할 위험에 처해 있습니다. 하나님께서 나의 자녀들을 위한 환경과 음식을 제공하실 수 있을까요? 하나님께서 나를 괴롭게 하는 죄에 굴복하지 않도록 지켜주실 수 있을까요? 하나님께서 얽혀 있는 무서운 이 올무로부터 나를 구출하실 수 있을까요? 우리는 무섭게 넘실거리는 파도와 같은 어려움을 바라보면서 "당신이 할 수 있거든 우리를 도와주소서!"라고 말합니다. "하나님이 하실 수 있을까요?"라는 질문은 하나님에게 깊은 상심과 상처를 입히는 말입니다. 더 이상 "하나님께서 하실 수 있을까요?"라고 말하지 마십시오. 오히려 "하나님은 하실 수 있어요"라고 말하십시오. 그러면 많은 문제가 말끔히 해결됩니다. 그렇게 할 때 인생에서 맞닥트리는 많은 문제들을 통과할 수 있을 것입니다.

불신앙에는 힘이 없습니다.

하나님의 백성들의 삶에서 하나님이 하실 수 있는 일의 한계가 있습니까? 결단코 하나님께는 한계가 없습니다! 하나님은 새로운 장소와 새로운 상황과 새로운 자원들을 가지고 계십니다. 하나님은 새로운 일을, 전에 들어보지도 못한 일을, 숨겨졌던 것들을 얼마든지 하실 수 있습니다! 당신의 마음을 넓히십시오. 하나님을 제한하지 마십시오.

"주께서 강림하사 우리가 생각하지 못한 두려운 일을 행하시던 그때에 산들이 주 앞에서 진동하였사오니"(사 64:3).

우리는 바라고 믿어야 합니다. 우리는 예상하지 못한 일을 하나님께

서 하실 것을 구하고 기대해야 합니다. 우리는 하나님께서 자기를 기다리는 자들을 위해 준비하신다는 믿음을 확고하게 가져야 합니다. 놀라운 하나님은 분명 우리가 신뢰하는 하나님이십니다. 앤드류 머레이 | Andrew Murray

놀라운 일을 행하시는 하나님은 우리의 모든 기대를 능가하십니다.

1월 20일

작은 일에 충성

"나사렛이란 동네에 가서 사니" 마 2:23

우리 주 예수님은 나사렛이란 작은 동네에서 평범하게 삼십 년을 사셨습니다. 작은 마을에 사는 사람들 속에는 소소한 이야기들이 있습니다. 그리고 영광의 젊은 왕자님이셨던 그분은 목공소에 계셨습니다! 그분은 자그마한 일들, 사소한 물물교환, 마을의 가십거리 같은 평범한 일상을 보내셨고, 그러면서도 아주 작은 일에 신실하셨습니다.

이렇듯 삶의 아주 작은 것들에 최선을 다해 충실히 임하면 놀라운 가능성을 얻게 됩니다. 우리의 삶에 놀라울 정도의 무한한 가능성과 약속이 주어집니다. 비록 우리가 사는 집이 평범한 것들로 꾸며져 있다 할지라도 우리가 사는 날 동안 주님의 집이 될 수 있습니다. 존 헨리 조웨트 | J. H. Jowett

이렇게 비천한 곳이 나의 집인가 불평을 늘어놓을 때,
내게 하나의 음성이 들려옵니다. "나의 집은 나사렛 길가였단다."

그분은 인류의 왕이시지만, 너무 비루하고 평범한 곳에 갇혀 있습니다.
그러나 그분은 나사렛의 좁은 길을 꾸준히 걷고 계십니다.

하늘 아래 어떤 자리에 오르거나 명성을 얻는 일이
결코 일어나지 않을지 모릅니다.

그러나 죽을 때까지 나사렛 거리처럼 좁고 고단한 길을 가십니다.

혹시 영광스러운 아치를 통과하면서 머리 굽히는 것을 잊을 때라도, 아! 나로 그분의 음성을 듣게 하소서. "나의 집은 나사렛 길가였단다."
네티 루커Nettie Rooker

가끔은 바위의 벌어진 틈새에서 가까스로 뿌리만 내린 나무가 아주 건강하게 자란 것을 볼 수 있습니다. 언덕 위에 수북이 쌓인 좋은 땅은 보이지 않지만, 그래도 그 나무는 아주 건조한 여름날에도 꼭대기까지 푸르름을 유지할 것입니다. 나무가 서 있는 곳에 귀를 대보면 그 아래 작은 샘이 흐르는 소리를 들을 수 있을 것입니다. 그런 나무들에는 그 자신만의 살아있는 샘이 있습니다. 사람들도 마찬가지입니다.사라 오른 주잇Sarah Orne Jewett

선하신 주님, 위대해지고 싶은 열망에서 우리를 건지소서!어느 모라비안의 기도

1월 21일
옛적 길 곧 선한 길

"네 선조가 세운 옛 지계석을 옮기지 말지니라" 잠 22:28

목수였던 젊은 형제가 공유했던 재산 중에 그들이 태어난 금방이라도 무너질 듯한 오래된 집이 있었습니다. 한 형제가 곧 결혼하게 되었고, 옛집은 낡았기에 무너트리고 그곳에 새집을 지어야 했습니다. 수년 동안 형제 중 누구도 임대를 주었던 오두막집을 방문하지 않았습니다.

그들이 그 집을 방문해 철거작업을 시작하자 오랜 기억이 홍수처럼 밀려왔습니다. 부엌을 허물 때는 자신들의 감정을 주체할 수가 없었습니다. 그들이 매일 저녁 무릎을 꿇었던 옛날 부엌과 식탁, 가족 성경이

놓였던 자리가 있었습니다. 그들은 아버지가 늘 습관처럼 행하셨던 일들을 회상하며 지금껏 자신들이 우월하다고 생각했던 것들을 고통스럽게 떠올렸습니다.

한 형제가 말했습니다. "우리가 아버지보다 더 나은 형편에 살고 있는지는 몰라도 더 나은 사람은 아니야."

다른 형제도 맞장구를 쳤습니다. "나는 옛날 교회로, 옛날 방식으로 돌아갈 거야. 그리고 내가 지을 새집에서도 아버지가 그러셨던 것처럼 예배를 드릴 공간을 만들 거야."

나라의 국력은 국민의 가정에 있습니다. 아브라함 링컨 Abraham Lincoln

패튼 박사 Dr. J.G. Paton 는 이렇게 말합니다. "우리는 시장에 서둘러 가느라고, 사업으로 바빠서, 친구나 손님의 방문을 준비하느라고, 어떤 문제나 슬픔 때문에, 기쁨이나 흥분 때문에 가정의 제단에 무릎을 꿇지 못하는 경우가 많습니다. 그러나 우리 가정의 영적인 대제사장인 부모님들은 자신과 자기 자녀들을 하나님께 바쳤습니다." 패튼 박사 아버지는 전적으로 주님께 자신을 바치기로 결단하고 가정에서 그렇게 살았습니다. "아버지는 하나님과 동행했습니다. 그런데 왜 저라고 못 하겠습니까?"

"너희는 길에 서서 보며 옛적 길 곧 선한 길이 어디인지 알아보고 그리로 가라"(렘 6:16).

1월 22일

임재의 능력

"배에 함께 오르매 바람이 그치는지라" 마 14:32

믿음은 모든 장애물을 이길 수 있습니다!

어떤 사람들은 장애물들이 제거될 때까지 멀리서 그리스도를 붙들고 그분께 나아가는 것을 기다리라고 주장합니다. 경제의 하늘이 더 밝아지고, 의심이 말끔히 사라지고, 슬픔의 가장자리가 무뎌질 때, 그들은 예수님께 나아갈 것입니다.

그러나 베드로는 주님이 가까이 계신 것을 알고, 순전한 믿음으로 요동치는 물 위를 걸어 주님께 나가게 해달라고 간청했습니다. 두려움이 거의 그를 압도하고 있었으나 주님은 손을 내밀어 그를 붙잡아 올리셨습니다.

항상 폭풍우의 난관이나 맹렬한 의심들이 있기 마련입니다. 답이 없는 질문들과 무시무시하게 잘못된 것들이 항상 그리스도의 선하신 목적에 대항하여 싸우고 있습니다. 폭풍우가 위로하기 위해 오시는 그리스도의 임재로부터 당신을 멀어지지 못하게 하십시오. 폭풍우 속에 다리를 만들고 그분에게로 나아가십시오!

"배 안으로 들어가라!" 그분이 속삭이십니다.
처음에는 어떻게 복종해야 할지 두려워했습니다.
그분을 보지 못했습니다.
폭풍우 구름, 어두움, 파도, 물보라만 보았습니다.

그때 이런 말씀이 들립니다. "그분을 믿으시겠습니까? 확실한 축복으로 가득한 그분의 손을 요구하고 받아들이겠습니까? 주인의 명령에 따라 시도하십시오!"

그분이 나의 주님이신데, 그분을 의심할 수 있나요?
그분의 말씀이 진실이 아니신 적이 있었나요?
없었죠! 주의 말씀에 나를 겁니다.
나는 신뢰합니다. 실행은 주님의 몫입니다.

로라 바터 스노 Laura Bartes Snow

예수님이 일어서시면 폭풍은 그칩니다. 잠잠함은 그분의 임재의 능력에서 옵니다. 조용하지만 강한 사람이 시끄러운 싸움꾼 무리들 사이에 위엄 있게 들어서면, 그의 모습 자체만으로도 그들을 부끄럽게 하고 그들의 소음을 잠잠하게 만듭니다. 이처럼 예수님이 그들 가운데 들어서시는 순간 모든 것이 조용해집니다.

1월 23일
혼자로부터 시작된다

"아브라함이 혼자 있을 때에 내가 그를 부르고
그에게 복을 주어 창성하게 하였느니라" 사 51:2

유명한 스코틀랜드 귀족 정치가는 기자에게 "밭고랑에서 외로이 쟁기질하고 있다"라고 말한 적이 있습니다. 하나님은 누군가에게 그분을 위한 큰일을 맡기실 때, 그를 밭고랑에서 외로이 쟁기질하게 하셨습니다. 혼자 가라고 그를 부르셨습니다.

당신은 세상에서 가장 외로운 사람이 되어야 할지 모르지만, 그렇게 한다면 당신은 수천, 수만의 하나님의 전차가 당신 주변을 에워싸는 것을 볼 것입니다. 그리고 곧 외로움을 잊을 것입니다.

흙은 딱딱하고, 쟁기는 무겁게 움직입니다.
바람은 세차게 불고, 나는 지칠 대로 지쳤습니다.
그런데 그분의 손이 멍에를 만드셨습니다!
아, 내가 그분의 멍에를 지고 있다는 것이 놀랍습니다.
나는 쟁기질하는 것만으로 충분합니다.
씨를 뿌리는 분이 씨를 뿌리시니까요.

"우리가 선을 행하되 낙심하지 말지니 포기하지 아니하면 때가 이르매 거두리라"(갈 6:9).

테오도르 커일러 Theodore L. Cuyler 는 "어떤 매력적인 요청을 한 전화를 받고 수락할지 말지 오랫동안 고통스럽고 혼란스러운 시간을 보내면서 성경을 펼쳤는데, '네가 어찌하여 네 길을 바꾸어 부지런히 돌아다니느냐'(렘 2:36)라는 말씀을 읽었다"라고 했습니다.

당신의 현재 분야가 제한적일 수는 있지만, 당신은 당신의 분야에 의해 제한되지 않습니다. 위대한 사람은 밭고랑에서 나왔습니다. 위대한 사람은 쟁기질을 하고 써레질을 했으며, 이렇게 남겨진 것들로 인해 그들의 이름이 역사 속에 깊이 새겨졌습니다. 뒤따르는 사람들에게 꿈도 꾸지 못한 원대한 일들, 생각하지 못한 희열들을 가져다주었습니다. 그러므로 계곡을 따라가며 언덕을 찾으십시오. 언젠가 당신은 뒤돌아보고 깜짝 놀랄 것이고 새로운 용기를 가지고 전진할 것입니다.

당신은 기어가지 않고 올라가도록 창조되었습니다!

"하나님의 사랑의 불을 품은 한 외로운 영혼이 전 지구를 불태울 것입니다."(행 2:41; 계5:11 참고)

1월 24일

내가 있다

"그가 올라가 바라보고 말하되 아무것도 없나이다" 왕상 18:43

엘리야는 소망에 찬 사람이었습니다. 풍성한 응답이 올 때까지 소망하고 소망했습니다. 그는 소망의 하나님이 자기 안에 계시고, 자신을 통해 하나님이 하실 일을 기대했기 때문에 아무리 어둠과 혼동 가운데 처해도 결코 소망을 잃지 않았습니다. 그리고 그가 낙심하지 않으니 그의 사환은 일곱 번째 다녀와서는 "바다에서 사람의 손만 한 작은 구름이 일어나나이다"(44절)라고 말했습니다. 잠시 후, 하늘이 먹구름으로 캄캄해지더니 큰 비가 내렸습니다!

당신은 하나님이 아주 세미한 음성으로 말씀하실 때 신실하시다고 생각할 수 있습니까? 바람이나 지진이나 불이 없어도 그렇게 생각합니까? 사람의 손보다 더 작은 구름이 보여도 그렇게 시작할 수 있습니까?
"아무것도 없다고 해도 나는 주님을 기다리겠습니다. 내가 가야 할 길에 대해 내 마음은 아직 분명하지 않지만 당신은 아십니다. 나로 주님을 보게 하소서!"라고 말할 수 있습니까?

"아무것도 없습니다."
참되시고 강하신 여호와 아버지께서 약속하셨던
그리고 그렇게도 오랫동안 갈망했던 빗방울이건만
하늘은 푸르고 구름 한 점 없고, 땅은 바짝 말랐는데
아직 높은 수원지에서는 전혀 소낙비가 없습니다.

"아무것도 없습니다."
그러나 선지자는 주님의 말씀을 알고 신뢰합니다.
그분은 무감각한 우상이 아니라 전능한 능력의 하나님이십니다.
선지자는 하나님의 놀라운 일들을 보았고
그분이 여전히 신실하시다고 믿습니다.
그래서 여호와의 완전한 뜻을 겸손하게 인내하며 기다립니다.

"아무것도 없다."
오, 원수가 얼마나 자주 이렇게 선언하나요.
끊임없이 애써도, 눈물로 울부짖어도 소용없다고.
그래서 믿음 없는 마음은 "아무것도 없다"라고 말하지만
그녀는 속은 적이 없습니다.
그토록 오랫동안 갈망하던 작은 구름이 일곱 번째 비로소 나타납니다.

"아무것도 없습니다."
그러나 계실 것입니다.
하나님은 여전히 위대하십니다. "내가 있다 I AM."

지금도 그분은 전능하시고 신실하시고 영원토록 동일하십니다. 눈물과 울부짖음과 고군분투가 높은 곳에 기록되어 있습니다. 잊히지 않고, 무시되지 않고, 계속해서 응답됩니다.

제임스 부비어 James Boobbyer

"올라가서 먹고 마시소서 큰 비 소리가 있나이다"(왕상 18:41).

1월 25일
거룩한 논쟁

"나 여호와가 말하노니 너희 우상들은 소송하라 야곱의 왕이 말하노니 너희는 확실한 증거를 보이라" 사 41:21

캐나다에 "홀리 안"Holy Ann이라 불리는 아일랜드 성인이 살았습니다. 그녀는 백 세까지 살았습니다. 그녀는 어렸을 때 잔혹한 주인 부부 가정에서 아주 적은 임금을 받고 일했습니다. 그들은 어린 소녀에게 가파른 언덕 너머 1마일까지 물을 나르게 했습니다. 한때 그곳에는 우물이 있었지만 매년 줄어들어 이제는 완전히 바짝 말라 버린 상태였습니다. 어느 날 밤 그 소녀는 매우 피곤하여 무릎을 꿇고 하나님께 울부짖었습니다. 무릎을 꿇은 상태에서 그 소녀는 이런 말씀을 읽었습니다. "내가 헐벗은 산에 강을 내며 골짜기 가운데에 샘이 나게 하며 광야가 못이 되게 하며 마른 땅이 샘 근원이 되게 할 것이며"(사 41:18). "너희 우상들은 소송하라 야곱의 왕이 말하노니 너희는 확실한 증거를 보이라"(21절). 이 말씀이 홀리 안에게 감동을 주었습니다. 그녀는 주님 앞에 자신의 사정을 아뢰었습니다. 그녀는 물이 얼마나 절실히 필요한지, 그리고 그 물을 언덕 위까지 나르는 일이 얼마나 힘든지 아뢰고는 지쳐서 누워 잠이 들었습니다. 그녀는 자신의 사정을 간청하면서 합당한 이유를 제시했습니다.

다음 날 아침 일찍 그녀는 양동이를 들고 우물가로 갔습니다. 누군가 그녀에게 어디로 가느냐고 묻기에 그녀는 "우물에 물을 길러 갑니다"라고 대답했습니다. 그러자 그는 "뭐라고? 우물은 말라 버렸어"라고 했습니다. 그래도 홀리 안을 멈추지 않고 갔습니다. 그녀는 자기가 믿는 분을 알고 있기 때문에 계속 갔습니다. 그리고 자, 보십시오. 거기에 83피트 깊이의 깨끗하고 차가운 새 우물이 있었습니다. 그녀는 이렇게 말했습니다. "이 우물은 한 번도 마른 적이 없다고요!" 바로 이것이 주님께서 자신의 약속을 성취하시는 방식입니다. "응답의 원인을 만드십시오. 당신의 강력한 이유를 가지고 나가십시오." 그리고 그분이 당신을 위해 일하시는 것을 보십시오.

우리는 기도에서 이 거룩한 논쟁의 방법을 얼마나 적게 사용하는지 모릅니다. 그런데 성경에는 많은 예시들이 있습니다. 아브라함, 요셉, 모세, 엘리야, 다니엘, 이들은 모두 기도 중 이런 논쟁들을 사용했습니다. 그리고 그들이 제시한 간청을 근거로 하나님의 중재를 요구했습니다.

1월 26일

하나님의 인도를 따르라

"여호와께서 길에서 나를 인도하사" 창 24:27

"길"은 '하나님의 길'을 뜻합니다. 즉 우리를 위해 예비된 길입니다. 어떤 종류의 길도 아닌(잠 14:12), 사람의 길이 아닌, 그러나 의무와 명령의 직접적인 길입니다. 그런 길로 주님은 우리를 인도하시고 안내하십니다. 주님은 아브라함의 종의 기도에 정확하게 한 걸음 한 걸음 응답해 주십니다.

"하나님은 한 번에 두 단계씩 인도하지 않으십니다. 우리는 한 발짝 내디뎌야 다음을 위한 빛을 받습니다."

당신은 시간의 회랑을 여행하면서

유용한 문들을 많이 발견할 것입니다.

무엇인가를 얻으려면 많은 계단을 피곤하게 올라야 합니다.

그것들은 쉽사리 굴복하지 않지요! 하지만 앞으로 계속 가세요.

당신 바로 앞에, 바로 저 너머에, 열릴 문이 있어요. 거기로 들어가세요.

그러면 당신이 알았던 것보다 훨씬 많은 비전들이
실현된 것을 알게 될 것입니다.

찔레꽃들이 당신 길에 깔려 있더라도 겁먹지 말고 전진하세요.

가장 위대한 것은 아직 성취되지 않았거든요.

흔들리지 않는 자가 그날에 승리할 것입니다.

하나님께서 활짝 열어 두신 문을 닫을 사람은 없고,

하나님은 그곳에 들어가라고 명하셨습니다.

당신의 일은 그 안에서 기다리는 것입니다.

페어리 손턴Fairelie Thornton

당신의 위치를 지키고 그분의 신호를 주시하십시오! 절대적으로 그분이 인도하시는 방법에 의지하십시오.

1월 27일
예수님의 임재

"홀연히 주의 사자가 나타나매 옥중에 광채가 빛나며 또 베드로의 옆구리를 쳐 깨워 이르되 급히 일어나라 하니 쇠사슬이 그 손에서 벗어지더라" 행 12:7

우리가 주님을 경외한다면 최악의 상황에서도 시의적절한 중재를 기대할 수 있습니다. 천사들은 폭풍우 때문에 우리에게서 멀어지거나 어둠의 방해를 받지 않습니다. 스랍 천사는 하나님 나라 가족 중 가장 비천한 사람을 방문하는 것을 전혀 부끄러워하지 않습니다. 평범한 일상에 천사들이 방문하는 일은 거의 없지만, 요동치는 폭풍의 밤에는 자주 방문할 것입니다. 사랑하는 성도 여러분! 지금이 당신에게 고통스러운 시간입니까? 그렇다면 특별한 도움을 요청해 보십시오. 예수님은 언약의 천사이십니다. 예수님의 임재를 간절히 구한다면, 그것은 거부되지 않을 것입니다. 그분의 임재는 마음에 생기를 가져다줍니다. 찰스 스펄전

Charles H. Spurgeon

내 감방에 햇빛이 비쳤습니다.
어떠한 장벽도 없었고
전혀 어두움이 없었습니다.
오직 당신뿐입니다. 임마누엘!

내 감방에 빛나는 사랑의 빛,
쇠창살이 금으로 바뀌었고,
별을 향해 열린 창문,
평화가 파수꾼으로 서 있었습니다.

사랑하는 주님, 어떻게 그럴 수 있습니까?
어찌하여 이토록 제게 친절하신가요?
사랑은 내 감방에서 빛나고 있습니다.
예수님, 나의 임마누엘!

A. W. C.

1월 28일
하나님의 임재 앞에 서라

"너는 나가서 여호와 앞에서 산에 서라" 왕상 19:11

책망은 때로 변장된 축복입니다. 엘리야는 원인 모를 두려움을 이해

하기 위해 이런 말씀을 필요로 했습니다. 그와 같은 사람은 변덕스럽게 불만을 토로할 권리가 없습니다. 만일 그가 동굴에 숨어있는 대신, "나가서 여호와 앞에서 산에" 선다면, 하나님의 능력의 새로운 비전 안에서 새로운 영감을 발견하게 될 것입니다! 만일 우리가 세상의 낮은 단계에 머물러 있다면, 예언자적 삶의 진정한 자원인 하나님의 영감 있는 비전을 포착하지 못합니다. 믿음과 용기가 재창조되기 위해서는 하나님의 능력의 증거를 분별할 수 있는 산으로 올라 햇빛 가운데 나가야 합니다.

황금 볏을 지닌 굴뚝새(상모솔새)는 가장 작은 새 중에 하나입니다. 무게는 1/5 온스(약 5그램)에 불과하다고 합니다. 그런데 가장 연약한 앞 날개로 허리케인을 뚫고 북해를 횡단한다고 합니다.

그것은 자연에서 종종 전능자가 가장 연약한 유기체를 통해 작동하는 것과 같습니다. 확실한 것은 은혜의 전능함은 떨리는 가운데서도 신실함을 지키는 성자에게만 크게 임한다는 것입니다.

미국 대초원에서 나비는 서쪽으로 이동하기 시작하여 바람과 바다를 가르고 꾸준히 나아갑니다. 가냘픈 나비들이 나를 꾸짖습니다.

파도를 타세요. 그것은 당신을 깨뜨릴 거예요!
폭풍 속으로 나가세요. 그것은 당신을 조용하게 할 거예요!
당신이 최고조에 도달하게 되면 당신은 너무 두려워질 거예요.
그러나 가슴을 펴고 걸으세요. 그곳에 걷고 계시는 한 분이 있습니다.
밤새도록, 걷고, 보고, 기다리십니다. 당신을 위해서!

1월 29일

터널

"내가 나의 모든 산을 길로 삼고 나의 대로를 돋우리니" 사 49:11

그것들 밑으로 굴을 파려고 하지 말고, 그것들을 움켜쥐려고도 말고, 그것들로부터 도망치려고도 말고, 오히려 약속하신 것을 요구하십시오.

하나님의 약속으로 허리를 단단히 동이십시오. 이런 험준한 산들은 그분의 디딤돌입니다. 거룩한 기쁨으로 그것들을 밟으십시오. 손에는 믿음의 강한 지팡이를 잡고 어둠 속에서 하나님을 신뢰하십시오.

그분 없이 햇빛에 있는 것보다, 어둠 속이라도 그분과 함께하는 것이 더 안전합니다. 어둑어둑한 통로 끝에는 하늘의 빛이 번쩍일 것입니다. 우리가 천국에 들어가 보면, 이 세상에서의 가장 풍요롭고 가장 유익한 경험들은 두려움 가운데 위축되었던 도상에서 얻은 것들이었음을 발견할 것입니다.

욥이 그토록 많은 길을 발견할 수 있었던 것은 중심에 하나님이 계셨기 때문입니다.

명심해야 할 중요한 사실은 하나님의 목적은 어둠이 아니라는 것입니다. 그분의 터널은 다른 곳으로 도달하기 위한 과정입니다. 그러므로 내 영혼아, 인내하여라! 어둠은 당신의 목적지가 아닙니다. 터널은 당신이 거주하는 집이 아닙니다!

스위스의 겨울 비탈길을 지나 이탈리아 초원의 아름다운 여름을 즐기려는 여행객은 알프스 터널을 통과할 각오가 되어 있어야 합니다.

종종 어둠이 순례자의 나아가는 앞길을 가득 채우면,
나아가기를 주저하고, 떨면서, 돌아가야 할 것 같은 느낌이 듭니다.
그러나 지혜롭게 계획하시는 주님은 밤낮 우리를 인도하십니다.
마침내 조용한 경이로움 속에서 우리는 지혜의 빛을 기뻐합니다.

그 터널이 좁고 어둡고 지루할지라도,
그것은 그 목적을 충분히 다할 것입니다. 곧 빛을 가져다줄 것입니다.
힐끗 뒤돌아볼 때 몹시도 두려웠던 그 길은,
신중하게 계획된 솜씨를 보여 줍니다. 결코 우연한 결과가 아닙니다.

지금 당신의 길이 터널이기에 당신을 두렵게 합니까?
오, 기억하세요. 그분은 정직한 자에게 기쁨의 빛을 주십니다.
비록 희미하게 보이더라도 고요한 쉼 가운데 용감하게 나가면,
마침내 안전하게 인도를 받아 승리할 것입니다.
영원한 설계자를 신뢰하세요. 그분의 일은 모두 옳습니다.
우리가 항상 그분의 발자취를 추적할 수 없다 하더라도,
믿음은 마침내 모습을 드러낼 것 입니다.
영원히 맑은 햇빛 속에서, 우리는 "완벽한 날"을 즐길 것입니다.

터널은 한쪽으로만 뚫린 것이 아닙니다. 어느 쪽으로든 갈 수 있게 설계되어 있습니다!

1월 30일

떠나, 가라

"너는 너의 고향과 친척과 아버지의 집을 떠나 내가 네게 보여 줄 땅으로 가라" 창 12:1

　최초의 순례자가 하란을 향하여 출발한 것은 역사상 가장 위대한 순간이었습니다. 우리는 역사의 여명기에 그들이 낙타에 짐을 싣고 느린 걸음으로 양 떼를 데리고 천천히 나가는 것을 희미하게나마 그려 볼 수 있습니다. 몰이꾼들의 외침과 양 떼의 울음소리, 이별하는 여인들의 통곡소리가 들립니다.
　뒤에 남겨진 자들과 함께 우리는 광활한 옛 유프라테스 강 유역과

광야 너머로 희미한 먼지 안개 속에서 순례자가 길을 잃지 않을까 하는 생각에 긴장하기도 합니다. 이제는 더 이상 남쪽 지평선도 보이지 않습니다.

그 순간의 장엄함이 하나님의 말씀에 충성하는 한 인간에 집중되는 것을 감지하지 못하는 사람이 있을까요?

"더 이상 앞으로 갈 수 없습니다. 여기가 경작할 수 있는 땅의 끝입니다."
그렇게 그들은 말했고 나는 믿었습니다. 땅을 파고 씨를 뿌렸습니다.
헛간을 짓고 작은 경계지역에 울타리를 쳤습니다.
그곳은 작은 오솔길이 끝나는 산기슭 밑 한적한 곳에 있었습니다.
그런데 양심에 들려오는 소리처럼, 하나의 목소리가 끝없이 울리며,
지속적으로 밤낮 이렇게 속삭입니다.
"숨겨진 것이 있어, 가서 찾아봐, 경계선 너머로 가봐,
경계선 너머에 잃어버린 무엇인가가 있어, 너를 기다리고 있어, 가봐!"
누구라도 찾았을지 모르지만, 그분의 속삭임이 저에게 다가왔습니다!

키플링Kipling

아직 소유할 땅이 많이 남아 있습니다!
서부 대초원처럼 끝이 없습니다. 그것은 인간이 생각할 수 있는 능력의 범위를 넘어서 확장됩니다. "하나님이 자기를 사랑하는 자들을 위하여 예비하신 모든 것은 눈으로 보지 못하고 귀로 듣지 못하고 사람의 마음으로 생각하지도 못하였다 함과 같으니라"(고전 2:9).
성령님은 어둠에 점령되지 않은 넓은 지역에까지 예수 그리스도를 주장할 수 있는 신실한 마음의 신자들을 찾고 계십니다.
누가 그 오솔길에 흔적을 남길까요?

1월 31일

폭풍의 복

"그는 물 가에 심어진 나무가 그 뿌리를 강변에 뻗치고 더위가 올지라도
두려워하지 아니하며 그 잎이 청청하며 가무는 해에도 걱정이 없고
결실이 그치지 아니함 같으리라" 렘 17:8

폭풍우를 이겨내는 나무는 온실에서 번식하지 않습니다! 가장 튼튼한 나무는 숲속의 쉼터에 있지 않습니다. 세찬 바람이 구부러트리고 비트는 허허벌판에 거목이 있습니다. 뿌리를 견고히 내리는 데에는 폭풍우가 필요합니다.

목양지의 나무는 소 떼와 양 떼를 보호하기 위해 서 있습니다. 나무 주변의 땅은 단단해집니다. 비가 내려도 물이 빠져나가면 별 소용이 없습니다. 그러나 엄청난 폭풍이 몰아칩니다. 폭풍은 나무를 마구 비틀어 돌리고 때로는 뿌리까지 흔들기도 합니다. 만일 나무가 말을 할 수 있다면 불평을 늘어놓았을 것입니다. 그러면 자연은 그 불평을 듣고서 폭풍을 중단할까요?

폭풍이 나무를 거의 반으로 구부러트리기까지 합니다. 이제는 분노할 때입니다. 이토록 잔인한 상황은 도대체 무엇을 의미합니까? 이것이 사랑입니까? 그러나 기다리십시오!

나무 주변의 땅은 이제 아주 느슨해졌습니다. 땅 표면에서 밑으로 거대한 틈이 벌어졌습니다. 아직 경험해 보지 못한 깊은 상처가 생겼습니다. 비는 아주 부드럽게 그곳에 스며듭니다. 상처가 점점 채워집니다. 이제 수분은 가장 깊은 뿌리까지 스며듭니다. 태양이 다시 비칩니다. 새롭고 활기찬 생명이 솟아납니다. 뿌리가 더욱 깊게 자리를 잡습니다. 가지들이 힘차게 뻗칩니다. 이따금 다시 총에 맞은 듯 딱 부러지며 금이 가는 소리가 들립니다. 껍질에 비해 나무가 너무 커지고 있습니다! 거목으로 자라고 있습니다! 뿌리를 깊게 내리면서!

이제 장인들이 도구로 만들고자 하는 나무, 마차를 만드는 이가 찾는

나무가 됩니다.

영적 거장이 살아온 삶의 자취를 더듬어 봅시다. 그곳은 야생화가 활짝 피어 있는 햇살 잘 드는 곳이 아닙니다. 지옥의 불길 같은, 당신 발을 날려 버릴 것 같은 좁고 가파른 바위투성이 길입니다. 뻗친 가시가 이마를 할퀴고, 독사들이 사방에서 쉭쉭거리는 소리를 내는 그런 길입니다.

주님은 넓은 가지들이 뻗칠 때 깊은 뿌리를 주십니다.

용감한 나무들의 하나님은
우리에게 용기를 주시네.

주께서 그들에게 주시는 것처럼,
용감함과 강인함을 주소서.
오, 하나님! 우리는 당신께서 심으신 나무들입니다.
우리는 당신 품속에 있는 나무들입니다.

생명의 수액을 흘려보내 모든 나뭇결을 정결케 하소서.
햇빛과 비를 주시는 하나님!
당신이 시작하신 것을 완전하게 하시고,
바람의 무게를 측량하사, 적당한 압력과 긴장만 허락하소서!
A. W. C.

폭풍에 복이 있도다!

2월

주께서 매듭을 푸시는 동안
조용히 기다리십시오!

2월 1일

섬기시는 왕

"예수는 아버지께서 모든 것을 자기 손에 맡기신 것과 또 자기가 하나님께로부터 오셨다가 하나님께로 돌아가실 것을 아시고 저녁 잡수시던 자리에서 일어나 겉옷을 벗고 수건을 가져다가 허리에 두르시고 이에 대야에 물을 떠서 제자들의 발을 씻으시고 그 두르신 수건으로 닦기를 시작하여" 요 13:3-5

당신은 높은 보좌에 앉아 계시지 않으시고, 홀로 화려하게 통치하시지 않으시고, 왕국의 영광, 곧 왕국의 권좌 좌편과 우편에 앉지 아니하시고, 위대해지려 하지 아니하시고, 무엇보다 다른 사람들을 비천한 노예로 가두지 아니하시고, 왕권을 높이 들고 깃발을 펄럭이며 세상을 지배하려 들지 아니하시고, 권위, 오만, 헛된 통치, 광활한 지배에 대해 아무런 바람도 없으시고, 그렇게 할 의향도 없으시고, 한마디로, 다른 사람에게 섬김을 받지 않으시는 분! 아니, 남을 섬기는 분이십니다! 겸손하게 당신은 종의 빵과 잔으로 저녁식사를 하십니다. 그곳은 슬픔의 강물이 흐르고, 비통의 시냇물로 온전히 세례를 받는 곳입니다. 슬픔에 빠진 사람들과 형제처럼 거니시고, 비통함과 죄에 대해 잘 아시며, 가난한 자와 비참한 친구와 친족에게 다가가십니다. 돕는 자가 되어 왕국에서 마지막이자 가장 낮은 종으로 잔치를 섬기십니다. 잔칫집의 종으로 복종하시고, 나의 구주로 목양하십니다. 그렇습니다. 나는 결코 혼자가 아닙니다. 이것이 그분의 영광이요 그분의 보좌입니다. 영원한 종이시여, 당신과 함께라면 제가 응당 당신의 종이요, 신하요, 고용인이 될 것입니다. 아

모스 R. 웰스 Amos R. Wells

나는 그저 쓰임을 받고 싶습니다.
비천한 일이든 위대한 일이든 나를 써 주세요.
제단을 섬기는 제사장이든, 문을 지키는 문지기든,
주님이 제게 요구하시는 일은 무엇이든지,

저를 필요로 하는 어떤 순간이라도,

오, 기쁨으로 섬기게 하시는 하나님이시여!

사랑의 주님이시여
당신 안에서 하나가 되는 뜻과 사역의 결과물이 아무리 작을지라도,
당신의 목적에 적절히 부합되게,
나는 그저 쓰임을 받고 싶습니다.
무명

나는 하늘에서 칭찬받는 겸손한 영혼이 되고 싶습니다. 존 쇼버 킴버 John Shober Kimber

2월 2일

황무지에 장미꽃같이

"더 열매를 맺게 하려 하여" 요 15:2

2년 전 나는 우리 집 정원 한구석에 장미나무를 심었습니다. 그것은 노란 장미였습니다. 나는 노란 장미가 탐스럽게 피는 것을 기대했습니다. 그런데 지난 2년 동안 전혀 꽃이 피지 않았지요!

나는 장미나무를 사온 꽃집에 가서 왜 장미가 꽃을 피우지 못하는지를 물었습니다. 나는 조심스럽게 그 장미를 키우면서 종종 물도 주고 주변 토양을 최대한 비옥하게 일구면서 보살폈습니다. 그리고 나무도 아주 잘 자랐습니다.

"그것이 바로 이유입니다." 꽃집 주인이 말했습니다. "장미과는 정원의 아주 척박한 토양이 필요합니다. 모래 토양이 최고입니다. 절대 비료는 주지 마세요. 비옥한 토양을 걷어내고 그곳에 자갈이 많은 흙을 깔아주세요. 덤불을 과감하게 쳐내세요. 그러면 꽃이 필 것입니다."

나는 돌아와 그대로 했습니다. 그랬더니 그 덤불에서 저절로 가장 아름다운 노란 장미꽃 봉오리들이 솟아났습니다. 그때 나는 노란 꽃들이 마치 수많은 인생 같다는 교훈을 얻었습니다. 인생의 고난이 영혼의 아름다움을 빚어냅니다. 영혼은 곤경 가운데서 번창합니다. 시련은 우리 안에서 최고를 이끌어냅니다. 수월함과 편리함과 박수갈채는 우리를 열매 맺지 못하게 합니다. 조이스Joyce 목사

공연스레 갑자기 들이닥친 폭풍우로
나무껍질은 고요히 가라앉네요.
극지방의 서리를 견뎌냈던 그는
향기 가득한 섬에 누워 있네요.
휘티어Whittier

가장 아름다운 꽃들은 온실에서 뿐만 아니라 모래투성이의 사막에서도 활짝 잘 핍니다. 하나님은 언제나 동일한 정원사이십니다.

2월 3일

침묵

"대제사장들이 여러 가지로 고발하는지라 빌라도가 또 물어 이르되 아무 대답도 없느냐 그들이 얼마나 많은 것으로 너를 고발하는가 보라 하되 예수께서 다시 아무 말씀으로도 대답하지 아니하시니 빌라도가 놀랍게 여기더라" 막 15:3-5

사도 베드로는 인자이신 예수님의 놀라운 침묵에 대해 후에 이렇게 적었습니다. "욕을 당하시되 맞대어 욕하지 아니하시고 고난을 당하시되 위협하지 아니하시고 오직 공의로 심판하시는 이에게 부탁하시며" (벧전 2:23).

그분의 침묵은 하나님의 침묵이었습니다. 자신은 무고하고 결백한데

묵묵히 "도살장에 끌려가는 양처럼" 양털 깎는 자들의 손에 자신을 내어줄 사람은 아무도 없을 것입니다. 빌라도 앞에서와 이루 말할 수 없는 십자가 고난 위에서의 침묵, 그 침묵은 일곱 번의 놀라운 의미의 짧은 말씀으로 잠시 끊겼지만, 이런 예수님의 침묵은 인간이라면 응당 말해야 할 상황임에도 불구하고 하나님과 같은 침묵의 정점을 보여 줍니다. 그분은 공생애로 들어가는 서른 살이 될 때까지, 어린양처럼 십자가의 길을 가시기까지 묵묵히 기다리는 삶을 사셨습니다. 침묵의 삶은 형언할 수 없는 하늘 아버지의 영광이고, 인간의 손에서 당하는 헤아릴 수 없는 고통이었습니다. 이런 온유한 침묵은 다른 사람들을 축복하는 것이고, 유다 같은 배신자의 길을 넘어서는 삶이었습니다.

이는 예수님의 발자취를 따르려는 모든 사람의 모본입니다. 그분과 동행하고 그분의 길을 걷고자 하는 자들을 위한 모본입니다. 그런데 어떻게 이것이 가능할까요? 오직 그분의 부르심을 받아들일 때 가능합니다(벧전 1:15). 그분이 십자가를 지신 것처럼 우리도 자기 십자가를 지는 것으로, 그분 안에서 우리가 죽었고 그분과 함께 하나님에 대해 살았기에, 예수님의 침묵이 진실로 드러난 것처럼 우리도 침묵할 수 있습니다.

다른 사람에게 보이려 하지 말고 낮은 자세로 섬기면서 침묵하십시오.

다른 사람들이 우리를 기록된 것 이상으로 생각하지 못하도록 산 위 영광의 시간에 대해 침묵하십시오.

우리를 하나님께 인도하는 갈보리 길의 깊음에서 침묵하십시오.

우리를 법정에 넘기고, 가장 가깝고 사랑하는 사람을 끊어지게 만드는 인간의 간계를 하나님께 맡기고 침묵하십시오.

우리를 배신하는 사람들을 몸을 굽혀 섬기는 동안 침묵하십시오.

지극히 높으신 자의 은밀한 곳에 이미 계시되었지만, 아직 영적 통찰력이 부족하여 성취되기까지 잘 알지 못하고, 인침을 받지 못한 자들에게는 불가능하게 보이는 하나님의 깊은 일들에 대해 침묵하십시오.

우리의 모든 필요에 해답이신 그분의 영화로운 계시로 의심하는 마음과 의구심이 밝아질 그날까지 오직 하나님과 성령님만이 답을 주실 수 있는 질문들에 침묵하십시오.

하나님께 많이 쓰임 받는 종들이 서로 경쟁관계에 놓이게 될 때, 다른 사람에 의해 강요된 일촉즉발의 위기에서, 오로지 전적으로 자신을 내세우지 않고 침묵하십시오. 그리고 우리의 권리를 무시하고 아무런 설명도 없이 취소할 때 침묵하십시오.

그렇습니다, 침묵. 많은 것들을 비판하고 거짓으로 고발하는 종교인들의 심판대에서 침묵하십시오. 소책자

내 안에서 이러한 삶을 살게 하소서.

2월 4일
우리 안에 역사하는 죽음

"우리는 우리 자신이 사형 선고를 받은 줄로 알았으니 이는 우리로 자기를 의지하지 말고 오직 죽은 자를 다시 살리시는 하나님만 의지하게 하심이라" 고후 1:9

이 말씀은 그리스도의 모든 종들에게 중요한 말씀이지만 그 깊은 의미를 알기 위해서는 실제로 그분의 종이 되어야 합니다. 게으르고 안일한 삶에 만족하면 이 말씀의 의미를 충분히 이해하기 어렵습니다. 그리스도의 심장을 가진 종들과 신실한 증인들이 강력하게 체험한 말씀을 이해하는 것이 불가능합니다. 아무리 시간이 흘러도 말입니다.

공적인 영역에서 하나님께 가장 많이 쓰임을 받은 분들은 모두 다 은밀하게 깊은 물을 통과했습니다. 바울은 고린도 사람들에게 이렇게 말합니다. "사망은 우리 안에서 역사하고 생명은 너희 안에서 역사하느니라"(고후 4:12). 연약한 질그릇에서 역사하는 죽음, 그러나 생명의 강과 하늘의 은혜 그리고 영적 능력이 그가 섬기는 사람들에게 흘러 들어갑니다.

말로만 주장하는 가짜 교회가 사역의 신성한 실재에서 얼마나 벗어

났습니까! 바울, 기드온, 여호수아 같은 분들은 어디 있습니까? 그리스도의 종들의 특징이었던 깊은 마음의 탐구와 심오한 영혼의 훈련은 이 시대에 어디에 있습니까? 우리는 얼마나 경박하고, 세속적이고, 얄팍하고, 공허하고, 자기만족적이고, 방종적인가요! 작은 결과물에 대해 의문을 가질 필요가 있습니까?

우리 안에 역사하는 죽음에 대해 아는 것이 별로 없는데, 다른 사람 안에 역사하는 생명을 어떻게 볼 수 있겠습니까?

영원하신 성령께서 우리 모두를 감동시켜 주시기를 바랍니다! 주 예수 그리스도의 진실하고, 변하지 않으며, 헌신적인 종이 되는 것이 무엇인지를 더 강력하게 깨달을 수 있도록 우리 안에 역사하소서!

내가 되고 싶은 것을 요구하는 기도로부터,
세차게 밀어붙이는 바람으로부터, 막아 주소서.
내가 열망하는 것을 두려워하는 것으로부터,
더 높이 올라야 할 때 흔들리는 것으로부터,
나약한 자아로부터 자유케 하소서, 군대장이시여,
당신을 따르는 군사 되게 하소서.

부드러운 것에 대한 은은한 사랑에서,
나약하게 하는 쉬운 선택에서,
(무장된 정신이 아니고, 십자가로 가는 길도 아닌)
당신의 갈보리를 희석시키는 모든 것으로부터 나를 구하소서.
오, 하나님의 어린양이시여!

길을 인도하는 사랑을 나에게 주소서.
그 무엇도 낙심시킬 수 없는 믿음을 주소서.
실망에 지치지 않는 소망을 주소서.
불같이 타오르는 열정을 주소서.

내가 흙덩어리가 되어 가라앉지 않게 하소서.
나를 연료로 삼아 하나님의 불꽃을 피우소서.

에이미 윌슨 카마이클Amy Wilson Carmichael

자신에게 사형 선고를 내리십시오. 그러면 그리스도 안에 있는 부활 생명의 능력이 빛을 발할 것입니다!

2월 5일
하나님 앞에 펼쳐 놓기

"히스기야가 그 사자들의 손에서 글을 받아 보고 여호와의 전에 올라가서 그 글을 여호와 앞에 펴 놓고" 사 37:14

어떤 특정한 경우에 어떻게 행동을 취해야 할지 몰라서 큰 어려움을 겪는 경우가 종종 있지 않습니까? 당신이 가야 할 길은 평탄하지 않습니다. 당신의 길은 열려 있지 않습니다. 양쪽 길이 비슷해 보여 어떤 선택을 해야 할지 알 수 없습니다. 어쩌면 당신은 이쪽을 선택할 수 있지만, 혹시 잘못 선택하지는 않았는지 두려움을 느낄 것입니다. 반대쪽을 선택하지 않음으로 당신에게 해가 오지 않을까 두려워합니다.

당신은 이런 고통스러운 갈등 때문에 매우 애쓰고 있습니다. 거기에다가 만일 일단 전진하라고 강요를 받는다면 고통은 더욱 가중될 것입니다. 제가 당신에게 형언할 수 없는 안도감을 발견할 수 있는 길을 알려 드릴까요?

히스기야가 앗수르 왕의 글을 하나님 앞에 펴 놓은 것처럼, 당신 문제를 주님 앞에 가서 펼쳐 놓으십시오. 그러나 많은 사람들처럼 당신 자신을 속이지는 마십시오. 그들은 하나님께 조언을 구한다고 하지만 이미 자신의 의지에 따른 결정을 해놓았습니다. 당신은 오히려 간단하고 솔직하게 하나님이 인도해 주시기를 간구하십시오. 하나님의 기쁘신 뜻대로 인도함을 받기 위해 어린아이처럼 자신을 하나님께 내맡기십시오. 이것이 인도함을 받는 올바른 방법입니다. 하늘 보혜사의 축복을 깨닫는 길입니다. A. 옥센든 A. Oxenden

항복. 오직 그분의 인도를 받으며, 여전히 그분의 인도를 기다리십시오.

2월 6일
왜 기도하지 않습니까?

"믿는 자에게는 능히 하지 못할 일이 없느니라" 막 9:23

기도는 사람들을 믿음의 은행으로 데려다주고, 거기서 황금의 축복을 얻게 합니다. 어떻게 기도할지 생각해 보십시오! 기도하십시오! 기도라는 진짜 사업을 하십시오! 죽은 형식 따위는 집어치우십시오! 사람들이 오랜 시간 기도해도 자신이 구하는 것을 받지 못하는 것은, 진정으로 약속하신 방식으로 구하지 않았기 때문입니다. 만일 당신이 은행에 가서 한 시간 동안 은행원과 이야기를 하고도 현금을 수령하지 못하고 다시 나온다면 그게 무슨 소용이 있겠습니까? 찰스 스펄전 Charles H. Spurgeon

당신은 믿음의 기도를 드린 후에 하나님께 대답할 기회를 드린 적이 있습니까?

동이 틀 때까지 기다리면서 믿음의 마지막 기회를 놓치지 마십시오!

릴리아스 트로터 Lilias Trotter

만일 라디오의 가느다란 손가락이 멜로디를 튕길 수 있다면
밤에 그것을 대륙이나 바다 위로 던지세요.
꽃잎이 하얀 바이올린의 음표라면
산이나 도시의 소음을 가로질러 날아갑니다.
주홍빛 장미 같은 노래들이 옅은 푸른 공기로부터 선별된다면,

> 인간은 왜 하나님이 기도를 들으시는지 궁금해할까요?
>
> 에델 로믹 풀러Ethel Romic Fuller

> 기도로 모든 것이 완성되는데, 왜 시험에 굴복하십니까? 왜 통과할 때까지 계속 기도하지 않으십니까?

2월 7일
나는 부자다

> "그들이 부르기 전에 내가 응답하겠고
> 그들이 말을 마치기 전에 내가 들을 것이며" 사 65:24

시카고의 한 복음 집회에서 무디는 자기 동역자들에게 6천 달러를 위한 모금 기도를 요청했습니다. 그들은 오랜 시간 간절하게 기도했고, 그들이 무릎을 펴고 일어서기 전에 전보가 하나 날아왔습니다. 거기에는 이렇게 쓰여 있었습니다.

"노스필드에 사는 당신의 형제들이 당신이 시카고에서 사역을 하는 데 돈이 필요하다고 느꼈습니다. 우리는 헌금을 했고, 바로 6천 달러가 헌금 바구니에 찼습니다."

"이 일이 갑자기 되었으나 하나님께서 백성을 위하여 예비하셨으므로 히스기야가 백성과 더불어 기뻐하였더라"(대하 29:36).

서부 런던 선교회 일을 하던 휴 프라이스 휴스Hugh Price Hughes와 그의 동료들은 1000파운드가 필요했기에 한밤중에 모여 그것을 위해 기도했습니다. 간청하는 기도를 드린 지 얼마 지나지 않아 한 동료가 하나님께서 기도에 응답하셨다면서 눈물로 확신에 찬 감사 찬양을 드렸습니다. 휴스는 완전히 확신하지는 못했으나 두려워 떨면서 믿었습니다.

받은 액수를 발표하는 날에 계산해 보니, 990파운드가 짧은 시간에 독특한 방법으로 채워졌는데 10파운드가 부족한 것으로 나타났습니다.

휴스는 집으로 돌아와 아침에 급하게 나가느라 열어 보지 못한 봉투를 열어 보았는데, 그 안에는 10파운드 수표가 있었습니다!

나는 하나님의 은총을 믿습니다, 무한한 은총을. 그리고 한계도 없고, 끝도 없는 은총을.

댄 크로포드 Dan Crawford가 영원한 안식에 들어간 후 그에 대해 기록한 글이 있습니다. "댄은 하나님의 무한한 풍요로움과 기도의 능력 가운데 강한 믿음으로 사역을 하면서 살았습니다. 또한 댄은 모두가 똑같은 믿음을 가지고 있지는 않지만, 그러한 풍요로움과 능력은 아프리카에서도 누릴 수 있다고 느꼈습니다."

그는 하나님의 사역에 연합되고 있음을 강하게 느꼈습니다. 아프리카의 한 선교사가 하나님의 일을 하면서 댄 크로포드에게 "당신은 부자잖아요"라고 하면서 100파운드를 요청했습니다. 댄 크로포드는 그 주에 들어온 기부금이 선교사가 요청했던 금액과 같은 것을 확인하고 그 금액 전부를 바로 선교사에게 보냈습니다. 그러면서 그는 이렇게 답장했습니다. "부자라고요? 그렇습니다. 전 부자입니다. 여러분 모두는 믿음 안에서 부자입니다."

"하나님은 능히 모든 은혜를 너희에게 넘치게 하시나니 이는 너희로 모든 일에 항상 모든 것이 넉넉하여 모든 착한 일을 넘치게 하려 하심이라"(고후 9:8).

그분은 마지못해 그분의 꽃을 피웠을지도 모릅니다.
하나님이 금빛을 아껴서 일몰을 장식하셨을 수도 있습니다.
그분은 온 하늘에 작은 별 하나를 놓았을 수도 있습니다.
하지만 그분은 그토록 아낌없이 주셨는데, 나는 왜 안 되겠습니까?
A. C. H

2월 8일

돌들로 돌아가라

"유대인들이 안디옥과 이고니온에서 와서 무리를 충동하니 그들이 돌로 바울을 쳐서 죽은 줄로 알고 시외로 끌어 내치니라 제자들이 둘러섰을 때에 바울이 일어나 그 성에 들어갔다가 이튿날 바나바와 함께 더베로 가서 복음을 그 성에서 전하여 많은 사람을 제자로 삼고 루스드라와 이고니온과 안디옥으로 돌아가서" 행 14:19-21

무자비한 돌들이 그분에게 정확하게 던져졌습니다.
그분이 흘리는 피를 보고 죽은 줄로 생각할 때까지,
그들은 그분의 가치와 사역을 알지 못했고, 관심도 없었습니다.
그들은 그분의 말을 미치도록 싫어했습니다.

하나님께서 그를 만지셨습니다! 그를 일으키시고 새 생명을 주셨습니다.
그는 가슴에 억울해하는 고통을 불태우지 않았습니다.
그리고 시간이 흘러 필요할 때, 부르심에 따라
돌을 맞았던 곳으로 다시 돌아왔습니다.

아마 당신도 역시 잔혹한 돌을 맞았을 수 있습니다.
다시 그곳에 부르지 않는다면 기쁠지도 모르겠습니다.
당신을 기다리는 장면들을 뒤돌아볼 때,
삶을 헛되게 만드는 잔혹하고 날카로운 돌들이 있는 곳.

그렇지만 그분의 손가락이 "돌들로 돌아가라"를 가리킨다면
당신은 더 좋은 방법이 없다는 것을 알게 될 것입니다.
그리고 그곳에는 비할 데 없는 은총이 기다리고 있을 것입니다.
그리고 하나님 자신이 당신의 능력과 안식처가 되실 것입니다.

J. 댄슨 스미스 J. Danson, Smith

가장 숭고한 순간은 가장 고통스러운 상황과 아주 가까이에 있습니다. 우리는 그런 돌들이 있는 길로 돌아가는 것에 익숙한가요?

2월 9일

돌아가는 길

*"블레셋 사람의 땅의 길은 가까울지라도
하나님이 그들을 그 길로 인도하지 아니하셨으니"* 출 13:17

왜 아니겠습니까? 한 국가의 백성이 되기 위해서는 훈련과 연단이 필요했습니다. 그들은 블레셋 길에서 파멸되었을 수도 있지만, 광야 길을 통해서 천천히 훈련을 받아서 여정의 끝에서는 위대한 과업을 수행할 수 있었습니다. 그 길을 택하신 하나님은 지도자도 선택하셨습니다. 백성을 훈련시키실 하나님은 백성을 이끌 지도자도 훈련시키셨습니다.

역사와 경험을 통해 알 수 있는 사실은 우리를 위한 하나님의 길은 직선이 아니라, 구불구불한 길이라는 것입니다.

둘러가는 길이 가장 가까운 길일 수 있습니다! 조셉 파커 Joseph Parker

아펜니노 산맥을 넘어가는 길에는 70마일도 안 되는 거리에 있는 43개의 터널을 통과하는 멋진 철도가 있습니다. 거의 매분마다 하나의 터널을 통과하지요! 이는 여행객이 목적지에 도달하기 위한 최단의 길입니다. 만일 누군가 그 터널이 싫어서 첫 번째 역에서 내려 다른 길을 찾기 위해 산을 오른다면 분명 길을 잃고 끝내 굶어서 죽을 수도 있습니다.

하나님의 길도 똑같다는 사실을 믿을 수 있습니까? 하나님의 길은 터널을 통과해야 합니다. 긴 터널들도 있지만 알고 보면 가장 좋고 안전한 길입니다. 어두운 터널만 있는 것은 아닙니다. 높이 치솟은 바위가 있는 지역에서는 멋진 풍광이 펼쳐집니다! 아름다움으로 가득 차 있고, 어둠과 어둠 사이를 잘 조화시켜서 사랑과 자비의 전망을 보여 줍니다.

하나님께서 그 길로 인도하신다면 구불구불한 길을 두려워하지 마십시오. 하나님께서 지시하는 길로 가십시오! 하나님은 그분의 길을 통해서만 그분의 뜻을 성취하십니다.

우리는 구불구불 길을 따라 높이 올랐습니다.
언덕의 위력을 깨트리기 위해
구불구불하게 만들어졌다는 것을 깨달을 때까지
우리는 방황했습니다.

똑바로 올라가는 길은
여행자의 발로 밟기에는 너무 가파릅니다.
대신 구불구불하게 디자인된 길이
현명하다고 생각합니다.

우리 일상에서도 마찬가지입니다.
오직 사랑으로 계획된
구불구불한 길을 걸어야만 한다는 것을
이해하지 못합니다.

구불구불한 길에 대해 불평을 늘어놓지 마십시오.
언덕의 위력을 깨트리기 위해
구불구불한 길로 우리를 집으로 인도하는 것이
우리 아버지의 뜻입니다.
무명

단순하게 하나님을 따르는 것이 진정한 삶의 철학입니다.

2월 10일

또 다른 보혜사

"그가 또 다른 보혜사를 너희에게 주사 영원토록 너희와 함께 있게 하리니" 요 14:16

사랑하는 이여, 당신은 버림받지 않습니다. 당신 주변에는 고독과 평화가 있고, 모든 것 위에 하나님이 계십니다. 날개를 접은 순백의 비둘기처럼 그분의 감미로운 메신저인 평화가 당신 가까이에서 기다리고 있습니다. 당신은 당신 영혼에 부드럽게 속삭이는 목소리를 듣습니다. 그것은 모든 걱정을 주님께 맡기라는 영원하신 분의 속삭임입니다. 긴 겨울 날들을 지나며 그분의 평화가 당신과 당신에 속한 모든 것들에 함께하기를 빕니다!

하나님의 위로

세상은 점점 더 외로워지고, 많은 눈물이 있고,
나는 움켜잡으려고 손을 뻗치지만 헛수고입니다.
내 삶의 보물들을 여기에서 붙들려고 했었는데,
모든 아끼는 것들이 내 손아귀에서 빠져나가는 것 같습니다.

오, 내 마음이여! 그렇게 말하지 마세요, 한 분이 곁에 계시잖아요.
그분의 사랑은 온전히 모두 당신 것입니다.
그 사랑은 변함없고, 무슨 일을 당하더라도
당신을 떠나지 않을 것입니다. 당신은 혼자가 아닙니다!

하나님께서 나의 보물을 지키시고 기쁘고 밝은 날에
갈망하는 나의 눈으로 그것들을 다시 보게 하실 것입니다.
그런 믿음과 소망이 나를 끝까지 응원할 것입니다.
그리고 그들의 가장 사랑스러운 자매인 사랑이 내 고통을 달래 줍니다.

그러므로 하나님의 충만한 위로의 잔을 들고
흘러넘치는 감사를 드립시다!
충성스럽게 섬기는 나의 삶으로,
하나님이 내게 주시는 기쁨을 다른 사람에게도 전하게 하소서.

2월 11일

슬픔을 노래로

*"주 여호와는 나의 힘이시라 나의 발을 사슴과 같게 하사
나를 나의 높은 곳으로 다니게 하시리로다"* 합 3:19

「대리석의 목양신」Marble Faun(나다나엘 호손의 소설—역자)에서 실연을 당한 가수 미리암은 억눌린 영혼의 슬픔을 노래로 토해냈습니다. 고통으로 사나운 비명을 질러내는 것보다는 노래하는 것이 확실히 더 낫습니다.

슬픔에 짓눌려 누워 있는 것보다 시련의 때에 승리의 노래를 부르는 것이 더 고귀합니다. 노래는 울부짖는 소리보다 세상을 축복합니다. 또한 슬픔과 고통을 노래에 담는 것은 우리 마음에도 좋습니다. "우리는 노래로 극복할 것입니다."

"우리 목사님은 종달새 그리스도인입니다"라고 자랑스럽게 말하는 사람이 있습니다. 예쁜 새라니! 종달새는 아침, 점심, 저녁에 노래합니다. 꽃이 만발한 잔디에서 솟아오르며 노래하고, 땅이 눈으로 하얗게 덮일 때도 노래합니다. 얼마나 멋진 노래인가요! 전혀 고통에 찌들지 않은 풍부한 멜로디와 무한히 감미로운 음색입니다.

우리가 믿음의 완전한 진리와 축복을 깨달을 수만 있다면 오르락내리락하면서도 끊임없이 노래할 것이며, 계속 올라가다 태양 너머로 올라가 더 이상 내려오지 않고 영원한 빛 속으로 사라질 때까지 노래할 것입니다.

나의 모든 슬픔을 세상을 위한 음악으로 만들어 주소서!

당신의 문제 trouble 를 보물 treasure 로 바꾸고,
슬픔 sorrows 을 노래 song 로 바꾸세요.
그러면 모든 사람이 그 값어치를 알 것입니다.
당신은 그리스도에게 속했기 때문에.
몹시 화나게 하는 상황에서 당신의 밝은 행동을 보고
그들은 능력의 구세주가
행복을 줄 수 있는지 물어볼 것입니다.

감옥에 갇힌 바울과 실라,
발에 차꼬가 채워졌어도 영광의 주님을 찬양합니다.
지진이 바위를 흔들어댈 때까지,
그들의 노래에 동참한 사람은 아무도 없어도,
지진은 "아멘" 하고 고함치며 화답했습니다.
그러자 기쁘게도 사슬이 스르르 풀렸고,
그들의 노랫소리가 다시 울렸습니다!

오, 찬양할 이유가 전혀 없어 보여도
우리 함께 주님을 찬양합시다.
어둠이 하나님의 길을 가릴 때에도
믿음으로 가장 감미로운 찬미를 올립시다.
그분이 자신의 "새 창조물"을 가져오십니다.
거기서 바로 "옛것"이 끝납니다.
모든 것이 차갑고 죽은 것처럼 느껴질 때,
구원의 하나님을 찬양합시다.

내 영혼아, 깨어 계속 노래하라.
슬픔이 변하여 노래가 되도록.

아서 부스-클리본 Arthurs S. Booth- Clibborn

모든 한숨이 변하여 할렐루야가 되게 하소서! 오토 슈토크마이어Otto Stockmayer

"대궐 문 앞까지 이르렀으니 굵은 베 옷을 입은 자는 대궐 문에 들어가지 못함이라"(에 4:2).

2월 12일

주는 나의 등불

"여호와여 주는 나의 등불이시니 여호와께서 나의 어둠을 밝히시리라" 삼하 22:29

그리스도인으로서 우리는 아무것도 하지 않고 가만히 누워 있는 것이 가장 안전할 때가 있습니다. 홍해의 난관 가운데 우리 구세주 하나님의 음성이 들립니다. "가만히 서서 여호와께서 오늘 너희를 위하여 행하시는 구원을 보라"(출 14:13). 대적의 면전에서 '가만히 서 있는' 것은 어려운 일입니다. 여호와는 살아계신 하나님이십니다. 구름과 폭풍은 그분 발밑에 있고 그분의 보좌는 견고합니다.

찰스 스펄전은 이렇게 말했습니다. "내가 어둠 속에 있습니까? 그러면 오, 주님, 당신은 나의 어둠을 밝혀 주실 것입니다. 머지않아 모든 것이 바뀔 것입니다. 문제들이 점점 악화되고 삭막해지고 구름 위에 구름이 쌓일 수 있습니다. 그러나 너무 어두워서 나의 손을 볼 수 없더라도 나는 여전히 주님의 손을 볼 것입니다."

내 안에서, 친구들 가운데서, 온 세상에서 빛을 찾을 수 없을 때, 주님은 "빛이 있으라" 하셨고 빛이 있었습니다. 주님은 똑같이 다시 말씀하실 수 있습니다. 그분은 여전히 빛 가운데서 제게 말씀하실 것입니다. 날이 벌써 새고 있습니다. 이런 감미로운 글은 샛별처럼 빛납니다. "주님, 당신은 저의 등불이십니다. 주님은 나의 어둠을 빛으로 바꾸십니다."

구름은 지나가고, 별들은 남습니다!

내 등불은 산산조각이 났고, 나는 빛을 잃었습니다.

내 등불은 산산조각이 났고, 밤은 너무 캄캄합니다.
그러나 내 눈에는 별이 빛나고 있습니다.
내 등불은 산산조각이 났지만, 별 하나가 밝게 빛나기에
그 불빛으로 똑바로 갈 수 있습니다.
내 등불은 산산조각이 났지만, 별 하나가 계속 빛을 내기에
나는 여전히 싸울 수 있습니다.
내 등불이 산산조각이 나서 생긴 곤경은 정말 슬픕니다.
내 등불이 산산조각이 났으나 나는 높이 도약할 것입니다.
거기에 별 하나가 계속 비추고 있으니까요!

빌헬미나 스티치 Wilhelmina Stitch

2월 13일

십자가로 측량하라

*"암소가 벧세메스 길로 바로 행하여 대로로 가며
갈 때에 울고 좌우로 치우치지 아니하였고"* 삼상 6:12

그 암소들에게는 블레셋 사람이 만들어 씌운 나무 멍에 외에 다른 멍에가 있었는데, 그것은 하나님에 의해 통제를 받았습니다. 그들이 인내심을 가지고 함께 걸을 수 있었고 새로운 길을 선택할 수 있었던 것은 바로 그 멍에 때문이었습니다. 에그론에서 태어나고 자란 암소들은 익숙한 들판과 구유를 뒤로하고 한 번도 가본 적이 없는 벧세메스로 향했습니다.

왜 그랬을까요? 하나님이 그렇게 하셨기 때문입니다.

사람이 새로운 길을 선택하고 그 길을 따라 하늘나라까지 갈 때, 그렇게 인도하시는 분은 분명 하나님이십니다. 그들은 그리스도를 알았고 성령으로 났을 뿐만 아니라 성령으로 거듭나고 하나님께 감동을 받은 사람들로 새로운 본능을 갖습니다.

자연의 이치는 그 암소들을 자기 새끼인 송아지들한테 돌려보내기 마련입니다. 그런데 사람이 하나님 나라를 위해서 자기 아버지나 어머니를 버리고, 생명이나 생명보다 더 소중한 사랑을 포기하게 만드는 데에는 어떤 특별한 것이 있습니다.

누구든지 지극히 높으신 분의 영에 감동된 자는 그분을 뿌리치거나 의심하거나 부인할 수 없습니다.

그것은 고통을 의미합니다. 그리스도의 순교자들은 살든지 죽든지 그분의 발자취를 따르는 것에 기뻐했지 고통에 무감각했던 것은 아닙니다.

암소들이 가는 내내 울었습니다. 그것은 그들이 새끼 송아지들을 저버렸지만, 결코 잊지 않았다는 증거입니다. 암소들의 울음은 하나님의 증거입니다. 하나님이 자기 백성에게 희생을 요구하시는 것은 우리가 생각하듯 우리를 꾸짖는 것이 결코 아닙니다.

희생의 보상은 더 완전한 희생에의 요구입니다. 주님은 영적 섬김을 결코 지상의 화폐로 지불하지 않으십니다. 암소들을 목적지로 데려간 충동은 큰 돌 옆에서 멈추었고, 그곳은 제단이 되었습니다. 벧세메스의 추수꾼들이 기뻐하며 법궤를 영접했지만 하나님의 손아래 있었던 암소들을 위해 만찬을 베풀거나 화관을 씌워 주지 않았습니다.

오히려 봉사 후에 희생이 뒤따랐습니다. "무리가 수레의 나무를 패고 그 암소들을 번제물로 여호와께 드리고"(삼상 6:14). 성경의 이 이야기는 우리의 활동적인 삶이 과거의 일이 되더라도 여전히 커다란 포기로 하나님께 자신을 드릴 수 있을 때 우리를 기쁘게 합니다. 하나님의 가도
God's Highway

십자가로 모든 것을 측량하십시오!

2월 14일

셀라

"그가 나를 푸른 초장에 누이시며" 시 23:2

그리스도인은 봄비가 내리는 땅처럼 가만히 누워서, 하나님 말씀에 대한 체험의 교훈과 기억들을 삶의 뿌리 깊은 곳까지 내려 영혼의 깊은 저수지를 채울 필요가 있습니다.

손을 바쁘게 움직이지 않는다고 해서 언제나 잃어버린 날들이 아닙니다. 비 오는 여름날에 농부가 집 안에 머무르고 있다고 해서 잃어버린 날이 아닙니다. 위대한 목자는 그의 종을 그곳에 눕게 합니다.

어떤 사람들은 자신들이 하나님을 섬기고 있다고 생각할 때 너무 바빠서 멈출 수가 없다고 말합니다. 그때나 지금이나 하나님은 그런 사람을 쉬게 하십니다. 그는 초원을 너무 빠르게 달리다 보니 초원의 푸르름을 보지 못했고 그 달콤한 맛도 느끼지 못했습니다. 하나님은 그 모든 것을 잃으라는 것이 아닙니다. 그래서 그를 누워 쉬게 하시는 것입니다.

많은 사람들이 강제로 휴식을 취한 것에 대해 하나님께 감사했습니다. 그 기간에 그들은 하나님 손안에서 가만히 누워 하나님의 기쁨을 기다리면서 말씀묵상의 달콤함을 배웠습니다.

영혼은 급조될 수 없습니다!

사랑하는 이여! 하나님은 서두르지 않으십니다.
그분이 당신을 위해 선택하신 일,
그분이 당신에게 다른 할 일을 주신다면, 기다릴 수 있겠어요?
만일 그분이 고요함과 휴식을 위해,
당신의 일로부터 당신을 부르신다면,
침묵 속에서, 그분의 명령을 가장 수행할 수 있음을 명심하세요.

당신이 그렇게 찌푸린 얼굴로 초조해한다면,

새로운 교훈을 찾기 위해 새로운 부르심에 등을 돌리면,
그분께 기쁨이 될 수 없습니다.
오래된 익숙한 작업은 그분의 손으로 명령되었기에 소중했습니다.
그러나 이제는 와서 다른 길로 가세요.
그것이 바로 그분이 계획하신 것입니다.

어제는 그분이 당신을 거기로 인도하셨지요.
그리고 이제는 그분이 당신을 여기로 인도하십니다.
그러면 내일의 일은 어떻게 될까요?
내일에 분명해질 것입니다.
그러기에 인내심을 갖고 성실하게 그날의 일정을 실행하세요.
사랑하는 이여! 하나님은 서두르지 않으십니다.
그분의 일은 모두 이루어질 것입니다.

에디스 힉먼 디볼 Edith Hickman Divall

반드시 셀라 Selah 입니다!

2월 15일

온유함

"오직 성령의 열매는 사랑과 희락과 화평과
오래 참음과 자비와 양선과 충성과" 갈 5:22

어느 날 한 남자가 경매에서 싼 가격에 토기 꽃병을 샀습니다. 그는 그 꽃병에 값비싼 장미향유를 넣었습니다. 오랫동안 그 꽃병은 이 향수를 담고 있었는데, 향수가 비워졌는데도 달콤한 향기가 깊이 배어 있어서 향기가 오래 남게 되었습니다. 어느 날 그 꽃병이 떨어져 산산조각이 났는데, 모든 조각에서 여전히 장미 향기가 났습니다.

우리는 모두 흔한 진흙으로 만든 평범한 질그릇이지만 그리스도의 사랑이 우리 마음에 담기면 우리 인생은 매력적이고 그분처럼 사랑스러워질 것입니다. 이것이 바로 사랑받는 제자(요한)가 사랑 안에서 교훈을 받고 성장한 방식입니다. 그는 그리스도의 품에 기댔고 그리스도의 온유함이 그의 일생을 채웠습니다.

사랑하는 주님의 품에 안긴 요한처럼,
그렇게 나는 기대어 안식을 얻을 것입니다.
깊은 바다 속 빈 조개껍데기,
그렇게 나는 가라앉아, 그분으로 충만해질 것입니다.

높고 푸른 하늘에서 노래하는 새처럼,
나는 날아올라 그곳에서 노래할 것입니다.
비도 폭풍우도 문제가 되지 않습니다.
온 공기가 주님으로 가득할 때이기에.

일상 업무가 쌓여 있더라도,
땅의 먼지는 구름과 같으며,
말의 소음 가운데 나의 안식처이신 주님,
당신의 요한은 당신 품에 안길 것입니다.

에이미 카마이클 Amy Carmichael, "찔레에서 나온 장미" Rose From Brier

어렵게 성장하는 것으로부터 나를 구하소서!

2월 16일

위대한 직공

"우리가 알거니와 하나님을 사랑하는 자 곧 그의 뜻대로 부르심을 입은 자들에게는 모든 것이 합력하여 선을 이루느니라" 롬 8:28

그는 베틀에서 직물을 짜고 있었습니다.

"당신이 만들고 있는 양탄자는 이상한 모양입니다!"라고 방문객이 말했습니다. "몸을 굽혀 아래를 내려다보세요"라는 대답이 돌아왔습니다. 남자는 몸을 굽혔습니다. 도형 무늬는 반대편에 있었고, 그 순간 그의 마음에 하나의 빛이 비쳤습니다.

위대한 직공은 자신의 도형을 바쁘게 짜고 있습니다. 조급해하지 마십시오. 당신은 그 그림의 일부이고, 그분은 결코 실수하지 않으신다는 것을 아는 것으로 충분합니다. 다가올 날의 빛을 기다리십시오. 반대편을 살짝 엿보십시오. 계속 소망을 가지십시오!

흰색과 검은색, 회갈색,
베 짜는 직공은 우리입니다.
모든 직공에게 하나의 황금 가닥이
마스터의 손에 의해 신뢰 가운데 주어집니다.
베 짜는 직공은 우리입니다.

우리가 짜는 것을 우리는 모릅니다.
베 짜는 직공들은 우리입니다.
우리가 보는 실타래, 그 패턴은 오로지,
마스터 직공에게만 알려져 있습니다.
베 짜는 직공들은 우리입니다.

존 옥슨햄 John Oxenham

인도에서 만들어진 많은 아름다운 양탄자 중에는 음악을 만드는 것처럼 직조된 것이 있습니다. 디자인은 한 세대에서 다음 세대로 전수되고 제작 지침은 악보와 다를 바 없이 되어 있습니다. 사실 그것은 우연한 유사성 그 이상입니다. 각 양탄자에는 각기 고유한 음색이 있기 때문입니다. 수천 개의 실타래가 거대한 나무틀에 뻗어 있고 그 뒤 장의자에 작업자가 앉습니다. 담당 마스터는 각 마디에 대한 지침을 기이한 성가 음조로 읽는 책임이 있습니다. 각 색상마다 고유의 독특한 음표가 있습니다.

이 이야기는 우리에게 자신의 삶의 그물을 생각나게 합니다. 우리 모두는 직공이고 완성된 틀에 들어갈 실타래 속에서 일합니다. 그러나 틀이 있다고 확신하는 사람들은 복이 있습니다. 지휘하는 목소리를 듣고 신뢰하는 사람들, 변화하는 실을 음악으로 만드는 사람은 복이 있습니다. W. J. 하트 W. J. Hart

떨어진 실을 나는 찾지 않을 것입니다. 나는 직물을 짤 것입니다. 조지 맥도널드 George MacDonald

2월 17일

안식

"여호와께서 이르시되 내가 친히 가리라 내가 너를 쉬게 하리라" 출 33:14

무엇이 안식입니까? 자기 중심의 삶을 벗어나 그리스도 중심의 삶으로 나아가는 것입니다. 가만히 누워서 그분이 당신을 끌어올리도록 하십시오. 두 손을 포개고, 그분의 옷자락에 얼굴을 가리고, 그분이 당신 영혼을 식히고 달래고 치료하는 손을 펴서 모든 서두름과 열기를 끌어내시도록 하십시오. 당신은 중요한 일을 하는 그분의 일꾼이지만, 책임감으로 가득한 그분의 메신저가 아니라 아버지의 온유한 명령을 받은 아주 작은 아이에 불과하다는 사실을 알아야 합니다. 마치 어린아이가 망가진 장난감을 자기 엄마에게 가져오듯이, 분주한 계획과 야망을 가지고 나아와 그분의 손에 맡기십시오. 기다림으로 그분을 섬기며, 서두름을 멈추고 "거룩하다. 거룩하다. 거룩하다" 찬양함으로 그분의 얼굴을 잃지 않도록 하십시오. 그분을 따르는 법을 배우십시오. 그러나 명령을 앞지르지 마십시오! 당신의 자아 안에서, 자아를 위해 사는 것을 멈추고, 그분 안에서 그분을 위해 사십시오. 당신 자신의 영광보다 그분의 영광을 더 사랑하십시오. 그분의 생명의 기운이 빛나고, 그 빛을 발할 수 있는 투명한 매개체가 되십시오. 이것이 헌신입니다. 이것이 안식입니다.

당신의 달콤하고 사랑스러운 하나님의 뜻,
나의 닻, 나의 요새,
나의 영혼은 조용하고 편안하게 거주합니다.
그 안에 나를 숨기고 가만히 있습니다.

당신의 아름답고 달콤한 의지, 나의 하나님,
숭고한 품에 굳건히 자리 잡습니다.
포로가 된 나의 의지는
즐거운 새처럼 은혜의 왕국에 갇혔습니다.

하나님의 뜻에 나를 맡기겠습니다.
어린아이가 어머니의 품에 안긴 것처럼.
비단 소파도 아니고, 부드러운 침대도 아닌데,
어찌 나에게 이렇게 깊은 안식을 줄 수 있을까요.

테르스테겐Tersteegen

2월 18일

엉킨 실타래

"내가 너보다 앞서 가서 험한 곳을 평탄하게 하며
놋문을 쳐서 부수며 쇠빗장을 꺾으리" 사 45:2
"내게 어찌 건질 능력이 없겠느냐" 사 50:2

실타래가 엉켜서 도저히 풀 수 없다면 완전한 지혜이신 하나님을 바라보고 얽힌 것을 당신 손에서 그분께 넘겨드리십시오. 당신에게 불가능한 것이 전능하신 분과 함께할 때 가능해집니다!

작은 아이가 어머니의 무릎에 앉아서
모직물 가닥과 빛나는 바늘로
바느질을 똑바로 하기 위해
작지만 앙증맞은 손으로 열중입니다.

하지만 곧 복잡한 매듭이 나타납니다.
일의 흐름을 방해하고 힘들게 하는 것은 무엇인가요?
참을성 없는 손가락이 매듭을 당기고 찢으면
엉키면서 더 나빠집니다.

그런데 더 현명한 손을 통해서
몹시 거칠었던 곳이 이렇게 평탄해지다니요!
이제 작업의 요구 사항이 얼마나 쉬워졌는지,
이런 교훈에서 얻는 것이 얼마나 놀라운지요!

이처럼 우리는 혼란스러운 것을 하나님께 가져옵니다.
인간의 이성과 완고한 의지가
지배하기 위해 가끔 큰소리를 외쳐대도
우리는 당신의 "평화, 고요함"만을 듣습니다.

에디스 쇼 브라운 Edith Shaw Brown

우리의 문제들 중 어떤 것들은 날이 갈수록 더욱 엉켜서 문제를 바로잡을 방법이 전혀 떠오르지 않습니다! 아마도 우리가 문제를 너무 많이 손에 쥐고 있었기 때문일 겁니다. 따라서 우리가 줄의 시작이나 끝을 찾지 못하거나, 매듭의 가닥을 올바른 위치에서 푸는 방법을 찾지 못하는 것은 전혀 이상한 것이 아닙니다. 개인적인 문제로 자기 아버지에게 편지를 쓴 한 청년이 이렇게 말했습니다. "저는 어제 다시 한번 이 모든 문제를 주님 손에 의탁했습니다. 이 모든 것에서 저를 인도해 달라고 간청했습니다. 어떻게 낚싯줄을 모두 뒤엉키게 했는지 생각해 봅니다. 줄을 뽑을수록 더 심하게 엉켰습니다. 결국, 저는 모든 것을 당신 손에 넘겨드립니다. 당신께서 그 모든 것을 매끄럽게 하실 것을 믿습니다. 그러기에 지금은 전반적으로 저의 문제를 그분께 넘겨드립니다. 그리고 줄을 그분께 넘겨드리기 전에 너무 많이 당기지 않는 법을 배우려고 노력하고 있습니다." 당신은 오늘 당신을 괴롭히는 그 문제의 줄을 당기고 있습니까? 그냥 하늘 아버지께 넘기십시오. 그리고 당신을 괴롭히는 엇갈림과 매듭으로 뒤엉킨 불가능한 것들을 그분이 얼마나 신속하고 사랑스럽게 풀어주시는지 보십시오! 선데이 스쿨 타임즈 Sunday School Times

무심코,
그리고 참을성 없는 손으로,
우리가 엉켜놓은 계획들을
주님이 이루셨습니다.

그리고 우리가 울 때,
고통 가운데 그분이 말씀하십니다.
"사랑하는 자여,
내가 매듭을 푸는 동안 조용히 기다려라."

2월 19일

위로자

"상심한 자들을 고치시며 그들의 상처를 싸매시는도다
그가 별들의 수효를 세시고 그것들을 다 이름대로 부르시는도다" 시 147:3-4

유럽에서 가장 위대한 예술가 중 한 사람이 〈위로자〉Consoler라는 그림을 그렸습니다. 그것은 영국 시골집 침실 그림이었습니다. 침대 위에는 한 살 가량의 어여쁜 작은 아기가 앉아 있는데, 장난감 병정을 몸에 안고 있습니다. 그 아기는 자신에 대해 아무것도 모르고 있습니다. 아기의 등 뒤 벽에는 군인 복장을 한 아기의 젊은 아버지의 그림이 있습니다. 무릎을 꿇고 손으로 머리를 감싼 젊은 미망인은 검정색의 옷을 입고 흐느끼며 울고 있습니다. 세상에서 가장 슬픈 그림 가운데 하나인 이 그림은, 아버지를 잊어서 전혀 알지 못하는 아기와 상한 가슴으로 무겁게 짓누르는 삶을 살아야 하는 젊은 미망인을 담고 있습니다. 그러나 그 아름다운 얼굴에 하늘의 빛이 비치고 그녀의 어깨에 사랑스럽게 손을 얹으시는 분이 그녀의 뒤에 계십니다. 우리는 그 위대한 예술가가 이 그림을 〈위로자〉라고 불렀다는 사실에 전혀 놀라지 않습니다.

상한 마음에 치유의 손을 얹고, 그리고 다른 하나는 별 위에 얹으신
놀라우신 우리 하나님은 수 마일 멀리 떨어진 곳을 보시니
그것들은 그렇게 멀리 떨어진 것 같지 않습니다.

오, 그것은 우리를 울게 하고, 웃게 하고, 노래하게 합니다.
비록 그것이 우리 능력에 벗어나더라도,
그분은 가련하게 짓눌린 상처를 싸매시고, 다시 온전하게 만드십니다.

치유된 새 마음에 빛나는 무엇이 있기에,
시편 기자에게는 별을 생각하게 만들었고,

태양이나 번갯불의 광채처럼 세상의 경계를 재빠르게 지나쳤을까요?

고독한 죽음의 수레 앞 흐느끼는 낮은 자리에서,
회오리바람의 자동차를 타고 비상합니다.
한 구절은 가난한 상한 마음에 관한 것이고,
그다음은 별들에 관한 것입니다.

우리의 한숨과 눈물에 소망과 도움이 있습니다.
찔리고 속상해하는 상처받은 이들을 위해
우리 하나님은 천체를 운행하시면서 집에 계시며,
상한 마음과 함께 집에 계십니다.

매니 페인 퍼거슨 Manie Payne Ferguson

아우구스티누스는 이렇게 말했습니다. "하나님께서 당신의 상처를 덮게 하십시오. 상처를 덮는 것을 부끄러워하면 의사가 오지 않을 것입니다. 의사가 덮게 하십시오. 의사가 덮어야 상처가 치유됩니다. 상처 입은 사람이 덮으면 그 상처는 은폐됩니다. 치유는 누구에게서 옵니까? 모든 것을 아시는 그분에게서 옵니다."

위대한 연인이 폭풍 뒤에서 가까이 다가옵니다,
부서진 산꼭대기에서 부드럽게 속삭입니다.
깨끗하고 신선한 향기로 그들의 상처를 치유합니다.

위대한 연인은 강한 바람을 맞은 나무의 고통을 알고 있습니다.
그래서 나무의 부러진 팔들을 부드럽게 묶습니다.
위대한 연인은 많은 폭풍우를 견뎌냈습니다.

매튜 빌러 Matthew Biller

2월 20일

틈을 막는 자

"이 모든 사람은 토기장이가 되어 수풀과 산울 가운데에 거주하는 자로서 거기서 왕과 함께 거주하면서 왕의 일을 하였더라" 대상 4:23

당신의 처소가 좁습니까?
조심해서 다루세요!
그분이 당신을 거기에 있게 하셨습니다.

당신의 처소가 넓은가요?
조심해서 지키세요!
그분이 당신을 거기에 있게 하셨습니다.

당신의 처소가 어디든지,
당신 혼자의 것이 아닙니다. 그분의 것입니다.
그분이 당신을 거기에 있게 하셨습니다.

존 옥슨햄 John Oxenham

하나님께서 무한하신 돌봄과 선견지명으로 당신이 있어야 할 최고의 장소를 선택하셨기 때문에, 당신은 그곳에서 세상을 위한 최선의 일을 할 수 있습니다. 당신은 외로울지 모르지만, 어둠 속에서 위험한 돌계단을 내려갈 때 디딜 곳을 밝혀 주는 램프처럼 불평할 권리가 없습니다. 집 주인은 당신이 겸손하게 서 있도록 아주 작은 구석에 놓아둘 수도 있습니다. 그러나 그것이 그분의 축복의 뜻이 담긴 것이라면 그것으로 충분합니다. 언젠가 그분이 그곳으로 지나가실 것입니다. 그분이 잃어버린 자를 찾아 구원하러 가실 때, 당신은 그분의 발걸음을 밝힐 것입니다. 아니면 폭풍우가 몰아치는 바다 위에서 등대처럼 큰 빛을 밝힐 것입니다. 잘 알지도 못하는 상태에서 안드레는 자기 형제 베드로를 예수님에게 데리고 왔지만, 그때는 베드로의 삶에 불을 붙이는 순간이었습니다.

모든 일꾼의 주인이 나를 밭으로 부르실 때,
나는 그분을 섬길 도구들을 찾으러 가볍고 행복하게 갔습니다.
고귀한 나의 취향에 맞는 높은 지위를 기대하면서.
그런데, 그분은 내게 황폐한 땅에서 잡초를 뽑고 물을 주라고 하셨습니다.

산울타리에서 어슬렁거리는 일! 감사할 것 하나도 없는 허드렛일!
그러나 나는 헛된 불만을 억누르고 만유의 주님을 위해 일했습니다.
힘들게 얻은 밤의 휴식에 잠길 때까지 얌전하게 일했습니다.
나는 염려했지만 꿈속에서 "이 사람은 최선을 다한다"는 말을 들었습니다.

몇 년이 지난 후 더 이상 "크다" 혹은 "작다"는 의미가 없어졌습니다.
만유의 주님께서는 오직 신실한 섬김만을 헤아리십니다.
그리고 이제 나는 인내로써 경작하면 가장 황량한 흙덩어리도
하나님 마음에 완벽하게 계획된 이상적인 소출이었음을 압니다.

당신은 기꺼이 배의 "틈을 막는 자"가 되겠습니까?(27:9)

2월 21일

믿음의 기회

*"형제들아 내가 당한 일이 도리어 복음 전파에 진전이 된 줄을
너희가 알기를 원하노라" 빌 1:12*

어려운 과정을 거치지 않고서는 신뢰하는 삶을 배울 수 없습니다. 그것들이 올 때, 야곱처럼 "다 나를 해롭게 함이로다"(창 42:36)라고 말하지 맙시다. 차라리 어려움의 언덕에 올라가 "이것들은 믿음의 기회들이

다"라고 말합시다.

나는 내 인생에서 힘든 것들을 잃지 않을 것입니다.
오래 전 내가 걸려 넘어졌던 바위들,
슬픔과 두려움, 실패와 실수,
그것들은 믿음과 인내를 시도하고 시험한 것들입니다.

나는 지금 그것들이 필요합니다.
그것들로 두꺼운 벽을 만들었고,
그 위에 단단한 주춧돌을 세웠고,
더 높은 계단으로 오르기 위해서
내 찬양의 집에 높은 탑을 쌓습니다.

길가의 잔디는 지친 발에 부드럽고
내가 희미하게 밟았던 초원은 시원하며
쉬려고 누운 나무 아래서 달콤하게
별모양 꽃들의 향기를 맡습니다.

그러나 이것들 위에 내가 안전한 집을 지을 수 없습니다.
모래도 풀도 지진의 충격을 견디지 못합니다.
나는 언덕의 거칠고 단단한 바위가 필요합니다.
영원한 반석 위에 내 집을 짓기 위해서.

애니 존슨 플린트 Annie Johnson Flint

위기는 성품을 드러냅니다. 우리가 시험에 들 때 우리 성품의 숨겨진 자원들이 모습을 드러냅니다.

2월 22일

십자가

"우리가 낙심하지 아니하노니" 고후 4:16

　어느 날 한 동식물학자가 정원에 나가 아주 비정상적으로 크고 아름다운 나비가 큰 고통에 휩싸인 채 퍼덕이는 것을 관찰했습니다. 마치 무엇에 붙잡혀서 스스로 빠져나오지 못하는 것 같았습니다. 소중한 것을 놓아 줄 생각으로 그 동식물학자는 나비의 날개를 잡고 풀어 주었는데, 그 나비는 불과 몇 피트밖에 날지 못하고 땅에 떨어졌습니다.
　그는 그 가엾은 나비를 실험실로 가져와 현미경 아래 놓고 죽음의 원인을 알아냈습니다. 그곳에서 그는 작은 동맥에 흐르는 생명의 피를 발견했습니다. 자연은 그것을 번데기에 고정시켜 날개가 더 강해지도록 퍼덕이게 내버려 두었습니다. 꽃과 정원에서 이런 신비로운 변화를 거치는 것은 근육이 발달하는 과정입니다. 나비가 충분히 오랫동안 퍼덕였다면 아마 넓은 세상을 날 준비를 마친 상태로 나왔을 것입니다. 그러나 빠른 해방이 아름다운 꿈을 빼앗아 갔습니다.
　하나님의 자녀들도 마찬가지입니다. 하나님 아버지는 경험과 진리를 통하여 자녀들이 영역을 넓혀 가기를 원하십니다. 그분은 어떤 형태의 투쟁이든 우리에게 임하도록 허용하십니다. 우리는 스스로 극복하며 자유로워집니다. 우리는 고통 속에 울부짖으며 때로는 그분이 우리를 풀어 주시지 않는 것을 잔인하다고 생각합니다. 그분은 우리가 재차 퍼덕거리는 것을 허락하십니다. 때로는 투쟁이 그분의 프로그램인 것 같습니다.
　기도만이 투쟁 가운데서도 우리를 단단히 붙들어 줄 것입니다. 그래서 우리는 기쁨을 유지하며 놀라운 교훈을 얻습니다.

　하나님이 내 등에 무거운 짐을 지우셨습니다,
　무거운 십자가를 지고 길을 갔습니다.

나는 비틀거렸고, 그리고 오! 지친 어느 날,
화가 난 사자 한 마리가 내 길에 나타났습니다.

나는 하나님께 기도했고, 그분의 명령에 따라 신속하게
십자가가 내 손에 든 무기가 되었습니다.

그것으로 나의 성난 적을 죽였고
십자가는 내 등에 다시 지워졌습니다.

나는 사막에 도달했습니다, 오, 불타는 발자국
나는 인내했고, 십자가는 내 등에 있었습니다.

거기에는 그늘이 없었고, 잔인한 태양 아래서
결국 나는 주저앉았습니다. 나의 날이 끝났다고 생각했습니다.

하지만, 보세요, 주님이 많은 놀라운 일들을 행하십니다.
십자가는 내 눈앞에서 하나의 나무가 되었습니다!

나는 잠이 들었고, 큰 힘을 얻어 일어났고,
내 등에 있는 십자가를 다시 발견했습니다.

그리하여 그때부터 지금까지 나의 모든 날 동안
나의 짐이었던 십자가가 나의 행복이 되었습니다.

나는 결단코 십자가를 내려놓지 않을 것입니다.
하나님께서 언젠가 그 십자가를 면류관으로 만들어 주실 것이기에!

아모스 R. 웰스 Amos R. Wells

당신은 십자가에 묶여 있습니다. 그러기에 투쟁하지 않기를 간청합니다. 영혼이 십자가를 더 사랑하며 짊어질수록 그것은 더 가벼워집니다!

2월 23일

소망

"너는 하나님께 소망을 두라 그가 나타나 도우심으로 말미암아 내가 여전히 찬송하리로다" 시 42:5

미국 남북전쟁 휴전 기간 동안, 적대적인 군대가 들판을 사이에 두고 시무룩하게 앉아 있을 때, 작은 갈색 새 한 마리가 갑자기 넓은 풀밭에서 하늘로 날아올랐습니다. 그 파란 하늘에서 종달새는 자신만의 비밀을 간직한 채 슬픈 음악소리를 들려주었습니다. 강철 같았던 군인들의 눈에서는 눈물이 흘러내렸고, 강인한 마음은 연민에 싸여 부드러워졌습니다. 거기에 돌보시는 하나님이 계셨습니다. 사람들에게는 소망이 생겼습니다.

소망은 전쟁터의 종달새와 같습니다. 종달새는 금박을 입힌 새장 안에서는 노래하지 않습니다. 종달새는 사치스러운 종교적인 분위기에서는 높이 치솟을 수가 없습니다. 용감한 영혼들은 삶의 전쟁터에서 하나님과 그들의 동료들을 위해 두려워하지 않고 자신들을 드러내었고, 그들은 그 노래를 듣고 힘과 기쁨을 얻었습니다. E. 헤르만 E. Herman

소망이 거의 없어 보이는 곳에서 소망을 품은 사람들은 이렇게 말합니다. "그때 우리의 입은 웃음으로 가득 찼습니다. 그때 우리는 꿈을 꾸는 것 같았습니다."

조류는 바뀔 수 있고, 바람도 바뀔 수 있습니다. 새로운 시대가 이미 열렸습니다!

"가망이 없는데도 계속 소망을 가지며" 나는 기다립니다. 주님,

굳게 닫힌 문 앞에서 소망은 결코
"너무 늦었다"라고 말하지 않습니다. 주님,
그러므로 나는 그분 안에서 소망합니다.

밤이 길어도 소망이 있습니다. 주님,
빛나는 새벽의 소망입니다. 주님,
아침은 노래로 깨어나야 합니다. 주님,
우리는 "소망으로 구원받았기" 때문입니다.

헌신과 믿음의 찬송 Hymns of Consecration and Faith

하나님께 소망을 두십시오!

2월 24일

하나님의 때

"바울이 그 환상을 보았을 때 우리가 곧 마게도냐로 떠나기를 힘쓰니 이는 하나님이 저 사람들에게 복음을 전하라고 우리를 부르신 줄로 인정함이러라" 행 16:10

하나님은 자신의 계획을 이루실 때, 어떤 어려움에도 맞설 수 있는 충분한 자원을 가지고 계십니다. 즉, 그분을 신뢰하는 자녀에 대한 변함없는 충실함, 그리고 그분의 목적을 잊지 않는 꾸준함이 있습니다. 그분은 동료 죄수들의 꿈을 통해 요셉을 감옥에서 이끌어내어 총리로 올리셨습니다. 그리고 감옥에서 지내는 동안 총리로서 당할 여러 가지 일들을 예방해 주셨습니다. 하나님의 방법을 신뢰하고 그분의 시간표에 따라가는 것이 안전합니다. S. D. 고든 S. D. Gordon

길이 가려져 있습니다. 주님의 뜻이 숨겨져 있었고,
그 시간 동안 앞으로의 진전은 멈추어졌습니다.

그러나 정한 시간에 그분의 말씀이 다시 들릴 것이기에,
기다리는 동안에도 그는 두려워하지 않았습니다.

그리고 그날 밤 얕은 잠이 들었을 때,
비전이 나타났습니다. 움직이라는 나팔소리로,
그리고 다시 한번, 하나님의 선하신 지키심이 함께하심으로,
그는 앞으로 걸을 수 있었고, 하나님의 성실하심은 나타났습니다.

인도하라는 어떤 사람의 말씀도 전해지지 않았고,
길을 인도하는 어떤 사람의 손도 보내어지지 않았고,
필요의 깊이를 충분히 아는 어떤 사람의 마음도 없었고,
그의 발걸음을 결정하는 데 어떤 도움도 없었습니다.

그래서 다른 사람들의 마음을 사로잡지 않아도
그는 이제 "확실한" 하나님의 뜻에 마음을 "모았"습니다.
그의 내면의 영혼에 계시가 드러나고 있습니다.
그는 하나님의 목적을 성취하기 위해 앞서 나가기 시작했습니다.

그분의 인도를 기다리는 영혼이여, 아마도,
그대의 갈망하는 마음은 그분의 더 큰 뜻을 알지 못할 것입니다.
그대 하나님 안에서 쉬세요. 그분의 귀가 그대의 간구를 들으셨고,
그분은 그대에게 "나아갈 발걸음"을 보여 주실 것입니다.

계속 그분을 주시하세요. 그분만이 인도하실 수 있습니다.
정보를 얻기 위해 아주 좋은 친구에게 의지하지 마세요.
그분은 그대에게 필요한 것이 무엇인지를 가장 잘 아십니다.
그리고 그분은 보이지 않는 수단을 통해서 계속 인도하실 수 있습니다.

그대의 갈망하는 마음이 "확실하게" "모여질" 것입니다.

그대가 갈망하는 인도, 그러므로 기다리세요.

그대 조바심을 내지 마세요. 아니에요, 차라리 이것을 배우세요.

하나님의 인도하심은 결코 우리에게 늦은 법이 없답니다.

J. 댄슨 스미스 J. Danson. Smith

2월 25일

산 위의 경험

"예수께서 베드로와 야고보와 그 형제 요한을 데리시고 따로 높은 산에 올라가셨더니 그들 앞에서 변형되사 … 베드로가 예수께 여쭈어 이르되 주여 우리가 여기 있는 것이 좋사오니" 마 17:1-2, 4

산꼭대기에 올라 본 경험이 있다는 것은 좋은 것입니다. 높은 곳에 오르는 삶을 모른다면 우리를 궁핍하게 만드는 고통을 불완전하게 겪게 됩니다.

주님의 임재가 당신에게 놀랍게 나타나는 시간들, 즉 주님의 계시의 순간들을 무시하지 마십시오. 그러나 산에서 하나님과 함께 있을 때 보이는 것에 따라 행동하지 않도록 주의하십시오!

높은 곳에 서면 시야의 지평이 넓어집니다. 우리는 삶을 너무 단조로운 존재로 만들 위험이 항상 있음을 발견합니다. 지루할 정도로 변함없는 걸음걸이로 걸으며, 어떤 몰입하는 일도 없이, 기백도 없이, 둔감한 일상을 보냅니다.

어디로 가는지, 왜 가는지 알지 못한 채 그냥 흘러가는 대로 당신 인생을 내맡기지 마십시오. 그리스도인의 삶은 절대 굴욕의 계곡이 아닙니다. 그 삶에는 높은 비전이 있습니다.

아브라함은 어떤 망원경으로도 볼 수 없는 별이 빛나는 하늘 비전의 영광스러운 깊이를 보았습니다! 야곱의 돌베개는 비전의 사다리로 이어졌습니다. 요셉의 오랜 꿈들은 낙담과 절망의 시간 가운데서 그를 지켜 주었습니다! 광야에서 인생의 1/3을 보낸 모세는 "내가 간청합니다. 주의 영광을 내게 보이소서!"라고 부르짖었습니다. 욥은 비전 가운데 하나님을 보았고 자기에게서 벗어난 자신을 보았습니다!

선원은 매일 해와 별들을 볼 것을 기대하지는 않지만, 그렇게 할 수 있을 때 잘 관찰하면서 여러 날 동안 그 빛을 따라 항해합니다.

하나님은 우리가 그림자의 날들에서도 기억할 수 있도록 특별한 빛의 날들을 주십니다. "내 하나님이여 내 영혼이 내 속에서 낙심이 되므로 내가 요단 땅과 헤르몬과 미살 산에서 주를 기억하나이다"(시 42:6).

바울의 생애에서 우리는 이런 복된 개입들을 발견합니다. 주님은 그에게 앞으로 닥칠 시련의 날에 기억할 약속의 말씀들을 주셨습니다.

만일 이런 특별한 경험이 너무 자주 왔다면 그들은 그 멋을 잃어버렸을 것입니다! 그분은 영광 가운데 언덕 위를 거니시면서, 그곳에서 그분의 자녀들이 그분과 함께하기를 기대하십니다.

2월 26일

주님을 위하여

"한 여자가 매우 값진 향유 곧 순전한 나드 한 옥합을 가지고 와서 그 옥합을 깨뜨려 예수의 머리에 부으니" 막 14:3
"향유 냄새가 집에 가득하더라" 요 12:3

마리아의 이런 행동은 전적으로 그분만을 위한 것이었습니다. 자신과 그밖에 다른 것은 생각할 겨를도 없이 오직 그분을 위해서 말입니다. 그러나 마리아의 섬김은 배타적으로 그분만을 위한 것은 아니었습니다. 그것은 그분의 영광을 위해서일 수도 있고, 다른 사람들을 위한 것일 수도 있습니다. 시몬은 연회를 베풀었는데 다른 사람들도 이 연회에 포함되었습니다. 마리아가 한 일은 오직 그분만을 위한 것이었습니다. "예수께서 아시고 그들에게 이르시되 너희가 어찌하여 이 여자를 괴롭게 하느냐 그가 내게 좋은 일을 하였느니라"(마 26:10).

예수님은 아셨습니다!

예수께서 베드로에게 "네가 나를 사랑하느냐?"라고 물으셨습니다. 베드로는 "내가 사랑하는 것을 주님이 아십니다"라고 대답했습니다. 예수께서 그에게 이렇게 말씀하셨습니다. "나를 위해 내 양을 먹이라… 내 어린 양을 먹이라"(요 21:15-17).

"이 아기를 데려다가 나를 위하여 젖을 먹이라 내가 그 삯을 주리라"(출 2:9).

동쪽 하늘 아래,
광란의 외침 가운데,
한 남자가 죽으러 갔습니다.
나를 위해, 나를 위해.

그분의 복된 머리에 가시관이 씌어졌고
그분의 발걸음마다 피로 물들었으며
갈보리로 끌려가셨습니다.
나를 위해, 나를 위해.

그의 손과 발에 못이 박혔고,
세 시간 동안 채찍에 맞았습니다.
한낮의 지독한 햇빛,
나를 위해, 나를 위해.

그분은 모든 것을 내 것으로 만드셨습니다.
주님, 저를 온전히 당신 것으로 만드십시오.
하나님의 능력과 은총을 내리소서.

나를 위해, 나를 위해.
오, 당신의 뜻대로 인도하소서.
생각과 말과 행동으로,
비록 내 마음에 피를 흘려도,
당신을 위해, 당신을 위해.

나를 위해!
남자는 비행기를 타거나, 물건을 팔거나, 숫자를 계산하거나, 편지를 쓰면서 "그분을 위하여, 그분을 위하여!" 외칩니다. 여자는 바느질을 하거나, 침대를 정리하거나, 음식을 장만하거나, 집 청소를 하면서 "그분을 위하여! 그분을 위하여!" 노래를 부릅니다.

하루 종일 눈에 보이지 않는 그리스도를 만지려고 손을 뻗칩니다. 그리고 밤에는 일을 마치고 축복을 받으려고 그분께 나아갑니다.

2월 27일
인생은 채석장

"그러므로 누구든지 이런 것에서 자기를 깨끗하게 하면 귀히 쓰는 그릇이 되어 거룩하고 주인의 쓰심에 합당하며 모든 선한 일에 준비함이 되리라" 딤후 2:21

오, 나의 아버지여, 여기 당신이 만드신 물건이 있습니다!
당신의 흙물레를 돌리소서, 씽 소리를 내며 회전하게 하소서.
내 안의 작은 조각들, 돌들, 지푸라기들, 모래들,
잘 골라내는 손으로 버릴 것은 버리고,
좋은 진흙으로 당신의 그릇을 만드소서.

마틴 웰스 냅 Martin Wells Knapp은 한때 가혹한 시련을 겪고 있을 때, 그 시련을 제거해 달라고 개인기도 시간에 하나님께 간구했습니다. 그가 주님의 응답을 기다리고 있을 때, 한 조각가가 끌로 거친 대리석을 다듬고 있는 환상이 눈앞에 나타났습니다. 먼지와 부스러기들이 공기 중에 휘날리며 대리석에 아름다운 이미지가 나타나는 것을 보았습니다. 주님께서 그에게 말씀하셨습니다. "아들아, 네가 바로 저 대리석 덩어리란다. 나는 내 마음에 이미지를 가지고 있단다. 너의 성품 안에 그것이 드러나기를 원한다. 네가 끌에 다듬어지는 것을 견디어내면 그렇게 될 것이다. 그러나 네가 욕망을 드러내면 나는 곧 멈출 것이다." 넵은 엎드려 말씀을 드렸습니다. "주님, 계속 끌로 다듬고 연마해 주십시오."

하나님께서 사람을 단련시키고, 사람을 전율시키고,
사람을 이해하기 원하실 때,
하나님께서 사람의 가장 고귀한 부분을 빚기 원하실 때.
하나님이 전심으로 위대하고 용감한 사람을 창조하사,
온 세상을 놀라게 하시려는 때에는,
그분의 방법을 주시하세요! 그분의 길을 주시하세요!
그분은 왕으로서 선택한 자들을 매우 엄격하게 다루십니다!
그분은 두드려 아프게도 하고, 강력한 힘으로 교정하고,
오직 하나님만이 계획하신 단련된 모양의 진흙으로 빚으십니다.
괴로운 마음으로 울며, 간구하는 손을 들어 올릴 때에도!
그분은 굽힐지라도 부러트리지 않으시고 그분의 선한 뜻을 행하십니다.
그분이 택하신 자를 어떻게 사용하시는지, 다양한 목적으로 녹이십니다.
모든 일들이 그분의 영광을 나타내십니다.
하나님은 자신이 하시는 일을 잘 알고 계십니다.

인생은 채석장입니다. 거기서 우리는 연마되고 끌로 다듬어지면서 성품이 완성됩니다. 괴테|Goethe

2월 28일

부름받은 삶

"여호와께서 너에 앞서 나가지 아니하시느냐" 삿 4:14

하나님은 시대마다 믿음의 영웅과 성도들이 공동체의 상식으로 볼 때는 터무니없고 무모하게 보이는 일들을 하도록 인도하셨습니다. 당신은 그리스도를 위해 위험을 감수한 적이 있습니까? 찰스 카우만 Charles Cowman

"내가 너를 보낸 것이 아니냐"(삿 6:14). 하나님이 당신을 무엇을 하라고 보내셨는지 하나님도 아시고, 당신도 알고 있습니다. 하나님은 모세를 애굽으로 보내어 종살이하던 3백만의 백성들을 약속의 땅으로 인도하게 하셨습니다. 모세가 실패했습니까? 처음에는 그가 가려는 것처럼 보였습니다. 그런데 그가 그랬습니까? 하나님은 엘리야를 아합 앞에 서게 하셨고, 엘리야는 이슬도 없고 비도 오지 아니하리라는 말을 담대히 전했습니다. 그랬더니 3년 6개월 동안 하늘이 닫혔습니다. 그가 실패했습니까?

하나님으로부터 보냄을 받고 일한 사람이 실패했다는 기록은 성경 어디에도 없습니다. D. L. 무디 D. L. Moody

모세가 가지 않겠다고 하고, 하나님이 그의 기도를 응답하셨다면,
그에게는 이겨낼 수 있는 지도력이 없었을 것입니다.
불기둥이 없었다면, 나무 지팡이가 없었다면,
시온 땅에 놀라운 일이 없었을 것입니다.
바다를 내리치지 않았다면, 흘린 눈물이 없었다면,
시내산의 가파른 곳에서 무아지경으로 떨어졌을 것입니다.
광야에서 양을 치던 40년의 세월이 없었다면,
느보산에서 하나님이 지켜보시는 가운데 죽음도 없었을 것입니다.
J. R. 밀러 J. R. Miller

우리의 능력은 그분의 전능하심입니다.

3월

내 안에서 당신의 아름다움이 빛나게 하소서

3월 1일

믿음의 방패

"진중에 두루 다니며 그 백성에게 명령하여 이르기를 양식을 준비하라" 수 1:11

지나가세요. 지나가세요. 앉지 말고,
주인들이 주위에 진을 치고 있습니다.
영광스러운 승리자가 길을 닦았으니
당신은 그분의 갑옷을 입으세요.
믿음의 방패가 잘 보이도록 들고 노래를 부르세요.
"그가 나를 지나가게 하신다!"

E. N. P.

믿음의 첫 번째 단계 후에 대부분의 사람들은 맑은 하늘과 잔잔한 바다를 기대합니다. 그래서 폭우나 폭풍우를 만나면 놀라움과 당혹감에 휩싸입니다. 그러나 우리가 주님께 무엇인가를 받았다면 이런 것을 예측해야 합니다. 그분의 임재의 최고의 징표는 적의 반항이고, 우리가 받은 축복이 더 현실적일수록 더 많은 도전을 받을 것입니다. 최악의 상황을 상상하는 것은 좋은 일입니다. 그러면 어떤 일을 만나도 우리는 놀라지 않을 것입니다. 만일 우리의 길이 순조롭고 반대가 없다면 그것은 놀라운 기쁨으로 오기 때문에 더욱 즐겁습니다.

그러나 유혹이 무엇을 의미하는지는 충분히 이해해야 합니다. 특히 자기와 죄에 대해 죽었다고 확신을 가지고 나섰던 당신은, 내면에서 오는 것처럼 보이는 생각과 감정의 폭풍우에 휩싸여 있는 자신을 발견하고는 몹시 당황할 것입니다. 그리고 이렇게 말하지 않을 수 없습니다. "죽은 줄 알았는데 왜 살아있지!" 사랑하는 여러분, 지금 선동하는 유혹은 당신의 죄가 아니라 사악한 자의 목소리임을 기억해야 합니다. A. B. 심슨 A. B. Simpson

왜 전투가 그렇게 거칠어지는지,
화살이 내 가슴에 빠르게 날아오고,
무자비한 힘으로 미사일이 던져지는 동안,
빛나는 투구에 대항하는 큰 소리가 울려 퍼지고 있나요?
들리는 소음 너머로 나의 대장의 목소리가 분명하네요.
"너의 방패가 떨어졌다니까!"

왜 적이 전진하는지,
그리고 사방에서 우리를 포위하는지,
반면에 주님의 군대인 우리는
그의 오만함을 견딜 수 있을까요?
외치는 소리 너머로 나의 대장의 목소리가 분명하네요.
"너의 방패가 떨어졌다니까!"

아! 더 밝아지니, 이제 보입니다.
적이 날아가고 있어요.
그리고 보세요. 십자가 깃발이
아침 햇살에 붉게 물들었어요.
그들이 도망갈 때 내게 들리는 것 같아요.
나의 대장이 분명한 어조로 부르네요.
"너의 방패가 떨어지지 않게 하라."

토마스 킴버 Thomas Kimber

믿음의 실패는 치명적입니다. 믿음은 악마의 화살로부터 우리를 보호해 주는 방패입니다. 잠시라도 이 방패를 치워 버리면 재앙이 따라옵니다. 살아계신 하나님을 떠나는 것은 불신앙의 결과입니다.

3월 2일

마지막

*"비유가 아니면 말씀하지 아니하시고 다만 혼자 계실 때에
그 제자들에게 모든 것을 해석하시더라"* 막 4:34

하나님은 당신을 대하실 때 당신의 이성을 혼란스럽게 하는 수많은 일들에 대해 설명하지 않으십니다. 그러나 당신이 항상 자신을 하나님의 자녀로 생각한다면 당신 안에 사랑의 열심을 일깨우실 것이고, 가장 가까운 사람에게만 주는 많은 축복을 주실 것입니다.

아무리 먼 훗날일지라도 우리 모두가 이해할 수 있는 날이 올 것이라고 여전히 믿습니다. 하늘을 검게 하는 바로 이 비극들이 너무나 위엄 있고 장엄하고 즐거운 계획 안에 있었다는 것을 알게 될 때, 우리는 놀라움과 기쁨의 웃음을 터트릴 것입니다. 아서 크리스토퍼 벤슨 Arthur Christopher Benson

마지막이 설명하지 않을까요.
노력하던 것이 방해를 받고,
간절한 목적이 좌절되고,
선한 일이 망가지는 낯선 당혹감,
지긋지긋한 피로감, 내적 긴장감,
마지막이 설명하지 않을까요?

한편 그분은 인내심을 잃어가는 그들을 위로하십니다.
'이것이 그의 방법이다.'
그러나 아무도 그분께 들은 말씀을 기록할 수 없습니다.
그분의 말씀을 읽은 자만이 그분이 하신 말씀을 압니다.
달콤한 말씀과 위로를.

그분은 당황스러운 신비를 설명하지 않습니다.

> 감정은 마음을 고요하게 진정시키고 멀리, 저 멀리,
> 황금빛 곡식이 가득한 들판에 누워 있고
> 묘목들은 많은 비에 젖었습니다.
> 마지막이 그것이 설명할 것입니다.
>
> 골드 코드Gold Cord

3월 3일

비전

"묵시가 없으면 백성이 방자히 행하거니와" 잠 29:18

모험을 하기 전에 우리는 무엇인가를 보아야만 합니다! 믿음은 먼저 비전을 가져야 합니다. 믿음은 한 줄기의 빛을 봅니다. 당신이 원한다면 상상의 빛을 보고 도약합니다! 믿음은 항상 비전과 소망에서 나옵니다! 우리는 한 줄기의 빛이 황무지를 가로질러 비칠 수 있다는 소망을 가져야만 합니다. 그렇게 되면 놀랍게도 활력을 주는 믿음을 가질 수 있습니다.

대부분의 사람들은 확실한 소망이 없고 찬란한 비전도 없기 때문에, 영적인 모험이나 사업을 하는 데 있어서 담대함이 없습니다. 우리의 소망은 옹졸하고 하찮아서 새로운 운동을 일으킬 수 없습니다. 우리가 보는 지평선에는 빛나는 탑이나 뾰족탑이 없으며, 새로운 예루살렘도 없기 때문에, 우리는 용감하게 탐험을 떠나지 않습니다.

우리는 "바라는 것들"(히 11:1)의 변형이 필요합니다. 우리는 마음을 새롭게 하여 날마다 마음이 새로워져야 합니다. 우리의 상상 속에는 광대하고 고귀한 가능성의 봉우리가 우뚝 자리를 잡고 있어야 합니다. 우리의 잿빛, 그리고 초대되지 않은 지평선은 불멸의 소망이 있는 퇴색되지 않는 색으로 빛나야 합니다.

타오르는 불길 너머로 모험을 떠나는 사람은 거의 없습니다.
이 표시판을 지나갈 용기를 가진 사람은
자신의 임무에 실패할 수 없습니다.
그는 어떤 다른 탐험 정신을 가진 사람을 안내하여 줄
최소한의 흔적은 남길 것입니다.

모든 것을 다 해보기 전까지 아무 소용이 없다고 말할 수 있는 사람은 아무도 없습니다. 로버트 루이스 스티븐슨 Robert Louis Stevenson

3월 4일
끝까지 기도하라

"옛부터 계시는 하나님이 들으시고" 시 55:19

나는 리버풀의 한 은행 창구에서 은행원이 오기를 기다리고 있었습니다. 펜을 들고 나를 사로잡는 두 개의 단어를 큰 글자로 용지에 썼습니다. "끝까지 기도하라." 나는 탁상 위에 놓인 용지의 위에서 아래까지 꽉 채워 쓰면서 친구와 이야기를 했습니다. 나는 업무를 마치고 나왔습니다. 그리고 다음 날 내 친구가 찾아와 굉장히 놀라운 이야기를 들려주었습니다.

우리가 나간 후 한 사업가가 은행에 들어왔습니다. 그는 사업상의 문제로 낙심하고 있었습니다. 그는 어제 내가 만났던 은행원과 업무를 보았습니다. 그런데 탁상 위에 "끝까지 기도하라"라고 쓰여 있는 글에 눈길이 사로잡혔습니다. 그는 누가 이 글을 썼느냐고 묻고는 이렇게 외쳤다고 합니다. "이것은 저에게 꼭 필요한 말씀입니다. 저는 끝까지 기도할 것입니다. 나는 내 힘을 다해 고민을 해결하려고 했지만 이제는 내 문제를 하나님께 아뢸 것입니다. 섬광이 비칠 때까지 내 상황을 놓고 끝까지 기도할 것입니다." 찰스 M. 알렉산더 Charles M. Alexander

기도를 멈추지 마세요, 더 신뢰하세요.

기도를 멈추지 마세요! 기도해야만 합니다.

믿음은 많은 염려를 몰아낼 것입니다.

기도를 멈추지 마세요! 하나님께서 응답하십니다.

C. M. A.

내가 본 모든 것들은 내가 보지 못한 모든 것들에 대해 창조주를 신뢰하는 법을 내게 가르쳐 줍니다!

3월 5일
영원한 기업

"요셉의 자손 므낫세와 에브라임이 그들의 기업을 받았더라" 수 16:4

죽어가는 한 판사가 자기 교회 목사에게 말했습니다. "공동 소유권 joint tenancy이 무엇을 의미하는지 이해할 수 있는 법률지식이 있으신가요?" "아니요, 나는 법률을 전혀 모릅니다. 그러나 은혜에 대해서는 조금 알고 있고 그것으로 만족하고 있습니다."

"글쎄요. 당신과 내가 농장의 공동 소유주라면 이렇게 말할 수 없을 것입니다. '저것은 당신의 옥수수 밭이고, 이것은 내 것입니다. 저것은 당신의 풀밭이고, 이것은 내 것입니다.' 우리는 이곳에 있는 모든 것을 똑같이 나눌 것입니다. 내가 여기 누워서도 말할 수 없는 기쁨을 가지는 것은 그리스도 예수께서 나와 떨어질 수 없으며, 그분이 소유하신 모든 것이 나의 것이며, 우리가 영원까지 똑같이 나눌 것이라 생각하기 때문입니다."

하나님은 자신이 가지신 모든 것, 즉 성자, 성령, 영원한 생명과 사랑과 영광, 이 모든 것을 당신이 갖기를 원하십니다. "다 너희 것이요 너희는 그리스도의 것이요 그리스도는 하나님의 것이니라"(고전 3:22-23).

"얘 너는 항상 나와 함께 있으니 내 것이 다 네 것이로되"(눅 15:31). 이 얼마나 큰 특권입니까! 하나님의 자녀 된 삶이란 얼마나 대단한가요! 오직 불신앙만이 아버지의 사랑을 보지 못하게 할 수 있습니다. 거짓된 겸손만이 왕의 자녀들에게 왕이 결코 명하지도 않은 한계를 설정합니다. 우리를 위해 풍성한 식탁이 차려졌는데 우리는 외치는 소리도 잊고 매우 아껴서 먹습니다. "나의 친구들아 먹으라 나의 사랑하는 사람들아 많이 마시라"(아 5:1).

호턴 박사 Dr. Robert Horton 는 "그리스도인 삶의 자원은 바로 예수 그리스도"라고 말합니다. 그분은 그 길을 위해 우리의 제왕을 준비하십니다. 그분은 길이십니다. 이 신성한 자원을 활용합시다. 예수님이 당신의 주님이시라면 당신을 축복하지 않으시겠습니까?

하나님으로부터 당신의 자원을 공급받으십시오!

하나님은 경배를 받으시면서 동시에 활용되셔야 합니다. 그분의 위대하심과 거룩하심을 경외함으로 경배하는 것만으로는 그분을 온전히 기쁘시게 하지 못합니다. 그분은 우리의 실제 삶의 자산이요 값진 소유로 우리가 그분을 의지하기를 원하십니다. 우리가 그분 안에 살고 있지만, 또한 그분도 우리 안에 사시면서 우리 영혼에 자신의 무한한 생명의 능력을 가져다주십니다. 그분을 소유한다는 것은 모든 것을 소유한다는 것이며, 우리의 가장 고귀한 목적을 달성할 수 있는 능력을 갖는 것입니다.

그분은 항상 우리를 돌보고 계십니다. 그분을 선용하십시오. 왜냐하면 그분은 우리가 자신을 활용하기를 기다리시기 때문입니다. 성경이라는 은행계좌에 있는 아직 청구되지 않은 사만 장의 수표는 모두 우리의 재산입니다! "그가 사모하는 영혼에게 만족을 주시며"(시 107:9). 하나님은 우리가 그분을 필요로 하는 일에 도움이 되시는 우리의 하나님이십니다.

나의 필요는 그분의 위대하신 충만함으로 충족되고 나는 그분 안에서 모든 것을 갖습니다.

하나님은 각 사람을 위한 별도의 기업을 갖고 계십니다. 당신의 권리를 놓치지 마십시오. "기업의 상속권이 네게 있고 무를 권리가 네게 있으니"(렘 32:8).

3월 6일

나와 너를 위하여

"나와 너를 위하여 주라" 마 17:27

베드로는 어부였습니다. 예수님은 베드로에게 "나를 따라 오너라"라고 말씀하셨고 베드로는 예수님을 따르기 위해 어부의 일을 포기했습니다. 우리는 베드로가 즉시 그물을 버려두고 예수님을 따랐다고 읽었습니다. 세금으로 낼 돈만이 아니라 가정을 유지하는 생계수단을 포기한다는 것은 베드로에게는 대단한 경험이었을 것입니다. 어부 베드로는 모든 것을 버려두고 예수님을 따랐습니다. 베드로는 주님의 부르심에 응답하기 위해 자신의 생계수단인 물고기 잡는 일을 포기했는데, 베드로가 세금을 내야 할 때가 되었을 때 주님은 그가 포기했던 물고기로 세금을 낼 수 있게 하셨습니다.

그리스도의 종은 결단코 실패자가 될 수 없습니다.

그러기에 사랑하는 우리 주님은 항상 우리의 필요를 미리 생각하십니다. 주님은 곤궁에서 우리를 기꺼이 구해 주시고, 우리의 걱정을 예견하시며, 비상사태가 오기 전에 사랑의 행위를 통하여 공급하십니다. "나와 너를 위해서"라는 말씀을 통하여 주님의 놀랍도록 거룩한 친밀감을 표현하십니다. 그분은 당황스러운 상황에서 솔선수범하시고, 괴로워하고 고통받는 자녀를 위해 무거운 짐을 지십니다. 그분은 우리를 돌보십니다. 그분은 우리의 염려를 그분의 염려로, 우리의 슬픔을 그분의 슬픔으로, 우리의 부끄러움을 그분의 부끄러움으로 만드십니다.

세금이 부과되었어요. 주님과 제자들에게요.

주님은 이상하게 바다로 가라 하셨어요.
물고기 한 마리에서 필요한 은화를 얻게 되었어요!
비용을 지불하게 하는 참 이상한 은행이죠.

"은화 한 조각!" 둘로 똑같이 나누어지지 않아요.
은화 한 조각, 하나가 밝게 빛나고 있어요.
"나와 너를 위해 쓰일 것"이라고 주님은 말씀하셨어요.
"나와 너를 위한 것이므로 우리는 연합되어 있습니다."

복된 행복한 연합! 그렇게 사랑스럽게 그분을 알기를!
내가 그분의 종입니까? 그분이 나를 사용하시나요?
내 영혼이여, 그런데 어찌하여 그대는 법적인 한계를 두나요?
사랑하는 당신의 주님이 그것을 기뻐하실까요?

당신이 주님의 모든 부유함의 공동 상속자라면,
내 영혼이여, 순수한 그대 영혼은 자라날 것입니다.
"어찌 그 아들과 함께 모든 것을 우리에게 주시지 아니하겠느냐"
우리에게 필요한 것은 이 땅에서 그분의 일을 하는 것입니다!

J. 댄슨 스미스 J. Danson Smith

3월 7일

와서 보라

"와서 보라 그러므로 그들이 가서 계신 데를 보고 그날 함께 거하니" 요 1:39

나는 당신 발을 그분의 집으로 향하게 한 것이 무엇인지 궁금합니다. 단순히 그분이 머물던 거리와 집을 보고, 가까운 곳에서 그분과 하루를 보내고 싶은 열망이었을까요? 아니면 해안가 배에서 당신을 이끄는 이상한 매력을 느꼈기 때문일까요? 시간이 흐르는 것을 개의치 않고, 다른 사람들의 말에 신경 쓰지 않고 짧은 하루라도 그분과 지내고 싶었던 것일까요? 어쩌면 당신은 그분과 함께 시간을 보낸 후 거룩한 불만족을 느꼈을까요? 그때부터 당신은 분명히 사람을 낚으려는 마음을 가지게 되었습니다. 왜냐하면 당신은 그분의 곁을 떠나 곧장 당신의 형제를 그분께 데려왔으니까요. 여기에!

오, 안드레! 당신은 그날의 엄청난 경험 이후, 결코 이전의 당신과 같을 수 없었습니다. 다시는 욕망의 불꽃을 가지고 놀거나, 교만한 마음이나 증오심을 품거나, 명성을 취하거나, 탐욕이 머무를 장소를 제공할 수 없었을 것입니다.

오히려, 내 생각에는 당신은 이렇게 말할 것 같습니다. "그분의 그 어떤 것이 내 교만을 불태워 버렸고, 내 증오심을 식혀 사랑의 방식을 바꾸었습니다. 함께 머무는 치유의 접촉 이후, 나는 시몬도 그런 날을 가질 수 있도록 그를 데려오지 않을 수 없었습니다!"

그리고 그 이후로, 당신을 만나는 사람들 역시 이상하고 새로운 힘, 말로 설명할 수 없는 신비한 기적을 경험할 것입니다. 그들은 경외심에 가득 차 "안드레가 그날 이후로 크게 바뀌었어!"라고 속삭일 것입니다.

오, 인생의 밤길에 경이로운 일시 체류자. 구원자시여! 누가 죄인들이 이렇게 말하는 것을 이해할 수 있을까요. 저를 당신의 신비스러운 영향력 아래에 거하게 하소서. 저로 하여금 모서리처럼 거칠고, 사랑도 없고, 죄로 더럽혀지고, 감동도 없는 날에 머물지 않게 하소서. 엘리너 벨라코트 우드 Eleanor Vellacott Wood

크레모나 Cremona 의 스트라디바리 Stradivari 는 자신이 만든 귀중한 바이올린 하나하나에 예수님 이름을 표시해 두었다고 전해지는데, 그의 작품은 여전히 "예수의 스트라디바리우스" Stradivarius del Gesu 로 불릴 정도로 유명합니다.

만일 우리의 삶이 하나님의 거룩한 흔적을 지니고 있다면 모든 사람이 하나님을 알게 될 것입니다. 맹인 거지가 시력을 회복한 것을 보고 많은 사람들이 예수님께 나아왔던 것처럼 하나님께 나아가 하나님을 예배할 것입니다.

3월 8일

더 좋은 것

"하나님이 우리를 위하여 더 좋은 것을 예비하셨은즉" 히 11:40

하늘에 계신 우리 아버지께서는 자녀들에게 무엇인가 그것 대신 더 좋은 것을 주시려는 의도가 아니라면 이 땅에서 그 어떤 것도 가져가시지 않습니다. 조지 뮬러 George Muller

오 능력의 하나님이시여, 평범한 일상,
당신의 이러한 선물에 감사드립니다!
여름의 햇살, 겨울의 눈에,
불타오르는 마음, 빛나는 생각들에,
그러나 나는 언제쯤 이것을 얻을 수 있을지 모르겠네요.
내가 그리워하는 것들에 대해 당신께 감사할 수 있을까요?

모든 젊은 날의 상상은 처음에 빛나고,
꿈꿔왔던 기쁨은 아직 꿈이고,
이루지 못한 소망과 나의 것이 아닌
다른 사람의 행운을 통해 알려진 기쁨,
그리고 주어지지 않은 축복들을 보는 것,
그곳은 결코 천국이 아닐 것입니다.

나도 내가 보는 기쁨을 나누었더라면,
나에게 천국이 있었을까요?

내가 소중히 여기는 것을 소유했다면,
주님의 임재를 가까이 느낄 수 있었을까요?
나의 가장 심오한 행운, 가장 숭고한 축복,
아마 어쩌면 내가 그리워하는 것들에서 자랐을 것입니다.

때때로 고요한 시간이 옵니다.
슬픔이 변하여 축복이 되고, 고통이 변하여 위안이 됩니다.
내 의지를 넘어서 작동하는 힘은,
여전히 나를 앞으로, 위로 인도합니다.
그래서 내 마음이 이곳에 도달합니다.
내가 그리워하는 것들에 대해 하나님께 감사드립니다.

토머스 웬트워스 히긴스 Thomas Wentworth Higginson

마른 땅 대신에 샘물을! 슬픔 대신에 찬양의 옷을! 가시나무 대신에 잣나무를! 찔레 대신에 화석류를! 재 대신에 화관을!(사 41:18, 55:13, 61:3)

3월 9일

가만히 있어

"거기 또 야곱의 우물이 있더라 예수께서 길 가시다가 피곤하여 우물곁에 그대로 앉으시니 때가 여섯 시쯤 되었더라" 요 4:6
"내가 네 행위와 수고와 네 인내를 알고 또 악한 자들을 용납하지 아니한 것과 자칭 사도라 하되 아닌 자들을 시험하여 그의 거짓된 것을 네가 드러낸 것과 또 네가 참고 내 이름을 위하여 견디고 게으르지 아니한 것을 아노라" 계 2:2-3

우리 주님은 사도들이 피곤할 때 따로 데리고 가셔서 "잠시 쉬자"라고 말씀하셨습니다. 주님은 피곤한 사역자들을 지나치게 몰아가지 않으셨습니다. 주님도 피곤하실 때 "우물곁에" 앉으셨습니다. 주님은 예루살

렘에서 사역하시면서 피곤할 때는 마르다와 마리아 집에 들러 잠시 쉬곤 하셨습니다. 성경은 그것이 예수님의 습관이었음을 보여 줍니다. 주님은 당신과 나, 우리 모두에게 내일은 내일이 염려하게 하고 오직 현재의 악에 맞서라고 말씀하십니다.

엘리야가 로뎀 나무 아래에 누워 잘 때 천사가 어루만지며 "일어나서 먹으라"(왕상 19:5)라고 말했습니다. 하나님은 지친 당신의 종을 잠을 자게 하셨습니다. 과로한 상태에서 그에게 필요한 것은 잠이었습니다. 그런데 그러한 상태에서 잠을 청하는 것이 종종 헛수고가 되기도 합니다. 잠의 기적에 놀란 적이 있습니까? 엘리야에게 역사하신 하나님이 똑같이 당신의 하나님이 되심을 기억하십시오. 당신의 길은 멀고 험난하지만 주님은 독수리의 힘으로 당신을 새롭게 하실 것입니다.

우리의 힘을 비축하지 않으면 미래에 대한 선구안이 생기지 않습니다. 미래에 대한 불안을 갖고 일하면 미래를 맞이할 수 있는 힘이 파괴됩니다. 우리가 잘할 수 있는 것보다 지금 손에 더 많은 것을 쥐고 있다면 우리는 주저앉을 것이고 그 일도 결국 우리를 떠날 것입니다.

사람들이 먹을 빵을 만드는 제빵사는 힘을 아껴 쓰도록 매우 신중해야 합니다. 눈으로 직접 보지 않아도 사람들은 본능적으로 알아차립니다. 특정할 수 없는 많은 사람들은 그가 지쳐 있다는 사실을 알아차릴 것이며, 그렇게 자기 조절이 안 된 제빵사는 사람들을 배불리 먹일 빵을 만들기가 어렵습니다.

우리는 한때 런던 시장이었던 윌리엄 세실 경 Sir. William Cecil 으로부터 교훈을 얻어야 합니다. 그는 밤에 가운을 벗어 던지면서, "재무장관님! 거기 계십시오"라고 말합니다. 그리고 아침에 공식 복장을 입을 때까지 국가의 모든 걱정을 잊어버립니다. 특별한 사건 The Golden Milestone

"가만히 있어 내가 하나님 됨을 알지어다"(시 46:10).

'가만히'라는 히브리어는 하나님 앞에서의 고요함과 묵상, 그 이상을 의미합니다. 그것은 우리 삶의 긴장을 푸는 것입니다. 그것은 선박이 자체 증기로 수로에 도달할 수 있도록 커다란 케이블을 제자리에 고정시

키는 것입니다. 존 티머시 스톤 John Timothy Stone

3월 10일

영혼의 조율사

"흠이 없이 기쁨으로" 유 1:24

소녀 시절 내 영혼 안에는 음악에 대한 강렬한 열정이 있었습니다. 아버지는 내게 아름다운 오르간을 선물해 주셔서 내 삶에 큰 기쁨을 가져다주셨습니다. 나는 내 소중한 악기에서 날이 갈수록 더욱 멋진 하모니를 이끌어낼 수 있는 내 소질에 감동을 받았습니다.

새들이 깨어나는 이른 아침에 오르간에 앉아 열린 창문을 통해 오르간 멜로디에 섞인 사랑스러운 작은 새들의 울음소리를 들으면, 우리의 창조주를 찬양하는 찬송 같았습니다.

그러던 어느 날 아침, 내가 여자아이의 열정으로 첫 콘서트를 준비하던 중 갑자기 하나의 음에 결함이 생겼습니다. 내 민감한 귀에 불협화음이 얼마나 거슬렸는지 모르겠습니다. 나의 슬픔을 감지한 아버지는 이렇게 말씀하셨습니다. "괜찮다. 딸아. 내가 곧 조율사를 부르도록 할게." 조율사가 오랜 시간에 걸쳐 그 잘못된 건반을 조율하여 다른 음들과 함께 어우러져 감미롭게 울려 퍼지게 했습니다. 조율사가 조율을 잘해 주었기 때문에 그 콘서트는 성공적이었습니다!

훌륭한 조율사, 왜 무심하게도 이토록 느리게 살펴보나요?
왜, 한 가지 부족한 것에 그토록 세심하게 집중을 하나요?
그냥 두고 보세요. 내 영혼이 그것에 어떻게 반응하는지.

그러나, 아니! 다시, 또다시,
노련한 투지로, 의미 없이 반복되는 소리가 들립니다.

이따금씩 넓은 통로의 어두컴컴한 공간에서,
경건한 화음이, 큰소리의 조화로운 음절이.

날이 저물기 시작할 때까지 여전히 조율사는 더 참을성 있게
하나의 결함 있는 음을 끝까지 열정적으로 작업했습니다.
감미롭고 정확하게, 그것은 나머지 것들과 어울렸습니다.
그때 석양이 후광처럼 영광스럽게 타오르고 빛나며
층층의 창문을 통해 빠르게 흐르는 진홍색의 긴 광선이 비쳤습니다.
그리고 우리 가엾고 소곤거리는 나그네들은 우리 주위를 감싸고 울리는
할렐루야 합창의 고동치는 우레 같은 승리의 소리를 듣습니다!

페이 인크펀Fay Inchfawn, "대성당의 탑"The Tower in the Cathedral

3월 11일
하나님의 정원

"너는 물 댄 동산 같겠고 물이 끊어지지 아니하는 샘 같을 것이라" 사 58:11

거룩함은 나에게 달콤하고, 즐겁고, 고요한 본성처럼 보입니다. 그것은 나에게 하나님의 정원이나 들판과 같은 영혼을 만들어 주는 것처럼 보입니다. 거기에는 유쾌하고 즐겁고 방해받지 않는 온갖 아름다운 꽃이 가득 차 있으며, 달콤한 평온과 부드럽게 생기를 주는 태양 광선을 즐기는 것처럼 보였습니다.

참된 그리스도인의 영혼은 우리가 봄에 볼 수 있는 작은 흰 꽃처럼 낮고 겸손한 모습으로 땅에 나타나며, 평온한 황홀감에 기뻐하듯 가슴을 열어 영광의 태양에서 나오는 기쁨의 광선을 받아들이고 달콤한 향기를 주위에 퍼뜨립니다.

한때 나는 건강을 위해 숲속으로 들어갔습니다. 평소처럼 말에서 내려 한적한 곳에서 걸으며 하나님을 묵상하고 기도할 때 한 가지 환상을

보았습니다. 그것은 기이한 것이었는데 하나님 아들의 놀라운 영광이었습니다. 내 생각에는 약 한 시간 정도 계속되었던 것 같습니다. 그 시간 동안 대부분 나는 엄청난 눈물을 흘리며 크게 흐느꼈습니다. 나는 어떻게 달리 표현할 수 없는 영혼의 열심, 즉 비워지고 소멸되는 것, 거룩하고 순수한 사랑으로 그분을 사랑하는 것, 그분을 섬기고 따르는 것, 완전하게 성화되는 것, 그리고 신성한 천상의 고결함으로 순수해지는 것을 느꼈습니다. 조나단 에드워즈 Jonathan Edwards

나는 매달 이렇게 되리라고 생각하지 못했습니다.
주님의 평화의 강이 잔물결 하나 없이 흘러갑니다.
신뢰에 떨림 하나 없이, 빛에 깜박임 하나 없이.

3월 12일
십자가 아래

"참으면 또한 함께 왕 노릇 할 것이요" 딤후 2:12

"왜?"라는 질문에 아무 답변이 없어도 평화를 얻을 수 있는 곳은 단 한 곳밖에 없습니다. 고문 같은 모든 질문들은 그 오래된 회색 올리브나무 아래에서 답을 찾을 수 있습니다. 십자가 아래에서의 한 시간은 다른 어떤 곳에서도 얻을 수 없는 영혼의 안식을 줍니다. 그처럼 우리를 사랑하시는 분은 이 질문에 대답이 되십니다.

오, 사랑하는 그리스도여,
주님의 갈보리는 모든 질문을 잠재웁니다.
갈보리는 인간의 삶을 해석해 줍니다.
고통이 없는 길에서는 주님을 만날 수 없습니다.
모든 긴장, 공포와 투쟁은

주님의 평화로운 말씀 앞에서 파도처럼 사라집니다.
무서운 십자가 곁, 언덕을 따라 자라는 올리브나무가 있는 곳 외에,
설명할 길 없는 상실, 짓누르는 고통 가운데 우리를
잠잠히 붙들 수 있는 곳은 없습니다.

찔레에서 나온 장미|Rose Form Brier

모든 겟세마네에는 그 옆에 고요하고 감미로운 감람산이 있고, 그 정상에는 천상의 천상으로 들어가는 부활이 있습니다.

고통의 그늘에서 위대한 문학작품, 위대한 그림, 위대한 철학, 위대한 문명이 탄생했다는 것을 알지 못한다면 우리는 인류 역사의 중요한 것을 놓치는 것입니다. 그 모든 것은 고통의 그늘에서 빛으로 꽃을 피웠습니다. 쓰라린 경험을 통해 이런 사실을 알게 된 사람은 "위대한 생각이 탄생한 곳에는 항상 겟세마네가 있다"라고 말했습니다.

자연에서 등급의 표시는 고통을 감당할 수 있는 능력이며, 가수의 고뇌는 긴장의 달콤함을 줍니다.

스코틀랜드에는 스코틀랜드인과 영국인 간에 치명적인 충돌이 일어났던 싸움터가 있었습니다. 그곳에 기념비가 세워졌습니다. 여기저기에서 전해지는 말에 따르면 작은 파란 꽃들이 그곳에서 자라고 있습니다. 이 꽃은 "컬로든의 꽃"Flower of Culloden이라고 불립니다. 전래에 의하면 피의 세례가 꽃의 수정을 가능하게 했다고 합니다.

최고의 꽃은 언제나 "컬로든의 꽃들"입니다. 그 꽃들은 살아있는 용감한 마음의 피가 흩뿌려진 토양에서만 핍니다. 찰스 킹슬리|Charles Kingsley

3월 13일

하늘의 사랑

"너희 사랑을 … 점점 더 풍성하게 하사" 빌 1:9

전승에 따르면 그들이 마지막으로 사도 요한을 교회에 데려갔을 때, 요한은 가냘픈 손을 들고 경청하는 회중에게 "어린아이들이여, 서로 사랑하라"라고 말했습니다. 그 말은 여전히 세상에 울려 퍼지고 있습니다.

믿음보다 더 소중하고 중요한 것은 하늘의 사랑입니다. 사랑이 없으면 믿음은 곧 시들어 버릴 것입니다. 하나님의 가장 강력한 일꾼들 중 많은 사람들은 시간이 지날수록 사랑의 정신을 잃어버려 그 능력을 상실합니다. 이것은 그리스도인 성품의 으뜸가는 은혜입니다. 그것은 수천 가지 색조를 가지고 있으며, 섬세한 손길 안에 그 영광이 있습니다. 인생의 모든 새로운 경험은 사랑의 교훈을 배우는 학교에 불과합니다. 우리의 교사들을 추방하려고 하지 마십시오. 그들을 환영하고 교훈을 얻도록 합시다. 그러면 그들은 그 교훈을 전달하고 우리의 새로운 발전을 위해 떠날 것입니다.

만일 믿음으로 산이 옮겨질 수 있다면 사랑의 힘이 덜한 능력일까요? 포스 다리Forth Bridge의 양 끝에 거대한 팔이 완성되었습니다. 그것은 천천히 꾸준하게 지어졌습니다. 이제 강력한 아치의 중심에 필요한 것은 마지막 대못을 박는 일이었습니다.

정한 날은 춥고 쌀쌀했고 추위가 금속을 수축시켰습니다. 1-2인치의 확장을 위해 철재 아래 불을 지폈음에도 불구하고 완전히 결합되지 못했습니다. 이날의 계획은 수포로 돌아가고 말았습니다.

그러나 다음 날 태양이 밝게 떠올랐습니다. 따스한 온기에 인두가 팽창해 구멍이 서로 마주하게 되었고, 대못을 박는 사람들은 볼트를 제자리에 집어넣는 것 외에는 할 일이 없었습니다.

사랑은 구속으로 다른 사람을 묶지 않습니다.

나는 하나님의 사랑의 통로입니다.
내 안에는 사랑이 없습니다.
오, 사랑의 불, 사랑의 불을 지피세요.
영원히 불타오릅니다.

나는 하나님의 평화의 통로입니다.
잔잔한 강이 흐르고,
바람도 없고,
물결을 휘젓는 자기 의지의 파문도 없습니다.

하나님의 기쁨이 나를 통해 빛납니다.
나를 당신의 맑은 공기처럼 만들어
당신의 색깔을 입히시네요.
마치 거기에 아무것도 없는 것처럼.

오, 축복의 하나님이시여,
모든 사람이 당신이 얼마나 좋으신 분인지
맛보고 볼 수 있도록
다시 한번 더 기도합니다.

나를 통해 사랑을 전할 수 있기를.
나 같은 자를 통해.
A. W. C.

사랑은 절대 실패하지 않습니다!

3월 14일

볼지어다

"볼지어다 그가 구름을 타고 오시리라" 계 1:7

감탄사는 인상적입니다. 헬라어 단어 '볼지어다'는 '보다, 바라보다'를 의미합니다. 그것은 많은 사람들 앞에서 어떤 멋진 광경을 보며 "보라. 유성이다!"라고 외치는 것처럼, 갑자기 시선을 사로잡는 놀라운 광경에 주의를 환기시킬 때 사용합니다. 갑자기 하늘 한가운데서 사람이 눈으로 본 것 가운데 가장 놀라운 모습, 즉 영광 중에 예수 그리스도께서 친히 강림하시는 눈부신 광경, 놀랍도록 장엄한 광채가 하나님에 의해 펼쳐집니다.

> 그러므로 오, 하나님, 당신의 사랑의 팔에 안깁니다.
> 당신을 제외한 모든 것을 영원히 잃었으나,
> 나의 행복한 영혼은 죽는 법을 배웠으니,
> 당신의 영원에서 새 삶을 찾았습니다.

땅은 부패의 속박에서 하나님의 아들들의 영광스러운 자유로 해방되는 황홀한 첫 순간을 보고 전율합니다. 천사들이 보고 외칩니다. "세상 나라가 우리 주와 그의 그리스도의 나라가 되어 그가 세세토록 왕 노릇 하시리로다"(계 11:15). 세상의 왕들과 방백들이 바위와 언덕을 보고 부르짖으며 그들 위에 떨어져 그분 앞에서 자신들을 숨겨 달라고 합니다. 적그리스도는 그분의 입의 기운과 재림의 영광에 마비되어 무력한 모습을 보입니다. 땅의 나라들은 그분을 보고 통곡합니다.

볼지어다!

성경이 단어로 그려놓은 이 그림을 연구해 봅시다. 전능하신 하나님의 손으로 하늘이 펼쳐진 이래로 지금처럼 푸른 천막이 영광으로 넘쳐나는 장면이 배경이었던 적은 없습니다. 제임스 H. 멕콘키 James H. McConkey

"한밤중은 지났습니다"라고 남쪽 바다로 항해하는 선원은 노래합니다. "한밤중은 지났습니다. 십자가가 구부러지기 시작했습니다."
이제 꿈에서 깰 시간입니다. 우리 주님이 오십니다. 아침이 옵니다!

외침! 트럼펫 선율! 푸른 하늘에 영광스러운 임재!
숨참, 기쁨의 스릴,
그리고 우리는 눈 깜짝할 사이에 주님과 함께 있습니다.

눈짓, 위를 바라보는 시선,
영원히 그리스도에게 사로잡힙니다!
죽은 자가 살아납니다! 살아서 영화롭게 됩니다!
이전의 주님의 약속이 모두 성취되었습니다!

주님의 얼굴! 주님의 최고의 기쁨!
우리의 영혼은 오로지 주님의 발아래에서 들림 받을 것입니다.
죄 없이! 흠 없이!
천국의 기쁨에 완전히 들어갑니다!

하프 연주 소리,
오, 주님을 찬양하는 소리.
우리는 전에 결코 알지 못했던 주님을 압니다!
하나님의 사랑! 비할 데 없는 하나님의 은혜!
우리는 영원히 경배할 것입니다!

앤 캐서린 화이트 Ann Catherine White

3월 15일

그리스도와 연합

"곧 죽은 사람들 가운데서 살아나신 그분에게 속하게 되었습니다" 롬 7:4, 새번역

결혼생활에서 남편의 재산은 아내의 재산이 됩니다. 많은 사람들이 테니슨Tennyson의 불후의 명작, 버레이 백작Earl of Burleigh의 이야기를 기억할 것입니다. 백작은 풍경 화가로 가장해 마을의 순진한 아가씨의 마음을 사로잡았습니다. 그들이 행복하게 결혼생활을 하게 될 그가 말한 작은 집을 상상하면서, 아름다운 집들을 차례로 지나쳤습니다.

그녀가 보고 있는 관문은 위풍당당한 문장으로 장식되어 있었고,
관문 아래에서 그녀는 몸을 돌리자,
그녀가 전에 본 모든 것보다 더 장엄한 저택이 보였습니다.
나라에서 볼 수 있는 가장 멋진 남성들이 문 앞에서 그에게 절합니다.
그리고 그가 부를 때 그들은 정중하게 대답을 합니다.
확신에 찬 발걸음으로 복도 이 끝에서 저 끝까지 나아갑니다.
그녀가 어리둥절하여 무슨 일인지 알 수 없을 때,
그는 자랑스럽게 돌아보면서 친절하게 말합니다.
"이 모든 것이 내 것이고 당신 것입니다."

그렇게 마음이 연합되어 순진한 시골 아가씨로 살던 여자가 버레이 백작의 부인이 되었고, 남편의 모든 재산은 그녀의 재산이 되었습니다.

예수님과 진정으로 연합한 자들이 상속받는 재산에 대해 누가 말할 수 있을까요?

"그 은혜의 지극히 풍성함"(엡 2:7). "측량할 수 없는 그리스도의 풍성함"(엡 3:8).

오, 완전한 마음과의 거룩한 결합,

오직 주님만이 주실 수 있는 초월적인 축복,
이 값비싼 진주를 찾는 자들은 얼마나 복 받은 자들인가요,
땅에서는 죽으나 주님 안에 사는 법을 배우세요.
그러니 가서 십자가의 교훈을 배우세요.
그리고 성도와 선지자들이 갔던 길을 따르세요.
누가 생명과 자아와 모든 것을 잃고도
내면의 죽음에서 하나님의 생명을 찾을 수 있을까요.
당신의 독자성을 포기하세요!

3월 16일

풀을 벤 후

"왕이 풀을 벤 후 풀이 다시 움돋기 시작할 때에" 암 7:1

우리 주님은 성도들의 생명의 수확에 너무 관심이 많으셔서 손수 우리 밭의 잔디를 깎기도 하시고, 최고의 것을 주기 위해 우리에게 좋게 보이는 것들을 빼앗아 가기도 하십니다.

우리의 위대하신 왕은 일보다 일꾼에게 훨씬 더 관심이 있으십니다.

마음이 지쳐 있을 때 하나님은 햇빛과 비를 보내 주시고, 움츠러들었던 당신의 소망은 다시 싹이 납니다. 그것은 아마도 당신의 눈물과 마음의 피로 비옥하게 된 새로운 성장입니다. 이 성장은 왕이 잔디를 깎은 후에 일어나는데 그것이 그 이유입니다. 풀밭과 같이 성도들의 삶은 다져지고 굴리고 깎일수록 더 좋아집니다. 그러므로 시험을 당하거나 시련을 겪는다면, 어떤 이상한 일이 생겼다고 생각하지 마십시오. 사람은 이런 것들 때문에 사는 것입니다.

첫 번째 자라난 생명이 가장 가치 있는 것일 수 있습니다. 그러나 나는 이를 거의 보지 못했는데, 아름답기는 하지만 강하지는 못했습니다.

장미는 두 번째 수확이 최고입니다. 가장 위대한 성인은 풀을 베는

낫을 경험해 본 사람들입니다. 그러나 만일 왕이 잔디를 깎는 분이라면 생명으로 인도하는 풀 깎음을 환영하십시오.

그리스도 없는 최상의 추수보다 그리스도와 함께하는 벌거벗은 밭이 더 좋습니다!

그리스도가 오시는 곳에, 천국의 푸른 초목이 자랍니다. 그리스도가 밟으시는 곳에 지상의 미덕이 자랍니다. 하나님의 가도 God's Highway

그들은 모든 것을 앗아갔습니다. 내 장난감도.
하나도 남기지 않았습니다.
그들은 나를 여기에 세워 두었고
가장 보잘것없는 기쁨까지 앗아갔기에
고뇌에 빠졌습니다.

나는 이유가 궁금했습니다.
세월이 흘렀습니다.
홀로 걸어가는 약하고 슬픈 자들을
내 손으로 붙잡아 주었습니다.
그리고 나는 깨달았습니다.
무명

3월 17일

쟁기질

"파종하려고 가는 자가 어찌 쉬지 않고 갈기만 하겠느냐" 사 28:24

밭에 쟁기질을 한 후에는 파종을 하고 추수를 하여 많은 사람들이 먹을 밀을 얻는 것 아닙니까? 하나님이 사람의 마음을 쟁기질하신다면 그것은 반드시 무엇인가를 위한 것입니다! 농부는 옥수수가 잘 익으면 쟁기질을 할 때가 되었다는 것을 압니다. 그런데 우리는 쟁기질이 우리를 죽일 것이라고 생각합니다! 땅을 관통하지 않는 쟁기질은 없지만 어떤 생명도 멸절되지 않습니다. 그렇지 않고서는 더 좋은 생명을 얻을 수 없습니다.

가련한 마음이여, 잠잠하십시오! 하나님은 효율적으로 일하십니다. "이는 여호와시니 선하신 대로 하실 것이니라"(삼상 3:18).

하나님은 내 밭을 방치하지 않으실 것입니다.
쟁기날은 날카롭고 소의 발은 무겁습니다.
그것들은 아픕니다.
그러나 나는 하나님의 쟁기질을 막을 수 없습니다.
하나님은 내 밭을 휴경지로 내버려 두지 않으실 것입니다.

칼 윌슨 베이커Karle Wilson Baker

나는 농부가 쟁기질을 하며 아주 부드러운 잔디밭을 지나가는 것을 보았는데, 이는 고되고 잔혹한 과정처럼 보였습니다. 그러나 농부는 밀이 돋아나는 것을 미리 내다보았고, 몇 달 지나지 않아 파헤쳐진 땅에서 황금의 추수를 하고 활짝 웃을 것을 알았습니다.

깊은 영혼의 쟁기질은 성령의 풍성한 열매를 가져옵니다. 달콤한 자비는 물론 쓰디쓴 자비도 있습니다. 단 꿀로 주든지, 쓴 쑥으로 주든지, 모두 자비입니다.T. L. 카일러T. L. Cuyler

쇠 쟁기날이 마음의 들판을 밤이 될 때까지 갑니다. 깊은 고랑에 천사들이 와서 씨를 뿌립니다.

3월 18일
당신을 위한 자리

"내가 너희를 택하여 세웠나니" 요 15:16

캘리포니아의 테너 마이런 니슬리Myron Niesley는 가장 높은 보수를 받는 라디오 가수였습니다. 합창단원들이 온전하게 부를 수 없는 음계, 즉 주제가의 가장 높은 마지막 음을 부를 때마다 5파운드를 받았기 때문입니다.

하나님은 바로 정확한 때에 오실 단 한 분 외에는 그 누구도 채울 수 없는 자리를 가지고 계십니다!

지친 나는 서서 말했습니다.
"오, 주여, 내 발에서 피가 나고 내 손은 아파요.
내 노력이 헛되어 슬피 웁니다.
연약한 마음으로 당신께 기도하오니,
나에게 하라고 주신 일을 다른 용감한 사람에게 주세요."

그러나 나의 주님은 이렇게 대답하셨습니다.
"오, 나의 자녀여, 내가 시간과 공간을 통해 찾아보았는데,
이름을 불러 시킬 수 있는 사람이 아무도 없구나."

나의 아픈 영혼은 무릎을 꿇고 외쳤습니다.
"나를 온전케 하시는 이의 시선에서,
내 작은 영혼을 영원히 숨겨 주소서,
나의 작은 영혼은 현재와 과거 수없이 많은 무리들 속에 있습니다!"

그러나 나의 주님은 이렇게 대답하셨습니다.
"오, 나의 자녀여, 내가 시간과 공간을 통해 찾아보았는데,

너 같은 영혼은 없었다!"

프랜시스 벤트 딜링햄Frances Bent Dillingham

하나님께 당신을 위한 자리가 있는지 물어보십시오.

우리의 생명은 놀라운 일을 하도록 빌려준 작은 소유물에 불과합니다. 우리는 하늘과 별과 하나가 되어 하나님의 뜻을 행하는 데 쓰입니다. 우리는 우리의 삶을 위한 하나님의 계획에 도달할 수 있습니다.

3월 19일
예수의 흔적

"이 후로는 누구든지 나를 괴롭게 하지 말라
내가 내 몸에 예수의 흔적을 지니고 있노라" 갈 6:17

상처 자국이 있습니까? 다른 사람들이 악의 세력과 충돌하는 동안 당신은 보호해 줄 장소를 찾고 있습니까? 타협으로 인해 전쟁의 전리품을 빼앗긴 적은 없습니까? 우리는 그런 일을 하지 말아야 했나요? 언젠가 우리는 그분을 대면하고 그분의 손에 있는 못 자국을 보게 될 것입니다. 우리는 전쟁의 상처가 없기 때문에 그분 앞에 수치스럽게 서야 할까요? 매일의 성찬식Daily Communion

흉터가 없습니까?
발이나 옆구리나 손에 숨겨진 흉터는 없나요?
나는 이 땅에서 광대한 노래를 듣습니다.
그들이 당신의 밝게 떠오르는 별을 환영하는 소리를 듣습니다.
흉터가 없습니까?

상처가 없습니까?

그러나 나는 활 쏘는 사람들로부터 상처를 입었고
나무에 기대어 죽었습니다.
나를 에워싼 사나운 늑대들에게 찢겨서 기절했습니다.
상처가 없습니까?

상처가 없나요? 흉터가 없나요?
그러나 종이 주인과 같이 되듯
나를 따르는 발이 찔렸습니다.
그가 전부이십니다.
상처도 흉터도 없이 그를 따를 수 있는 사람이 누구입니까?
A. W. C.

우리의 길은 뿔라Beulah(안식처)를 가는 것처럼 평탄하지 않습니다.
지난 세대의 위대한 이탈리아 개혁가, 가리발디Garibaldi는 열정적인 연설로 수천 명의 이탈리아 젊은이들에게 조국의 자유를 위해 싸울 것을 촉구했습니다. 한 소심한 젊은이가 그에게 다가와 물었습니다. "장군님, 싸우면 내게 돌아오는 보상은 무엇인가요?" 단호한 답변이 번개처럼 돌아왔습니다. "상처, 흉터, 타박상, 어쩌면 죽을지도 모르지. 그러나 당신의 상처를 통해 이탈리아는 자유로워진다는 것을 기억하시오."
영혼을 구원하기 위해 상처를 감내하시겠습니까? 가장 험난한 길은 곧장 언덕으로 이어집니다!

3월 20일

빵을 만드는 밀처럼

"곡식을 떨어서 빵을 만들지만" 사 28:28, 쉬운성경

만족하십시오. 우리는 주님의 밭에서 자라는 밀입니다. 우리가 밀이

라면 주님의 헛간 마당에 있는 타작기 밑으로 들어가 체를 통과해야 합니다. 구원의 왕이 상함을 받으셨기에(사 53:10) 우리는 주님의 집에서 좋은 떡을 얻게 되었습니다. 사무엘 러더퍼드 Samuel Rutherford

밀을 집으로 가져올 때, 타작할 때가 되었을 때, 문을 닫으세요.
도리깨를 높이 들어 올릴 때 나는 쭉정이같이 날아가지 않을 것입니다.
주님의 발 앞에 나를 눕게 하소서. 바닥에!

내 맘을 훔치는 모든 근심, 내가 느끼는 모든 슬픔, 화살처럼,
내 적들이 승리할 때, 내 힘이 약해지기 시작할 때,
도리깨를 두드리는 소리가 있습니다. 내 마음에!

나는 가만히 있습니다.
비록 주님의 뜻을 모두 알 수는 없지만, 이해합니다.
나는 가장 순수한 밀이 될 것입니다.
겸손히 주님 발 앞에 엎드려
주님 손에 있는 두드리는 막대기에 입을 맞춥니다.

언젠가 나는 주님의 창고에 있는 상급처럼 저장될 것입니다.
모든 불행에 대해서도 주님께 감사드리나니,
슬픔은 나를 겸손하게 만들고 채찍질은 나를 성장시켰습니다.
하늘을 위해서!
　　승리의 함성 Voice of Triumph

옥수수를 생산하는 방법을 살펴보고, 성도들을 만드시는 하나님의 방법을 깨달으십시오.

3월 21일

끝까지

"온전히" 히 7:25
"끝까지" 히 7:25, KJV

세계 최고의 금주운동 강사인 존 고흐 John B. Gough는 자기 어머니로부터 하나의 교훈을 받았는데, 이는 방황하던 7년의 긴 시간 동안 그의 마음에 간직한 보물 같은 것이었습니다. "그분은 또한 자기를 통하여 하나님께 나아오는 자들을 끝까지 구원하실 수 있느니라"(히 7:25, KJV).

그의 죄는 높은 산만큼 쌓였고 이를 치울 수 없을 것 같았습니다. 사실 과거는 되돌릴 수 없습니다! 그러나 그는 예수 그리스도를 만났고 예수님의 보혈이 자기에게도 유효함을 깨달았습니다. "저는 고통스러웠고 불똥이 튀어 내 몸에 상처와 상흔을 남겼으며, 그 기억에 내 영혼이 불타올랐습니다"라며 그는 울먹였습니다. 그는 자신의 삶을 몹시 더럽혀진 눈더미에 비유했습니다. 지상의 그 어떤 권세로도 예전의 순결함과 순수함을 회복할 수 없었습니다. "상처가 남았어! 흉터가 남았어!" 그는 자주 쓰라린 자책을 했습니다.

'거인 어제' Giant Yesterday는 더럽고 까맣던 과거를 조롱했습니다. 이러한 생각은 고개를 숙인 가련한 참회자의 머리에 위협적이었습니다. 탈출구가 없다고 천둥소리 같은 어조로 호통을 쳤습니다.

영혼의 상처는 치유가 되더라도 아플 것입니다.
붉은 흉터는 남아 있다고 자백을 합니다.
잃어버린 순수함은 더 이상 돌아오지 않습니다.
우리는 죄를 범하기 전의 우리가 아닙니다.

예수님은 끝까지 구원하실 수 있습니다. 한 작가가 "하나님은 여러 색으로 그림을 그리시지만 흰색으로 그림을 그리실 때보다 더 화려하게 그리신 적은 없습니다"라고 말했습니다. 진홍색 석양, 하늘색 바다, 녹색의 계곡, 주홍색 양귀비, 은색의 이슬방울, 황금의 고슴도치 등은 아주 정교하고 아름답습니다. 정말 완벽하게 아름다워서 그것들이 없는 매력적인 천국은 상상할 수 없습니다. 그러나 존 B. 고흐의 영혼에서 우리는 하나님의 작품이 최고조에 이르렀음을 느낍니다.

그가 죄와의 지독한 투쟁을 한 지 44년이 지났습니다. 고흐는 다시 미국으로 돌아와 필라델피아의 젊은 남성들에게 연설했습니다. 그는 지울 수 없는 7년의 쓰라린 기억을 안고 외쳤습니다. "젊은이들이여, 당신의 과거를 깨끗하게 유지하십시오!" 그는 잠깐 중단했습니다. 평소보다 더 길게 말을 멈추니 청중이 의아해했습니다. 그러더니 곧 그는 목소리를 가다듬었습니다.

"젊은이들이여!" 세 번 울먹이더니 이번에는 더 약하게 반복해서 말했습니다. "당신의 과거를 깨끗하게 유지하십시오!"

그는 강단에서 크게 넘어졌습니다. 경건한 사람들이 그를 장사 지낼 때 그를 안고 애도했습니다. 그의 경주는 끝났습니다. 그의 항해가 완료되었습니다. 그는 전투에서 승리했습니다. 그 약속은 문자 그대로 승리로 성취되었습니다. 그를 구원한 은혜가 그의 삶 마지막 1인치, 맨 마지막 야드, 맨 마지막 마일까지 지켜주었습니다. 마지막 분, 시간, 날까지! "그분은 또한 자기를 통하여 하나님께 나아오는 자들을 끝까지 구원하실 수" 있기 때문입니다.

3월 22일

가슴 아픈 기쁨

"알리어 이르되 요셉이 지금까지 살아있어 애굽 땅 총리가 되었더이다 …
내 아들 요셉이 지금까지 살아 있으니 내가 죽기 전에 가서 그를 보리라 하니라"
창 45:26, 28

그분의 자녀들을 위한 하나님의 계획에는 가슴 아픈 기쁨이 있습니다. 야곱이 잃어버린 아들이 살아서 이집트를 다스리는 것을 상상할 수 있었던 것보다, 우리는 이생과 내세에서 그분이 우리를 위해 준비하신 좋은 일들이 얼마나 많을지 상상할 수 없습니다. 그것은 바로 나의 생명이신 예수 그리스도로 주체할 수 없고 활기차고 두근거리는 삶에서 매일 나를 기다리고 있는 일종의 놀라운 기적입니다. 그때 그분의 뜻이 성취되고 그분 자신과 나를 위한 그분의 선물과 놀라움이 아낌없이 베풀어질 것입니다. 그때 내 안에 있는 것은 모두 그분의 것입니다. 그분이 현세와 내세에 내게 주시는 것이 얼마나 놀라운가요. 그래서 나는 이렇게 말할 수 있습니다. "이는 내게 사는 것이 그리스도니 죽는 것도 유익함이라"(빌 1:21). 아침에 오는 메시지Messages for the Morning Watch

내게는 기쁨의 유산이 있습니다.
아직은 볼 수 없지만.
나를 위해 피 흘리신 손이 나를 지키고 계십니다.
내 마음은 그분의 진리 안에서 안식합니다.
만물을 내 것으로 만드신 분,
사로잡힌 내 의지를 당신께 이끄시는 분,
그분과 하나가 되게 하십니다.

A. W. 워링 A. W. Waring

"주의 아름다운 복으로 그를 영접하시고 순금 관을 그의 머리에 씌우셨나이다"(시 21:3).

3월 23일

환난 중에 만날 큰 도움

"하나님은 우리의 피난처요 힘이시니 환난 중에 만날 큰 도움이시라" 시 46:1

가장 어두운 시간에 나는 하나님의 도움이 없으면 내가 무력하다는 것을 겸허히 고백할 수밖에 없었습니다. 나는 사람들 앞에서 그분의 도우심을 고백하겠다고 숲속에서 혼자 맹세했습니다. 죽음 같은 적막이 나를 둘러싸고 있었습니다. 한밤중이었고, 나는 병에 걸려 허약했으며, 피로에 허탈해하였고, 나의 백인과 흑인 동료들에 대한 걱정으로 지쳐 있었습니다. 이런 육체적, 정신적 고통 속에서 나는 하나님께 내 백성을 돌려달라고 간구했습니다. 아홉 시간 후에 우리는 황홀한 기쁨에 충만했습니다. 초승달 모양의 진홍색 깃발이 모든 사람의 시야에 들어왔고, 흔들리는 주름 아래에는 오랫동안 사라진 후방 부대가 있었습니다. 헨리 M. 스탠리|Henry M. Stanley

나의 말은 몹시 절뚝거렸고 내 머리는 몹시 지끈거렸습니다. 이제 나는 여기서 일어난 일이 진실임을 맹세합니다. 비록 각 사람이 자기가 원하는 대로 설명하더라도 말입니다.

갑자기 나는 '하나님이 사람이나 짐승을 자기 뜻대로 치료하실 수 없는가?'라는 생각이 들었습니다. 즉시 나의 피로와 두통은 그쳤습니다. 그리고 내가 타던 말은 더 이상 절뚝거리지 않았습니다. 존 웨슬리|John Wesley

3월 24일

평안을 노래하라

"평안을 너희에게 끼치노니 곧 나의 평안을 너희에게 주노라 … 너희는 마음에 근심하지도 말고 두려워하지도 말라" 요 14:27

고인이 된 뮬레 주교 Bishop Moule는 이런 말을 했습니다. 한번은 전쟁 중에 최전선으로 나가는 병사들을 위한 연회가 끝나갈 때, 대령의 요청으로 한 젊은 장교가 일어나 병사들에게 감사의 말을 전했습니다. 그는 아주 매력적으로 부드러운 유머를 섞어 말했습니다. 그러다가 갑자기 무언가 생각났다는 듯 전혀 다른 어조로 이렇게 덧붙였습니다. "우리는 곧 프랑스를 횡단할 것입니다. 그 전선에 바로 죽음의 코스가 있을 수 있습니다. 어떻게 죽어야 할지 알려 줄 사람 누구 없나요?" 긴장된 오랜 침묵이 흘렀습니다. 그때 응답이 왔습니다. 한 가수가 조용히 무대 앞으로 나가 엘리야의 유명한 아리아, <주님 안에 안식>을 부르기 시작했습니다. 노래가 끝날 때 눈물을 흘리지 않은 사람은 아무도 없었습니다.

인생의 전투에서 우리 각자에게 필요한 것이 여기에 있습니다. 바로 하나님 안에서 안식하는 마음과 완전히 항복하는 의지입니다. 그것이 위대한 비밀입니다. 그것만으로도 우리는 영광스럽게 해낼 것입니다.

제임스 스튜어트 James Stewart

나폴레옹의 병사들이 알파인 등정에서 약해지고 낙담했을 때, 그들의 지도자는 다음과 같이 주문했다고 합니다. "프랑스의 영광을 노래하라!" 그 음악은 병사들에게 새로운 마음을 갖게 했고 당당하게 앞으로 나아가게 했습니다. 사랑하는 사람들이여, 당신의 십자가가 무엇이든, 사랑의 주님을 바라보면서 영광을 외치십시오!

전쟁은 길고, 싸움이 치열한데,
멀리서 승리의 노래가 들려오니,
마음은 다시 용감해지고 손은 강해집니다. 할렐루야!

복음의 노래가 우리를 집으로 인도합니다!

3월 25일
그리스도의 남은 고난

"그리스도의 남은 고난을 그의 몸 된 교회를 위하여 내 육체에 채우노라" 골 1:24

그 제안은 이렇습니다. 주님을 위한 모든 사역은 주님의 희생정신을 가져야만 합니다. 만일 바울이 로마의 구원을 위한다면 스스로 갈보리의 죽음으로 성육신해야 합니다. 만일 그가 생명의 목자가 되려고 한다면 "날마다 죽어야"(고전 15:31) 합니다. 갈보리의 영은 에베소와 아테네와 로마에서 다시 성육신되어야 합니다. 희생의 계승은 시대를 넘어 계속되어야만 합니다. 우리는 "그리스도의 남은 고난을 그의 몸 된 교회를 위하여 [우리] 육체에" 채워야만 합니다.

이것이 바로 그 원리입니다. 상한 마음의 복음은 피 흘리는 마음의 사역을 요구합니다. 우리가 피 흘리는 일을 멈추면 축복이 오지 않습니다. 우리의 동정심이 그 진통을 그치면 우리는 더 이상 수난받는 종이 될 수 없습니다. 종이 먼저 고난당하는 동정심으로 세례를 받지 않으면 어떤 그리스도인의 봉사도 열매를 맺을 수 없습니다. 우리가 결핍을 느끼지 못한다면 결코 치유될 수 없습니다. 눈물이 없는 마음은 결코 수난의 전령이 될 수 없습니다. 우리가 구원하는 보혈의 사역자가 되려면 피를 흘려야만 합니다. 우리는 고난당하는 동정심으로 "그리스도의 남은 고난을 [우리] 육체에" 채워야만 합니다.

우리는 이 정신을 잘 계승하고 있습니까? J. H. 조엣 J. H. Jowett

이그나티우스Ignatius는 경기장에서 사자를 만났을 때 이렇게 말했습니다. "나는 하나님의 곡물입니다. 내가 하나님의 백성을 먹일 떡이 될 수 있다면 사자의 이빨 사이에서 갈리게 하소서." 그런 순교자들의 삶이 낭비였습니까? 버려진 것이었습니까? 세상을 위한 빵을 만들기 위해 옥수

수 씨가 되는 인생이 낭비입니까?

우리 삶에서 아무것도 하지 않는 길은 그냥 아주 조심스럽게 사는 것입니다. 우리의 삶이 영원한 성공으로 가는 길은 그리스도께서 자신의 삶을 통해 이루신 것처럼 우리 삶에도 그렇게 하는 것입니다.

"그리스도의 남은 고난"을 채울 수 있는 기회를 살펴보십시오. 우리 중 얼마나 많은 사람들이 그분을 경배하는 상처를 그분께 보여 드릴 수 있을까요? 씨앗의 생각들 달력 Seed Thoughts Calendar

3월 26일

일보다 일꾼

"너는 여기를 떠나 … 숨고" 왕상 17:3

이것은 엘리야에 대한 매우 만족스러운 보증은 아닙니다. 의심할 것 없이 엘리야의 마음에는 큰 개혁을 시작하려는 열망이 가득했습니다. 그의 마음은 세상 왕국에 대한 꿈으로 확장되었습니다. 왕에게 나아가는 대단한 일이 성사되었는데, 지금 도피한다는 것은 승인된 모든 작전에 반하는 것입니다. 이제 고독하게 지내는 것 외에 다른 방도가 있을까요? 그러나 하나님은 그분의 계획과 그분의 종, 엘리야를 알고 계십니다. 여기에 신중한 진리가 있습니다. 우리가 추적할 수 없는 곳을 신뢰하는 것은, 우리 하나님께 그분이 바라시는 대로 완전한 주권을 내어드리는 것입니다. 그분이 자녀들을 다루실 때 가장 큰 장애물은 그들의 자기 의지입니다. "선하신 대로 하실 것이니라"(삼상 3:18)라는 말씀을 우리가 믿는다면, 그것은 포기가 아니라 승리하는 믿음입니다.

그래서 그릿 시냇가에 외로운 사람이 기거합니다. 이는 육체에 의존하는 비평가들의 판단에는 잃어버린 시간입니다. 아무것도 하지 않고 위대한 성취를 이룰 수 있는 사회는 없습니다. 그러나 그렇게 주장하는 사람들은 하나님께서 하시는 일을 볼 수 없습니다. 우리가 인간적 추론의 저울로 사물을 평가한다면 우리는 언제나 경제성과 편의주의만 다룰 것입니다. 그러나 하나님께서 그분의 방식을 가지고 계시다면 그것은 잃어버린 시간이 아닙니다. 진정한 진리는 그분이 자신을 더 생생하게 잘 계시하시기 위해 그분의 종의 삶에 오신다는 것입니다. 하나님께는 "일꾼이 일보다 더 중요"하기 때문입니다.

하나님의 성도들 중에는 자신의 활동을 빼앗겨서 자신들이 성도라는 것을 의심하는 사람들이 많을 것입니다. 환경이 그들에게 닫혔습니다. 그들 면전에서 문이 닫혔습니다. 그들의 활동을 수행하기 위한 자금이 중단되었습니다. 그들은 지쳐 침대에 누워 그분께서 왜 이토록 불합리한 상황에 처하게 하시는지 의아해할 수 있습니다. 그러나 한 가지 확신할 수 있는 것은 엘리야가 영원히 무능력하고 활동하지 않는 상태에 머물러 있지 않았다는 것입니다. 우리의 오류는 현재의 조건에 맞추어 우리의 미래를 정신적으로 고정시키는 것입니다. 이런 치명적인 혼수상태에서 깨어나야 합니다. 이후에는 그분의 은혜로운 약속이 항상 있습니다. 케네스 메켄지|Kenneth Mackenzie

그분이 아시고, 사랑하시고, 돌보십시다!

바울은 말했습니다. "그때에 나는 사람들과 의논하지 않았고"(갈 1:16, 새번역). 그리고 그는 사막으로 갔습니다. 사막… 그리고 안식!

3월 27일

생각을 사로잡아

"모든 생각을 사로잡아" 고후 10:5

시편 기자는 "그들이 벌들처럼 나를 에워쌌으나"(시 118:12)라고 말합니다.

우리는 매초마다 어떤 불같은 공격, 상상, 기억, 예감, 두려움, 걱정에 쏘입니다. 하나님은 그것들이 파괴되고, 더 이상 우리를 해치지 못하도록 우리를 무장시키기 위해서 우리를 그 상황 가운데 놓아두십니다. 그것들에 대항하여 무장하는 유일한 방법은 그것들을 거부하는 것이고, 그것들이 오는 근원을 차단하는 것입니다.

대부분의 그리스도인들이 전적으로 간과해 온 진리의 세계가 여기 있습니다. 그들은 자신의 영과 마음은 주님께 드렸지만, 자신의 머리는 자신에게 두었습니다. 우리의 지성은 죽임을 당하고 그리스도의 마음으로 대치됨으로써 성화되어야 합니다.

나쁜 생각을 치료하는 유일한 방법은 우리 자신의 모든 생각을 멈추고, 영적으로 무력화시키고, 자연인의 마음과 생각에서 벗어나는 것입니다. 그러기에 하나님은 생각을 멈추게 하는 어려운 과제를 위한 학교에 우리를 보내십니다. 우리는 옳게 생각하려고 애쓸 뿐만 아니라, 생각을 멈추고 그분이 우리에게 그분의 마음을 주실 때까지 기다려야 합니다.

이것은 당신에게 소멸처럼 보일지 모릅니다. 하지만 당신이 가장 깊고 달콤하고 가장 강한 삶으로 들어가려고 한다면, 하나님이 당신 안에서 먼저 생각하실 때에야, 당신 자신이 생각하는 것을 두려워할 때에야 가능할 것입니다.

당신 생각을 하나님께 맡겼습니까? 다윗의 외침에서 배워야 합니다. "내가 두 마음 품는 자들을 미워하고 주의 법을 사랑하나이다"(시 119:113). A. B. 심슨 A. B. Simpson

모든 죄에는 들어가는 문이 있습니다.
저 문을 닫아 두십시오!
단단히 빗장을 질러 잠그십시오!
바로 밖에는 야수가 웅크리고 있습니다. 한밤중에.
기도로 빗장을 질러 잠그십시오.
하나님이 거기서 해결하실 것입니다.

존 옥슨햄 John Oxenham, "호박속의 꿀벌" Bees in Amber

부주의한 생각은 폭발물을 가지고 노는 것만큼 위험합니다! 저 문에 빗장을 질러 잠그십시오!

3월 28일
주는 토기장이

"그[토기장이]가 그것으로 자기 의견에 좋은 대로 다른 그릇을 만들더라" 렘 18:4

하나님은 그분의 자녀들 각자에게 최선을 다하십니다. 그분은 우리를 그분의 도자기 물레에 올리시고, 가장 복되고 요긴한 인물로 만들기 위해 우리를 단련시키십니다. 하지만 안타깝게도 그분은 완전한 아름다움과 강함을 원하시고 추구하셨는데, 그분의 손안에 손상된 그릇이 남아있는 것을 발견할 때가 있습니다. 이것은 그분의 실패가 아닙니다. 어떤 허영심이나 이기심이 그분을 방해했기 때문입니다.

그럴 때도 그분은 우리를 완전히 버리지 않으시고 우리를 새롭게 하여 "다른 그릇"으로 만드십니다. 그분이 처음에 원하시는 대로가 아니더라도 그분은 우리를 최고로 만드실 것입니다. 하나님의 약함은 사람보다 강합니다. 하나님께 당신 자신을 새롭게 바치십시오. 당신이 그분의 작품을 망가트렸다고 고백하십시오. 야곱을 다시 만드시고, 베드로와 요한과 마가를 만드신 것처럼, 당신을 새롭게 만들어 주시기를 겸손하게 간청하십시오.

결코 흔들림 없는 "예"로 하나님을 만날 수 있는 영혼의 진보와 발전에는 한계가 없습니다. 그분의 거룩한 뜻으로 당신에게 각인시키시는 모든 것에 바로 순종하십시오. 토기장이가 손으로 토기를 빚을 때 유연하게 반응하는 살아있는 흙이 되게 하소서! 매일 묵상 해설 Daily Devotional Commentary

토기장이가 인내하며 사랑과 솜씨로 그의 일을 하셨습니다.

훼손되고 망가진 그릇을 다시 자기 뜻대로 빚으셨습니다.
그것은 더럽혀지고 구부러졌으며 낡았습니다.
그러나 토기장이는 남아 있는 아름다움을 따라서 일하시며,
매력적인 것을 회복할 때까지 부드러운 눈으로 바라보십니다.
그의 손길과 사랑의 수고, 토기장이는 인내심 많고 지혜로우십니다.

나는 상한 마음과 모든 망가진 삶을 고치시는 분을 알고 있습니다.
그분은 그분에게로 오는 자들을 모두 돌보십니다.
그리고 그분은 한 사람씩 그들 모두를 사랑하십니다.
인내와 사랑과 기술로 사람의 지각을 뛰어넘습니다.
이 토기장이는 잃어버린 것들을 모으시고,
그분의 형상대로 회복시키십니다.
오, 망가진 삶을 사는 사람들의 연인이시여,
오, 놀라우신 토기장이 하나님,
나는 당신의 치유의 손길에 내 영혼을 맡깁니다.
내 안에 당신의 아름다움이 빛나게 하소서.

그분이 붙들고 다시 만드신 것에 실패란 없습니다.

3월 29일

미쁘신 주님

"약속하신 이는 미쁘시니" 히 10:23

가끔은 하나님의 약속이 어떻게 실현되었는지 알기 어려울 때가 있습니다. 우리는 무엇을 해야 할지 알 수 없습니다! 하나님이 그분의 별들에서 우리를 멀리 두신 것처럼, 그분의 약속들이 우리의 손에 닿지 않을 때가 있습니다. 그분은 우리가 그분의 행성의 운행에 간섭하는 것을 허락

하지 않는 것처럼, 그분의 약속의 성취와 실현에도 우리에게 아무것도 요구하지 않으십니다. 그분은 약속의 성취를 그분께 온전히 맡기기를 요청하십니다. 그분의 약속의 말씀이 확실히 성취된 후에는 은혜로운 모든 것에 대해 우리가 증인과 응답자로 설 것을 촉구하십니다.조셉 파커 Joseph Parker

별들을 움직이는 분이 또한 모든 약속을 말씀하십니다.

추적할 수 없는 하나님의 길을 신뢰하고, "이런 것들은 그의 행사의 단편일 뿐이요"(욥 26:14)라는 말씀을 기억하십시오.

당신의 강한 팔에 나를 누이소서.
일은 그렇게 이루어질 것입니다.
전능하신 분처럼
누가 그렇게 놀라운 일을 할 수 있겠습니까!

3월 30일
하나님의 임재 아래

> "그의 어머니가 올라가서 아들을 하나님의 사람의
> 침상 위에 두고 문을 닫고 나와" 왕하 4:21

수넴 여인은 하나님께서 특별한 선물로 주신 외아들을 잃었습니다. 그녀는 죽은 아들을 안았습니다. 그녀가 무엇을 할 수 있을까요? 그녀에게는 하나님의 선지자를 대접했던 구별된 방이 있습니다. 그녀에게 그 방은 바로 하나님의 임재를 의미했습니다. 그녀는 자신의 소중한 짐을 지고 그곳으로 올라갔습니다. 지극히 높으신 분이 계시는 은밀한 장소에 올라갈 수 있고, 전능자의 그늘 아래 우리 문제를 가져갈 수 있다는 것은 얼마나 복된 일입니까! 이는 지치고 무기력하고 상심한 사람들이 안도를 찾을 수 있는 피난처입니다.

"아들을 하나님의 사람의 침상 위에 두고." 이는 우리의 문제, 우리의 사업, 우리의 모든 것을 하나님께 맡기는 아름다운 헌신의 그림입니다.

"맡기라 … 의지하면 … 그가 이루시고"(시 37:5).

아들과 사별한 불쌍한 어머니는 자신의 짐을 주님께 맡겨 두었습니다. 그것은 가장 어려운 일 중 하나입니다. 우리의 짐을 주님께 맡겨 두는 것 말입니다.

"문을 닫고 나와." 문을 닫지 않으려는 것은 유혹입니다. 우리는 여전히 우리의 문제를 봅니다. 우리는 여전히 문제를 붙듭니다. 우리는 반복해서 문제를 검토합니다. 우리는 여전히 우리가 있어야 한다고 생각하지만, 그분의 임재는 충분한 것 이상입니다. "문을 닫고" 나가려면 믿음이 필요합니다. 우리를 괴롭히는 문제를 전적으로 우리 손에서 하나님의 손으로 넘기려면, 진정한 믿음의 확신이 필요합니다. 하나님이 일하시는 다른 어떤 방식은 없습니다. 밀알은 열매를 맺으려는 사람의 눈에서 숨겨져야 합니다!

이 수넴 여인은 죽은 아들을 온전히 하나님께 맡기고 문을 닫고 나갔습니다. 그런 다음 그녀가 아들에 관한 질문을 받았을 때 "평안하다"(왕하 4:26)라고 말한 것은 놀라운 일이 아닙니다. 사랑하는 사람을 떠나보내기에 온 우주에서 하나님의 손보다 더 안전한 곳은 없습니다. 죽은 아들이 다시 살아난 것도 놀라운 일이 아닙니다!

우리는 하나님의 특별한 선물로 주어진 많은 아들들과 딸들이 허물과 죄로 죽어 있음을 확실히 압니다. 그러나 그들을 하나님께 온전히 맡기면 회복되고 구원받을 것입니다.

또한 우리가 모든 짐과 시련과 돌봄을 하나님께 전적으로 맡기고 그분을 온전히 신뢰하면, 그분은 우리가 요청하고 생각한 것 이상으로 일하실 것이라고 확실하게 믿습니다. C. H. P.

당신이 당신의 문을 닫을 때,

그 불안한 보살핌을 차단하는 것이니

모든 예리한 유혹들이 찌르고 있지만

그분이 거기 계십니다.

당신이 당신의 문을 닫을 때,
그 고통과 슬픔에서 벗어나는 것이니
사별은 극심한 압박감을 주지만
그분이 안위를 주십니다.

당신이 당신의 문을 닫을 때,
벽 안에 모든 것을 남겨 두지요.
하나님의 돌보심에 영원히,
그분이 모든 것을 가져가시지요.

당신이 당신의 문을 닫을 때,
당신 자신은 차단되고 그분만 안에 계시지요.
경배 외에 다른 일은 없습니다.
그분이 안에서 일하십니다.

L. S. P.

3월 31일

성령의 기도

"성령이 … 우리를 위하여 친히 간구하시느니라" 롬 8:26

가장 이상적인 기도는 성령께서 우리를 통해 기도하시는 것입니다. 그분이 우리 안에 계시며, 우리의 소망과 갈망을 불러일으키시고, 우리의 생각과 마음을 재촉하시며, 우리를 통해 기도하십니다. "통해서 기도한다"는 표현이 상당히 많이 나오는데, 하나님을 믿을 때까지 기도한다는 의미에서 볼 때, 이는 가장 유익하고 성경적인 제안입니다.

그러나 우리가 하나님의 관점에서 기도의 주제에 접근한다면, 모든 효과적인 기도는 오직 성령이 우리를 통해 기도하시는 것이라고 진정으로 말할 수 있습니다.

성령님이 우리를 통해 기도하실 때 개개인의 의지, 지성, 애정의 힘을 자극하시고 사용하십니다. 성령님의 행동은 마치 모든 것이 우리 안에서 시작되고 수행되는 것처럼 그저 자연스럽습니다. 그러나 그분은 그분의 역사를 위한 확고한 믿음의 의지적인 행위로 우리 자신을 그분께 드리기 때문에 기도하시는 분입니다.

그분의 기도는 우리의 기도처럼 자연스럽지만, 기도하는 사람은 말할 수 없는 깊이와 능력을 의식하는 경우가 많습니다. 이것들은 유한한 인간의 통로를 통해 표현된 것들을 발견하고 싶으신 하나님의 무한한 사랑의 욕구들입니다. 뿐만 아니라 소홀히 했을 대상과 사람을 위해 기도로 인도하는 일이 있을 것이며, 그러한 기도의 영은 필요할 때, 때로는 예기치 못한 때와 장소에서 우리에게 임할 것입니다.

우리에게 그처럼 강력하고 사랑 많은 조력자가 있을 때 기도의 가능성은 얼마나 무한합니까! 그분이 우리를 통해 기도의 숨을 들이마실 때 기도의 응답은 얼마나 확실할까요!

이런 종류의 기도는 얼마나 놀라운 사귐을 줍니까!

우리는 그분 안에 거하고, 순간순간 그분 자신의 강력한 중보로 우리를 통해 기도하실 것을 신뢰함으로써 우리의 기도생활에 대한 그분의 이상을 실현할 수 있습니다. C. H. P.

그렇다면 어떻게 중보기도의 수고를 줄이려고 어떤 영혼들이 여전히 죄 가운데 '머물러 있게' 내버려 둘 수 있겠습니까!

4월

하나님은 종종 거친 바위들 가운데 당신의 꽃을 심으십니다

4월 1일

얼음나무

"그의 마음을 굳게 정하였도다" 시 112:7

나의 창문 앞에는 봄옷을 입은 아름다운 나뭇가지가 있습니다. 불과 몇 주 전만 해도 그 가지는 얼음으로 온통 덮여 있었습니다. 마치 부러질 것 같았지요! 나는 나무가 견딜 수 없을 것이라고 생각했던 것이 떠올랐습니다. 나는 그것이 이내 무너져 내릴 것이라 예상했지만 나뭇가지는 부러지지 않았습니다. 오늘 다시 보니 얼마나 아름다운지요!

이 슬픔의 세상에는 이 벌거벗은 나뭇가지처럼 얼음으로 온통 덮여 있는 많은 사람들이 있습니다. 그들의 슬픔은 우박과 같아서 어떻게 막아내고 어떻게 버티느냐가 중요한 질문인 것 같습니다. 만일 그런 처지에 있는 사람이 우리 집 나뭇가지에 대해 읽게 된다면 나는 이런 말을 할 것입니다. "부서트리지 마세요. 하나님께서 당신을 잊지 않으셨다는 단 하나의 진리에 당신의 삶을 붙들어 매세요! 그분은 손으로 바람을 붙잡고 계십니다. 그분 손의 움푹 들어간 곳에 있는 바람이 당신을 삼키려고 합니다." 당신은 올려다보며 이렇게 말할 수 있습니다.

당신은 그 어떤 바람도 쓸어갈 수 없는 책임을 가지고 계십니다.
폭풍우가 당신의 일을 하도록 하세요.
나를 다루어 주세요.

그래서 당신은 하나님의 선하심과 사랑에 대한 순전한 믿음으로 버텨내고, 나의 창가에 있던 가지처럼 봄이 올 때 슬픔을 흘러간 물처럼 기억할 것입니다. "기다리세요! 항상 겨울은 아닙니다. 곧 봄이 옵니다. 새들은 얼음으로 덮인 그 가지에서는 아직 노래하지 않습니다. 단, 부러트리지만 마세요!"

내 나뭇가지는 의지가 없지만 우리에게는 의지가 있습니다. 하나님은 그 의지에 활력을 주실 것입니다. 우리는 우리의 의지를 사용하며 이렇게 말해야 합니다. "그가 나를 죽이실지라도 나는 그를 의뢰하리니"(욥 13:15, NIV) 그는 죽이지 아니하시고 살리려 하심이라.

그러므로 당신은 강한 바람에 휘어질지라도 믿음이 있기에 무너지지 않을 것입니다. 당신은 버틸 것입니다. 당신은 결국 당신의 봄을 볼 것입니다!

나에게는 어떤 것도 문제가 되지 않습니다.
내게 폭풍의 왕이 계시니까요.
나의 겨울의 노여움을 봄의 기쁨으로 바꿉니다.
복이 있는 사람은 사나운 폭풍우가 잠잠해질 때,
아버지의 낮은 목소리를 알아차립니다.

4월 2일
고요함의 능력

"너희는 가만히 있어 내가 하나님 됨을 알지어다" 시 46:10

고요함 속에는 엄청난 힘이 있습니다. 어떤 위대한 성인은 "믿고 잠잠할 줄 아는 자에게 모든 것이 온다"고 했습니다. 단어는 의미를 담고 있습니다. 이런 사실에 대한 지식은 우리의 일하는 방식을 엄청나게 바꿀 것입니다. 안절부절못하고 몸부림치는 대신 우리는 주님 앞에 내적으로 "앉아" 성령의 거룩한 능력이 우리가 열망하는 목적을 조용히 이루게 해야 합니다. 당신은 이 조용한 힘의 작용을 보거나 느낄 수 없을지 모르겠습니다. 그러나 당신의 영혼이 그 힘의 흐름에 따라 움직일 수 있을 만큼 고요해진다면 그 힘은 강력하게 작용할 것임을 확신하십시오. 한나 휘톨 스미스 Hannah Whitall Smith

그리스도인의 삶에는 고요함이 있습니다.
그에게만 알려진 내면의 고요함이 있습니다.
누가 그토록 기쁘게 예수님 발 앞에 엎드릴까요.
그분의 모든 것, 그리고 이제 그분만이 내면을 다스리십니다.
모든 움직임과 소망과 계획의 주인이십니다.
고요함 속에 왕관을 쓰신 그분은 최고의 통치자 왕이십니다.
깊숙한 심장의 방 안에 아주 작은 성소를 만들었습니다.

그리스도인의 삶에는 고요함이 있습니다.
밀알은 땅에 떨어져야 하지요.
그리고 죽습니다. 죽으면 그 죽음으로부터,
생명, 가장 충만한 생명이 축복으로 넘치지요.
말로 표현할 수 없는 신비,
허나 이 고요함 속에 안식하고 있는 자들에게는 알려졌습니다.
이해할 수 없는 거룩한 것,
아무것도 아닌 내가 하나님의 최선을 얻습니다!

실패, 두려움, 대적, 미래, 이 모든 것들을 조용히 그분께 맡기십시오!

4월 3일

하나님이 다스리시니

"모든 나라 가운데서 이르기를 여호와께서 다스리시니" 시 96:10

우리 마음의 고향을 잊지 맙시다.
구속받은 것이 당신에게 무엇을 의미하는지,
당신의 갈보리에서 우리의 가장 경건한 생각을 정립합시다.
A. W. C

그리스도께서 갈보리 십자가에 달리셨을 때 그분은 세상의 눈으로 볼 때 가장 큰 실패자였습니다. 다른 어떤 사람도 감히 그분과 같은 놀라운 주장을 한 적이 없었고, 그분은 십자가에 매달리셨습니다. 수치스러운 십자가에 못 박혀서 성난 군중들의 조롱의 시선에 노출되었습니다. 이는 젊음의 단절입니다. 그분은 자신의 가까운 친구 중 하나에게 배신당하셨습니다. 다른 모든 사도들로부터도 버림받았습니다. 그들 중 한 사람은 큰소리로 헌신을 고백했지만 맹세와 저주로 그분을 부인했습니다. 모든 중보기도 중 가장 놀랍고 감동적인 요한복음 17장의 기도가 아버지의 귀에 닿지 않은 것 같았습니다. "아버지여 때가 이르렀사오니 아들을 영화롭게 하사"(요 17:1)라는 말씀이 성취될 수 없을 것 같았습니다.

구주를 가장 사랑했던 사람들조차 그분과 그분의 생명사역을 이해하지 못했습니다. 인간의 입장에서 자비를 갈망하는 인자를 진정으로 공감할 수 있는 사람은 한 명도 없었습니다.

당신과 내가 진정으로 주님의 발자취를 따르고 있다면 우리 역시 세상의 안목에서의 명백한 실패를 감수해야 합니다. 그리고 더 힘든 사실은 우리의 동료 그리스도인들이 종종 오해를 받는 것에 만족해야 한다는 것입니다. 모든 결과를 하나님께 맡기는 믿음과 순종을 배울 때에만 우리는 한때 그토록 끔찍하게 들리던 "내가 그리스도와 함께 십자가에 못박혔나니"(갈 2:20)라는 말씀에 담긴 능력과 깊은 기쁨을 알 수 있습니다. E. A. G.

생명의 떡이신 예수님, 죽음의 맷돌에 갈리셨어요.
당신으로 나를 먹여 주소서. 당신의 종이 굶주리고 있습니다.

가장 좋은 포도나무 예수님, 고통의 십자가에 못 박히셨어요.
당신의 거룩한 생명이 이제 내 존재에 흐르게 하소서.

다가오는 날을 위한 능력으로, 당신의 몸을 나누어 주시고,
당신의 보혈은, 내 마음을 더럽히는 죄를 깨끗이 씻어 주십시오.

내 마음이 차가워지지 않게 하소서.
믿음이 입증될 때 의심하지 않게 하소서.
내 손에 든 것은 당신의 사랑의 성례전입니다.

단 하루만 머무는 손님이 아니라, 예수님,
갈망하는 내 마음에 오소서.
오셔서, 영원히 머무소서.
R. F. 페체이|R. F. Pechey

그분이 통치하십니다! 그분이 다스리시지만 그것은 골고다 보좌에서 나온다는 사실을 결코 잊지 마십시오!

4월 4일

기도의 벽

"성전 어느 곳이든지 파손된 것을 보거든 그것으로 수리하라" 왕하 12:5

하나님을 경외하는 어떤 아르메니아 그리스도인이 먼 도시로 상품을 보내고 있었습니다. 그 지역에는 철도가 없었고 귀중한 물건이었기에 상인이 직접 물건을 가지고 갔습니다.

그런 대상들은 보통 밤에 야영을 하는데, 이때 대상들을 공격해 생계를 유지하는 노상강도들이 야영하는 사람들의 것을 들키지 않고 훔치기 위해 적절한 시간을 살핍니다. 밤이 되자 계획된 시간에 쿠르드족이 다가왔습니다. 모든 것이 이상하리만치 조용했습니다. 경비는 없는 것 같았습니다. 그러나 그들이 더 가까이 다가서자 이전에는 한 번도 본 적 없

는 높은 벽을 발견하고 얼마나 놀랬는지 모릅니다. 다음 날에도 그들은 통과할 수 없는 똑같은 벽을 보았습니다. 셋째 날 밤에도 그들은 똑같은 벽을 발견했는데, 거기에는 강도들이 침입할 수 있는 약간의 틈이 있었습니다.

노상강도 두목은 이런 신비스러운 일에 너무 겁이 난 나머지 아르메니아인을 깨워서 도대체 그것이 무엇을 의미하는지 물었습니다. 그 두목은 자기들이 강탈하기 위해 얼마나 치밀하게 계획을 하고 따라왔는지, 그리고 첫째 날과 둘째 날 밤에 대상들 주변에서 높은 벽을 발견하였는데 셋째 날 밤에는 그 벽에서 틈새를 찾아 들어갈 수 있었다는 것을 설명했습니다. "당신이 이 모든 비밀을 우리에게 알려 준다면 더 이상 당신네들을 괴롭히지 않을 것입니다"라고 두목이 말했습니다.

상인은 의아해했습니다. "친구들이여, 나는 내 주위에 벽을 쌓은 적이 없습니다. 그냥 매일 저녁 기도하면서 나 자신과 함께하는 사람들을 하나님께 의탁했습니다. 나는 모든 악에서 나를 지키시는 그분을 전적으로 신뢰합니다. 그런데 오늘 밤은 너무 피곤하고 졸려서 성의 없는 기도를 했습니다. 그래서 당신에게 뚫린 게 분명합니다."

쿠르드족은 이 증언에 압도되었습니다. 그때 그들은 예수 그리스도를 구세주로 영접했습니다. 그러나 아르메니아인은 기도의 벽이 뚫린 것을 결코 잊지 않았습니다.

당신은 하나님과의 약속을 깨트리겠습니까?

4월 5일

예수님 대신

"예수께서 자기 십자가를 지시고 해골(골고다)이라 하는 곳에 나가시니" 요 19:17

주님의 피 흘리는 어깨에서 양 들보를 들어 올려 건장한 구레네 사람에게 올려놓았을 때 시몬은 주님의 수난 역사에서 그 누구도 하지 못했고 앞으로도 하지 못할 일을 하였습니다. 그는 잠깐이지만 그 임무를 수행했습니다. 예수님 대신! 그날 아침 시몬은 밤중에 일어난 일을 알아차리지 못한 채 자신이 손님으로 묵었던 마을에서 예루살렘으로 들어왔고 곧 예수님을 따라 갈보리로 가는 무리들 가운데 휩싸였습니다. 흥분한 빽빽한 군중들 속에서 이 육중한 촌사람은 행렬의 가장자리에 다다를 때까지 몸을 악착같이 끈질기게 움직였습니다. 그는 예수님을 들여다볼 수 있는 유리한 지점에서 피곤에 지친 그분의 얼굴을 볼 수 있었습니다. 시몬이 비극의 심장부에 들어간 것이 단순한 사고였을까요? 간수가 주위를 둘러보더니 건장한 덩치의 시몬을 보았습니다. 아마도 그의 얼굴에는 무의식적인 동정심이 나타났을 것입니다. 시몬이 사람들 속에서 끌려 나와 어깨에 십자가를 지고 예수님과 나란히 갈보리로 걸어가기 이전에 이미 그의 얼굴에는 무의식적인 동정심이 나타났을지 모르겠습니다.

이 구레네 사람은 시골 태생으로 튼튼한 육체에 친절한 마음을 가진 행운아였습니다. 이는 왕들이나 정복자들에게도 주어지지 않은 영예를 그에게 안겨 주었습니다.

이 구레네 사람만큼 특혜받은 사람은 없었습니다. 왜냐하면 그들은 경계 철선 안에서 함께 걸어갔기 때문입니다. 제사장이나 백성들 어느 누구도 방해하거나 귀찮게 할 수 없었습니다. 마치 함께 십자가를 진 것처럼 두 사람의 거리는 가까웠습니다. 예수께서 사역하실 때 몇몇 사람에게 하신 것처럼 시몬에게도 말씀하셨으리라는 것은 의심의 여지가 없습니다. 아무리 사소한 봉사라도 예수님은 즉각적으로 보상해 주셨기 때문입니다. 그런데 이 남자는 극한의 고통 중에 계신 그분을 도와드렸습니다. 예수님이 그에게 하신 말씀을 시몬은 결코 말하지 않았습니다. 그러나 한 가지 분명한 것은 갈보리로 가는 비극의 중심에서 시몬이 예수님을 만났다는 것입니다. 그들이 공동의 치욕의 십자가 아래 함께 걸어갈 때 예수께서 그분의 십자가를 대신 짊어지고 가는 자에게 얼마나 친절하게 말씀하셨겠습니까! 그는 구세주와 함께 혼자만의 귀중한 보물을 간직한 사람입니다!

잠시 동안 이 남자는 무거운 나무를 짊어졌습니다. 그 대신 예수님은 이 남자의 죄와 그분을 따르는 자녀들의 죄를 짊어지셨습니다. 왜냐하면 이 복음이 세상에 알려졌을 때 시몬은 유명한 기독교 가문의 조상이 되어 존경받았기 때문입니다. 그의 아들이 바로 알렉산더와 루포입니다.

그날 저녁 시몬이 집으로 돌아갔을 때, 땅에 떨어진 피 몇 방울을 제외하고는 큰 비극의 흔적은 아무것도 남지 않았습니다. 그러나 그 사이에 예수님은 세상의 구원을 이루셨습니다. 구레네 사람 시몬은 주님의 십자가를 지고 갔습니다!

얼마나 큰 특권입니까! 군중 속에서 선택받아 다른 사람의 십자가를 짊어지고, 예수님과 함께 십자가의 길(비아 돌로로사)을 걸어가는 것이!

존 왓슨 John Watson

4월 6일

넉넉히 이김

"이 모든 일에 우리를 사랑하시는 이로 말미암아 우리가 넉넉히 이기느니라" 롬 8:37
"이 모든 것 가운데서 우리는 우리를 사랑하신 그분을 통해 정복자들보다 더 나은 자들이니라" 롬 8:37, KJV

이 구절은 성경에서 가장 위대한 말씀 중 하나입니다. 의심이 당신을 압도한다면 이 말씀을 읽으십시오. 당신의 슬픔이 너무 엄청나다면 당신을 위한 메시지가 이 장의 말씀 안에 있습니다. 당신이 연약하다면 이 말씀이 당신에게 힘을 줄 것입니다. 당신이 낙심된다면 피할 수 없는 논리로 소망이 회복될 것입니다. 자주 읽으십시오. 그 진리, 추론과정, 결론에 익숙해질 것입니다. 믿으십시오. 믿는 대로 사십시오. 여기에는 약속된 승리뿐만 아니라, 승리 그 이상이 있습니다!

우리는 "정복자들보다 더 나은 자"가 될 수 있을까요? 아메리칸 인디언들은 적을 토마호크 도끼로 쓰러뜨릴 때마다 전사의 팔에 새로운 힘이 들어온다고 믿었습니다. 유혹을 이겨내면 영적인 힘과 장비가 증가합니다. 적을 물리치는 것뿐만 아니라 적을 붙잡아 우리 대열에서 싸우게 하는 것도 가능합니다. 하나님은 그분의 모든 자녀들이 폭풍우 구름을 전차로 바꾸기를 원하십니다.

가시나무(고통)의 사역은 종종 권좌(영광)의 사역보다 사람에게 더 큰 사역이었습니다. 이 진리를 적절히 사용하십시오.

오늘 두려움 없이 어둠의 세력에 맞서십시오!

나는 절대 패배하지 않습니다.
나의 승전 왕이신 그리스도께서
전투에 나를 부르셨습니다.
그분이 확실하게 승리하셨습니다.
오, 주님 제게 오서서 용기를 주소서.
당신의 정복하는 영이,
나를 승리하는 자로 만드시고
내 안에 능력으로 살게 하소서.

나는 절대 패배하지 않습니다.
해 질 무렵, 예수님이 속삭이실 때,
"잘 했구나. 사랑하는 자여, 잘 했다!"
주여, 십자가로부터 오소서,
당신의 영을 제게 부어 주소서.
저를 승리하는 자로 만들어 주소서.
최후의 승리자로.

순례자의 글모음 Verses of a Pilgrim

4월 7일

주는 나의 목자

"여호와는 나의 목자시니" 시 23:1

당신의 목자는 누구입니까? 주님! 오, 내 친구여, 이 얼마나 멋진 선언입니까! 하늘과 땅의 주 하나님이시고 만물의 전능하신 창조주가 우주를 마치 아주 작은 것처럼 양 손에 쥐고 계십니다. 그분이 당신의 목자이십니다. 목자가 자기 양을 돌보고 지키는 일을 맡은 것처럼, 주님은 당신을 돌보고 지키는 일을 스스로 담당하셨습니다. 당신이 마음으로 이를 받아들일 수 있다면 다시는 두려워하거나 근심하지 않을 것입니다. 이렇게 좋은 목자가 함께하시는데 어떻게 당신에게 부족한 것이 있겠습니까? 한나 휘톨 스미스Hannah Whitall Smith

이리 오라, 나의 양들아, 육지와 바다에 깊은 그림자가 드리우고,
하루가 빨리 사라지는구나.
와서 나와 함께 안식하자. 와서 내 우리 안에 거하라.
밤이 지나갈 때까지는 사방에 위험이 도사리고 있으니,
내 우리 안에 거하라.

이리 오라, 나의 양들아, 내가 긴 밤을 지새울 테니.
위험과 경보로부터 안전하게,
내가 너희를 보호한다. 밤이 새도록 나의 양들은 쉴 것이다.
목자의 품에서 안전하게, 아무 걱정 없이 거기에 누워서,
밤새도록 쉴 것이다.

이리 오라, 나의 양들아, 우리 안에서 고요히 잠들어라.
지친 자가 집으로 오는구나.
바람이 차갑게 불고 있구나. 새벽 동이 틀 때까지 쉬어라.

그리고 나면 내 양 떼가 기쁨으로 깨어나리라.
새로운 목초지가 그대를 기다리는구나.
새벽 동이 틀 때.

도로시 B. 폴수 Dorothy B. Polsue

목자가 양을 책임지는 것이지 양이 목자를 책임지는 것이 아닙니다. 최악의 상황은 우리가 때로는 목자, 때로는 양이라고 생각하고, 인도하는 일과 따르는 일, 둘 다 하려는 것입니다. 그분에게 책임이 있으시고, 그분이 앞서 가시며, 그분의 선하심과 인자하심이 우리의 뒤를 따른다는 것을 깨달을 때 우리는 행복합니다.

4월 8일
다른 길은 없나요?

"그는 곤욕을 당하여 괴로울 때" 사 53:7

그리스도께서는 백성들 가운데 택함을 받으셨기에 우리의 필요를 아시고 우리를 동정해 주십니다. 나는 부자들 대부분이 가난한 사람들의 고통이 무엇인지 전혀 모른다고 생각합니다. 그들은 일용할 양식을 위한 수고가 무엇인지 전혀 모릅니다. 그들은 빵 가격이 오르는 것이 무엇을 의미하는지 아주 희미하게만 알고 있습니다. 그들은 아무것도 모르는 것 같습니다. 국민이 되어 본 경험이 전혀 없는 사람이 권력에 앉으면 국민을 통치하는 기술을 터득하지 못합니다. 그러나 우리의 위대하고 영광스러운 예수 그리스도는 백성 중에 택함 받으신 분이시므로 우리의 필요를 아십니다.

예수님은 우리 앞에서 시험과 고통을 당하셨습니다. 그분은 우리의 질병을 짊어지셨습니다. 피곤함, 그분은 피곤하여 우물가에 앉으셨고 이를 견디셨습니다. 가난, 그분은 가난을 아십니다. 그분은 세상이 모르는 빵 외에 준비하여 먹을 빵이 없으셨습니다. 집 없음, 여우도 굴이 있고 공중의 새도 거처가 있지만 그분은 머리 둘 곳이 없으셨습니다.

나의 동료 그리스도인들이여, 그리스도께서 당신보다 앞서 계시지 않았던 곳에 당신은 갈 수 없습니다. 죄 많은 장소만 제외하고 말입니다. 그분은 당신보다 먼저 계셨습니다. 그분이 길을 평탄케 하셨습니다. 그분은 무덤에 들어가셨는데, 그것은 그 무덤을 속량 받은 인류의 왕의 침실로, 영원한 안식의 의복을 입기 위해 노동의 옷을 벗어 놓은 옷장으로 만들기 위한 것이었습니다.

우리가 가는 모든 곳마다 언약의 천사가 우리의 선구자였습니다. 우리가 짊어져야 할 각각의 짐은 일단 임마누엘의 어깨 위에 지워졌습니다.

그분의 길은 내 길보다 훨씬 거칠고 어둡습니다. 나의 주 그리스도께서 고난을 당하셨는데, 내가 슬퍼해야 할까요? 동료 여행자 여러분, 용기를 내십시오. 그리스도께서 그 길을 거룩하게 하셨습니다. 찰스 스펄전 Charles H. Spurgeon

그리고 당신의 흠 없는 이 땅에서의 삶이 끝납니다.
당신의 청춘이 겨우 시작되지 않았나요?
당신의 아버지가 하늘의 수호자들을 보내지 않을까요?
당신은 그분의 아들이니까요.

인류를 구원할 다른 방도는 없나요?
당신의 고뇌와 전적인 실패 없이,
하늘의 사랑이 찾을 수 있는 다른 길은 없나요?
십자가 외에?

그분의 지친 발이 알 수 있는 길은 없습니다.
수치스러운 나무로 이끄는 것 외에는.
그 위대한 용서의 사랑은

4월

갈보리까지 갈 것입니다.

E. 릴리안 로더E. Lillian Lowther, "다른 길은 없다"No Other Road

4월 9일

상한 마음을 가지고 있는 돌

"쳐부숨으로 인하여 자신을 정결하게 하는도다" 욥 41:25, KJV

오팔opal 보석에 대한 아름다운 사실을 알고 계십니까? 우선 오팔은 사막의 먼지와 모래와 이산화규소로 만들어졌는데, 그 아름다움과 귀중함이 오히려 결함 때문이라고 합니다. 그것은 상한 마음을 가진 돌입니다. 미세한 균열로 가득 차 있어 공기를 받아들이고 공기가 빛을 굴절시킵니다. 따라서 오팔의 아름다운 색채와 그 마음을 항상 향기롭게 밝히는 "등불"은 주님의 숨결이 그 안에 있기 때문에 나타나는 것이라 할 수 있습니다.

우리는 갈라진 틈과 사막의 모래만 의식하지만, 그분은 귀중한 오팔을 만드십니다.

우리는 그분에게 빛의 아름다운 색조를 돌려드리기 전에 자신을 깨뜨려야 합니다. 그래야만 성전의 등불이 우리 안에서 타오르며 꺼지지 않을 수 있습니다.엘리스 홉킨스Ellice Hopkins

쉿! 쉿! 너희가 알지 못하는 것을 아버지가 아시고,
결핍과 가시와 그림자는 가장 아름다운 몫과 연결됩니다.
보이지 않는 많은 올무에서 가장 현명한 면제가 있음을 알고,
무엇이 당신을 가장 가까이에 있게 할 것인지,
당신이 참을 수 없는 것이 무엇인지 알고 있습니다.

쉿! 쉿! 아버지께서 원하시는 대로 나누시나니,

그분의 사랑하는 모든 자녀들에게, 그래서 그들이 잠잠하지 않습니까?
그분의 뜻이 가장 지혜롭고 그분의 선택이 최선이 아닌가요?
완전한 동의 속에 완전한 안식이 있지 않나요?

쉿! 쉿! 아버지의 길은 참되고 올곧고,
아시고, 돌보시고, 현명하시기에 주님의 완전한 신뢰를 기다립니다.
그분이 천천히 채우시고 있는 잔은 곧 가득 찰 것입니다.
그리고 무한한 보상이 그분 안에서 영원히 발견됩니다.

프랜시스 리들리 하버갈 Frances Ridley Havergal

4월 10일

성령으로 충만하라

"성령으로 충만함을 받으라" 엡 5:18

고든 장군은 자신이 젊었을 때 성령이 자신을 소유할 수 있고 자신도 성령을 소유할 수 있다는 사실을 아무도 알려 주지 않았던 것을 아쉬워했습니다. 이러한 지식은 그를 연약함과 슬픔과 상실에서 구해 주었을 것입니다. 그러나 후에 그가 외로움을 느꼈을 때, 고든은 성령께서 내적인 강건함을 주시는 것을 알았습니다. 자신이 아닌 어떤 힘이 그를 도왔습니다. 그는 "모든 능력으로 능하게"(골 1:11) 되었습니다.

이것이 바로 성령의 무한한 능력에 대한 사도의 확신입니다. 의무감이나 위험으로 압박감을 느낄 때, 시험이나 걱정이 몰려올 때 우리가 할 수 있는 것은 아무것도 없습니다. 그러나 하나님과 연합을 하게 되면 그러한 긴장감을 견디어 낼 영혼의 자원을 스스로 만들 수 있습니다.

사도는 성령이 일하실 최대한의 여지를 만들어야 하며 사람은 최대한 거룩한 은사를 소유해야 한다고 촉구합니다. 그는 소유에도 등급이 있다고 제안하는 것 같습니다. 우리는 머리로 계산해서 한계를 설정하

곧 하는데 성령의 충만함을 위한 최대한의 여지를 마련해 두라고 간절히 촉구합니다. 최소한의 정도로 만족하지 마십시오. 성령을 제한하지 마십시오. 성령의 은사는 이성적인 근거에만 있지 않습니다. 성령을 미미하고 사소한 정도에 국한시키지 마십시오. "성령으로 충만함을 받으세요." 여기에는 과잉공급도 없으며 어떤 한계도 없습니다.존 맥베스 John MacBeath, "그리스도인 의 삶" The Life of a Christian

하나님께는 깊은 것들이 있습니다. 해안가에서 나오세요.
얼마나 많이 찾았나요? 감사하면서 더 찾아보세요.
후히 주시는 분의 마음을 상하게 할까 두렵습니다.
그분의 은혜의 창고는 끝이 없다는 것을 아세요.
그분에게 애원하거나 들볶을 필요는 없지만,
우리가 더 많이 취할수록 그분은 기뻐하십니다.

공동으로 상속 받은 땅 외에도 몇몇 특별한 소유가 있습니다.A. B.심슨 A. B. Simpson

"너희가 믿을 때에 성령을 받았느냐"(행 19:2).

4월 11일

샤론의 장미

"잣나무는 가시나무를 대신하여 나며 화석류는 찔레를 대신하여 날 것이라 이것이 여호와의 기념이 되며 영영한 표징이 되어 끊어지지 아니하리라" 사 55:13

우리는 성금요일에 열린 예루살렘 회의 때 감람산에 있었습니다. 그분이 시내 저편을 벗어나 언덕을 올라가 죽으실 것을 생각하니 마음에 깊은 감동이 일어났습니다. 나는 혼자 중얼거렸습니다. "나는 그분의 훈련을 받으며 그분과 같은 열정과 비전을 갖고 싶습니다." 모임이 끝나갈 무렵 나는 생각했습니다. '이 시간을 기억할 수 있는 무엇인가를 가져가야겠다.' 나는 팔레스타인의 산비탈을 가로질러 사랑스럽게 피어있는 꽃 가운데 하나를 꺾기 위해 몸을 기울였습니다. 야생화를 꺾으려 할 때 내면에 이런 음성이 들렸습니다. "아니야, 야생화가 아니야. 저쪽에 가시덤불이 있다. 그중 하나를 가져가라." 그것은 가시 면류관이 되어 예수님의 이마를 짓누른 가시덤불이었습니다. 나는 "가시나무는 아름다운 것이 아니라 추한 것이에요. 차라리 꽃을 갖고 싶어요"라고 말했습니다. 그리고 나는 다시 몸을 기울여 꽃을 꺾었습니다. 이번에는 목소리가 더 근엄하게 들렸습니다. "아니, 꽃이 아니라 가시덤불이다. 네가 보지 못한 것이 가시덤불 속에 있단다. 그것을 가져가렴!"

나는 마지못해 들꽃이 아니라 가시덤불 한 줌을 뽑아 성경책 갈피 속에 넣었습니다. 아니, 더 깊이 내 마음속에 넣고 간직했습니다.

몇 주, 몇 달이 지났습니다. 어느 날 우연히 내 마음속에 있는 가시덤불을 보니, 놀랍게도 온통 활짝 꽃이 피어있는 것이었습니다! 거기에 샤론의 장미가 사랑스럽게 만발했습니다. 가시덤불 속에는 내가 보지 못한 무엇인가가 있었습니다.

사랑하는 이여, 당신의 찔레에서 다른 사람들을 위한 장미꽃이 피어날 것입니다.

어떤 사람에게는 예수님의 십자가가 없는 십자가가 있습니다. 십자가에는 항상 그림자가 있습니다. 그런데 하나님이 이 그림자를 가져가신다면 어떻게 될까요?

내 평생에
나를 위한 십자가가 없을까요?
내 길은 모두 꽃길이고,
당신 길은 모두 가시밭길일까요?

4월 12일

땅속 거대한 바위

"주께서 여기 계셨더라면" 요 11:21

"만일 내 상황과 환경이 바뀐다면…."

"만일 내 삶이 너무 평범하지 않다면…."

"만일 내가 다른 사람들이 가진 기회와 특혜를 누린다면…."

"그 극복할 수 없는 어려움, 그 슬픔, 그 문제가 내 삶에서 제거될 수만 있다면 얼마나 일이 달라졌을까! 그리고 나는 얼마나 달라질까."

아, 사랑하는 친구여, 당신만 그런 생각을 하는 것이 아닙니다. 사도 바울 같은 사람도 육체의 가시를 제거해 달라고 세 번이나 주님께 간구했습니다. 그런데 여전히 그것은 남겨졌습니다.

어떤 신사에게 아주 아름다운 정원이 있었습니다. 그 정원은 땅속 깊이 거대한 바위가 자리 잡고 있었습니다. 그는 다이너마이트로 폭파하려 했지만 집의 창문만 산산조각 나고 말았습니다. 고집 센 그는 그것을 제거하기 위해 갖은 방법을 연달아 사용했지만 성공하지 못했습니다. 결국 그는 희망이 없는 상태로 근심 가운데 죽었습니다.

일반적인 상식을 가지고 있었던 상속자는 곧 바위를 옮기려는 노력이 절망적이라는 것을 깨닫고, 바위에 프레스코 벽화를 그리고 꽃, 양치류, 덩굴로 암석을 덮는 작업에 착수했습니다. 정원을 찾은 방문객들은 비길 데 없는 아름다운 정원을 언급했고, 주인은 정원의 조화로운 측면과 너무 깊어서 움직일 수 없었던 바위에 맞춘 성공 중 어느 것이 더 큰 행복을 주는지는 알 수 없었습니다. 제거할 수 없었던 보기 흉한 바위는 그 결함을 제대로 활용하는 방법을 아는 사람이 처리했을 때 그 정원에서 가장 귀중한 자산이 되었습니다.

하나님은 종종 거친 바위들 가운데 당신의 꽃을 심으십니다!

4월 13일

부활하셨다

"그가 살아나셨고" 막 16:6

일어나세요! 그분이 오늘 부활하셨기 때문입니다.
빛을 발하세요. 그분이 영광을 받으셨기 때문입니다!
당신의 아름다운 옷을 입으세요.
그리고 영원한 부활절을 지키세요.

한 어린 소년이 예술품 가게 진열장에 있는 그림을 열심히 바라보고 있었습니다. 그 가게에는 눈에 띄는 십자가 처형 그림이 전시되어 있었습니다. 한 신사가 다가와 멈춰서 바라보았습니다. 그 소년은 그 신사의 관심을 알아차리고 "예수님이십니다"라고 말했습니다. 그 남자는 아무 말도 하지 않았고 소년은 계속해서 말했습니다. "저들은 로마 병사들입니다." 그리고 잠시 후 말했습니다. "저들이 그를 죽였습니다."

"어디서 그걸 배웠니?" 남자가 물었습니다.

"미션 주일학교에서요"라고 소년이 대답했습니다.

그 남자는 돌아서더니 생각에 잠긴 채 나가 버렸습니다. 그가 멀리 가지 않았을 때 "여보세요, 아저씨"라는 아이의 목소리가 들렸고 이 거리의 작은 아이는 재빨리 그를 따라잡았습니다. 그는 "선생님, 그분이 다시 살아나셨다고 말하고 싶었습니다"라고 말했습니다.

소년이 거의 빠트릴 뻔했던 그 메시지는 오랜 시대를 통해 내려온 메시지입니다. 이것은 죽음을 이긴 생명의 영원한 승리에 관한 이야기이고, 인간의 불멸에 대한 약속이자 서약인 부활절 메시지입니다.

그분에게 무덤은 끝이 아니었습니다!

오늘은 기쁜 소식의 날입니다! 빨리 가서 메시지를 전하십시오!

그분은 부활하셨습니다! 할렐루야! 그리스도께서 부활하셨습니다! 음부는 그분을 붙잡을 수 없습니다! 부패는 그분을 삼킬 수 없습니다.

"곧 살아 있는 자라 내가 전에 죽었었노라 볼지어다 이제 세세토록 살아 있어 사망과 음부의 열쇠를 가졌노니"(계 1:18). 하나님의 축복을 받으십시오! 예수님은 더 이상 죽기 위해 살아계시지 않습니다! 빨리 가서 이 기쁜 소식을 널리 전하십시오!

그리고 나는 빛나는 분들이 많이 경탄하실 것이라고 생각합니다.
그들이 위의 세상에서 주시하실 때,
우리가 사랑의 희생의 소식을 얼마나 느리게 퍼트리는지 보시면서.

제 생각에는 부활절 아침에 관한 이야기 중 하나에는 암시적이면서도 아름다운 자연스러운 순서가 있습니다. 그것은 무덤에 서둘러 간 여인들의 이야기로 "매우 일찍이 해 돋을 때에 그 무덤으로 가며"(막 16:2)라고 말합니다.

부활절 아침 영광은 아침 하늘의 희생의 붉은 색입니다!

4월 14일
그리스도의 좋은 군사

"그리스도 예수 안에 있는 은혜 가운데서 강하고 …
그리스도 예수의 좋은 병사로 나와 함께 고난을 받으라" 딤후 2:1, 3

전쟁에서 명예의 자리는 어려움과 위험이 뒤따르기에 극소수에게 부여됩니다. 그러나 장군들은 일반적으로 그런 어려운 일을 자신이 좋아하는 사람과 친구들에게 할당합니다.

그러므로 우리 구원의 대장께서 우리에게 힘든 자리를 맡기신 것을 영예와 특권으로 여겨야 하지 않겠습니까? 왜냐하면 그분은 당신의 병사들에게 지상의 그 어떤 사령관도 할 수 없는 지혜와 용기와 능력을 그들의 상황에 맞게 주실 수 있고 실제로 그렇게 하시기 때문입니다.

사자의 이빨이 이그나티우스의 살갗을 찢을 때, 그가 외치는 소리를 들어보십시오. "이제 나는 그리스도인이 되기 시작합니다!"

여기서 그리스도인의 영예의 훈장은 언제나 십자가였습니다.

십자가에 못 박힐 준비가 되어 있지 않으면 그 어떤 교회도, 운동도 살아남을 수 없습니다.영국 성공회 원체스터 교구의 주교Bishop of Winchester

여호와께서 배를 지키시는 것을 내가 보지 못했다면 나는 이미 키를 버렸을 것입니다. 그러나 나는 그분을 봅니다! 그분은 폭풍을 뚫고, 밧줄을 단단히 묶고, 돛대를 정비하고, 돛을 펼치고, 더 나아가 바람을 지휘합니다. 내 자리를 버린다면 겁쟁이가 되어야 하지 않겠습니까? 그분이 다스리게 하시고 앞으로 우리를 인도하게 하십시오. 그분이 서두르거나 지체하시더라도 우리는 아무것도 두려워하지 않을 것입니다!마틴 루터 Martin Luther

천국의 문까지 칼을 뽑아든 우리를 위해,
오, 비겁한 영혼이 변질되지 않게 하소서.
전사의 수칙, 우리의 소명!
꽃들에 검을 꽂는 것을 금하십시오!
사랑하는 대장이여,
전투의 상처는 당신 것입니다.
어떤 상처는 내 것이 아닐까 하는 의구심이 들지 않게 하소서.
오, 주여, 차라리 나의 깊은 경이로움이 되소서.
당신과 전쟁의 상처를 나누게 하소서.

골드 코드Gold Cord

4월 15일

삶은 듀엣

"비록 무화과나무가 무성하지 못하며 포도나무에 열매가 없으며 감람나무에 소출이 없으며 밭에 먹을 것이 없으며 우리에 양이 없으며 외양간에 소가 없을지라도 나는 여호와로 말미암아 즐거워하며 나의 구원의 하나님으로 말미암아 기뻐하리로다" 합 3:17-18

얼마나 비합리적입니까! 하나님께서 후히 대접하신 우리가 그분을 찬양하는 것은 이해할 수 있지만, 이 같은 어려운 상황에서도 불평하지 않는 사람은 정말 존경해야 합니다.

하박국 시대를 좀 더 가까이 가져와 이 모든 것을 현재의 경험으로 해석해 보십시오. 양 떼와 소 떼 대신에 수익을 생각해 보십시오. 무화과와 감람나무 대신 신용 잔고로 읽어 보십시오. 가축 떼와 외양간의 경우는 은행 잔고와 증권을 대체해 보십시오. 갈대인의 침략과 세계를 휩쓸고 있는 경제의 눈보라를 생각해 보십시오. 그러고 나서 지금 당신은 어디에 서 있는지 보십시오!

비록 잔고나 유가 증권이 없고, 모든 주식이 폭락할지라도, 극심한 궁핍에 처할지라도, 나는 주님 안에서 기뻐할 것입니다!

당신은 그것이 불가능하다고 말할 것입니다! 물론 어떤 초자연적인 도움이 없었다면 그는 그렇게 할 수 없었을 것입니다. 우리도 마찬가지입니다. 하박국은 삶이 혼자만의 일이 될 수 없다는 것을 배웠습니다. 삶은 듀엣입니다. 삶이 솔로라면 높은 음에 도달해야 하거나, 반대로 낮은 음을 내야 할 때 비극적으로 붕괴되는 것을 의미할 것입니다. 그러나 듀엣은 조화, 즉 거룩한 목적과 능력에 연결된 인간의 삶을 의미합니다. 하박국의 경험은 당신이 하나님을 잃지 않았다면 아무것도 잃은 것이 없음을 의미합니다. J. 스튜어트 홀든 J. Stewart Holden

순례자여, 위를 보십시오!

도로는 먼지투성이입니다. 여정은 길지요. 올려다보십시오! 밤의 그림자를 벗어나 수평선 너머에 엿보는 이른 아침을 쳐다보십시오. 휴게소가 아직 멀리 떨어져 있을 때 정오에 위를 쳐다보십시오. 저녁별이 보이면 쳐다보십시오. 쳐다보십시오! 도시가 빛납니다!

4월 16일

어둠의 빛

"이스라엘 자손을 명하여 앞으로 나가게 하고" 출 14:15

길이 보이지 않는 밤이라도 담대히 나갑시다. 우리가 앞으로 나가면 길은 열릴 것입니다. 마치 숲을 통과하는 오솔길이나 몇 개의 막대기 길이만 드러나는 알파인 고개처럼 말입니다. 하나님께서 자신의 계명 외에 어떤 빛이나 조명 없이 하라고 주신 일들이 있지만 하나님께로 가는 길을 아는 사람들은 어둠 속에서도 그것을 찾을 수 있습니다. 알렉산더 매클래런 Alexander Maclaren

구원자이신 이스라엘의 하나님은 때때로 자신을 숨기시지만 결코 떠나시는 분은 아닙니다. 그분은 때때로 어둠 속에 계십니다. 그러나 결코 멀리 떨어져 있지 않습니다. 메튜 헨리 Matthew Henry

오늘 밤에 갈라진 틈이 있었습니다.
나는 회색 구름이 부서지고 빛이 비추는 것을 보았습니다.
온 땅에 소망의 빛을 비추세요.
말하기 어렵지만, 나는 여기서 오래 기다렸습니다.
"구름이 걷히고 어둠이 녹아내리는데,
새로 태어나는 밤의 광채 이전에."

고집 센 자를 인도할 그 약속된 빛,
마침내, 오랜 의심과 두려움 후에,
빛과 생명과 달콤한 안전이 다시 돌아왔습니다.

마치 하나님의 영원으로부터 감춰진 광선처럼,
내가 그것을 바라보고 보면서 엿보았습니다.

그러니 기다릴 수만 있다면,
나는 하나님께서 조만간 그것을 보내실 것을 압니다.
내 삶의 회색 구름 속의 이 틈새, 그분의 선물입니다.
내게 빛을 발하며 보여 주는 완벽한 사랑의 별 하나,
믿음으로 행하는 자에게는 갈 길을 알려 주십니다.
그리고 폭풍우 후에 축복받은 갈라진 틈이 생길 것입니다.

루스 M. 기브스 Ruth M. Gibbs

4월 17일

위로의 하나님

"모든 위로의 하나님이시며" 고후 1:3

 하나님을 드러내는 모든 이름 중에 "모든 위로의 하나님"이라는 이름은 나에게 가장 사랑스럽고 절대적으로 위로가 되는 이름 중 하나인 것 같습니다. "모든 위로"라는 단어는 제한이나 축소를 허용하지 않습니다. 바울 사도는 무엇이든지 성경에 기록된 것은 우리에게 교훈과 "인내로 또는 성경의 위로로 소망을 가지게" 한다고 말합니다.

 우리가 위로받고 싶다면 하나님께서 지금까지 하신 위로의 말씀을 다 믿기로 결심해야 합니다. 그리고 우리 자신의 마음이나 상황에서 나오는 불쾌한 말은 전혀 듣지 말아야 합니다. 우리는 모든 슬픔과 시련 속에서도 거룩한 보혜사를 믿고, 모든 것을 포용하는 위로를 받아들이고 기뻐하기 위해 우리의 얼굴을 부싯돌처럼 세워야 합니다. "얼굴을 부싯돌처럼 세우라"라고 말하는 것은 주변의 모든 것이 어지러워 보일 때 하나님의 위로의 말씀을 믿기가 쉽지 않기 때문입니다.

우리는 영적인 모든 일에 우리의 소망을 두었던 것처럼, 이 위로받는 문제에도 우리의 소망을 두어야 합니다. 우리는 위로받기를 선택해야 합니다. 우리는 그것을 믿어야 합니다. 우리는 스스로 이렇게 말해야 합니다. "하나님이 말씀하시니 이것은 진실이야. 그것이 어떻게 보이든지 관계없이 그것을 믿을 거야."

그런 다음 우리는 의심하거나 다시 의문을 제기하면서 스스로 고통을 받지 말아야 합니다. 한나 휘톨 스미스 Hannah Whitall Smith

4월 18일

풍성하신 하나님

> "그를 이끌고 밖으로 나가 이르시되 하늘을 우러러 뭇별을 셀 수 있나 보라 또 그에게 이르시되 네 자손이 이와 같으리라" 창 15:5

우리는 성경에서 하나님의 무한한 자원에 깊은 감동을 받습니다. 그분은 어떤 일도 소홀히 하시지 않습니다. 그분이 바다를 만드실 때는 누구도 헤아릴 수 없을 정도로 깊게 만드십니다. 그분이 산을 만드실 때는 그 크기를 가늠하거나 측량할 수 없을 정도로 크게 만드십니다. 그분은 꽃을 만드실 때 당신 외에는 감상할 사람이 없는 곳에도 수백만 송이의 꽃을 뿌리십니다. 그분은 은혜를 베푸실 때 옆면과 바닥을 없애고 뚜껑도 없애십니다. 구원의 약물을 한 방울씩 떨어뜨리는 대신에 강물처럼 부어주십니다.

하나님께서 우리를 위해 일을 시작하실 때는, 냉철하게 계산된 세상의 기준으로 사물을 보는 사람을 몹시 놀라게 하는 방식, 즉 사랑을 불러일으키는 대범한 풍요로움으로 그 일을 하십니다.

우리의 잔에 담긴 축복이 무엇이든지, 그것은 반드시 흘러넘칩니다. 그분에게 송아지는 항상 살진 송아지입니다. 예복은 항상 최고의 예복입니다. 기쁨은 이루 말할 수 없습니다. 평안은 이해를 초월합니다. 은혜가 너무 풍부해서 은혜를 받는 사람은 모든 일에 모두 넉넉하고 모든 선한 일에 넘칩니다.

하나님의 자비에는 인색함이 없습니다. 그분은 약장수가 약을 몇 방울, 몇 그램인지 천천히 정확하게 측정하는 식으로 당신의 선하심을 측정하지 않습니다. 하나님의 길은 항상 아름다움과 생명이 너무 풍부하여 바다 한 방울 한 방울, 숲속 한 조각 한 조각, 물 분자 하나하나가 경의로움으로 가득하고 인간의 연구와 조사를 무시할 정도로 풍요로움이 넘쳐난다는 것이 그 특징입니다. 우리는 사도처럼 이렇게 외칠 수 있습니다. "내게는 모든 것이 있고 또 풍부한지라"(빌 4:18).

4월 19일

능력 의식

"너는 기도할 때 네 골방에 들어가" 마 6:6

사도들, 성인들, 하나님의 훌륭한 종들은 그리스도의 강한 군사로서 어디서나 쉬지 않고 항상 기도했습니다.

만일 아시시의 프랜시스Francis of Assisi가 사람들과 어떻게 싸우는지를 알았다면, 그것은 그가 "새처럼 산속의 둥지로 날아가는 것을" 좋아했기 때문입니다. 존 웰쉬John Welsh는 24시간 중 8시간을 하나님과 교제하며 지냈습니다. 그래서 그는 장비와 무기로 무장을 한 채 담대하게 고통을 받았습니다. 데이비드 브레이너드David Brainerd는 끝없이 펼쳐진 미국의 숲을 말을 타고 가면서 기도했고, 짧은 시간 안에 사역을 완수할 수 있었습니다. 존 웨슬리John Wesley는 영국의 세태를 변화시키기 위해 한적한 삶에서 뛰쳐나왔습니다. 앤드류 보너Andrew Bonar는 단 한 번도 자비의 보좌를 놓친 적이 없었으며 주님과의 교제는 그를 사랑스러운 그리스도인으로 만들었습니다. 존 플래쳐John Fletcher는 때때로 밤을 새며 기도했습니다. 아도니람 져드슨Adoniram Judson은 지칠 줄 모르는 기도를 통해 버마(현 미얀마—

편집자)를 그리스도께 인도했습니다. 이는 하나님을 위해 훌륭하게 일한 사람들의 습관이었습니다.

만일 우리가 하나님을 위해 위대한 일을 시도하고 죽기 전에 무엇인가를 성취하려면 매 순간 어느 곳에서든지 기도해야 합니다. 하나님은 진정으로 기도하는 자의 손에 자신을 맡기십니다.

사랑하는 주님, 홀로 고요한 고독 속으로,
당신의 종 모세를 억지로 가게 하셨죠.
양들과 함께 삭막한 사막으로,
은빛 별들은 그의 사랑스러운 철야기도를 알 것입니다.

열정적이고 담대하고 용감한 전사, 바울은,
사막, '아라비아 하늘 아래서',
하나님 당신의 교훈을 습득했고, 그분의 음성에 귀를 기울였고,
진중하고 겸손하며 온유하고 지혜로운 사역자로 성숙해졌습니다.

사랑하는 주님, 저는 홀로 있는 것이 두렵습니다.
내 마음은 가장 복 받은 동반자를 요구합니다.
당신을 사랑하는 사람들의 달콤한 과즙의 우정을,
이토록 사랑하는 이들과 함께 나는 언제나 마실 것입니다.

그러나 광야에서 모세, 다윗, 바울,
우리는 사랑이나 보살핌에서 멀어진 혼자가 아니었습니다.
그들은 하늘의 방문객들과 동행했고,
당신이 거기 계셨기에 그들은 외롭지 않았습니다.

앨리스 E. 셔우드 Alice E. Sherwood

1세기 그리스도인들은 '능력 의식'이 있었다고 합니다. 반면 우리에

게는 '문제 의식'이 있습니다. 그들은 기도에 관해 무엇을 믿었을까요? 우리는 무엇을 믿나요?

4월 20일

하늘을 잃으면

"자기 자신은 광야로 들어가 하룻길쯤 가서 한 로뎀 나무 아래에 앉아서 자기가 죽기를 원하여 이르되 여호와여 넉넉하오니 … 여호와께서 지나가시는데 여호와 앞에 크고 강한 바람이 산을 가르고 바위를 부수나 바람 가운데에 여호와께서 계시지 아니하며 바람 후에 지진이 있으나 지진 가운데에도 여호와께서 계시지 아니하며 또 지진 후에 불이 있으나 불 가운데에도 여호와께서 계시지 아니하더니 불 후에 세미한 소리가 있는지라 … 여호와께서 그에게 이르시되 너는 네 길을 돌이켜 … 하사엘에게 기름을 부어 아람의 왕이 되게 하고"
왕상 19:4, 11-12, 15

사람이 마음을 잃으면 모든 것을 잃습니다. 흐르는 삶 속에서 마음을 지키고 난관에 부딪힐 때 낙담하지 않는 태도를 유지하는 것은 실험실에서 시연해 줄 수 있거나 논리적으로 증명할 수 있는 그 어떤 것에서 나오는 성취가 아닙니다. 그것은 믿음의 성취입니다.

하늘을 잃으면 곧 땅도 잃게 됩니다.

로뎀 나무 아래서 엘리야는 만왕의 왕의 청중으로 부름을 받았습니다. 자신의 패배를 통곡하는 소리를 자기 귀로 듣고 있는데 고요하고 세미한 목소리가 자신의 피곤한 귀에 들렸습니다. 하나님은 죽여 달라는 그의 부당한 요구를 거절하셨습니다. 대신 그의 일에서 그를 쉬게 하셨습니다. 그리고 그가 여전히 해야 할 일이 있다는 것을 상기시키신 다음 그를 다시 일터로 돌려보내셨습니다. 그는 자신의 일이 끝났고 그림자 속에 자신의 삶이 남겨졌다고 생각했습니다. 그러나 하나님은 이렇게 말씀하셨습니다. "아니다. 나는 네게 명령한다. 너는 가서 왕들과 선지자들에게 기름을 붓고, 남은 날들의 일을 완성하여라."

그분의 시간이 우리 가운데 이뤄지기 전에는 우리가 살아있는 한 우리는 왕을 섬깁니다!

유혹자는 항상 피곤과 무기력의 시간을 이용할 태세를 갖추고 있습니다. 유혹자는 험악한 바다에서 낚시질하는 것을 좋아합니다.

로뎀 나무가 빈약한 성역을 만듭니다. 일을 감정으로 해결하기보다 믿음으로 해결하는 것이 좋습니다.

4월 21일
하나님의 도구

> "하나님께서 … 세상의 약한 것들을 택하사 강한 것들을 부끄럽게 하려 하시며"
> 고전 1:27

우리가 보잘것없는 도구이기 때문에 의식적으로 마음이 약해져서는 안 됩니다. 문제는 이런 도구를 그분께서 어떻게 사용하시느냐 하는 것입니다.

언젠가 파가니니는 관객들 앞에서 그의 바이올린 줄을 하나씩 끊었습니다. 사람들은 그의 가장 위대한 소나타 〈나폴레옹〉을 들으러 왔었습니다. 그가 공연을 계속할 수 있다는 모든 기대를 저버리는 것처럼 보이자 관객들은 웅성거렸습니다. 그때 연주자는 자신의 바이올린을 들고 "한 줄 현 그리고 파가니니"라고 말했습니다. 그리고 그 한 줄로 그는 처음으로 그의 위대한 작품을 완벽하게 연주하였습니다.

파가니니는 형편없는 바이올린으로도 훌륭한 음악을 연주할 수 있었고, 라파엘은 빈약한 연필로도 걸작을 그릴 수 있었습니다. 우리의 가장 작은 재능 뒤에 계신 성령의 능력은 영광스러운 결과를 가져옵니다.

예술가 게인즈버러는 음악가가 되기를 갈망했습니다. 그는 여러 종류의 악기를 구입하여 연주해 보았습니다. 그는 위대한 바이올리니스트가 자신의 악기로 훌륭한 음악을 연주하는 것을 들은 적이 있습니다. 게

인즈버러는 그 음악에 매료되고 감탄하여 그가 그렇게 놀랍게 연주했던 그 바이올린을 샀습니다. 그는 그 악기로 멋진 음악을 연주할 것을 기대했습니다. 그러나 곧 음악은 바이올린에 있는 것이 아니라, 그것을 연주하는 연주자에게 있음을 깨달았습니다.

자신의 것이라 부를 수 있는 능력이 거의 없어서 낙심하고 있습니까? 자원이 없어서 실의에 빠졌습니까? 그렇다면 '한 시간, 한 달란트 그리고 하나님'이 무엇을 의미하는지 생각해 보십시오! 주여, 내가 어떤 사람이든 온전히 하나님을 섬기게 하소서. 위대함이 요구되는 것이 아닙니다. 오히려 주님이 사용하시기에 적당함이 요구됩니다.

오직 그에게 자유로운 손을 주소서!
그들은 그 바이올리니스트를 천재라고 불렀습니다.
그러나 그는 말합니다. "저는 단지 하나님의 도구에 불과합니다."
"그분이 그것을 연주하십니다."
"내가 아닙니다."
"노래하는 것은 바이올린입니다."

4월 22일

믿음으로

"믿음으로 모세는 … 학대받는 길을 택하였습니다" 히 11:24-25, 새번역

"믿음으로 모세는 … 택하였습니다." 이 믿음은 약속에 근거합니다. 믿음에 있어서 약속은 성취와 같습니다. 만일 우리가 하나를 가졌다면 다른 하나도 우리 것이라고 믿을 수 있습니다. 약속된 것이 아직 주어지지 않았다는 것은 별로 중요하지 않습니다. 하나님께서 말씀으로 그것을 약속하셨기 때문에 그것은 확실하고 명백하며, 우리는 기대하면서 기쁨을 누릴 수 있습니다. 모세가 자기가 보는 대로 행동했더라면 바로

의 궁전을 떠나지 않았을 것입니다. 그러나 그의 믿음은 동시대인들에게 숨겨져 있는 것들에 대해서 말을 했고, 이러한 것들은 다른 사람들이 이해할 수 없는 방식으로 행동하도록 이끌었습니다.

때가 찼을 때 가하는 한 번의 타격은 조급한 마음으로 가하는 천 번의 타격보다 더 가치가 있습니다. '오, 내 영혼아, 아버지께서 자신의 권한에 두신 때와 기한을 아는 것은 너의 일이 아니다. 너는 오직 하나님만 기다리라.' 당신의 기대가 그분에게서 나오게 하십시오.

"누가 너를 우리를 다스리는 자와 재판관으로 삼았느냐"(출 2:14). "그(모세)는 그의 형제들이 하나님께서 자기의 손을 통하여 구원해 주시는 것을 깨달으리라고 생각하였으나 그들은 깨닫지 못하였더라"(행 7:25). 하나님의 때가 아직 이르지 않았음은 분명합니다. 그의 영혼의 열기가 사막의 공기 속으로 천천히 증발하기 전에는 올 수 없었으며, 그는 모든 교훈 중 가장 어려운 교훈인 "힘으로는 이길 사람이 없음이로다"(삼상 2:9)를 배웠습니다.

믿음은 우리가 하나님의 계획 위에 있고 하나님의 약속 위에 설 때만 가능합니다. 믿음의 조건이 다 갖춰지기 전에 믿음을 더 달라고 기도해도 소용없습니다. 우리의 불신앙으로 인한 실패 때문에 후회하고 눈물 흘리며 시간을 낭비해도 아무 소용이 없습니다. "어찌하여 이렇게 엎드렸느냐"(수 7:10). 꽃이 식물에 그러하듯이, 믿음은 영혼의 올바른 상태에 자연스럽습니다.

하나님의 계획 안에서 당신의 위치를 확인하고 그 일을 계속하십시오. 하나님의 약속을 먹고 사십시오. 이렇게 각 조건이 실현될 때 믿음은 저절로 옵니다. 그리고 불가능한 것은 전혀 없습니다. 그때 믿는 영혼은 하나님이 사랑과 은혜와 진리 안에서 사람들에게 오시는 금속 궤도와 같을 것입니다.

오, 하나님과 함께 기다리며 깨어있는 은혜를 주소서! F. B. 마이어 F. B. Meyer

믿음은 마법의 약이 아니고, 영적 마취제도 아닙니다. 그것은 세상과 싸워 세상을 이기는 승리입니다. E. 헤르만 E. Herman

4월 23일

역사하는 믿음

"사랑으로써 역사하는 믿음뿐이니라" 갈 5:6
"행함이 없는 믿음은 죽은 것이라" 약 2:26

　하나님은 우리에게 가지고 놀 믿음을 주신 적이 없습니다. 믿음은 검이지만, 축제 때 증정하기 위해 만들어진 것도 아니고 국가 행사에서 착용되거나 퍼레이드 행사에 전시하기 위해 만들어진 것도 아닙니다. 믿음은 자르고 상처를 입히고 죽이기 위한 검입니다. 그리고 그것을 몸에 두른 사람은 지상과 하늘 사이의 전쟁이 무엇을 의미하는지 알게 될 것입니다. 믿음은 바다를 항해하는 튼튼한 배이지, 부두에 널브러져 썩어 가는 배가 아닙니다. 하나님은 믿음을 주셨습니다. 그것은 마치 친구가 집에 가는 길에 날이 어두워질 것을 예견하고 등불을 마련해 주는 것과 같습니다. 믿음의 선물은 바로 당신이 그것을 필요로 할 것이라는 힌트를 주는 것입니다. 당신은 일정한 어떤 시점과 장소에서 특별히 믿음이 필요할 것입니다. 그리고 모든 시점과 장소에서 정말로 믿음이 필요할 것입니다.

　믿음은 이미 주어진 자원을 사용하는 것으로부터 시작해야만 합니다! 하나님께서 이미 주신 믿음을 사용하십시오. 믿음이 없으면 그리스도인이 될 수 없습니다. 당신의 작은 믿음을 사용하십시오. 그러면 믿음은 사용할수록 커집니다. 믿음으로 몇 알을 심으면 그것이 자라나 번창할 것입니다. 조지뮬러는 처음 사역을 시작했을 때 1파운드에 대한 믿음이 40년 후 1000파운드를 믿는 것만큼이나 어려웠다고 말했습니다. 그는 바울이 "너희의 믿음이 더욱 자라고"(살후 1:3)라고 기록한 데살로니가 사람들과 같았습니다.

　기도와 소원에 만족하지 말고 믿음으로 행동하십시오!

4월 24일

그분이 하던 방식

"주여 … 기도를 가르친 것과 같이 우리에게도 가르쳐 주옵소서" 눅 11:1
"주께 기도하여" 마 9:38, KJV

존 티머시 스톤John Timothy Stone 박사는 로버트 머리 맥체인Robert Murray McCheyne의 옛 교회를 방문했던 이야기를 합니다. 나이 지긋한 교회지기가 그에게 주변을 보여 주었습니다. 그는 스톤 박사를 서재로 데려가 의자를 가리키며 말했습니다. "거기 앉으세요. 그분이 앉으시던 자리입니다." 그런 다음 그는 "이제 팔꿈치를 탁자 위에 올려놓으세요"라고 했습니다. 그렇게 했습니다. "이제 머리를 숙여 손 위에 얹으세요." 스톤 박사는 그렇게 했습니다. "이제 눈물을 흘리세요. 그것이 스승이 하던 방식입니다."

그러고 나서 방문객은 설교단으로 안내되었습니다. 나이 든 교회지기가 "설교단 뒤로 서십시오"라고 하자 스톤 박사는 시키는 대로 했습니다. "이제 팔꿈치를 설교단에 기대세요. 손으로 얼굴을 감싸세요." 그렇게 하니, 그가 말했습니다. "이제 눈물을 흘리세요. 그것이 그분이 하던 방식입니다."

그러고 나서 그 노인은 듣는 이의 마음을 사로잡는 간증을 덧붙였습니다. 그는 눈물을 글썽이며 떨리는 목소리로 말했습니다. "그는 스코틀랜드에 하나님의 능력을 내려 주었고, 그 능력은 여전히 우리와 함께 있습니다." 선데이 스쿨 타임즈 Sunday School Times

오, 우리에게 다른 사람들을 구하려는 열정이 있었다면! "기도하는 하이드"로 알려진 거룩한 인디언 선교사와 하나님 사이에 협약이 있었습니다. 즉 매일 적어도 네 명의 영혼을 구하는 것이었습니다.

그리고 브레이너드Brainerd는 어느 주일 밤에 하나님께 쓰임 받기 위해 자신을 바쳤다고 말합니다. "비가 와서 도로가 질퍽거렸습니다. 그런데 열망이 너무 강력해서 나는 길가에 무릎을 꿇고 하나님께 모든 것을 말했습니다. 나는 기도를 드리면서 하나님께서 나를 도구로 사용하신다면 내 손이 그분을 위해 일할 것이고 내 입이 그분을 위해 말할 것이라고 고백했습니다. 그때 갑자기 밤의 어둠이 밝아졌고 하나님이 내 기도를 들으시고 응답하셨음을 감지했습니다. 그리고 내가 하나님이 사랑하시는 친밀한 공동체로 받아들여졌음을 느꼈습니다."

4월 25일

자정에 싹트는 내일

"밤중에 그에게 가서" 눅 11:5

죽어가는 어린 소녀의 침상으로 소환된 능력의 주님은 가는 도중 무기력하고 가난한 여인이 그분의 옷을 만져 치유된 사건으로 중간에 지체될 수밖에 없었습니다. 그러는 사이 그 작은 생명은 사그라졌고, 인간의 불신은 너무 늦어진 방문을 서둘러 그만두게 하려고 했습니다. "주님을 괴롭히지 마세요. 그 아이는 죽었습니다." 그때 그분의 강력한 사랑의 능력이 권세와 승리와 영광의 절정에 이르렀습니다. 그분은 차분하게 이렇게 대답하셨습니다. "두려워하지 마라. 믿기만 하면 그 아이가 온전해질 것이다."

마르다는 "너무 늦었어요"라고 대답했습니다. "사흘 동안 묻혀 있었습니다." 하지만 주님은 "내 말이 네가 믿으면 하나님의 영광을 보리라 하지 아니하였느냐"(요 11:40)라고 답하실 뿐이었습니다.

"자정에 그에게 가세요!" 다른 문들이 모두 닫히고 심지어 하늘이 놋쇠처럼 보일 때도 갑시다. 왜냐하면 기도의 문은 항상 열려있기 때문입니다. 해는 떨어지고 우리 베개가 광야의 돌에 불과할 때라도 우리는 하늘에 닿는 사다리를 볼 것이고, 무한하신 하나님이 그 위에 계시고 그분이 섭리하시는 천사들이 우리를 돕고 구원하기 위해 그 사다리를 오르락내리락하는 것을 볼 것입니다. 그분은 극한의 궁지 속에서도 우리의 친구이십니다. 그분은 가장 어려운 경우에도 하실 수 있습니다. 그분은 필요한 시간에 도움을 주실 목적으로 보좌에 앉아 계십니다.

전혀 희망이 보이지 않는 상황일지라도, 아무것도 가진 것 없을지라도, 한밤중처럼 어두울지라도 그분에게 가십시오. 한밤중에도 그분에게 가십시오. 그분은 극한의 시간을 좋아하십니다. 지금은 전능하신 하나님이 개입하기로 선택하신 시간입니다.

"자정에 싹트는 내일이 있습니다." 그러므로 슬픔을 접어두고 꽃봉오리가 열리기를 기다리십시오. 향기롭고 아름다운 새 날입니다. 꽃봉오리가 열리기를 기다리며 걱정을 멈추고 "자정에 싹트는 내일이 있다"는 것을 기억하십시오. 그 이름은 바로 '희망의 새벽'입니다.새로운 산책로 A New Trail

4월 26일

절대적 포기

"그러므로 형제들아 내가 하나님의 모든 자비하심으로 너희를 권하노니
너희 몸을 하나님이 기뻐하시는 거룩한 산 제물로 드리라
이는 너희가 드릴 영적 예배니라" 롬 12:1

누군가 "노아의 방주에는 방향타가 없었다"라고 아주 신빙성 있는 말을 했습니다. 사실 방향타는 거의 필요하지 않았습니다. 노아는 하나님께 순종했고 하나님의 심부름을 하고 있었기에 단지 방주를 띄우기 위해서만 방주 속에 하나님과 함께 갇혀 있을 뿐이었습니다. 한 세기가 넘는 세월을 견디며 적대적인 백성들에게 하나님 말씀을 전하던 그 사람은 자기가 어디로 가는지 전혀 두려워하지 않았습니다. 대홍수에 관한 예언의 성취는 이미 그의 강한 믿음을 확증에 주었습니다.

하나님께서 삶에 몰아치는 폭풍우 가운데 우리의 작은 배를 조정하고 계신다는 사실을 진정으로 믿을 때 그것은 분명 즐거운 경험이 됩니다. 하나님의 뜻에 대한 최고의 절대적 포기만이 영혼의 완전한 안식을

가져다줄 것입니다. 이것이 바로 영혼을 확장시키는 이유입니다. 페늘롱Fenelon은 이렇게 말합니다. "만일 넓은 장소에서 영혼을 안착시키는 무엇인가가 있다면 그것은 바로 하나님에 대한 절대적 포기입니다. 그것은 강처럼 흐르는 평화와 바다 물결과 같은 공의를 영혼에 퍼뜨립니다." (사 48:18 참고) 영혼을 고요하게 하고, 양심의 가책을 없애고, 두려움을 없애고, 사랑의 기름으로 고통을 달래고, 모든 행동에 힘을 부여하고, 얼굴과 말에 성령의 기쁨을 널리 퍼트릴 수 있는 것이 있다면 그것은 바로 하나님 품에 안긴 단순하고 어린아이 같은 안식입니다.

아브라함이 자기 삶에 문을 활짝 열어 놓았기에 하나님은 그에게 주실 수 있었습니다. 하나님은 오로지 손을 펼쳤을 때 주실 수 있습니다. 이 손은 완전히 펼쳐졌습니다. 이 문은 완전히 뒤로 젖혀졌습니다. 하나님은 자유로이 좌우로 움직이시면서 사용하셨습니다. 그분은 하실 수 있었고 그렇게 하셨습니다. 그분은 항상 그렇게 하십니다. 이것이 그 규칙입니다. "그분이 요구하시는 것을 드리세요. 그러고 나서 그분이 주시는 것을 모두 받으세요." S. D. 고든 S. D. Gordon

하나님께 맡기는 것을 주저하는 것을 조심하십시오!

4월 27일

구하기만 하면

"여호와께 능하지 못한 일이 있겠느냐" 창 18:14

하나님은 우리가 불가능한 것을 구하기를 원하십니다! 하나님은 사람이 할 수 없는 일을 하실 수 있습니다. 그렇지 않다면 그분은 하나님이 아니십니다. 그분이 은혜스럽게도 기도를 생명의 법칙으로 만드셨던 이유가 바로 그것입니다. "무엇이든지 내게 구하면 내가 행하리라"(요 14:14). 주님의 이 초청의 약속은 우리 자신이 할 수 없는 일을 그분이 우리를 위해 하신다는 것을 의미합니다. 우리가 그분께 구하기만 하면 우리가 다른 사람들을 위해 할 수 없는 일도 하실 것입니다. 이런 무한한 특권을 우리는 얼마나 작게 누리고 있습니까!

1910년 에든버러에서 누군가 이런 엄중한 말을 했습니다. "우리는 기독교의 영원한 젊음을 상실했고 장년기에 접어들었습니다. 솔직히 우리는 예외적이고 무한하며 영광스러운 것에 대해 거의 기도하지 않습니다. 우리가 상상할 수 없는 방식으로 실현되리라는 확신을 갖고 기도하는 경우가 거의 없습니다. 그런데도 우리 스스로는 무한하신 하나님을 믿는다고 가정합니다."

자연인은 결과를 계산합니다. 하나님과 우리의 관계에서 계산할 자리는 없습니다. 바로 지금 우리에게 너무 부담이 되고 처리할 방법이 보이지 않는 문제에 대해 우리는 어떻게 기도하고 있습니까? 염려하십니까? 아니면 감사하십니까?

염려하는 기도는 기도의 응답을 무산시킵니다. 기쁨의 기도가 하나님께 통합니다. "아무것도 염려하지 말고 오직 기도와 간구로, 너희 구할 것을 감사함으로 하나님께 아뢰라"(빌 4:6). 그러면 "우리가 구하거나 생각하는 모든 것에 더 넘치도록"(엡 3:20) 응답하실 것입니다.

우리가 사람들로부터의 도움을 더 많이 끊으면 끊을수록 하나님의 도움을 더 많이 요구할 수 있습니다. 어떤 일이 사람이나 사람의 힘으로 불가능해 보일수록, 우리는 그분의 구원을 바라볼 때 더 큰 평안을 얻을 수 있습니다.

보이지 않는 것을 보는 사람만이 불가능한 일을 할 수 있습니다!

하나님은 당신에게 응답해 주실 때,
가능성이 없어 보이지만,
구원이 가까이 있어요.
그때 그분이 나타나실 것입니다.

하나님은 당신이 기도할 때 응답하십니다.

그래요. 태산이 당신을 막을지라도,
그분의 말씀대로,
산을 통과하면 당신의 길이 있어요.

지금도 바다를 가르시는 하나님은
기꺼이 당신을 위해 일하십니다.
하나님은 산을 무너트리시기 전에,
당신의 부르짖음에 응답하신다고 약속하십니다.
M. E. B.

4월 28일
미완성된 처마 장식

"우리가 여기에는 영구한 도성이 없으므로 장차 올 것을 찾나니" 히 13:14

로스차일드 씨는 세계에서 가장 부유한 사람이었지만 완성되지 못한 집에서 살다가 죽었습니다. 그는 성공을 위해 전력을 다하며 세상을 놀라게 할 권세를 가졌었습니다. 그러나 그의 집 처마 한 구석의 장식은 그가 이 땅에서 순례자임을 증명하기 위해 의도적으로 완성하지 않았습니다. 그는 정통 유대교인이었고, 탈무드에 따르면 모든 유대인의 집은 미완성 상태여야 합니다. 완성되지 못한 처마 장식은 다음을 의미합니다. "여기는 아름답지만 내 집이 아닙니다. 나는 궁극적인 도성을 찾고 있습니다."

사랑하는 여러분, 미완성된 처마 장식이 여러분의 삶에 있습니까? 우리 믿음의 선조들처럼 당신을 나그네로 생각합니까?

하늘 위에 한 장소가 내게 있어요.
그분의 보좌의 영광이,

그분이 가버린 이 어두운 땅에,
나는 혼자 이곳에 있어요.
제 생각에 그분은 하늘에서 안식하고 계셔요.
아래서 그분의 길을 찾게 되어 기뻐요.
황무지를 가로지르는 하나의 낮은 길,
수치스러운 낮은 길입니다.
나는 당신의 놀라운 은혜를 경배할 것입니다.
나도 똑같이 걸어야 합니다.
나그네와 이방인, 당신
그리고 나는 이제 나그네와 이방인입니다.
G. T. S.

인생은 순례이며, 이 땅은 우리의 안식처가 아니며, 우리는 날마다 하나님의 도성에 있는 우리의 집에 더 가까이 갑니다. 사막 행진의 모든 발걸음에서 기꺼이 우리의 동반자가 되어 주시는 주님을 축복합니다!
나는 순례자입니까? 방랑자입니까?
오, 내 영혼아, 더 웅장한 저택을 지어라!

4월 29일

미쁘신 하나님

"하나님은 미쁘시도다" 고전 1:9

하나님은 우리의 손이 미치는 곳에 그분의 약속을 두셨습니다. 그래서 우리가 그분께 "당신이 말씀하셨습니다"라고 말할 때 그분은 아니라고 말씀하실 수 없습니다. 그분은 당신에게 말씀하신 대로 행하셔야 합니다. 기도로 약속에 발을 딛고 있으십시오. 그것은 천국의 문을 강제로 열고 가져갈 수 있을 만큼의 충분한 힘을 줍니다. 당신이 하나님의 약속을 붙잡는다면 당신의 간구가 성취될 수 있는 하나님의 지렛대를 갖는 것입니다. 하나님은 맹세하신 말씀을 철회하지 않으십니다. F. B. 마이어 F. B. Meyer

"하나님은 자신을 부인할 수 없는 것처럼 믿음을 실망시킬 수 없습니다."

한 친구가 나에게 "찰스 스펄전 목사님께 100파운드를 지불하시오" 라고 적힌 수표를 주었습니다. 그의 이름도 맞고 은행도 맞습니다. 그러나 그 수표 뒷면에 나의 서명이 없으면 이러한 친절은 아무 소용이 없습니다. 아주 간단한 행위지만 서명이 없으면 안 됩니다. 나보다 더 유명한 이름이 많이 있지만 내 이름을 대신할 수는 없습니다. 내가 여왕의 이름을 쓴다고 해도 소용없을 겁니다. 내 이름을 써야만 합니다.

그러기에 각 사람은 자신의 개인적인 믿음으로 하나님의 약속을 받아들이고 선택하고 지지해야 합니다. 그렇지 않으면 아무것도 얻지 못할 것입니다. 만일 당신이 은행을 위한다고 밀턴의 싯귀를 쓰거나 테니슨을 능가하는 관대한 후원자를 찬양하는 구절을 쓴다고 해도 아무 소용이 없을 것입니다. 거기에는 간단한 자필 서명이 요구되며 이를 대신하는 그 어떤 것도 허용되지 않습니다. 우리는 각자 자신을 위한 약속을 믿고 그것이 참됨을 안다고 선언해야 합니다. 그렇지 않으면 우리에게 아무런 축복이 없습니다. 찰스 스펄전 Charles H. Spurgeon

"우리 가운데 일하시는 하나님께서는 우리가 구하고 생각하는 것보다 훨씬 더 많은 것을 채워 주실 것입니다"(엡 3:20, 쉬운성경).

나는 당신의 말씀에 안식합니다.
매 순례의 날에, 이 황금 지팡이가 최고입니다.
끝까지, 예수 그리스도께서 말씀하신 것은,
깨어질 수 없습니다.

나는 당신의 말씀에 안식합니다.

너무나 강렬합니다. 확실히!
그래서 편안함이 가득하고, 너무나 달콤하고 깨끗하지요!
구원의 헌장, 믿음의 넓은 기초입니다.

나는 당신의 말씀에 안식합니다.
말씀은 죽을 수 없습니다.
그리스도께서 그것을 내 손에 인봉하시고,
그분은 거짓말을 할 수 없습니다!
결코 실패할 수 없는 그분의 말씀,
영원히 거하소서.

프랜시스 리들리 하버갈 Frances Ridley Havergal

4월 30일

밧모의 영광

"나 요한은 … 하나님의 말씀과 예수를 증언하였음으로 말미암아 밧모라 하는 섬에 있었더니" 계 1:9

요한이 거룩한 주님을 향한 끊임없는 봉사의 삶을 위해 얼마나 열심히 자신을 바쳤는지 상상할 수 있겠습니까? 주님만이 영광을 받으신다면 그 어떤 일도 위대해 보이지 않고 어떤 노고도 힘들지 않았을 것입니다. 우리는 요한의 모든 계획, 야망, 소망이 어떻게 예수 그리스도 왕국의 확장에 집중되었는지 상상할 수 있습니다. 그런데 갑자기 밧모 섬이라니요! 이제 요한의 모든 소망과 갈망, 계획과 프로젝트는 어떻게 되었을까요? 분명 그는 밧모 섬에 발을 디디면서 이 모든 것들을 묻어 버렸습니다. 그가 자신의 형량에 대해 처음 들었을 때 이 모든 것들은 사라졌습니다. 그것들은 모두 부활의 가망이 없는 채로 매장되었습니다. 사랑하는 제자에게 밧모는 소망을 장사 지낸 섬이었습니다!

그러나 요한은 곧 밧모 섬에 그 보상이 있음을 발견했습니다. 사실 그는 자신의 계획을 실행할 희망을 더 이상 품을 수 없었지만, 밧모에서 그가 지금까지 생각했던 그 어떤 것보다 더 참되고 고상한 섬김이 있음을 알아차렸습니다. 주님이 우리를 사랑하셔서 그의 피로 우리 죄를 씻으셨을 뿐만 아니라 우리를 왕과 제사장으로 구별하셨으므로 그 어떤 것도 왕 같은 제사장 직분을 끝낼 수 없다는 확신이 왔습니다. 요한은 저 너머에서 자신을 기다리고 있는 훨씬 더 큰 영광과 더 거룩한 섬김을 보았습니다.

음울한 망명 생활을 하던 요한이 몹시 고립되어 있었다고 생각할 수도 있습니다. 누군가는 고립된 것이 아니라 격리된 것이라고 말했지만, 두 세계에는 큰 차이가 있습니다. 사실 섬은 작았고 그의 감옥은 좁았지만 그것은 그의 삶의 외적인 환경, 일상적인 환경일 뿐이었습니다.

아무것도 볼 수 없었습니다! 홀로! 아, 하지만 요한은 그렇지 않다는 것을 알았습니다! 부활하신 주님을 바라보는 압도하는 영광에 그는 힘을 잃었고, 마침내 주님의 찔리신 손이 자신을 부드럽게 만지고 있음을 느꼈습니다. 그는 자신에게 말씀하는 하나님의 음성을 들었다고 반복해서 말합니다. 이러한 일들이 있었기에 아무것도 볼 수 없다고 느낄 수 없었던 것입니다. 결코 외로움을 느낄 수 없었습니다! 그래서 성령은 그를 통해 하나님의 메시지가 전달될 수 있도록 그를 격려시켰습니다!

우리 대부분은 이런 경험에 대해 잘 알고 있습니다. 우리는 지상의 권력자들의 손에 고통을 겪지 않을지 모르나, 가장 간절한 소망이 상대적으로 매장되는 경우는 허다합니다. 오, 지친 괴로운 마음이여, 만일 하나님이 당신을 죽은 소망의 섬으로 인도하셨다면 이는 더 놀라운 일을 보여 주실 수 있기 때문입니다. 그분이 당신을 실망시키거나 잊으신 것이 아닙니다. 그분의 때와 방식으로 예기치 못한 자신의 은혜와 능력의 영광을 나타내실 것이기 때문에 당신을 어두운 방으로 인도하셨습니다.

우리의 삶이 외로운가요? 단조롭습니까? 우리 눈이 열려야 합니다. 밧모 섬에서 요한 옆에 계셨던 바로 그 주님이 우리 곁에 항상 계십니다.

오, 예수님의 임재가 충만했던 밧모 섬에서의 기쁨이여! 밧모 섬에 보상이 있습니다!

그러나 우리가 이런 경험들에 참여하고 밧모 섬이 우리에게 축복이 되려면 특정한 조건을 충족시켜야 합니다. 모든 실망, 고통, 단조로움, 외로움을 변화시키는 비밀은 바로 여기에 있습니다. 바로 '그리스도에 대한 사랑'입니다. 그것은 날마다 그분을 배우고, 끊임없는 친교 안에서 그분께 의지하며, 모든 것을 충족시키는 구원자로 그분을 바라보도록 우리를 자극합니다.

이러한 조건을 충족하는 사람들에게는 하늘의 영광이 비추어지는 밧모 섬입니다.

우리 아버지는 실수하지 않으십니다!

5월

하나님은 항상
하나님의 때에 계십니다

5월 1일

홀로 있음

"바울이 걸어서 가고자 하여" 행 20:13

바울은 왜 걸어서 가려고 했을까요? 그리고 왜 혼자 가려고 했을까요? 사람마다 삶의 동반자가 없을 때가 있습니다. 사도신경의 중요한 대목은 "나는 성도의 교제를 믿습니다"입니다. 그러나 결국 그리스도 안에서 하나님과 긴밀한 사귐을 가지는 것은 그러한 교제가 아닙니다. 우리는 은밀한 중에 주님의 비밀을 배웁니다.

야곱이 하나님의 비전을 본 곳은 회색빛 새벽녘 으스스하고 한적한 베델과 얍복 강가였습니다. 모세가 불붙은 떨기나무를 보고 홀로 하나님의 계명을 받은 곳은 사막이었습니다. 여호수아가 별빛 아래 여리고 성벽을 돌 때 여호와의 군대장관이 그의 앞에 있었습니다. 이사야가 홀로 성전에 있을 때 숯불이 그의 입술에 닿았습니다. 천사가 마리아에게 주님의 메시지를 전한 것은 마리아가 혼자 있을 때였습니다. 엘리사가 외롭게 밭고랑을 갈고 있을 때 그의 어깨에 선지자의 망토가 떨어졌습니다.

노아는 혼자 방주를 건축하고 운항했습니다. 그의 이웃들은 그를 이상하다고 비웃었고 결국 그들은 망했습니다. 아브라함은 혼자 떠났고 경배했습니다. 소돔 사람들은 소박한 목자를 비웃었고 세상 풍조를 따랐으며 불길에 타버렸습니다. 다니엘은 혼자 식사했고 기도했습니다. 예수님은 때때로 홀로 있는 시간을 보내시다 혼자 돌아가셨습니다.

아, 우리의 가장 가깝고 소중한 사람조차 다른 길로 갈 때, 가끔은 "걸어서" 가는 것이 좋습니다. 혼자 있을 때 도중에 그분이 말씀하시며 우리 마음이 뜨거워지는 좋은 기회를 갖게 됩니다.

나는 하나님과 함께하는 외로운 창조적인 시간을 사랑합니다. 잔느 귀용 Madame Guyon

삶의 폭풍이 나를 에워싸고 내려칠 때,
내 걸어온 길 험난할 때,
내 옷장에 갇혀 후퇴할 때,
나는 하나님과 단둘이 있는 것을 좋아합니다.

구름이 나에게 몰려든 것은 무엇인지요?
내가 지팡이 밑으로 지나간 것은 무엇인지요?
내가 이렇게 하나님과 단둘이 있을 때
하나님의 완전한 뜻이 내 앞에 있습니다.

세상이 금지한 하나님과 단둘이,
그분과 단둘이, 오 가장 복된 휴식!
하나님과 단둘이 그리고 그분 안에 숨었으니,
그분과 함께 달콤한 교제를 나눕니다.

5월 2일

빛나는 삶

"주를 앙망하고 광채를 내었으니" 시 34:5

하나님과 대화하는 사람들의 얼굴이
얼마나 사랑스럽게 보이는지 몰라요.
내면은 확신으로 빛나며,
그들의 발걸음과 그 태도가
얼마나 부드럽게 보이는지 몰라요.
주님과 동행하는 사람은,
어떤 힘으로도 그를 이길 수 없으며,
어떤 구름도 그의 용기를 흐리게 하지 못합니다.

예리한 손과 발, 아, 그렇습니다.
주님의 뜻을 기다리는 자는,
수정거울처럼 맑아,
주님의 사랑으로 채워질 수 있는 마음입니다.

어떤 삶은 의심과 두려움으로 끔찍합니다.
다른 사람들이 단지 터벅터벅 걷는 동안에도
사랑스러운 얼굴은 하나님과 함께
걷고 대화하는 사람들의 모습입니다.

폴린 프로서-톰슨Pauline Prosser-Thomson, "그를 위한 표시"Marked for His Own

    성도들의 삶은 빛을 발합니다. 그러기에 사람들은 누가 성도인지 알아봅니다. 그들의 눈은 기쁨이 넘쳐흐릅니다. 입술에도 기쁨이 넘칩니다. 그들의 손끝은 기쁨이 아름답게 흐릅니다. 당신의 삶에 새로운 빛이 들어오지 않으면 그들과 접촉할 수 없습니다. 그들은 기쁨으로 충전된 전기 배터리 같습니다.
    어떤 때는 산꼭대기에 있고 어떤 때는 골짜기에 있는 그런 사람들이 아닙니다. 항상 눈이 부시게 행복한 사람들의 눈을 들여다보면 하나님과의 기도 시간을 홀로 갖는 사람들이라는 것을 알게 될 것입니다. 하나님은 모든 기쁨의 근원이십니다. 그분을 만나면 그분의 무한한 기쁨이 우리 삶에 임합니다.
    빛을 발하는 그리스도인이 되고 싶습니까? 그렇다면 기도에 많은 시간을 쓰십시오. 빛을 발하는 그리스도인이 되는 데 특별한 다른 방도는 없습니다. 그리스도의 이름으로 드리는 기도가 왜 사람을 눈부시게 행복하게 만들까요? 기도는 하나님을 실재로 만들기 때문입니다. 지상에서 가장 기쁜 일은 살아계신 하나님을 모시는 것입니다! 나는 하나님에 대한 나의 믿음을 포기하느니 차라리 세상에서 내가 가진 모든 것, 또는 내가 가질 수 있는 모든 것을 포기할 것입니다. 아무리 좋은 것이라도 세상과 세상일, 신문 읽기, 문학 읽기 등에 시간을 모두 들인다면 하나님에 대한 생생한 믿음을 가질 수 없습니다. 하나님과의 교제의 시간을 갖지 못하면 진정한 하나님을 모시지 못할 것입니다. 기도의 시간을 갖는다면 참되고 살아계신 하나님을 모시게 되고 그러면 당신의 삶은 찬란해질 것입니다. R. A. 토레이 R. A. Torrey

당신의 얼굴에 비치는 빛 가운데 기쁨은 가장 먼 바다까지 도달할 것입니다. H. W. 비처 H. W. Beecher

담담한 멋쟁이 체스터필드는 캉브레의 대주교 페넬론을 방문하고 돌아오면서 이렇게 말했습니다. "내가 만일 하루 더 그와 함께 있었다면 내가 기독교인이 되지 않았을까 염려되더군. 그의 영혼이 너무나 순수하고 매력적이고 아름다웠거든."

5월 3일

뒤돌아보지 않겠네

"손에 쟁기를 잡고 뒤를 돌아보는 자는 하나님의 나라에 합당하지 아니하니라" 눅 9:62

뒤돌아서지 말게 하소서!

세상은 포기하지 않은 사람들에게 많은 빚을 지고 있습니다! 앤 설리반이 낙담하여 헬렌 켈러에 대한 희망을 잃었다고 상상해 보십시오! 광견병 치료제를 찾던 루이 파스퇴르가 지친 조교들에게 이런 말을 하지 않았다고 가정해 보십시오. "계속해. 그 주제를 떠나지 않는 것이 중요해."

많은 경기가 마지막 바퀴에서 집니다! 많은 배가 마지막 항구 밖 암초에 좌초됩니다! 많은 전투가 마지막 전투에서 패배합니다!

우리가 출발한 과정을 완주할 수 있다는 희망이 있을까요? 무슨 희망이요? 아, 그분은 끝까지 지키실 수 있습니다. "자기를 힘입어 하나님께 나아가는 자들을 온전히 구원하실 수 있으니"(히 7:25).

하나님은 우리가 도망가는 것을 멈출 때 비로소 우리를 도우십니다. 우리는 기꺼이 어딘가에 서서 그분을 신뢰해야 합니다. 그분은 지원군을 보내실 것이지만, 그들이 올 때 그들을 맞이할 누군가가 그곳에 있어야 하며, 두려움은 소스라쳐 놀라 달아날 것입니다. "두려워 말라"가 첫 발걸음입니다.

나를 뒤돌아서지 못하게 해주세요.
쟁기 잡은 내 손이 비틀거려요.
하지만 내 앞에는 모두 경작지예요.
광야와 고독한 장소,
넓은 공간의 외로운 사막,
이 보잘것없는 곡식 외에 내가 얻을 수 있는 것이 무엇입니까?
점점 줄어드는 껍질들, 한 줌의 마른 옥수수,
이 허접한 마른 줄기들? 나의 용기가 꺾였어요.
나를 뒤돌아서지 못하게 해주세요.
나의 쟁기 손잡이는 눈물에 젖었고,
내 몫은 녹슬고 못쓰게 되었지만, 그래도 아직은 그럭저럭해요.
나의 하나님! 나의 하나님! 내가 뒤돌아서지 못하게 해주세요.

작가 미상

5월 4일

잠깐의 고난

"모든 은혜의 하나님 곧 그리스도 안에서 너희를 부르사 자기의 영원한 영광에 들어가게 하신 이가 잠깐 고난을 당한 너희를 친히 온전하게 하시며 굳건하게 하시며 강하게 하시며 터를 견고하게 하시리라" 벧전 5:10

얼마나 남다른 소원입니까! 이것의 특이한 점은 중간에 있는 얼룩입니다. "잠깐 고난"이라는 것 말입니다. 친구로부터 이런 청원을 받는다면 무슨 생각이 들겠습니까?

그러나 베드로가 편지를 쓴 사람들에게 원했던 것은 그리스도의 모든 은사와 은혜, 즉 완전한 삶을 누리는 것이었습니다. 그러나 그것은 "잠깐 고난"을 당한 후에야 가능했습니다. 베드로는 자신의 쓰라린 경험을 기록했습니다. 그는 자신의 왕국에 너무 일찍 들어왔습니다. 그는 여러 가지를 주의하여 다루기도 전에 먼저 왕관을 얻었습니다. 그의 믿음은 소금물에 흠뻑 젖었습니다. 그가 불 옆에 앉아 "나는 그 사람을 알지 못하노라"(마26:74)라고 법정에서처럼 소리칠 때 그의 사랑은 차가워졌습니다.

본질적으로 그는 "너무 빨리 열쇠를 찾지 않았으면 좋겠다"라고 말하고 있습니다. 그는 그들이 유혹이 없기 때문에 순결하고, 위험이 없기 때문에 충성스러워지는 오직 순수한 상태에 있기를 원하지 않습니다.

하나님의 아들의 평화가 없는 평화가 있습니다. 오, 하나님, 우리에게 그런 평화를 주지 마십시오.

우리는 그분의 고요함이 깨질 때까지 알 수 없습니다. 우리가 전투의 포효를 듣기 전까지 침묵 속에는 음악은 없습니다! 우리는 어두워지기 전에는 당신의 아름다움을 볼 수 없습니다. 고요한 시간을 위한 휴가 Leaves for Quiet Hours

구름이 걷힌 후 햇빛이 나올 것입니다.

5월 5일

요셉의 수레

"요셉이 자기를 태우려고 보낸 수레를 보고서야 기운이 소생한지라" 창 45:27

아주 단순한 광경입니다. 굶주린 가족을 위한 옥수수 식량을 실은 농장 마차 몇 대가 있습니다. 급속하게 떨어지는 야곱의 희망을 끌어올린 것은 안뜰로 들어서는 마차였습니다. 그것들은 나에게 요셉보다 더 크신 분, 곧 주 예수 그리스도께서 실어 보내신 마차들을 생각나게 합니다. 그분의 마차들은 우리의 믿음을 크게 고무시킵니다. 그것들은 우리의 희망이 땅바닥에 내던져진 암흑기에 보이지 않게 다가옵니다. 그렇습니다. 무서운 영적 굶주림이라는 손아귀에 잡혀 있는 우리에게 다가오는 이런 마차들이 얼마나 큰 축복입니까!

눈을 들어 살펴보십시오! 주의 깊게 살펴보십시오! 그것들이 올 때는 텅 빈 채로 오지 않습니다! 그분은 창고에서 가장 좋은 것을 골라 당신을 먹이고 양육하실 것입니다.

"날마다 우리 짐을 지시는 주 곧 우리의 구원이신 하나님을 찬송할지로다"(시 68:19).

"이 모든 것들이 나를 대적합니다." 여전히 그렇습니다.
바로 그것들은 하나님의 장치였습니다.
당신 마음의 상상을 위해서,
소망을 확실한 축복으로 바꾸기 위해,
오, 눈에 보이는 대로 걷는 이여,
당신은 밤의 가장 어두운 시간을 알았어야 했습니다.
그때는 가장 먼저 회색 줄무늬가 나타나기 바로 직전입니다.
당신의 마차는 항상 당신의 길에 있었습니다!

믿음? 예, 그러나 하나의 흠이 있습니다.
여기 보고 믿은 한 남자가 있습니다!

그런데 거룩하신 분은
성스러운 뜻을 가진 두 사람 옆에 그분의 이름을 두셨습니다.
그리고 여전히 자신을 "야곱의 하나님"이라고 부르십니다!

당신과 나, 아마도 믿음이 부족하거나 연약하지만,

여전히 절망의 연약한 손을 뻗을 수 있습니다.

그리고 야곱의 하나님을 아주 가까이에서 찾으세요.

오, 슬픈 영혼이여! 조금 더 길게 믿으세요.

누가 알겠어요. 당신의 헐벗은 황토색 언덕 너머에,

마차가 더 가까이 오고 있는 것은 아닐까요?

믿음의 기회를 주세요. 곧, 얼마나 빨리 올지 모르겠어요.

보는 장소를 마련하세요. 그러고 나면,

다시는, 보여 줄 기회가 있을 것 같지 않네요.

당신이 알 수는 없지만, 믿을 수 있을 거예요.

페이 인크펀Fay Inchfawn

5월 6일
침묵

"한 마디도 대답하지 아니하시니" 마 27:14

욕설에 절대로 욕설로 맞서지 마십시오. 욕설은 단어가 아닙니다. 말 한마디에 얼마나 많은 것을 잃었습니까? 그들이 당신 뺨을 치거든 다른 뺨도 돌려대십시오. 절대 보복하지 마십시오! 쉿, 한마디도 하지 마십시오. 당신의 명성이나 인격을 신경 쓰지 마십시오. 그들은 그분 손안에 있습니다. 그들과 관계를 유지하려고 애쓰는 것은 그들을 망치는 것입니다.

다투지 마십시오. 입을 열지 마십시오. 침묵! 말 한마디가 온순한 비둘기를 방해합니다. 쉿, 한마디도 하지 마십시오!

오해를 받습니까? 괜찮습니다. 그것이 당신의 영향력을 손상시키고 당신 능력을 영원히 약화시킬까요? 그분께 맡기십시오. 그분이 다루시고 책임지실 것입니다.

부당한 대우를 받고 당신의 깨끗한 이름이 더럽혀졌습니까? 괜찮습니다! 온유하고 겸손하고 순박하고 부드러운 사람이 되십시오. 한마디도 하지 마십시오. 그분이 완전한 평안으로 당신을 지키십니다. 그분께 마음을 두십시오. 그분을 신뢰하십시오.

논쟁이나 토론이나 논란거리를 만들지 마십시오. 당신 일에 집중하십시오. 가만히 계십시오!

판단하거나 정죄하거나 나무라거나 책망하지 마십시오. 한마디도 하지 마십시오! 다른 사람을 비방하는 말은 절대 안 됩니다. 다른 사람이 당신에게 해주기를 원하는 대로 당신도 그렇게 하십시오.

멈춤! 가만히 계십시오! 결코 한마디도 하지 마십시오. 영혼의 달콤한 평온함을 손상시키는 표정조차 보이지 마십시오. 가만히 계십시오! 하나님을 믿으십시오! 그분 앞에서 침묵하십시오! 침묵이 소음보다 낫습니다.

한마디도 투덜거리거나 불평하지 마십시오. 잔소리나 설복하려는 말도 하지 마십시오. 말은 단순하고 부드럽고 조용하게 하십시오. 당신은 아무 말도 하지 말고 그분이 말씀하시도록 하십시오. 그분의 음성을 듣기 위해 귀를 기울이십시오.

이것이 바로 그분을 공경하고 아는 길입니다. 한마디, 최소한의 말도 안 됩니다! 순종하십시오. 말이 문제를 만듭니다. 가만히 계십시오! 이것이 성령의 음성입니다.

안절부절못하고, 초조해하고, 걱정하는 것은 그분이 거하시는 곳을 불편하게 만듭니다. 그분은 완전한 평안을 유지하십니다. 그분의 손에서 그것을 빼앗지 마십시오.

나의 사랑하는 형제와 함께 차를 타고 가면서 그에게 나의 무거운 짐을 털어놓았습니다. 나는 진심으로 그의 충고를 구했습니다. 그러나 그의 조언은 성령의 생각이 아니었습니다. 내 자리에 들어와 앉았을 때 성령께서 부드럽게 말씀하셨습니다. "그래서 그에게 갔구나! 나를 믿을 수가 없었니?" 나는 잘못을 고백했고 용서받았고 회복되었습니다. 그러고 나서 다시는 그분의 손에서 내 문제를 빼앗지 않겠다는 결심을 했습니다.

"너희는 나의 증인"(사 43:10). 우리는 사랑의 증인입니다. 한마디도 하지 마십시오! 그러면 아침의 이슬처럼, 저녁의 달콤한 미풍처럼 당신은 조용히 축복을 받고, 한마디도 하지 않은 것을 기뻐할 것입니다. 스티븐 메리트 Stephen Merritt

무심코 내뱉는 그릇된 말이나
쓸데없는 말을 하지 않게 하소서.
내 입술을 봉해 주소서,
오늘 만이라도.

5월 7일

온전한 순종

"예수께서 함께 내려가사 나사렛에 이르러 순종하여 받드시더라" 눅 2:51

생각해 보십시오! 자신을 믿지 않는 형제자매들과 30년 동안 한 집에서 살았다는 것을 말입니다! 우리는 비범했던 3년에 집착하고 절대복종의 30년의 시간을 모두 잊었습니다. "놀라운 순종의 모습! 제자가 선생보다 높지 못하니라"(마 10:24, KJV).

하나님이 당신에게 복종을 요구하시고, 당신의 개성과 다른 모든 것들을 잃는 것처럼 보이더라도 이는 예수께서 당신을 그분과 하나 되게 하시려는 것입니다.

탁월한 재능을 지닌 스코틀랜드의 설교자, 가십 A. I. Gossip 박사가 어느 날 프랑스에서 경험한 굉장히 즐거운 이야기를 들려주었습니다.

그는 소름 끼치는 황폐함과 역겨운 광경이 펼쳐지는 전쟁의 최전선에서 몇 주간을 보냈습니다. 그러고 나서 싹이 돋아나는 산울타리와 생생한 나무와 잔디의 초록빛 반짝거림과 초봄의 찬란한 꽃들이 있는 곳에서 휴식을 취했습니다. 그곳은 천국 같았습니다! 그런데 그에게 파첸데일 최전선으로 다시 돌아가라는 명령이 떨어졌습니다.

가십 박사는 이렇게 말합니다. "햇살이 내리쬐는 완벽한 오후였습니다. 뜨겁고 힘겨운 마음으로 나는 갈색으로 타버려 움푹 패인 작은 땅과 그 양옆에 펼쳐진 보라색과 황금색 꽃이 무성한 초원으로 내려갔습니다. 지구는 매우 아름다웠고 삶은 매우 달콤해 보였기에 과거의 지옥으로 돌아가 다시 죽음을 대면하는 것이 힘들었습니다. 그런데 울타리 사이에서 약 24마리의 양 떼를 돌보는 목동이 나왔습니다. 그는 짖어대는 두 마리 개와 함께 양들을 거칠게 몰고 가지 않았습니다. 그가 먼저 갔고 양들이 그를 따랐습니다. 양이 배회할 때 목동이 이름을 부르면 그에게 달려갔습니다. 그들은 차선 아래로, 작은 언덕 위로, 언덕 꼭대기로, 그리고 그 너머로 이동하여 제 삶에서 사라졌습니다. 나는 그들을 뒤쫓아 바라보며 서 있었고 마치 나에게만 큰소리로 말하는 것 같은 말을 들었습니다. '자기 양을 다 내 놓은 후에 앞서 가면 양들이 그의 음성을 아는 고로 따라오되'(요 10:4)."

베드로는 지쳤습니다.
칼의 위협을 받아
로마의 먼지를 털어버리고,
그가 도망쳤을 때,
간절한 얼굴로 한 사람을 만났습니다.
서둘러 시내 쪽으로,
그런데 놀랍게도 그분은 주님이셨습니다.

"주님, 어디로 가십니까?" 그는 계속해서 울었습니다.
그러자 그리스도께서 대답하셨습니다.
"베드로야, 나는 상처를 입었다. 네 자리를 대신하러 가는 거야.
네 십자가를 지려고."

그러자 베드로가 고개를 숙였습니다.
불안했습니다.
그러고 나서 주님의 발치에서,
완전한 은혜를 찾았습니다.
용기와 새로운 믿음을,
그분과 함께, 죽음까지.

존 옥슨햄 John Oxenham

5월 8일
불가능을 가능케 하시는 하나님

"아브라함이 바랄 수 없는 중에 바라고 믿었으니" 롬 4:18

하나님께서 놀라운 일을 행하실 때는 어려운 것에서 시작하십니다. 매우 놀라운 일이라면 전혀 불가능한 것에서 시작하십니다. 찰스 인우드

Charles Inwood

오, 불가능을 가능케 하시는 하나님!
모든 것이 당신께 있나이다.
전능의 토양에서,
전능하게 일할 수 있습니다.

각각의 시련은,
우리에게 표시할 도구가 됩니다.
불가능해 보이는 것을 어떻게 하실까요.
우리 하나님은 완전한 지배력을 가지고 계십니다!

휘몰아치는 바로 그 폭풍우,
우리의 작은 나무껍질은 너무 여립니다.
온갖 공격 세력에 맞서,
진정시키는 주님의 능력을 나타내소서.

우리에게 너무 힘든 일들입니다.
너무나 강한 적입니다.
그렇지만 온갖 공격 세력에 맞서,
소멸시키는 주님의 능력을 나타내소서.

우리에게 너무 버거운 일들입니다.
적들은 너무나 강하오니,
승리의 노래를 깨울 수 있는,
바로 그 사람들입니다.

오, 불가능을 가능케 하시는 하나님,
희망이 보이지 않을 때,
그래도 우리에게 믿음을 주소서.
주님께는 모든 것이 가능합니다!
I. H. S.

5월 9일

맡기라

"수고하고 무거운 짐진 자들아 다 내게로 오라 내가 너희를 쉬게 하리라" 마 11:28

나는 그리스도인들이 가장 쉬운 일을 왜 가장 힘들게 하는지 의아합니다. 손이 닿기 편한 곳에 전등이 있는데 왜 군이 처마 밑에 양초를 켜

놓고 일하는지 궁금합니다. 물론 나는 그러지 않는다고 대답하겠지요. 나는 한 가지 방향, 즉 하나님을 향하는 것만 제외하면 어리석지 않다고 합니다. 우리의 영적 삶에서 하나님의 모든 무한한 힘을 마음대로 사용할 수 있는데도 우리 중 많은 사람들은 나약한 인간의 턱 없이 부족한 원시적 자원과 함께 고군분투하는 데 만족하는 것처럼 보입니다. 인간 본성의 조건이나 인간 삶의 상황은 우리 아버지 하나님의 모든 것을 포용하시는 사랑 안에서 완전히 공급됩니다. 그러나 그분이 그 짐을 짊어지기를 열망하시고 우리에게 맡기라고 촉구하심에도 대다수의 그분의 자녀들은 인생의 길에서 고군분투합니다. 그 이유가 무엇일까요?

하나님께 맡기고 그리스도와 대화하는 것은 쉽고 매혹적이며 감동적이어야 합니다. 그런데도 기도는 모든 사역 중에 가장 등한시되는 부분입니다. 많은 그리스도인의 삶에서 가장 형식적이고, 축소되고, 때로는 생략되는 활동이 기도 시간입니다. 왜 그런지 궁금하십니까?

아마도 기도가 매우 쉽고 전적으로 단순하다는 데 그런 어려움이 있는 것 같습니다. 그냥 침대 머리맡에 무릎을 꿇고, 어린 시절의 오래된 것을 내려놓는 것처럼, 의심하지 말고, 그냥 믿음으로 모든 짐과 염려와 필요를 아버지께 맡기십시오! 어린아이 같지만 그렇게 하기가 얼마나 어려운지요! 긴장을 푸는 것은 또 얼마나 어려운지요! 바쁘고, 서두르고, 걱정스러운 삶에서 한 시간 아니면 반 시간이라도 할애하면서 조용히 방에 들어가 문을 닫고 그분의 임재 안에 머무르십시오! 우리의 복잡함, 자의식, 자기중심성과 모든 염려와 책임을 짊어져야 한다는 현재의 느낌을 버리기가 얼마나 어려운지요! 다시 어린아이가 되어 그분이 온전히 돌보신다는 것을 확신하면서 행복하게 큰 숨을 내쉬며 그분의 발 앞에 평안하게 안주한다는 것이 얼마나 힘든지 모릅니다! 그분의 어깨 위에는 통치가 있습니다. A. 스튜어트 므네언A. Stuart. M'nairn

5월 10일

전적 양도

"너희 지체를 의의 무기로 하나님께 드리라" 롬 6:13

하나님은 우리가 포기하지 않으면 우리와 아무것도 하실 수 없습니다. 우리가 제노아 궁전을 관람하던 날을 회상합니다. 우리는 빈 방처럼 보이는 곳에 들어갔습니다. 맨 벽과 바닥과 탁자가 우리를 맞이했습니다. 현지 안내원이 방을 가로질러 먼 벽 쪽으로 우리를 안내했습니다. 거기서 우리는 벽이 움푹 들어간 부분을 발견했습니다. 그것은 유리 케이스로 덮여 있었습니다. 케이스 뒤에는 완벽하게 보존된 훌륭한 바이올린이 있었습니다. 파가니니가 가장 좋아한 바이올린이었습니다. 이는 파가니니가 자신의 놀라운 기교를 보여 준, 가장 사랑했던 귀중한 크레모나산 바이올린이었습니다. 우리는 온화하고 풍부한 색조의 구불구불한 곡선의 탁월하고 완벽한 악기를 열심히 주시했습니다. 그러고 나서 위대한 스승이 이 고요한 궁전 방안에 있었다면 그의 손길이 불러일으킬 경이로운 긴장감을 상상해 보았습니다. … 아닙니다. 그럴 리가요! 그는 그렇게 할 수 없었습니다! 왜냐하면 이 바이올린은 자물쇠로 잠가놓았기 때문입니다! 그것은 스승에게 기회를 주지 않았습니다.

당신이 얼마를 가지고 있느냐는 문제되지 않습니다. 오히려 하나님께서 당신을 얼마나 소유하셨느냐가 중요합니다. 당신의 지체를 하나님의 도구로 드리세요. 선물한다는 것은 "한 사람의 손에 가까이 두다"라는 의미입니다. 드리고, 접근할 수 있고, 사용할 수 있다는 것은 하나님께 기회를 드리는 것입니다.

실제로 거래를 하십시오!

하나님께 양도된 의지는 하나님이 계획하신 삶을 발견합니다. 제임스 H. 멕콘키 | James H. McConkey

나는 얼마 전 작은 배를 샀습니다.

그리고 아침에 거침없이 바다를 항해했습니다.
바람이 상당히 불었습니다.
나는 작은 배를 멀리 또는 가까이 조종했습니다.

배는 나의 것이었고, 공기도 나의 것이었습니다.
바다도 나의 것이었습니다. 걱정은 나의 것이 아니었습니다.

내 배는 밤마다 내가 수고하는 장소가 되었습니다.
나는 일몰에 낚시터로 배를 몰고 갔습니다.
아침에 배는 전리품으로 가득 채워졌습니다.
이는 나의 정복의 수고와 기술로 찾아낸 것들이었습니다.

배는 내 것이었고 그물도 내 것이었고,
기술도 내 것이었고 힘도 내 것이었습니다.

어느 날 고요한 해안을 따라갔습니다.
그물을 바다에 던지는데,
전에 한 번도 본 적 없는 사람이 말했습니다.
나는 그분을 따라갔습니다. 새 삶이 시작되었습니다.

배는 내 것이었지만 목소리는 그분의 것이었고,
그분의 부르심에 대한 선택은 아직 내 것이 아니었습니다.

아, 호수에서 무서운 밤을 보냈습니다.
그런데 내 모든 기술은 조타장치에 아무 쓸모가 없었습니다.
그분을 잠에서 깨울 때까지 울부짖었습니다.
"명하세요, 주님, 명령하십시오. 물이 들어오지 못하도록."

배는 그분의 것입니다. 바다도 그분의 것입니다.
그리고 그분의 평강이 나와 모두에게 임했습니다.

한번은 그분이 배에서 호기심 많은 군중을 가르치셨습니다.
그런 다음 나에게 바다에 그물을 내리라고 명하셨습니다.
나는 중얼거리면서도 순종했고, 그렇게 오래 지나지 않아
잡힌 것이 나를 놀라게 했습니다. 나를 겸손하게 만들었습니다.

배는 그분의 것입니다. 기술도 그분의 것입니다. 잡는 것도 그분의 것입니다.
그리고 나의 뜻도 그분의 것입니다.

조지프 애디슨 리처즈 Joseph Addison Richards

하나님께 기회를 드리십시오!

5월 11일

하나님의 쟁기질

"너희는 하나님의 밭이요" 고전 3:9

쟁기질과 써레질은 힘든 일입니다. 하나님의 쟁기질이 예전 같진 않지만 오늘의 세상에도 있습니다. 그분은 성령과 말씀과 섭리로 쟁기질을 하십니다. 경작 과정이 고통스럽다 해도 필수적입니다.

만일 땅이 말할 수 있다면 이렇게 말할 것입니다. "나는 오늘 딱딱한 쟁기가 들어오는 것을 느꼈어. 나는 무엇이 들어올지 알고 있었지. 처음에 쟁기에 내가 부딪쳤을 때 너무 고통스럽고 괴로웠어. 날카로운 쟁기가 나를 세게 뚫고 들어왔을 때 너무 아파 비명을 질렀지. 그러나 나는 이제 이것들이 싹, 이삭, 풍성한 곡식, 황금빛 추수, 수확의 축제 등을 의미한다는 것을 알아."

하나님의 섭리라는 쟁기가 처음에 우리 생명에 상처를 줄 때, 조금이라도 소리를 질러도 될까요? 그렇습니다. 한 시간의 슬픔이 지나갈 수 있다면요! 그러나 곧 저녁이 되기 전에 정신을 차리고 이렇게 말할 것입니다. "주님, 쟁기질을 하세요! 나는 내 삶을 전부 쟁기질해서 씨를 뿌리고 구석구석 황금빛 곡식과 아름다운 꽃이 맺히기를 원합니다. 처음에 쟁기날이 들어오는 아픔을 겪었을 때 소리 질렀던 나를 불쌍히 여기소서. 당신은 내 분량을 알고 계십니다. 내가 흙이라는 것을 나는 기억합니다. 나는 모든 것을 제대로 정리합니다. 그 의미를 압니다. 그러니 계속 하세요. 주님, 영원한 쟁기꾼이시여!"

그분은 아무런 의도도 없이 쟁기와 써레를 사용하지 않습니다. 하나님은 쟁기질하는 곳에 씨를 뿌리려 하십니다. 그분의 쟁기질은 반대가 아닌 찬성의 증거입니다.

"내가 돌이켜 너희와 함께하리니 사람이 너희를 갈고 심을 것이며"(겔 36:9).

농부가 쟁기질하려는 찰나, 바로 그때가 그분이 우리를 버렸다고 생각하고 싶은 유혹을 느낄 때임을 결코 잊지 맙시다. 그분의 쟁기질은 당신이 가치 있고 징계할 만하다는 증거입니다. 왜냐하면 그분은 척박한 모래밭에서 쟁기질을 낭비하지 않으시기 때문입니다. 그분은 아무 때나 쟁기질하시지 않습니다. 분명한 목적이 있을 때만 쟁기질하십니다. 그분은 곧 그 과정을 마치실 것입니다. "파종하려고 가는 자가 어찌 쉬지 않고 갈기만 하겠느냐 자기 땅을 개간하며 고르기만 하겠느냐"(사 28:24). 정말 아닙니다! 머지않아 우리는 이 고통스러운 과정을 통과한 후, 그분의 부드러운 은혜의 소나기를 받아 비옥한 땅이 될 것입니다.

"그 황폐한 땅이 장차 경작이 될지라 사람이 이르기를 이 땅이 황폐하더니 이제는 에덴동산같이 되었고 황량하고 적막하고 무너진 성읍들에 성벽과 주민들이 있다 하리니"(겔 36:34-35).

아프거나 건강하거나 십자가나 왕관이나 무지개나 천둥이나

신이 갈아엎을 수 있도록 내 영혼과 몸을 던지네.

존 버컨John Buchan, "포로의 왕자"A Prince of The Captivity

5월 12일

둥지를 부수는 것

"마치 독수리가 자기의 보금자리를 어지럽게 하며" 신 32:11

하나님은 독수리처럼 우리의 보금자리를 어지럽히십니다. 어제는 우리를 위한 장소였습니다. 그러나 오늘은 새로운 계획이 있습니다. 그분은 둥지가 우리에게 소중하다는 것을 아시면서도 둥지를 부수십니다. 아마도 우리에게 소중하기 때문일 것입니다. 그분은 우리를 너무 사랑하시기에 우리의 빈약한 만족을 방치하시지 않습니다. 그러니 우리 마음이 부수적인 원인에 머물지 않게 하십시오. 그것은 그분의 일입니다! 우리를 찌르는 가시를 탓하지 마십시오.

보금자리를 파괴하는 것이 무자비하게 보일지 모르겠습니다. 예상치 못한 시간에 무슨 일이 벌어지더라도 마음을 잘 지키며 하나님의 돌보심을 잊지 마십시오. 내 희망이 파괴되는 의미를 잊지 않도록 하십시오. 그분은 나를 위해서 더 좋은 것을 갖고 계십니다.

둥지가 우리에게 가장 좋은 것이라면 하나님은 우리 둥지를 망치거나 둥지 없이 지내게 하지 않으십니다. 그분이 무자비하게 보이더라도 이것은 그분의 사랑입니다. 그러기에 항상 시간상의 문제는 가볍게 맡기십시오.

새끼 독수리는 "나에게 나는 법을 가르쳐 주세요!"라고 말합니다. 성도들은 종종 주님처럼 되기를 바라면서 멍하니 앉아 있습니다. 둥지가 무너질 때 기도가 들린다는 사실을 아무도 인식하지 못할 것입니다!

둥지를 부수는 것이 하나님의 자비의 행위라니 얼마나 놀라운 생각인가요!

그러나 그것을 찬양의 주제로 삼고, 찬양으로 하나님을 축복하는 이것이 내 교육의 첫 번째 단계라고 선언하는 늙은 작가가 있습니다! 나에게 몸과 영혼을 주신 그분의 선물에 그분을 찬양하는 것은 이해할 수 있습니다. 그러나 찬송가의 첫 연을 가정의 유대를 잃게 하신 그분의 자비에 대한 경배로 만들라는 요청을 받았을 때 나는 놀라서 숨이 막혔습니다!

아니지요. 내 영혼아, 아버지께서 둥지를 부수는 것은 가정의 유대를 강화시키는 것입니다. 집을 없애는 것이 아니라 나는 법을 가르치시는 것입니다! 당신의 스승과 함께 여행해 보십시오. 그러면 그 집이 그 어떤 둥지보다 넓다는 것을 알게 될 것입니다!

그분은 당신의 둥지가 많은 저택 중에 오직 하나라는 것을 알려 주실 것입니다. 그분은 그리스도 안에서의 형제 사랑에 대해 말씀하실 것입니다. 그것은 당신의 가정을 넘어서 초월하는 것입니다. 그분은 버림받은 자들을 형제로, 친구 없는 자들을 자매로, 모든 사람을 친족으로 만드는 확장된 가족에 대해 말씀하실 것입니다.

당신 아버지께서 유대를 깨트리고 당신에게 날개를 주셨습니다!

당신의 둥지를 뒤흔든 폭풍이 당신에게 나는 법을 가르쳤습니다!고요한 시간을 위한 휴가Leaves for Quiet Hours

하나님께서 넓은 날개를 펼치십니다.
들어 올리시는 그분의 거룩한 은혜로,
우리는 더 넓고 더 깨끗한 곳을 발견합니다.
속박당하지 않은 공간의 자유로움.
그곳에서 좀 더 선명하게 사물을 볼 수 있어요.
둥지에서 보는 것과는 차원이 다릅니다.
날개 있는 삶은 광범위함이 특징입니다.
높이 올라가면 더 넓게 볼 수 있습니다!

J. H. 조엣J. H. Jowett

5월 13일

하나님의 공급

"마루턱을 조금 지나니 므비보셋의 종 시바가" 삼하 16:1

무거운 마음으로 산을 오르는 것은 힘든 일이었습니다. 그(다윗)는 피곤하고 지쳤습니다. 그때 하나님의 공급하심이 시바를 통해 왔습니다.

당신은 지금 산꼭대기를 조금 넘었나요? 피곤하지만 그래도 여정이 거의 끝나가나요? 힘을 내십시오! 하나님은 정확한 순간에 무엇인가를 준비하셨습니다! 하나님의 도움이 당신을 기다립니다!

조금만 더 가면 기쁨으로 나를 공경하는 모든 사람이 내 약속이 진실임을 증명할 것이며, 그들도 공경을 받을 것이다. 나는 네 마음의 갈망, 네가 열망하는 높은 곳, 거룩한 불로 타오르는 너의 사랑, 그리고 나를 공경하는 모든 것을 잘 알고 있다.

조금만 더 가면 나를 공경하는 모든 사람이 승리자의 노래를 부를 것이다. 너는 잘하고 있으나 여전히 계속 나아가면 내가 더 큰일을 너에게 맡기겠고 더 큰 영광을 보게 될 것이다. 그리고 너는 온전히 영광을 받을 것이다. 조금만 더 나아가라!(요 12:26; 시 91:15)

바로 언덕 너머 등산로 옆,
즐거운 여행객들이 모두 머무는 곳,
바로 언덕 너머에 있어요.

길가 쪽 정원 대문,
이른 시간이든, 늦은 시간이든 항상 열려 있는 문.
바로 언덕 너머에 있어요.

대문 안 안식처,
주인이 가장 좋은 것을 주시는 곳,

바로 언덕 너머에 있어요.

존 옥슨햄 John Oxenham

여행자가 등반할 때 언덕 기슭에서 시원한 샘물을 만나면 그곳에서 휴식을 취하고 새 힘을 얻습니다. 하나님은 그분의 자녀들이 그런 샘물도 없이 인생길의 가파른 언덕을 오르도록 내버려두지 않습니다.

그분은 당신 옆에서 함께 올라가십니다. 그분을 의지하십시오!

하나님께 샘이 없는 길은 없습니다!

5월 14일

조용한 삶

"또 너희에게 명한 것같이 조용히 자기 일을 하고
너희 손으로 일하기를 힘쓰라" 살전 4:11

사랑받는다! 이것은 우리의 영혼이 가장 갈망하는 것입니다. 이로써 우리는 하나님을 아는 법을 배울 수 있습니다. 그리고 우리는 영적인 휴식과 영양을 공급받습니다. 그렇게 우리는 자랍니다. 그렇게 우리는 생명의 빵을 받습니다. 그렇게 우리 몸은 치유되고 우리의 영은 부활하신 주님의 생명을 마십니다. 그래서 우리는 밤의 그늘을 통과하고 시원하고 수정 같은 이슬방울을 마신 꽃처럼 삶의 갈등과 의무를 뚫고 전진합니다. 그러나 이슬은 폭풍우가 몰아치는 밤에 내리지 않는 것처럼 안절부절못하는 불안한 영혼에 결코 내리지 않습니다.

점심을 위해서 10분간의 시간만 주어지는 급행열차 안에서는 상쾌하고 역동적인 삶을 영위할 수 없습니다. 우리는 조용한 시간에 지극히 높으신 분의 은밀한 곳에서 주님을 기다려야 합니다. 그때 우리의 힘은 새로워지고 달려가도 피곤치 아니하고 걸어가도 곤비치 아니하는 독수리처럼 산을 오르는 법을 배우게 됩니다.

이 고요함의 가장 큰 유익은 하나님께 일하실 기회를 드린다는 점입니다. "이미 그의 안식에 들어간 자는 하나님이 자기의 일을 쉬심과 같이 그도 자기의 일을 쉬느니라"(히 4:10). 그러기에 우리가 생각을 잠깐 멈출 때 하나님의 생각이 우리 안에 들어옵니다. 우리가 불안한 활동을 멈추고 잠잠하면, "[우리] 안에서 행하시는 이는 하나님이시니 자기의 기쁘신 뜻을 위하여 [우리]에게 소원을 두고 행하게"(빌 2:13) 하시기에 우리는 그것을 하기만 하면 됩니다.

사랑을 받으십시오! 그분의 고요함을 누리십시오!A. B. 심슨A. B. Simpson

구원자, 예수님, 내게로 오소서.
나의 항해가 순조롭게 하소서.
인생의 바다를 넘게 하소서!

5월 15일

빌립 길들이기

> "이렇게 말씀하심은 친히 어떻게 하실지를 아시고 빌립을 시험하고자 하심이라" 요 6:6

지금 이 시간 당신이 다급한 일을 만났는데, 주님이 옆에서 바라보시면서 이렇게 질문하실 수 있습니다. "어떻게 처리할 거니?"

그분은 당신을 자세히 살피십니다. 인자한 모습으로 당신을 동정하십니다. 얼마나 많은 사람들이 시험에 실패합니까! 우리는 연필과 종이를 꺼내 200페니 정도의 빵을 계산하기 시작했습니다. 이 문제를 해결해 줄 부자 친구들을 찾아다녔습니다. 아니면 낙담해서 그냥 주저앉았습니다. 아니면 이런 상황에 빠지게 만든 그분을 원망했습니다. 우리는 밝은 표정으로 그리스도께 이렇게 말해야 하지 않을까요? '주님, 당신에게는 계획이 있으시죠! 당신이 책임지실 것이죠! 내가 무엇을 해야 할지 말씀

해 주세요. 성령님의 인도에 순종하며 지금까지 살아왔습니다. 이제 주님 어떻게 하실 건가요?'

"그는 그의 형제들이 하나님께서 자기 손을 통하여 구원해 주시는 것을 깨달으리라고 생각하였으나 그들이 깨닫지 못하였더라"(행 7:25). 오늘날도 그렇습니다.

방법은 예수님께 맡기세요.
그분은 비밀을 알고 계십니다.
무한하신 지혜로,
시간이 모든 것을 밝힐 것입니다.

방법은 예수님께 맡기세요.
그분이 위로해 주실 겁니다.
폭풍우 속에서도 당신을 숨겨 주실 거예요.
그분의 날개 아래,
"하나님은 당신의 방법을 우리에게 설명하지 않습니다."

"나의 앞날이 주의 손에 있사오니"(시 31:15). 이 구절을 콩고 원주민 말로 인용하면 그들은 이렇게 멋진 말로 번역할 것입니다. "내 삶의 이유와 시간과 장소가 모두 하나님 손에 달려 있어요!" 댄 크로포드 Dan Crawford

우리는 과묵하신 하나님께서 말씀하시는 것보다 더 많은 것을 알고 싶어 합니다. 그분이 우리에게 묻기를 기다리라고 하신 '이유'를 이해하고, 그분이 일부러 어둠 속에 펼쳐 놓으신 길을 보기를 원합니다. 무한하신 아버지는 우리에게 꼬치꼬치 질문을 받고 우리의 헛된 마음을 위해 자신을 설명하려고 우리 곁에 서 계시지 않으십니다. 그분은 우리의 신뢰를 받기 위해 여기에 계십니다.

5월 16일

아내가 죽었다

"저녁에 내 아내가 죽었으므로 아침에 내가 받은 명령대로 행하매" 겔 24:18

"저녁에 아내가 죽었습니다." 집에 불이 꺼졌습니다. 친근한 것들 표면에 어둠이 내려앉았습니다. 지금까지 함께 살아온 믿음직스러운 동반자를 내게서 빼앗아갔습니다. 마치 보이지 않는 세계에서 신비의 손이 뻗어 나와 우리 부부의 교제의 빛을 갑자기 꺼버린 것 같았습니다. 나는 "보고 싶은 욕구"를 상실했습니다. 난 혼자였습니다. "저녁에 내 아내가 죽었으므로…." 그렇습니다. 다음 날 아침에 보니 세상이 하나의 무덤만 남은 묘지로 변해 버렸습니다. 거의 빛을 볼 수 없는데 어떻게 해야 할까요? "아침에 내가 받은 명령대로 행하매."

그가 아내와 사별하기 전날 그에게 명령이 떨어졌습니다. 그의 가정 생활은 영감을 주는 친교의 원천이었습니다. 하루에 일과를 마친 저녁에는 먼지로 찌든 지친 순례자들이 목욕을 원하듯 집으로 향했습니다. 결혼생활의 달콤한 거룩함에 몰두하였고 이런 영혼의 회복은 내일 일에 새로운 활력을 주기에 적합했습니다. "그런데 저녁에 내 아내가 죽었습니다." 집은 이제 더 이상 상쾌함을 주는 목욕의 장소가 아니라 먼지투성이 길의 일부였습니다. 더 이상 오아시스가 아니라 광야의 반복이었습니다.

이제 선지자의 명령은 어떻게 됩니까? "저녁에 내 아내가 죽었"는데 다음 날 "아침"에도 명령입니까? 선지자의 사별의 암울함 속에 어제의 의무는 어떻게 되는 건가요? 의무는 빛 속에서 시끄럽고 성가신 것인데 지금 그림자 속에서도 여전히 시끌벅적거립니다. 선지자는 어떻게 해야 할까요? 케케묵은 짐을 짊어지고 옛 길을 묵묵히 걸어갑니다. 외로운 길에서 벗어나 이전 일을 계속합니다. 왜 그럴까요? 이 장 마지막 절에서 우리는 모든 비밀을 찾을 수 있습니다.

"너는 그들에게 표징이 되고 그들은 내가 여호와인 줄 알리라"(27절).

상심한 선지자는 오래 참고 끈기를 갖고 옛 본분을 행함으로써 사람들로 하여금 주님을 믿게 하였습니다! 이것이 막중한 훈련의 비밀스러운 동기입니다.

위대하신 하나님은 확실한 위기가 명백한 간증의 기회가 되기를 원하십니다. 어둠의 계절은 하나님의 베일을 벗기기 위한 기회입니다. 그분은 주변의 그림자로 인해 우리의 본분이 더욱 찬란하게 빛을 발하게 하십니다. 그분이 주시는 환란은 단지 우리의 표적을 장식하고 빛나게 하시려는 것입니다. 그분은 급변하는 우리 삶의 슬픔의 격랑 속에서도 감미로운 은혜를 계속 나타내기를 원하십니다. 이것은 선지자의 승리였습니다. 그는 자신의 재난을 영원에의 증인으로 삼았습니다. 그는 자신의 고독을 하나님의 사역자가 되는 기회로 만들었습니다. 그는 자신의 사별을 소명의 강화로 삼았습니다. 그는 이전 일을 맡았고 그 일을 맡음으로써 그것을 영화롭게 했습니다. "저녁에 내 아내가 죽었으므로 아침에 내가 받은 명령대로 행하매."

저녁에 근심이 찾아오면 아침에 무엇을 해야 할까요? 우리는 무덤을 파고 그것을 땅에 묻습니다. 그리고 장례식이 끝나면 어떻게 할까요? J. H. 조엣 J. H. Jowett

모든 상황이 설교단이 되게 하십시오.

5월 17일

중보자

"가나안 땅에 기근이 심하여 종들의 양 떼를 칠 곳이 없기로 종들이
이 곳에 거류하고자 왔사오니 … 애굽 땅이 네 앞에 있으니
땅의 좋은 곳에 네 아버지와 네 형들이 거주하게 하되" 창 47:4, 6

당신 인생에서 극심한 영적 기근에 맞닥뜨려 먹일 초원이 없었던 적이 있었나요? 그럴 때 그리스도께서 우리를 위해 문제를 하나님 보좌로

가져가십니다. 그분은 하나님께 우리가 자신의 형제라고 말씀하십니다. 그러면 무엇이 답일까요? "천국이 너희 앞에 있느니라. 왕국의 가장 좋은 자리에 네 형제들을 앉혀라." 당신은 예수 그리스도께서 당신을 위해 중보하신다는 의미를 알고 있습니까? 바로는 이 사람들을 몰랐지만 요셉은 알았습니다. 그러기에 요셉과 그의 가족들에게 손해 될 것이 없었습니다.

우리는 "그리스도와 함께한 상속자"(롬 8:17)입니다. 그리스도 때문에 하나님은 천국 문을 활짝 열어 놓고 우리에게 최선을 다하라는 요청만 하십니다. 기근을 벗어나 왕국에서 가장 좋은 것이 제공됩니다! 뿐만 아니라 우리는 왕의 재산을 관리하는 통치자들입니다! 오, 주 예수님, 나의 불신앙을 용서하소서! 죄에 빠진 자기중심적인 눈을 뜨게 하사 놀라운 주님의 사랑을 보게 하소서. 더 많이 받는 방법을 가르쳐 주소서. 왕국의 최고는 바로 당신입니다. 주님, 당신은 제게 영원한 생명의 잔치이십니다. 아침에 오는 메시지 Messages for the Morning Watch

나는 먼지나 풀의 자손이 아닙니다.
운명의 베틀에는 실타래가 없습니다.
그러나 살아계신 하나님의 거룩한 자녀는
영원히 나의 생명의 땅에 머물 것입니다.

나는 우주의 밤의 놀이가 아닙니다.
사람에게 생겨난 우연도 아닙니다.
오히려 위로 날아오르는 불멸의 영혼입니다.
그리고 놀라운 계획 안에 있는 내 아버지의 상속자입니다.

알바 로마네스 Alva Romanes

우리는 그분의 유일한 상속자입니다.

5월 18일

갈 것 없다

"갈 것 없다" 마 14:16

그날 주님 앞에 얼마나 큰 과제가 놓여 있었습니까! 여자들과 아이들을 제외하고 남자만 5천 명이었습니다. 그러한 군중을 한꺼번에 먹이는 일은 불가능해 보일 수 있습니다. 제자들이 "무리를 보내어 마을에 들어가 먹을 것을 사 먹게 하소서"(15절)라고 말할 법합니다. 그런데 "갈 것 없다 너희가 먹을 것을 주라"라고 예수님이 대답하셨을 때 그들은 정말 놀랬습니다. 그들은 몰려드는 군중을 몇 번이고 훑어본 후, 분명 가슴이 덜컹 내려앉았을 것입니다.

수많은 군중을 먹일 수 있는 가능성은 주님께는 전혀 놀라운 일이 아니었습니다. 그분은 실제로 빌립에게 "우리가 어디서 떡을 사서 이 사람들을 먹이겠느냐"(요 6:5)라고 물으셨습니다. 그러나 우리는 그분이 "빌립을 시험하고자"(6절) 이렇게 말씀하신 것을 압니다. 주 예수님은 확실하게 우리의 필요를 채우시고 동시에 우리가 그런 확신을 갖기를 원하십니다. 그분은 수천 년 동안 자신을 신뢰하는 사람들의 필요를 채우신 분이기 때문입니다. 섭리의 하나님은 밀가루 통에 밀가루가 떨어지지 않고 기름병에 기름이 마르지 않도록 지켜주십니다. 그분은 한 사람의 간증을 보여 주십니다. "내가 어려서부터 늙기까지 의인이 버림을 당하거나 그의 자손이 걸식함을 보지 못하였도다"(시 37:25). 또 한 사람은 "무릇 말씀하신 그 모든 좋은 약속이 하나도 이루어지지 아니함이 없도다"(왕상 8:56)라고 말했습니다.

내 영혼아, "어디서부터, 하나님께서 나의 걱정을
덜어주실 수 있을까?"라고 말하지 마세요.
그분의 전능하심을 기억하세요.
도처에 그분의 종들이 있습니다.

그분의 도움은 항상 확실합니다.
그분의 방법은 예측 불허입니다.
지연은 우리의 즐거움을 순수하게 만들 것입니다.
놀람은 그것에 열정을 보탤 것입니다.

그분의 지혜는 숭고하십니다.
그분의 마음은 매우 친절하십니다.
하나님의 때는 앞서지 않습니다.
그리고 결코 뒤처지지도 않습니다.

짐을 갖고 계신가요?
당신 짐을 어느 누구도 질 수 없나요?
그 짐은 하나님을 위한 것인가요?
그런데 그분이 그것을 보지 못하시나요?

마음의 위로를 받으세요.
당신은 홀로 남겨진 것이 아닙니다.
이제 당신은 주님의 동반자입니다.
곧 당신은 그분의 보좌에 함께 앉을 것입니다.
J. J. 린치 J. J. Lynch

예수님은 광야에서 많은 무리를 먹이셨습니다.

5월 19일

하나님을 활용하라

"하나님 곧 우리 하나님이 우리에게 복을 주시리로다" 시 67:6
"너희는 기도할 때 이렇게 하라 아버지여" 눅 11:2

하나님이 주시는 영적 축복을 우리가 너무 적게 활용하는 것이 이상합니다. 그런데 우리가 하나님을 너무 적게 활용하는 것은 더 이상합니다. 그분이 "우리 하나님"이신데, 우리는 스스로 하려고 하지 그분께 의지하지 않습니다. 우리는 얼마나 자주 하나님의 도움의 손길을 요청하나요? 이런 일이 얼마나 희박한지 모릅니다! 그분께 사업상의 지도를 얼마나 자주 요청하면서 일을 진행하는지 모르겠습니다! 우리는 어려움을 겪을 때 주님께 짐을 맡기는 대신 스스로 짊어지고 계속 혼자서 애쓰고 있습니다. 이는 우리가 할 수 없기 때문만이 아닙니다. 왜냐하면 주님은 이렇게 말씀하십니다. "나는 네 것이란다. 영혼아, 와서 원하는 대로 나를 활용해라. 아무 때나 내 창고에 올 수 있어. 자주 오면 더 환영을 받을 거야." 하나님의 풍성함을 마음대로 사용하지 못하면 이것은 우리의 잘못입니다.

그러므로 당신에게는 그런 친구 분이 계시고 당신을 초대하시니 매일 그분의 공급을 받으십시오. 당신은 하나님이 계시기 때문에 결코 부족함이 없습니다. 당신을 도울 하나님이 계시다면 결코 두려워하거나 약해지지 마십시오. 그분의 보물 창고로 가서 필요한 것은 무엇이든 가져가십시오. 당신이 원하는 것이 모두 거기에 있습니다.

하나님이 일하시는 온갖 거룩한 방법을 익히십시오. 그분은 모든 것을 공급하실 수 있습니다. 그분은 모든 것 대신 당신과 함께하실 수 있습니다. 그러기에 나는 당신의 하나님을 활용하라고 촉구합니다. 기도로 그분을 활용하십시오. 그분께 자주 가십시오. 그분은 당신의 하나님이시니까요. 오, 이토록 큰 특권이 있는데 왜 사용하지 않습니까? 그분께 날아가십시오. 당신이 원하는 것을 모두 그분께 말씀드리십시오. 항상 믿음으로 끊임없이 그분을 활용하십시오. 만일 불행이 먹구름처럼 당신에게 몰려와도 당신의 하나님을 "태양"으로 사용하십시오. 어떤 강한 대적이 당신을 에워싸고 있다면 여호와의 "방패"를 찾으십시오. 그분은 자기 백성을 위한 태양과 방패이시기 때문입니다. 인생의 미로에서 길을 잃었다면 그분을 "안내자"로 활용하십시오. 그분이 당신을 인도하시기 때문입니다. 당신이 누구든지, 어디에 있든지 상관없이 하나님은 당신이 원하는 바로 그분이시며, 당신이 원하는 곳에 계시고, 당신이 원하는 모든 것을 하실 수 있다는 것을 기억하십시오. 찰스 스펄전 Charles H. Spurgeon

믿음의 삶은 주님을 사용하는 삶입니다. H. C. G. 물레 H. C. G. Moule

오, 나의 작은 마음이여!
고통 또는 슬픔이 당신을 애통하게 할 것입니다.
하나님께서 당신의 모든 것이 되실 때,
아버지가 당신의 모든 것을 소유합니다.

5월 20일

아직은 일하세요

"아버지여 만일 아버지의 뜻이거든 이 잔을 내게서 옮기시옵소서 그러나 내 원대로 마시옵고 아버지의 원대로 되기를 원하나이다 하시니 천사가 하늘로부터 예수께 나타나 힘을 더하더라 예수께서 힘쓰고 애써 더욱 간절히 기도하시니" 눅 22:42-44

부모, 남편, 자녀, 재산, 모든 것을 잃고 많은 슬픔을 겪은 한 여성의 이야기가 있습니다. 큰 슬픔에 잠긴 이 여성은 죽기를 기도했지만 죽지 못했습니다. 그녀는 그리스도를 위해서 늘 하던 일을 그만두려 했습니다. 어느 날 밤 그녀는 꿈을 꾸었습니다. 그녀는 자신이 천국에 갔다고 생각했습니다. 그녀는 남편을 발견하자 반갑게 맞아 줄 것을 기대하고 큰 기쁨으로 그에게 달려갔습니다. 그런데 이상하게도 남편의 얼굴에는 반가운 기색이 전혀 없었고 단지 놀라면서 불쾌감을 드러냈습니다. 그가 "여기 어떻게 온 거요?"라고 물었습니다. "당신이 오늘 여기 올 것이라는 말을 듣지 못했소. 나는 오랫동안 당신을 기대하지 않았소." 비통한 울음을 터트리며 그녀는 자기 부모를 찾으려고 그에게서 돌아섰습니다. 그러나 그들로부터도 그녀가 원하는 부드러운 사랑 대신에 똑같은 반응과 이상한 질문만 받았습니다. 그녀는 "나의 주님께 가겠습니다"라며 울었습니다. "아무도 환영해 주지 않지만 주님은 나를 환영하실 거야." 그리스도의 모습에서 무한한 사랑이 보였지만 그분의 말씀은 슬픔으로 떨렸습니다. 마침내 그녀는 이해했습니다. 그녀는 아직 천국에 갈 권리가 없었습니다. 그녀의 사명은 아직 끝나지 않았습니다. 그녀는 자기 의무로부터 도망쳤을 뿐이었습니다.

이것은 슬픔이 가진 위험한 요소 중 하나입니다. 우리는 죽은 사람들에 대한 슬픔 때문에 살아있는 사람들에 대한 흥미를 잃고 주어진 일에도 소홀해집니다. 사별이 아무리 큰 슬픔이라도 주님이 우리를 부르시기 전까지 하던 사역을 포기할 수 없습니다. J. R. 밀러 J. R. Miller

당신 일을 끝내세요. 시간이 얼마 남지 않았어요.
해는 서쪽에 있고,
밤이 내려오고 있습니다. 그때까지는
쉴 생각을 하지 마세요.

쉬고 있어요? 일을 마치고 쉬세요.
그때까지 절대 쉬지 마세요.
하나님이 당신을 위해 마련하신 휴식은
영원한 휴식입니다.

일을 끝내고 앉으세요.
어느 천상의 언덕에서,

그리고 천국의 영원한 행복을
충만하게 누리세요.

당신 일을 마치고 평안히 가세요.
삶의 전쟁을 싸워 이겼어요.
보좌에서 흘러나오는 주님의 음성을 들으세요.
"잘 했구나! 잘 했어!"

당신의 일을 끝내고 하프를 잡으세요.
위에 계신 하나님을 찬양하세요.
큰 기쁨의 새 노래를 부르세요.
끝없는 사랑을!

너무 빨리 쉬지 마세요. 그렇지 않으면 결코 진정한 안식에 들어가지 못할 겁니다. 안식의 처소는 파도 한가운데 있는 판자 위가 아니라 저 해안가에 있습니다. 조지 보웬 George Bowen

이 세상에서 단 한 번만 일어나는 것은 아무것도 없습니다. 내가 지금 하는 일은 한 번이고 영원합니다. 이 일은 끝났지만 거룩한 의미에서 볼 때 영원으로 고요히 사라졌습니다.

5월 21일

골짜기에 물이 가득하리라

"이 골짜기에 개천을 많이 파라" 왕하 3:16
"이 골짜기에 도랑을 많이 파라" 왕하 3:16, KJV

"주님, 제 삶이 당신의 능력의 통로가 되기를 원합니다"라는 기도를 드리십니까? 그렇다면 그분의 말씀이 당신 마음 깊은 곳으로 들어가게 하십시오. 그러면 감춰진 것들이 드러날 것입니다. 축복을 받을 준비를 해야 합니다. 당신은 그것을 방해할 수도 있고 회피할 수도 있습니다. 그분의 음성에 귀를 기울이십시오. 혹은 주님과 둘만의 시간을 보내면서 그분의 뜻대로 하십시오. 하나님은 그분께 항복한 모든 삶을 영광스럽게 하십니다. 그분에게는 우리에게 주실 영광의 충만함이 있습니다. 그렇지만 우리가 해야 할 일도 있습니다. 우리 마음 깊은 곳까지 파고들어 가야 합니다. 우리 안의 모든 쓰레기를 치우고 생수가 흘러 들어오도록 준비해야 합니다.H. 언쇼 스미스H. Earnshaw Smith

주님, 내 안에 생수의 강이 흘러들어오는 데 방해물이 조금도 없게 하소서. 주님의 십자가가 나의 가장 은밀한 구석까지 임하게 하소서.

성소에서 흘러나오는 물과 관련된 말씀이 생각납니까? 발목까지, 무릎까지 차오르는 물이었습니다. 그 후에 선지자가 다시 측량하니 강이었습니다. 수영할 수 있는 바다였습니다! 당신이 수영을 해야 한다면 하나님의 진리의 바다에서 노 젓는 것을 조심하십시오!

주 예수여, 저에게 더 깊이 들어오소서.
그렇습니다. 매일 더 깊이,
주 예수여, 당신이 나를 정복할 때까지,
더 깊이 끝까지 들어오소서.

주 예수여, 저에게 더 깊이 들어오소서.
비밀의 샘을 모두 찾으소서.
생각과 행동, 말과 감정,
크고 작은 것들.

주 예수여, 저에게 더 깊이 들어오소서.
숨겨진 부분을 모두 청소하소서.
교만이나 과민, 성질이

내 마음속에 숨어있을 수 있습니다.

주 예수여, 저에게 더 깊이 들어오소서.
당신이 정말로 피어날 수 있을 때까지,
내 존재의 깊숙한 곳에서,
당신의 위대한 희생을 통해.

주 예수여, 당신이 내 안에서 피어나시니,
그 생명은 당신의 것입니다.
내 비천한 상한 영혼이 끝날 때까지,
당신은 당신의 보좌에서 통치하십니다.

E. E. B. 로저스 E. E. B. Rogers

우리는 주님이 우리 안으로 들어오시도록 허용하기 전까지는 그리스도께 더 깊이 들어갈 수 없습니다.

5월 22일

고요함

"그분께서 고요함을 주실 때에" 욥 34:29, KJV

잔잔한 바다는 사려 깊은 영혼에게 폭풍우와 풍랑보다 더 많은 것을 말해 줍니다. 그러나 우리에게는 영원한 것에 대한 이해가 필요하고 이것을 느낄 수 있는 조물주에 대한 감각도 필요합니다.

가슴에 팔짱끼고 있는 나폴레옹이 거센 주먹으로 허공을 치고 있는 성난 헤라클레스보다 표현력이 더 뛰어납니다.

열정적인 기질의 사람들은 이것을 결코 이해하지 못합니다. 아미엘의

여정 Amiel's Journey

사랑스러운 것은 고요한 것입니다.
조용히 내리는 눈,
날아가는 새에서 떨어지는 깃털,
지나가며 아무 소리도 내지 마세요.

장미에서 스르르 떨어지는 꽃잎들,
고요히 땅을 찾고,
사랑은 지나갈 때 사랑스럽게
소리 없이 갑니다.

　인생의 침묵의 계절은 피할 수 없습니다. 겨울은 봄의 어머니입니다. 밤은 낮의 물리적인 원천입니다. 고요한 흙은 식물이 태어나는 자궁입니다. 영적 삶에서 가장 위대한 것은 기다림 속에서 나옵니다. 모든 활동이 중단되고 영혼이 "하나님 앞에서 잠잠함"을 배우는 동안 하나님은 미래의 활동과 열매를 위해 우리를 빚으시고 만드십니다.
　자연의 가장 큰 힘은 조용한 힘입니다. 중력의 법칙은 조용하지만 천하무적입니다. 따라서 모든 활동과 행동 뒤에는 믿음의 법칙이 있습니다. 이는 영적 세계에서 가장 강인한 힘으로, 가장 조용하고 덜 과시적일 때 가장 강력합니다. 영혼이 하나님의 뜻과 지극히 광대하고 보배로운 약속에 닻을 내릴 때, 우리 뒤에 그분의 능력과 사랑이 있고 우리를 향한 그분의 뜻이 모두 성취될 때까지는 결코 우리를 실망시키지 않으신다는 조용하고 동요하지 않는 확신으로 우리의 삶은 분명 승리할 것입니다.
　소용돌이 한가운데서 물은 요동치는 혼란 속에 갇혀 있지만 완벽한 고요의 공간에 있습니다. 모든 것이 조용하고 고요하며 거의 소리가 들리지 않습니다. 갈등에도 불구하고 그리스도 안에서 평강을 찾을 때 우리도 마찬가지입니다. 진정한 다른 평강은 없습니다. 그 비밀을 아는 자들이 아주 적습니다.

조용한 하나님의 일꾼들은 그분의 고요한 통제권을 갖습니다. 노라 C. 어셔 Nora C. Usher

확신이 든다면 시끄러울 필요가 없습니다. 메리 E. 섀넌 Mary E. Shannon

5월 23일
하나님의 시간

"비록 더딜지라도 기다리라 지체되지 않고 반드시 응하리라" 합 2:3

어떤 것은 한 시간, 어떤 것은 한 세기로 각각 주기가 있습니다. 그분의 계획은 길든 짧든 관계없이 각 주기에 완성될 것입니다. 하나의 계절에 꽃이 피었다가 죽는 여린 일년생 식물과 한 세기에 걸쳐 자라는 콜롬비아 알로에는 각자의 원리에 충실한 것입니다. 많은 사람들이 10월까지 기다리기보다 6월에 열매를 땁니다. 그러니 이런 열매들은 덜 익어 시큼합니다. 그러나 하나님의 목적은 천천히 완전하게 무르익습니다. 믿음은 그분이 반드시 오실 것과 오래 지체하지 않으실 것을 알기 때문에 그분이 지체하시는 동안에도 기다립니다.

이 영광스러운 약속을 온전히 배우고 온전히 신뢰하는 것이 완전한 안식입니다. 우리는 우리의 모든 길을 그분께 온전히 의탁하고 그분의 모든 속삭임에 깨어 순종하며 걸을 때 그분의 목적이 성취될 것을 전혀 의심하지 않습니다. 이런 믿음은 영혼에 고요한 평정을 주고 스스로 너무 많은 일을 하면서 쉬지 못하는 초조함에서 우리를 해방시켜 줍니다.

기다리세요. 그러면 모든 잘못이 바로잡힐 것입니다.
기다리세요. 그러면 모든 구름이 걷힐 것입니다.
단지 기다리기만 하면.

A. B. 심슨 A. B. Simpson

시간이 정확히 언제 무르익느냐에 따라 많은 것이 달라집니다! 위기가 오기 전에는 간섭하지 마십시오. 위기가 왔을 때는 기회를 놓치지 마십시오. 이런 분별력과 인내력과 민첩성은 최고의 가치 있는 은사입니다.

누가 이스라엘을 지키시는 분과 같이 결정적인 순간을 알겠습니까? 그분은 너무 빨리 간섭하시지 않습니다. 그분은 자신의 목을 매도록 적에게 충분한 밧줄을 허용하십시오. 그분은 백성이 자신들의 약점과 위험을 알아차리고 그분 앞에 침묵할 때까지 기다리십니다. 그분은 너무 늦게 개입하시지 않습니다. 결정적인 순간에 백성들의 교만을 치십니다.

우리가 자연에서 보는 바와 같이 하나님은 시계에 맞추어 정확하게 일하십니다. 그분은 인생의 때와 시기에 대해 정확하지 않은 법이 없습니다. 우리는 종종 "시간과 사람"에 대해 말합니다. 그러나 "시간과 하나님"을 기억합시다.

5월 24일

마음의 사막

"이에 배를 타고 따로 한적한 곳에 갈새" 막 6:32
"그들이 배를 타고 은밀히 광야로 떠나가니" 막 6:32, KJV

당신이 때때로 가야 할 마음의 사막이 있다면 혼자서 은밀하게 떠나야 합니다. 이런 적막한 당신의 마음의 세계에 누구라도 대로를 만들지 못하게 하십시오. 당신의 슬픔을 개별적으로 다루십시오. 결코 정신이 딴 데 팔린 상태로 사람들에게 들어가지 마십시오. 그렇게 하면 당신의 적막한 마음의 세계를 드러내는 것입니다.

당신은 때때로 생각이 멀리 떠나 버렸기에 하나님과의 친교의 식탁을 삼갔습니다. 잘하셨습니다. 사람과의 친교의 식탁에서도 똑같습니다. 당신 마음이 편치 않은데 잔치에 초대받았다고 가정해 보십시오. 이

때 우선 자신의 짐을 혼자 옮길 수 있을지 가늠해 보아야 합니다. 만약에 당신이 할 수 있다면 당신 뒤에 있는 마음의 사막에서 벗어나십시오. "머리에 기름을 바르고 얼굴을 씻으라 이는 금식하는 자로 사람에게 보이지 않고"(마 6:17-18). 그러나 당신의 짐을 은밀하게 처리할 수 없다면 아직 잔치에 오지 마십시오. 구름이 성막 위에 머무는 동안에는 여행을 하지 마십시오. 구름 아래서 기다리십시오. 정원에서 한 시간 동안 지켜보십시오. 당신의 슬픔을 침묵 속에 묻으십시오. 마음으로 아버지와 화해하고 세상으로 나와 예물을 드리십시오.

당신 장미의 가시를 숨기십시오. 노래에 한숨을 묻으십시오. 당신의 십자가를 지십시오. 꽃 화환 아래 숨기십시오. 노래하는 마음을 계속 유지하십시오!

자신의 가시를 장미 속에 숨기신 주님! 짐이 숨겨져 있는 나의 배를 조종해 주십시오. 주님, 당신은 광야에서 금식하시고 가나의 혼인잔치로 내려가셨습니다. 당신은 못 자국을 어디에 숨기셨습니까? 사랑 안에. 숨긴 곳으로 나를 인도해 주십시오! 내 마음의 사막으로 오는 배가 내 형제 마음의 사막에서 한 시간 동안 머물게 해주십시오! 비탄의 교제, 슬픔의 공동체, 고통의 친절을 느끼게 해주십시오! 다른 광야로부터 들리는 목소리, 다른 영혼의 한숨들, 다른 무덤의 신음소리를 듣게 하소서! 그리고 내가 목적지에 도착해서 내 짐을 들기 위해 손을 뻗쳤을 때 나는 깜짝 놀랄 것입니다. 거기에 있던 짐이 절반으로 줄어들었기 때문입니다. 무게가 가벼워지고 불가능함이 사라졌습니다. 나는 그것을 쉽게 들어 올릴 것입니다. 가볍게 가지고 다닐 것입니다. 재빨리 숨길 것입니다. 한 시간 안에 가나에 갈 준비를 할 것이고 몇 분 안에 갈보리로 갈 준비가 될 것입니다. 나는 군중의 분투 가운데 들어갈 것입니다. 그리고 군중은 이렇게 말할 것입니다. "그분에게는 마음의 사막이 없어!"

다른 사람들에게 빛을 비춰 주고 남은 부분은 예수님께 말씀드리십시오.

누우세요 그리고 잠을 자세요.

하나님께 지켜달라고 맡기세요.

이 슬픔은 이제 당신 마음의 일부입니다.

당신이 깨어났을 때,

만일 가져갈 수 있다면, 거칠게 불평하지 마세요.

일이 당신 손을 기다리고 있어요.

만일 당신이 기절하더라도 하나님은 이해하십니다.

5월 25일

독미나리

"아래로 뿌리를 박고 위로 열매를 맺으리니" 사 37:31

혹독한 겨울의 강풍과 몰아치는 눈보라에도 산 독미나리hemlock가 그토록 위풍당당할 수 있는 이유가 무엇일까요? 그중 하나를 자세히 살펴보면 마치 전나무 같은 섬세한 검은 바늘이 요정 깃털처럼 가냘프다는 것을 알 수 있습니다. 그러나 나뭇가지나 큰 가지를 꺾으려 들면 독미나리의 강인함과 끈질긴 힘이 있는 것을 알 것입니다. 그것은 구부러지고 휘겠지만 부러지지는 않습니다. 바람이 이리 저리 휘젓고 던질 수 있지만 부숴 버릴 수는 없습니다. 아무리 맹렬하게 달려들더라도 그 어떤 것도 뿌리를 뽑을 수는 없습니다. 몇 달 동안은 눈의 무게에 우아한 자태는 짓눌려집니다. 그러나 여름 바람의 따듯한 기운과 여름 햇살의 영향으로 눈이 녹아내리면 그 짐에서 해방되어 예전처럼 당당하고 고상한 모습으로 곧게 펴집니다.

산에 있는 아름답고 멋진 독미나리는 우리에게 얼마나 많은 교훈을 주는지 모릅니다! 우리가 폭풍우에 요동치고 슬픔의 바람에 구부러지긴 해도, 우리 영혼이 만세반석에 닻을 내리면 파괴되거나 부서질 염려가 없습니다.

주여, 나를 강하게 하소서! 내 영혼이 뿌리를 내리게 하소서.
안식의 골짜기에서 멀리, 큰 바위 가슴 위 하늘 가까이 내던져졌으니,
보호받지 못하고 외롭지만 당신 안에서 강하게 하소서.

휘몰아치는 폭풍이 상처를 남기면 어떻게 하지요?
반석이 상처를 입지 않았을까요?
오랜 세월의 힘이 깊이 스며든 나의 것,
폭풍에 맞서고 별과 함께 승리를!

주여, 내 영혼을 산꼭대기에 심으소서.
당신의 영원한 능력으로!
그러면 인생을 깨트리는 분투가 길어지더라도
그들의 폭풍은 오로지 나를 당신의 품으로 구부릴 뿐입니다.

도로시 클라크 윌슨 Dorothy Clark Wilson

5월 26일
나는 부활이요

"나는 부활이요 생명이니" 요 11:25

포스터 감독 Bishop Foster 은 당대의 감리교회 주요 감독들 중 한 분으로 매우 경건한 사람이었습니다. 그는 30년 동안 진지한 연구 끝에 자기처럼 빛을 찾는 사람들에게 도움이 될 수 있기를 바라며 이렇게 적었습니다.

"나는 영혼의 불멸성에 관한 책을 비싸게 구입해서 모두 정독했고 열심히 연구했습니다. 나는 언젠가는 더 강력한 주장을 제시하고 세상 사람들의 정신과 마음에 더 강한 인상을 줄 수 있기를 기대하며 30년의

세월을 보냈습니다.

그러나 죽음이 내 집을 찾아와 내 아내를 넘어뜨렸을 때 지독한 어둠 외에 아무것도 볼 수 없었습니다. 나는 말할 수 없는 고뇌 가운데 깊은 숲속으로 들어갔고 거기서 거대한 궁창을 올려다보며 가슴을 치면서 마음이 부서질 때까지 아버지께 부르짖었습니다. 말 없는 침묵 속에서 나는 그분의 말을 들을 수 있을까 해서 얼굴을 땅에 대고 누워 있었습니다. 그러나 어둠과 고요만 있었습니다. 광선이나 목소리도 없었습니다.

나는 철학자들 곁에 가서 앉았습니다. 그러나 그들은 이제 껍질 외에 주는 것이 없다는 것을 알았습니다. 한때 나를 격려했던 그들의 주장을 읽어 보니 이제 그것이 내 마음을 아프게 합니다. 그 안에는 아무것도 없었으며 내가 추측할 수 있을 만큼에도 못 미쳤습니다. 나는 완전히 황폐해졌습니다. 나는 설명할 수 없는 고통에서 내 손을 쥐어뜯었습니다.

어둠 속에서 들려오는 목소리를 듣기 전까지 나는 안심할 수 없었습니다. 어둠과 적막 가운데 감미로운 천상의 음악으로 이렇게 말했습니다. '나는 부활이요. 생명인 예수다. 죽은 자들이 다시 살아날 것이다.'

그리고 나의 소망과 믿음을 기대할 수 있는 단 하나의 생각이 있는데, 그분은 그 위대한 교리를 드러내셨습니다. 그분은 하늘에서 내려오셔서 하나님의 아버지 되심과 그분 자신의 영적 자녀들의 불멸성에 관한 이야기를 하시기까지 인류가 전혀 몰랐던 진리를 확립하셨습니다."

나는 베들레헴의 아기가 어떻게
하나님이 될 수 있는지 모릅니다.
나는 오직 구유에 있는 아기를 알 뿐인데,
하나님의 생명을 나에게 가져다주셨습니다.

나는 갈보리의 십자가가 어떻게
죄로부터 세상을 구하는지 모릅니다.
나는 오직 비할 데 없는 사랑을 아는데

하나님의 사랑을 나에게 가져다주셨습니다.

나는 요셉의 무덤이 어떻게
죽음의 신비를 풀 수 있는지 모릅니다.
나는 오직 살아계신 그리스도를 아는데
우리의 불멸성입니다.

해리 W. 패링턴 Harry W. Farrington

5월 27일

말씀 묵상

"사람이 많은 탈취물을 얻은 것처럼 나는 주의 말씀을 즐거워하나이다" 시 119:162

주님께서 나에게 진리를 가르쳐 주셔서 기뻤습니다. 감사하게도 나는 14년 이상 그 진리에서 떠나지 않았습니다. 핵심은 이렇습니다. 나는 매일 해야 할 가장 크고 중요한 일이 주님 안에서 내 영혼을 행복하게 하는 것임을 그 어느 때보다 더 분명하게 보았습니다.

가장 관심을 가져야 할 것은 내가 얼마나 많이 주님을 섬길 수 있느냐가 아니었습니다. 오히려 어떻게 하면 내 영혼이 행복한 상태를 유지하고 내 속사람이 강건해지느냐는 것이었습니다. 왜냐하면 나는 회심하지 않은 사람들 앞에서 진리를 제시하려고 노력할 수 있고, 신자들에게 유익을 주려고 노력할 수 있고, 고통받는 자들을 구제하려고 노력할 수 있고, 이 세상에서 하나님의 자녀가 된 것처럼 다른 방식으로 행동하려고 노력할 수 있기 때문입니다. 그러나 주 안에서 기뻐하지 않고 날마다 내 속사람이 강건하지 못하면 이 모든 것을 올바른 영으로 수행하지 못할 수 있습니다. 이전에 거의 10년 동안 아침에 옷을 차려입고 기도하는 것이 하나의 습관이었습니다. 이제 내가 해야 할 중요한 일은 하나님의 말씀을 읽고 묵상하므로 내 마음이 위로를 받고, 격려를 받고, 뜨거워지고, 책망을 받고, 교훈을 받는 것임을 깨달았습니다. 그러므로 하나님의 말씀을 묵상하는 동안 나의 마음은 주님과의 체험적인 교제에 들어가게 되었습니다.

그러므로 나는 아침 일찍이 신약 성경을 묵상하기 시작했습니다. 내가 첫 번째로 한 것은, 그분의 귀한 말씀에 대한 주님의 축복을 몇 마디 간구한 후 모든 구절을 찾아가며 묵상한 것이었습니다. 이는 그 말씀에서 축복을 얻으려는 것이 아니고, 말씀의 공적인 사역을 위해서도 아니며, 묵상한 것을 전파하기 위함도 아니고, 오직 내 영혼의 양식을 위한 것이었습니다.

나는 거의 예외 없이 몇 분 후에 내 영혼이 고백하고 감사하고 중보하고 간구하는 모습을 목도했습니다. 나는 기도가 아닌 묵상에 몰두했는데 대부분 즉시 기도로 바뀌었습니다. 이와 같이 한동안 고백이나 중보나 간구를 하거나 감사를 돌린 후, 다음 말씀이나 구절로 넘어가면서 말씀이 이끄는 대로 나 자신이나 다른 사람을 위한 기도로 들어갔습니다. 하지만 묵상의 목적이 나의 영혼의 양식임을 계속 분명하게 해두었습니다.

이전에 나는 주로 위로와 격려, 영혼의 겸허함 등을 의식적으로 얻기 전에 주로 15분, 30분, 심지어 한 시간 동안 무릎을 꿇고 지냈습니다. 그리고 종종 처음 10분, 15분, 심지어 30분 동안은 마음의 방황으로 고통을 많이 겪은 후에 비로소 진실로 기도하기 시작했습니다. 지금은 이런 식의 고통을 겪는 일은 거의 없습니다. 내 마음은 진리로 양육되고 하나님과 체험적인 교제에 들어갔기에 나는 아버지와 나의 친구(비록 내가 몹시 비열하고 합당하지 않더라도)에게 내게 주신 그분의 귀중한 말씀을 나눕니다. 나는 요즘 좀 더 일찍 왜 이 부분을 알지 못했는지 의아해할 뿐입니다.

황금 열쇠를 취하십시오. 그분이 당신을 부르십니다. 성소에 들어가십시오. _조지 뮬러의 비밀 George Mueller's Secret_

당신은 이 비밀을 아십니까?

5월 28일

넘치는 기쁨과 극심한 가난

"환난의 많은 시련 가운데서 그들의 넘치는 기쁨과 극심한 가난이
그들의 풍성한 연보를 넘치도록 하게 하였느니라" 고후 8:2

기쁨은 쏟아내는 것이 아닙니다. 기쁨은 들떠 있는 것이 아닙니다. 기쁨은 단지 하나님의 뜻에 대한 완전한 침묵적 동의입니다. 왜냐하면 영혼은 하나님 안에서 기뻐하기 때문입니다. "내가 주의 뜻 행하기를 즐기오니." 예수님은 그 잔이 십자가였음에도 불구하고 아무도 모르는 고뇌 가운데 이렇게 말씀하셨습니다. 그것은 그분에게 피를 요구하는 것이었습니다. 오, 복되신 아들 구세주 안에서 성령으로 말미암아 하나님이 아버지가 되십니다. 하나님의 뜻 안에서 기뻐하십시오. 그 외에 아무 것도 없습니다. 하나님 앞에 머리와 마음을 조아리니 하나님의 복되신 뜻이 이루어지소서. 프레벤다리 웹-펩로 Prebendary Webb-Peploe

"기쁨과 극심한 가난!" 정말 이상한 조합입니다.
충만함과 비움! 대조되는 주제입니다.
영적 풍요로움과 현세적 불충분!
오직 성령만이 이러한 극단을 결합시킵니다.

"기쁨과 극심한 가난!" 예수님의 종,
이것이 당신의 몫이라면 당황스러운가요?
당신의 신실함에 대한 보상으로 불쾌한가요?
당신이 놓친 것이 많이 있는 것처럼 보이나요?

"기쁨과 극심한 가난!" 잠시 멈추고 깊이 생각해 보세요!
세상이 줄 수 없는 당신 영혼의 기쁨.
궁핍함, 극한의 제약이 따른다 해도

당신은 그 기쁨을 누리며 그런 결핍 속에서도 살 수 있습니다!

J. 댄슨 스미스 J. Danson Smith

역사상 가장 행복한 사람 가운데 아시시의 성 프란시스는 가장 가난한 사람 중 하나였습니다.

5월 29일
하나님과의 친밀한 시간

"그 형제들에게 자기를 알리니 그때에 그와 함께한 다른 사람이 없었더라" 창 45:1
"바위 틈 낭떠러지 은밀한 곳에 있는 나의 비둘기야 내가 네 얼굴을 보게 하라 네 소리를 듣게 하라 네 소리는 부드럽고 네 얼굴은 아름답구나" 아 2:14

일반 대중의 시선으로 볼 때 매우 부드럽고 성스러운 감정과 경험이 있습니다. 요셉은 이집트 궁정에서 형제들에게 자신을 드러내지 못했습니다. 낯선 사람들에게 자신의 사랑을 드러내놓고 표현할 수 없었습니다.
그리스도께서 인간에게 자신을 계시하시는 것도 마찬가지입니다. 바쁘게 붐비는 시장에서, 사교 모임에서, 심지어 많은 사람들이 모인 교회에서는 우리가 장로와 친구라도 마음으로 가깝게 접촉할 수 없습니다. 조용한 성찬의 시간에, 문이 닫힐 때, 세상과 분리될 때, 숨을 죽인 거룩한 고요함 가운데 하나님의 사랑의 충만한 계시가 우리에게 다가옵니다. 그때 우리는 그리스도의 얼굴의 영광을 가장 확실하게 보고 그분의 사랑 이야기를 우리에게 들려주시는 하나님의 음성을 가장 뚜렷하게 듣습니다.
그분과 함께하는 어떤 공적인 잔치도 개인적인 대화의 상실을 보상해 줄 수 없습니다.
하나님과 둘만의 시간을 가지십시오. 그분은 세상적인 안목이 아닌, 우리에게 계시할 비전을 갖고 계십니다. 하나님과의 관계의 깊이와 그 달콤함을 알기 위해 하나님과 둘만의 시간을 가지십시오.

존귀하시고, 온유하시고, 거룩하신 예수님!
내 마음의 복된 신랑 예수님,
당신의 은밀한 내실에서,
당신은 어떤 분이신지 속삭일 것입니다.

하나님과 함께하는 고요한 한 시간은 사람과 평생 함께하는 것보다 더 가치가 있습니다. 로버트 머리 맥체인 Robert Murray McCheyne

---

5월 30일

하나님의 계획

"나의 달려갈 길을 마치고" 딤후 4:7
"나는 나의 코스를 마치고" 딤후 4:7, KJV

신자들에게는 거듭난 순간부터 준비된 하나의 과정이 있습니다. 이는 새 생명의 완전한 성숙을 이루게 합니다. 하나님께서 모든 능력을 활용하여 각 사람의 삶을 최고로 만드실 수 있습니다. 그 과정을 발견하고 성취하는 것은 모든 영혼의 유일한 의무입니다. 다른 사람들은 그 과정이 무엇인지 분간할 수 없습니다. 하나님만이 그것을 아십니다. 그리고 하나님은 예레미야와 다른 선지자들, 바울과 디모데와 다른 사도들에게 하셨던 것처럼 오늘날의 신자들에게도 그 과정을 확실하게 알려 주시며 인도하실 수 있습니다.

왜 내가 폭풍우치는 바다에서 표류하나요.
나침반도, 별도, 도표도 없이,
내가 표류할 때 나를 향한 하나님의 계획은,

느리게 신뢰하는 내 마음의 문에서 기다리고 계십니까?

하늘에서 두루마리처럼 떨어져,
매일 조금씩 주님이 펼치십니다.
매일 휘장을 조금씩 들어 올리십니다.
왜 흔들리나요? 왜 방황하고 표류하나요?

표류, 하나님께서 방향을 잡으실 동안
모색, 하나님께서 항로를 명확하게 두고 계실 때
벗어남, 내가 항구를 향해 곧장 항해할지라도
난파, 하늘에서 우박이 쏟아질 때

오, 하나님, 계획하심을 믿을 수 있도록 도우소서.
매일 나의 파편들을 받아들일 수 있도록 도우소서.
오, 나의 뜻과 당신의 뜻이 경쟁하지 않게 하소서!
하나님께 항복한 마음은 하나님이 계획하신 삶을 발견합니다.

제임스 H. 멕콘키 | James H. McConkey

하나님이 그분의 계획을 이루실 때 염려하지도 간섭하지도 마십시오.

5월 31일

거룩한 낭비

"한 여자가 매우 값진 향유 곧 순전한 나드 한 옥합을 가지고 와서
그 옥합을 깨뜨려 예수의 머리에 부으니" 막 14:3

하나님의 본성은 바로 낭비입니다. 하나님은 얼마나 많은 일출과 일몰을 만들고 계십니까?

오, 나의 주님, 당신은 영광스러운 낭비입니다! 노을이 밤 속으로 들어가면 석양은 사라집니다.

얼마나 많은 꽃과 새들이 있습니까? 세상에 얼마나 많은 형언할 수 없는 아름다움이, 오직 그분의 눈에만 보이는 사막의 호화로운 꽃들이 있습니까?

마리아의 행동은 자발적인 낭비였습니다. 베다니의 마리아는 엄청난 헌신을 통해 자신의 삶에 그리스도께 대한 무한한 공감을 드러냈습니다. "그는 힘을 다하여"(8절). 인간이 할 수 있는 절대 한계치까지 갔습니다. 더 이상 할 수 없을 정도입니다. 예수 그리스도께서는 유일하게 마리아의 이런 행동을 칭찬하셨습니다. 그분은 이렇게 말씀하셨습니다. "온 천하에 어디서든지 복음이 전파되는 곳에는 이 여자가 행한 일도 말하여 그를 기억하리라"(9절). 왜냐하면 우리 주님께 기름을 부은 것은 예수님이 하시려는 일에 대한 정확한 예증이기 때문입니다. 그분은 마리아의 행위를 자신의 십자가 옆에 나란히 놓으셨습니다. 하나님은 세상을 구원하시기 위해 당신 아들의 생명을 산산조각 내셨습니다. 우리는 그분을 위해 우리의 삶을 쏟을 준비가 되어 있나요? 우리 주님은 베다니에서 마리아가 행한 일과 같은 일을 우리 중 누구라도 하는 것을 보실 때 기쁨에 넘치실 것입니다. 당신은 마리아가 행한 것과 같은 일을 한 적이 있나요? "그는 힘을 다하여" 했습니다. 절대 한계치까지. 나는 그렇게 할 수 있는 기회가 있었는데도 아직까지 그렇게 하지 못했습니다. 오스왈드 챔버스Oswald Chambers

주님의 발에 부은 향유가 낭비인 적이 있었습니까? 영원이 그 질문에 대답할 것입니다. 골드 코드Gold Cord

물건을 보관하는 유일한 방법은 그것을 내다 버리는 것입니다!
곡창에서 곰팡이가 핀 씨앗들이 흩어지면 들판을 금으로 채웁니다.
보물을 지키는 것은 죽는 것이고, 그것을 잃으면 사는 것입니다.
천사들은 하나님의 회계 장부에 기록하고 있습니다. 그러니 나눠 주세요!
페이션스 스트롱Patience Strong

6월

높은 비상은
넓은 시야를 제공합니다

6월 1일

기도하고 싶지 않을 때

"쉬지 말고 기도하라" 살전 5:17

마음이 내키지 않을 때도 기도하는 것은 위선입니까? 아마도 우리의 기분보다 기도에 방해되는 것은 없을 것입니다. 누구나 때때로 어려움을 겪습니다. 하나님의 선지자들조차 그것으로부터 자유롭지 못했습니다. 하박국 선지자는 오랫동안 마치 빈 벽을 바라보고 있는 것 같았습니다. 이런 기분일 때 우리는 어떻게 해야 할까요? 기도하고 싶을 때까지 기다리겠습니까? 마음이 내키지 않을 때 기도하는 것은 위선이라고 자신을 설득하고 싶겠지만 삶의 다른 영역에서는 그런 식으로 논쟁하지 않습니다. 한동안 굳게 닫힌 방에 있어 보면 곧 비참함을 많이 느낄 것입니다. 아마도 너무 비참한 나머지 창문조차 열려 하지 않을 것입니다. 창문이 잘 열리지 않는 경우는 더욱 그럴 것입니다. 그러나 당신의 나약함과 무기력함은 당신에게 신선한 공기가 절실히 필요하다는 증거입니다. 그렇지 않으면 당신은 병이 날 것입니다.

기도생활을 꾸준히 한다면 이 메마른 계절이 지나가고 다윗이 말한 것처럼 "넓은 곳으로"(시 18:19) 인도될 때가 올 것입니다. 아무것도 당신을 실망시키지 못하게 하십시오. 토양이 건조하면 계속 경작하십시오. 건조한 시기에 곡식을 경작하는 것은 소나기를 기다리는 것과 같다고 합니다.

기도에 가장 무기력할 때가 있습니다. 그러나 이때가 바로 우리에게 기도가 가장 필요할 때입니다. 어떤 무기력함이든 이를 극복할 수 있는 유일한 방법은 기도에 자신을 더 많이 쏟아붓는 것입니다. 기도하고 싶지 않을 때 기도하는 것은 위선이 아니라 인생의 가장 신실하고 위대한 의무에 대한 충성입니다. 기도할 기분이 아니라고 그냥 아버지께 말씀드리십시오. 당신을 무기력하게 만드는 것이 무엇인지 보여 달라고 말하십시오. 그분은 우리가 기분을 극복하도록 도우시고 그런 상황에서도 인내할 수 있는 용기를 주십시오.

원하는 대로 기도할 수 없을 때는 할 수 있는 기도를 하십시오.

내가 기도하고 싶지 않을 때는 그 어느 때보다 더 기도해야 할 때입니다. 아마도 영혼이 하나님과의 교제로 뛰며 기뻐할 때는 헌신으로 힘겹게 끌려가는 것보다는 안간힘을 쓰며 기도하는 것이 더 안전할 수도 있습니다. 찰스 스펄전 Charles H. Spurgeon

6월 2일

염려 금지

"너희 염려를 다 주께 맡기라" 벧전 5:7

우리 가운데 종종 불안을 경험하지 않는 사람이 어디 있습니까? 그런데 성경은 분명히 그것을 금하고 확실한 해결책을 제시합니다. "무릇 여호와를 의지하며 여호와를 의뢰하는 그 사람은 복을 받을 것이라 그는 물 가에 심어진 나무가 그 뿌리를 강변에 뻗치고 더위가 올지라도 두려워하지 아니하며 그 잎이 청청하며 가무는 해에도 걱정이 없고." 스퍼렐 Spurrell

불안해하지 마십시오! 가뭄이 와도 영적 암흑의 시대에도 불안해하지 마십시오. 영적 공급에 대해 불안해하지 마십시오. 음식이나 의복 같은 세속적인 공급에 대해 불안해하지 마십시오. 입술로 무엇을 어떻게 말해야 할지 불안해하지 마십시오. 그러면 무엇을 염려해야 할까요? 아무것도 없습니다. 주님은 계속 이렇게 말씀하십니다. "어찌 다른 일들을 염려하느냐"(눅 12:26). 그리고 바울은 "아무것도 염려하지 말고"(빌 4:6)라고 말합니다. 그리고 다시 베드로는 "너희 염려를 다 주께 맡기라"고 말합니다.

성경에 염려는 금지되어 있습니다. 그렇다면 어떻게 염려를 예방할 수 있을까요? 당신의 근심과 걱정을 모두 그분께 맡김으로써 가능합니다. 그러면 그분이 당신을 돌보실 것입니다.

근심하지 않는 사람은 복이 있습니다. 애프라 화이트 Aphra White

6월 3일

뿌리 깊은 나무

"그 뿌리가 땅에서 늙고 줄기가 흙에서 죽을지라도
물 기운에 움이 돋고 가지가 뻗어서 새로 심은 것과 같거니와" 욥 14:8-9
"내 뿌리는 물로 뻗어나가고 이슬이 내 가지에서 밤을 지내고 갈 것이며
내 영광은 내게 새로워지고 내 손에서 내 화살이 끊이지 않았노라" 욥 29:19-20

옛날에 산비탈 바위에 달라붙은 떡갈나무가 있었습니다. 바람이 산마루를 휩쓸고 눈과 비가 땅을 마구 헤집어 놓았습니다. 길을 따라 드러난 뿌리는 사람들의 발에 짓밟혔습니다. 비와 눈이 산을 타고 내려갔고 떡갈나무는 가뭄으로 죽어가고 있었습니다. 그러나 지하 덩굴손은 참을성 있고 끈질기게 여러 방향으로 구조의 손길을 뻗어 나갔습니다. 생명을 보존하는 일에 온 힘을 다했습니다. 그러자 이윽고 뿌리가 산 샘에 이르렀습니다. 사람과 짐승의 입술에 닿는 충실한 샘물은 줄기를 타고 올라가 가지를 적시고 맨 꼭대기 작은 가지에 새 생명을 불어넣었습니다. 그 나무는 여전히 같은 곳에 서 있었습니다. 그 나무는 똑같은 폭풍우를 만났습니다. 그것은 똑같이 서두르는 사람들의 발에 짓밟혔습니다. 그러나 그 나무는 시냇가에 심겨졌기에 그 잎사귀가 마르지 않았습니다. 당신은 오늘도 여전히 변함없이 옛날과 같은 삶을 이어나가야 합니다. 그러나 지하에 있는 영원한 하나님의 시냇물로 양육을 받을 수 있습니다.

팔레스타인에서 돌아온 여행객들은 세겜 거리 아래 강물이 흐른다고 보고합니다. 낮에는 소음 때문에 물소리가 들리지 않습니다. 그러나 밤이 되고 시끄러운 소리가 사라지면 숨겨진 강물의 노래를 들을 수 있습니다.

오늘날 우리에게도 붐비는 삶의 거리 아래로 흐르는 "숨겨진 강물"

이 있지 않습니까? 일과 시간의 온갖 소란과 소동 아래 여전히 깊은 강물의 노래가 있다는 것을 확신할 수 있다면 우리는 정복자의 길을 걸을 수 있습니다.

생수에 뿌리를 깊이 내리십시오.

6월 4일

영향력과 능력

"여호와의 권능이 내 위에 있으니라" 겔 1:3

마른 뼈는 조각으로 소생될 수 없습니다. 오직 하나님의 손길만이 뼈에 생명을 줄 수 있습니다.

어떤 사람들은 쓰라린 실패 경험을 통해 이것을 배워야 합니다. 딕슨 박사A.C. Dixon는 이렇게 말했습니다.

"노스캐롤라이나의 대학 도시 채프힐에서 침례교회 목사로 시무할 때 나는 설교자로서 참담한 실패를 경험했습니다. 미국 각 주에서 학부모들이 자기 아들들의 영적 삶을 보살펴 달라는 편지를 보내왔습니다. 나는 학생들을 염두에 두고 설교를 준비했고 많은 학생들이 주일예배에 참석하여 감사를 표현하는 것을 보고 기뻤습니다. 우리는 그들을 그리스도께 인도한다는 단 하나의 목적으로 일주일 동안 기도와 설교를 준비했고 그들은 저녁 모임에 참석했습니다.

주 중간쯤에 그들의 관심이 바뀌는 것 같았습니다. 악한 영이 그들을 사로잡았습니다. 어느 날 밤 그들은 영의 불을 끄려고 했습니다. 내가 대학 주변의 숲을 걸을 때 나무 뒤에서 내 목소리와 비슷한 소리가 가끔 들렸습니다. 총명한 학생 하나가 전날 밤 들었던 내 설교의 일부를 자기 친구들에게 자기 생각과 말투로 전달했고, 동료 학생들은 박수를 치며 조롱과 비웃음으로 호응했습니다. 열린 창문을 지나갈 때 나는 내 목소리를 따라하며 기도하는 소리가 흘러나오는 것을 들었습니다. 나는 패배감을 느꼈고 목사직을 사임하겠다는 생각을 진지하게 했습니다. 한 사람도 구원받은 학생이 없었습니다.

불안한 밤을 보낸 후 성경책을 들고 숲으로 들어가 오후 3시까지 머물렀습니다. 성경을 읽으면서 문제가 무엇인지 알려 달라고 하나님께 간구했는데, 하나님의 말씀은 나를 샅샅이 살피며 전에 한 번도 느껴보지 못한 죄책감과 무력감을 깊이 안겨 주었습니다.

그날 저녁, 학생들은 경건하게 경청했고 예배당 끝 두 줄은 초청에 응한 학생들로 가득 찼습니다. 부흥은 70명 이상의 학생들이 그리스도를 고백할 때까지 날마다 계속되었습니다.

자, 현실적인 질문을 하겠습니다. 그것이 무엇을 의미합니까? 확실히 내가 한 것은 아닙니다. 혹시 내가 하나님이 하시는 일을 오랫동안 막은 것은 아닌지 두렵습니다. 그날의 경험을 통해 나는 영향력과 능력 사이를 명확하게 구분하게 되었습니다. 영향력은 지성, 교육, 돈, 사회적 지위, 성격, 조직 등 많은 것들로 구성되는데 이는 그리스도를 위해 사용되어야 합니다. 능력은 우리의 불신앙이나 다른 죄들로 인해 방해받지 않고 역사하시는 하나님 자신입니다.

영향력이라는 단어는 성경에 단 한 번 나오는데, 욥기에 여호와께서 늙은 족장에게 '묘성'의 감미로운 영향력에 대해 말씀하실 때입니다. 이것은 젊은 목사가 봄철에 설교하기에 좋은 말씀이지만, 조롱하는 대학생 청중들에게는 적합하지 않습니다.

신약 성경에서 '능력'이라는 단어는 비밀을 담고 있습니다. 높으신 분으로부터 오는 능력은 다름 아닌 성령 하나님이십니다. 이분은 살아 있는 말씀을 통해 영혼을 감동시키고 위로부터 영혼을 낳으시는 분이십니다.

나는 다른 많은 것들을 믿고 시험해 보았지만 결국 실패했습니다. 나의 최선의 노력으로도 할 수 없는 일을 하나님의 손길은 순식간에 처리하셨습니다."

6월 5일

가장 적합한 시간

*"하나님이 그들의 고통 소리를 들으시고 하나님이
아브라함과 이삭과 야곱에게 세운 그의 언약을 기억하사"* 출 2:24

하나님은 언제나 들으시고 결코 잊지 않습니다. 그분의 침묵은 듣지 않고 계획하지 않는다는 의미가 아닙니다. 아마도 그것은 구원을 위한 최상의 때가 아직 오지 않았고 그분의 사랑과 능력을 증명할 수 있는 순간이 오기를 인내로 기다리라는 의미일 것입니다.

크롬웰은 큰 전투를 코앞에 둔 자기 병사들에게 말했습니다. "제군들이여, 하나님은 항상 인간을 돕기 위해 가장 적합한 시간에 오십니다."

그렇습니다. 하나님은 항상 하나님의 때에 계십니다. 절대 뒤처지거나 앞서지 않으십니다. 기도하면서 기다리는 법을 배우고 하나님에 대해 인내심을 잃지 않는 자는 복됩니다. 기도한 사람들 Men Who Prayed

용광로에 넣는 시간이 정해져 있고 용광로에서 꺼내는 시간이 정해져 있습니다. 포도나무 가지를 가지치기할 때가 있고, 농부가 가지치기한 가지들을 버릴 때가 있습니다.

그분의 때를 기다립시다. "믿는 이는 다급하게 되지 아니하리로다" (사 28:16). 하나님의 때가 가장 좋은 때입니다. 그러나 우리는 들어갈 때와 나올 때 똑같은 모습일까요? 절대 아닙니다! 우리는 "순금같이 되어" (욥 23:10) 나옵니다. 우리는 찬양과 기도의 향기를 담는 더 깨끗한 그릇이 될 것입니다. 우리는 주님께서 현세와 영원에서 사용하실 거룩한 금 그릇이 될 것입니다.

"대단한 문제가 저울에 놓여있고 경로가 모호할 때는 기다리세요. 기다리는 것이 당신 앞에 놓인 일을 회피하는 것이 아닙니다. 왜냐하면 그러는 동안 당신 문제가 해결될 수 있기 때문입니다."

하나님은 하나님의 때에 만천하에 당신을 의롭게 하실 것입니다. 오토 스톡메이어 Otto Stockmayer

6월 6일

위대한 승리

"여호와께서 그 왕에게 큰 구원을 주시며
기름 부음 받은 자에게 인자를 베푸심이여" 시 18:50

하나님을 신뢰하는 것이 무엇인지 아는 사람이 이렇게 말한 적이 있습니다. "지난 2년 동안 그것에 대해 말하지 않았지만, 내 앞에 많은 크레바스(빙하의 갈라진 깊은 틈—역자)가 있었습니다. 얼음조각이 산산이 부서지는 것 같았고 나는 푸른 심연을 내려다 보았습니다.

커다란 문제, 대서양의 물결이 당신 발을 떼어내 바다 속으로 쓸어버려 깊은 바다의 가장 낮은 동굴 속으로 가라앉게 하는 것은 영광스러운 일입니다. 그때 당신은 산의 뿌리까지 내려가서 하나님을 뵙고 다시 올라와 하나님이 얼마나 위대하신지, 그분이 자기 백성을 얼마나 영광스럽게 구원하시는지를 말하게 될 것입니다."

"광풍을 고요하게 하사"(시 107:29).

인생은 영웅을 탄생시키는 것만큼이나 어렵습니다. 나는 전쟁터와 휘몰아치는 폭풍을 뚫고 갈 것입니다. 그래서 나는 아버지의 보살핌과 보호와 영광스러운 구원을 경험할 것입니다. 나는 위대하신 분의 광대한 경험에 참예할 것입니다.

그리스도께서 폭풍에 당신 귀를 열어 주신다면 고요함에도 당신의 귀를 열어 주실 것입니다. 조지 매더슨 George Matheson

당신의 폭풍이 당신에게 포상입니다!

6월 7일

폭포의 신부

"하나님께서 그리스도 안에 계시사 세상을 자기와 화목하게 하시며" 고후 5:19

나이아가라 근처에 살던 아메리카 인디언 부족이 어떻게 해마다 젊은 처녀를 능력의 강 Mighty River 정령에게 제물로 바쳤는지에 대한 기록이 있습니다.

그녀는 폭포의 신부라고 불렸습니다.

어느 해 늙은 추장의 아름다운 외동딸이 제비 뽑혔습니다. 추장이 막사에 앉아 있을 때 이 소식이 전해졌습니다. 그런데 추장은 그 이야기를 전해 듣고도 가만히 앉아 파이프 담배를 피우며 아무 말도 하지 않았습니다.

희생 제사를 드리는 날, 잘 익은 과일과 아름다운 꽃으로 장식된 하얀 카누가 "신부"를 맞이할 준비를 하고 있었습니다. 정해진 시간에 그녀는 얇은 나무껍질에 앉았고 그것은 한가운데로 밀쳐지더니 거대한 폭포를 향해 빠르게 나아갔습니다.

그런데 갑자기 카누가 약간 낮은 물줄기를 타고 강둑에서 튀어나와 희생 제사를 보기 위해 모여든 군중을 놀라게 했습니다. 그 배 안에는 늙은 추장이 타고 있었습니다. 그는 재빠르게 사랑하는 딸이 타고 있는 카누를 향해 노를 저었습니다. 손이 닿자 딸의 카누를 단단히 움켜잡았습니다. 두 사람은 마지막으로 사랑의 눈빛을 길게 마주쳤습니다. 그런 다음 아버지와 딸은 가까이 다가가 급류에 실려 거대한 폭포로 뛰어들었고 그렇게 나란히 사라졌습니다. 죽음도 그들을 떨어뜨리지 못했습니다. 아버지는 자기 딸과 그 안에 있었습니다!

"하나님께서 그리스도 안에 계시사 세상을 자기와 화목하게 하시며." 그분은 이렇게 할 필요가 없었습니다. 아무도 그분을 강요하지 않았습니다. 그 희생 이면에 있는 유일한 힘은 잃어버린 세상을 구하시려는 그분의 사랑이었습니다.

6월 8일

폭풍 그림

"우리가 환난 중에도 즐거워하나니 이는 환난은 인내를, 인내는 연단을, 연단은 소망을 이루는 줄 앎이로다 소망이 우리를 부끄럽게 하지 아니함은" 롬 5:3-5

위대한 화가 터너Turner에 관한 이야기가 있습니다. 어느 날 그는 찰스 킹슬리Charles Kingsley를 자신의 화실로 초대하여 바다의 폭풍 그림을 보여 주었습니다. 킹슬리는 감탄하며, "터너, 어떻게 그린 거예요?"라고 외쳤습니다. 터너는 이렇게 대답했습니다. "나는 바다의 폭풍을 그리고 싶었습니다. 그래서 네덜란드 해안으로 가서 한 어부에게 다음 배가 출항할 때 나를 태워 달라고 부탁했지요. 폭풍우가 몰아치고 있었고 나는 배에 올라타서 배의 돛대에 나를 묶어 달라고 말했습니다. 어부는 배를 폭풍의 이빨 속으로 몰았습니다. 폭풍이 너무 심해서 나는 갑판에 엎드려 있고 싶었습니다. 그러나 나는 그렇게 할 수가 없었습니다. 나는 돛대에 묶여 있었기 때문입니다. 나는 그 폭풍을 보고 느꼈을 뿐만 아니라 폭풍이 나의 일부가 될 때까지 거기에 있었습니다. 그리고 돌아와 이 그림을 그렸습니다."

그의 이런 경험은 삶의 일부입니다. 때로는 구름이 있고 때로는 햇빛이 비칩니다. 때로는 즐거움이 있고 때로는 고통이 있습니다. 인생은 행복과 비극적 폭풍이 뒤섞인 거대한 혼합체입니다. 삶의 풍요로움을 누리는 사람은 모든 것을 담대히 받아들이고 직면하며 영혼의 가장 깊은 곳으로 그 힘과 신비와 비극을 불어넣는 사람입니다. 이생에서의 승리는 그날에 영원히 소유할 것입니다. 찰스 루이스 슬래터리Charles Lewis Slattery

6월 9일

넓은 시야

"독수리가 날개치며 올라감 같을 것이요" 사 40:31

주님을 기다리는 자들은 엄청난 자원이 추가될 것입니다. 그들에게 날개가 달릴 것입니다! 그들은 사물을 초월하는 힘을 부여받습니다. 비상하지 못하는 사람은 언제나 사물에 대해 좁은 견해를 갖기 마련입니다. 폭넓은 시야를 확보하기 위해서는 날개가 필요합니다. 날개 달린 삶은 균형 잡혀 있다는 특징이 있습니다. 사물을 바로 보려면 사물에서 벗어나야 합니다. 낮은 지대에서 바라보는 고난은 엄청 클 수 있습니다. 높은 곳에서 보면 거의 안 보이거나 전혀 보이지 않을 수 있습니다. "잠시 받는 환난의 경한 것이 지극히 크고 영원한 영광의 중한 것을 우리에게 이루게 함이니"(고후 4:17). 얼마나 넓은 시야입니까!

그리고 여기 또 다른 위대한 인용문이 있습니다. "현재의 고난은 장차 우리에게 나타날 영광과 비교할 수 없도다"(롬 8:18). 이것은 조감도입니다. 이것은 전체 삶을 봅니다. 사진에 찍힌 새는 얼마나 강인한가요! '독수리처럼!' 날개의 힘은 얼마나 위대한가요! 우리가 주님을 기다린다면 이러한 것들이 우리의 것이 됩니다. 아무리 큰 실망이라도 우리는 그것을 넘어 하나님 존전으로 날아올라 갈 수 있습니다. 날개 달린 삶을 사십시오!

작은 새 한 마리가 가느다란 가지에 앉았어요.
위로 날갯짓을 하고 있었죠,
비바람이 거세게 몰아쳐도
여전히 노래하고 있었어요.
"오, 작은 새야, 빨리 네 둥지를 찾아가렴!"
나는 안타까워 소리치지 않을 수 없었죠.
"차가운 바람이 너의 여린 가슴을 할퀴고,

네 작은 발은 미끄러져 내리잖아."
"힘들 때는 노래가 더 필요해요.
저는 우는 게 아니에요.
전 아무것도 두렵지 않아요."
그 새는 기쁨으로 피리를 불었어요.
"내 날개는 날기 위해 만들어졌다고요!"
내 마음은 폭풍이 몰아치는 하늘처럼 어두웠었죠.
슬픔에 젖어 있었지요.
무겁고 괴로운 일들이 지나가면
내일이 찾아오겠죠.
"오, 작은 새야, 노래하렴!" 나는 한 번 더 소리 질렀어요.
"보렴, 무지개가 떠오르고 있잖아,
폭풍 구름 뒤로 비치는 은빛 햇살을 보렴."
나도 노래하겠어요.
어떤 일이 있더라도 노래하겠어요.
갑절의 축복을 배우게 될 거예요.
하지만 잊지 말아요.
거친 바람이 난데없이 우리를 때릴 때
어려움을 딛고 높이 비상해야 해요.

날개는 우리에게 하늘을 날 수 있는 힘을 줍니다. 그래서 우리는 사물들이 서로 어떻게 관계를 맺고 있는지 알게 됩니다.
높은 비상은 넓은 시야를 제공합니다!

6월 10일

하나님의 개입

"네 하나님 여호와께서 네 범사에 네게 복을 주시리라" 신 15:18

책임이 막중하고 중대한 자리에 갑자기 부름받았습니까? 주님을 믿고 앞으로 나가십시오! 하나님께서 당신의 모든 일과 당신 손의 행사에 복을 주실 것이기 때문에 그에 걸맞게 힘든 일을 주시는 겁니다.

오늘 거룩한 기름 한 병을 당신 손에 얹어 놓겠습니다. 그것을 맘대로 사용하십시오. 사랑하는 자녀여! 도상에서 발생하는 상황들, 고통스러운 말들, 연약한 표현들, 인내를 훼방하는 방해물, 이 모든 것들이 거룩한 기름으로 치유될 것입니다.

개입은 하나님의 지시입니다.

찌르는 고통은 당신이 모든 일에서 주님을 어떻게 보는가에 따라 달라질 것입니다. "내가 오늘 너희에게 증언한 모든 말을 너희 마음에 두고 … 이는 너희의 생명이니"(신 32:46-47).

"내가 돌이켜 가서 이 큰 광경을 보리라"(출 3:3).

아버지께서는 항상 영적인 것을 발견하는 장소로 우리를 힘껏 인도하십니다. 하나님은 우리 영혼에 단순한 정보를 제공하는 것에 관심이 없으시고 우리가 자신에 대한 계시를 받기를 원하십니다. 하나님은 우리를 위한 희망의 미래를 갖고 계시고 우리가 주의를 기울이도록 기적을 행하실 것입니다. 만일 하나님이 쉽고 안일한 일로부터 나를 부르셨다면, 그분의 뒷받침은 위대한 일을 하기에 충분할 것입니다. "내가 돌이켜 가서." 왜냐하면 나를 부르신 분이 하나님이시기 때문입니다.

"나의 소망이 그로부터 나오는도다"(시 62:5). 오늘 나는 말씀을 듣겠습니다.

6월 11일

적절한 아침 은총

"내가 새벽을 깨우리로다" 시 57:8

서두르지 마십시오! 하나님께 자신을 계시하실 시간을 드리십시오. 성령님을 통해 당신과 함께하시는 그분의 임재와 당신 안에서 역사하시는 그분의 능력을 받기를 기다리면서 그분 앞에서 조용하고 고요한 시간을 가지십시오. 그분의 임재 안에서 그분의 말씀을 읽는 시간을 가지십시오. 그러면 그분이 당신에게 요구하시는 것과 약속하시는 것을 알게 될 것입니다. 그분의 말씀이 당신 주변에서, 내면에서 나타나게 하십시오. 그러면 그 안에 있는 거룩한 하늘의 빛이 당신의 영혼을 새롭게 할 것이고 매일 새롭게 일할 수 있는 힘을 줄 것입니다. 앤드류 머레이 Andrew Murray

우리는 차머스 Chalmers 박사의 일기에서 "하루에 할당된 아침 은혜"라는 반복적인 표현을 접하게 됩니다.

"나는 깨어나는 바로 그 순간에 그리스도를 나의 구세주로 굳게 붙잡고 시작했습니다."

"조용한 하루."

"나의 믿음은 오늘 아침에 소중한 약속을 붙잡았습니다."

"아침이 하루 전체를 만듭니다. 아침의 생각은 꽃과 향기와 같아서 이를 놓치면 나중에 다시 떠올릴 수 없습니다. 주님은 아침에 해변에서 밤새 수고하고도 아무것도 얻지 못한 지치고 환상이 깨진 사람들에게 자신을 계시하십니다. 그분은 언제나 인생의 가장 황량하고 나약한 곳에 서 계시며, 우리가 그분을 바라볼 때 그림자가 사라지고 아침이 됩니다.

나는 아침에 하나님을 만났습니다.

가장 좋은 날에,

그분의 임재가 영광처럼 임했습니다.

내 가슴에 떠오르는 일출이었습니다.

그분의 임재가 온종일 머물렀습니다.
그분이 온종일 나와 함께 계셨습니다.
우리는 완벽한 고요함 속에서 항해했습니다.
큰 풍랑의 바다 위를.

다른 배들은 부서지고 난파되었습니다.
다른 배들은 몹시 괴로워했습니다.
그들을 몰아가는 것 같은 바람이지만,
우리에게는 평화와 안식을 가져다주었습니다.

그리고 마음에 깊은 후회가 밀려왔을 때
다른 아침들을 생각했습니다.
나 역시 정박된 끈을 느슨하게 놓았을 때
그분의 임재와 함께 떠나갔습니다.

그리고 나는 그 비밀을 알고 있다고 생각합니다.
나는 힘든 길에서 많이 배웠습니다.
아침에 하나님을 찾아야 합니다.
하루 종일 그분과 함께 있으려면.

랄프 커쉬만 Ralph Cushman

이른 아침은 항상 비전의 아침이었습니다. 다른 사람들이 잠자는 동안 성도들은 얼마나 많은 것을 발견했겠습니까!

6월 12일
하나님의 전능하심

"네가 항상 섬기는 네 하나님이 사자들에게서 능히 너를 구원하셨느냐" 단 6:20

당신은 살아계신 하나님의 종,
사자들이 당신을 에워싸고 포효하는 동안,
그분을 바라보며 신뢰하고 찬양하세요.
그리고 그가 행하시는 길을 경배하세요.
지금, 이 위태로운 상황에서도,
그분은 당신을 자유롭게 하려고 일하십니다.
오로지 그분만의 방식으로
당신을 구원할 것입니다.

당신 주위에 사자들이 서성이는 동안 기다릴 수 있나요?
어둠 속에서, 홀로, 머리 위를 올려다보며,
봉인된 돌 외에 보이는 것이 없어도 기다릴 수 있나요?
어둠 속에서 찬양하세요! 그래요. 그분의 이름을 찬양하세요.
당신이 보리라 신뢰하였던 분,
그분의 강력한 힘이 다시 나타났습니다.
당신을 위해서, 그의 성도들을 위해서, 당신을 위해서.

살아계신 하나님의 종이여,
당신이 할 일은 단지 기다리며 찬양하는 것입니다.
살아계신 하나님께서 친히 일하실 것입니다.
그분을 위해 당신의 찬송을 높이세요.
아직 당신에게 도달하지 못했더라도 기다리세요.
당신을 위해서 일하시는 하나님,
그분의 시간이 오면 말씀으로,

당신을 영원히 자유롭게 하십시오.

M. E. B.

"내가 능히 이 일 할 줄을 믿느냐 … 주여 그러하오이다!"(마 9:28). 하나님의 전능하심으로 능력을 받으십시오. "하나님이 하실 수 있습니까?"라고 말하지 마십시오. 오히려 "하나님이 하실 수 있습니다"라고 말하십시오. 앤드류 머레이|Andrew Murray

초자연적인 것은 믿음이 잠자고 있거나 죽어 있을 때 언제나 잠잠합니다.

6월 13일

빛나는 흉터

"그는 그 앞에 있는 기쁨을 위하여 십자가를 참으사
부끄러움을 개의치 아니하시더니" 히 12:2

영혼의 기쁨은 값싼 기쁨이 아닙니다. 그 기쁨에는 흉터가 있습니다. 빛나는 흉터입니다! 고통의 마음에서 나온 기쁨입니다. 이것을 아는 사람들은 삶을 가장 크게 변화시키는 비밀 중 하나, 즉 고통을 감사의 노래로 바꾸는 것을 발견했습니다. 슬픔은 피할 수 있는 것이 아닙니다. 우리는 그것을 노래로 만들 수 있습니다. 우리는 음악을 들으며 눈물을 흘릴 수 있습니다. 그토록 정교하면서 칭찬하지 않을 수 없는 음악이 어디 있겠습니까. 그리스도인들은 철학자 로이스Royce가 말한 진리를 단번에 습득했습니다. "우리는 그런 재난들을 이렇게 제거했습니다. 그것들을 흡수해서 우리 삶의 계획의 과제로 삼고, 의미를 부여하고, 전체로서 그것들을 처리하는 것입니다." 그들의 심금이 고통의 십자가로 이어지고, 그들에게 박해의 바람이 불어닥쳤을 때 사람들은 인간 이올리언 하프aeolian harp(풍명금, 바람을 받으면 저절로 울림—감수자)로부터 하나님의 음성을 들었습니다. 그들은 고통을 견디지 않았습니다. 오히려 고통을 사용했습니다.

비가 내리지 않는 곳은 사막입니다. 쟁기와 써레로 땅을 갈아엎지 않으면 농작물이 나오지 않습니다. 기쁨은 희귀한 식물입니다. 성장하고 꽃을 피우기 위해서는 많은 비가 필요합니다.

어느 날 늙은 농부의 이야기를 들었습니다.
그가 듣는 자에게 이렇게 말하네요.
멀리 넓은 새로운 나라에서는
비가 내리면 쟁기가 등장하지요.
"당신이 알다시피 그들은 가능한 빨리 흙을 부숩니다.
그리고 그들은 마음으로 태양을 바라보면서,
고랑을 깊고 넓게 팝니다.
그리고 경작이 시작됩니다.
땅이 부드러워집니다. 점점 더,
남기도 하고 하늘에 날리기도 합니다.
표면이 딱딱하고 건조할 때는 없었던 수분이 생기고,
그리고 쟁기가 달리는 곳마다
구름은 머리 위로 흐르고,
햇빛을 받는 토양에,
물은 항상 공급됩니다."
나는 그 늙은 농부가 전부터 이것을 알고 있었는지 궁금합니다.
이 단순한 말의 절반이라도,
천상의 메시지를 추측할 수 있었는지,
그 안에 숨겨진 것을 들을 수 있었는지.
어느 날 우연히 내 귀에 그 말이 들렸고,
그 기쁨이 지금까지 남아 있습니다.
그것이 항상 하나님의 사랑스러운 방법이라고 생각합니다.

비가 오면 바로 쟁기가 따라옵니다.

서리를 통과할 때는 믿음과 용기로 인내하십시오.

그러면 당신은 영광스러운 봄을 보게 될 것입니다.

6월 14일

명령하신 장소

"내가 까마귀들에게 명령하여 … 내가 그곳 과부에게 명령하여" 왕상 17:4, 9

우리는 하나님이 원하시는 곳에 있어야만 합니다. 엘리야는 자신이 이스라엘의 주 하나님 앞에 항상 서 있다고 말했습니다. 그는 갈멜산에서 똑바로 서 있을 때나 호렙산에서 하나님의 음성을 들었을 때와 마찬가지로 그릿 시냇가에 숨어 있을 때나 사르밧 과부의 집에 유할 때도 하나님 앞에 바로 설 수 있었습니다.

우리가 하나님께서 원하시는 곳에 있다면 그분은 우리의 필요를 채우실 것입니다. 그분이 까마귀를 통해서 우리를 먹이시는 일은 과부로 하는 것만큼이나 쉽습니다. 하나님이 이곳에, 혹은 저곳에 머물라고 말씀하시는 것은 당신을 돌보겠다는 그분의 약속이라는 것을 명심하십시오. 비록 당신이 먼 선교지의 외로운 파수꾼 같을지라도 하나님은 당신을 돌보실 것입니다. 까마귀들이 옛날보다 그분의 명령을 덜 따르지는 않을 것입니다. 그리고 그분은 사르밧에서 엘리야를 채우신 것처럼 과부의 곳간에서도 당신의 필요를 공급하실 수 있습니다.

하나님께서 엘리야에게 "그릿 시냇가에 숨고"(3절)라고 말씀하셨을 때, 까마귀들에게 그 명령의 복사본이 주어졌습니다. 그들은 하나님께서 명령하신 장소에 아침과 저녁으로 음식을 가져왔습니다.

예수께서 "너희는 온 천하에 다니며 만민에게 복음을 전파하라"(막 16:15)라고 말씀하셨을 때, 그분은 떠나는 무리들이 마음대로 사용할 수 있도록 모든 하늘의 자원을 마련해 두셨습니다.

프랑스 전선으로 향하라는 명령을 받았을 때, 나는 편지를 받기 위해 열흘 동안 머물러도 된다는 허락을 받았습니다. 그러나 아무것도 오지 않았습니다. 이후 군목의 위로도 없이 병사들이 죽어가고 있는 목적지에 도착했을 때, 거기서 나는 30일이 지난 우편물을 발견했습니다. 지휘관이 말했습니다.

"군대에서는 명령이 내려진 곳으로 편지가 갑니다."

하나님의 왕국에서 축복과 장비는 명령을 읽는 곳에서만 찾을 수 있습니다. 모두 가서 이야기를 나눕시다. 조시아 홉킨스 Josiah Hopkins

우리는 그분의 약속의 길에서 그분의 임재를 발견할 것입니다.

6월 15일

응답받는 기도

"내가 여호와께 간구하매 내게 응답하시고" 시 34:4

앤드류 머레이는 뚜렷한 기도 응답의 경험 없이 그저 만족하며 살아가는 사람들이 요즘 너무 많다는 것은 그리스도인의 병든 삶을 보여 주는 끔찍한 표시 중 하나라고 말합니다. 그들은 매일 기도하지만 기도의 직접적이고 확실한 응답을 거의 경험하지 못합니다.

그런데 그것은 곧 아버지의 뜻입니다. 그분은 자녀들의 청원을 듣고 허락하심으로써 매일 자녀들의 삶 가운데 교제하기를 원하십니다. 그분은 내가 매일 뚜렷한 요청을 갖고 그분께 나아오기를 원하십니다. 그분은 내가 구하는 것을 매일 해주실 것입니다.

응답이 거절일 경우도 있지만 우리 아버지는 당신 자녀의 요구를 들어줄 수 없을 때 자녀에게 알려 겟세마네의 아들처럼 자신의 청원을 철회하게 하실 것입니다.

요청이 그분의 뜻에 따른 것이든, 아니든 간에 하나님은 그분의 말씀과 성령으로 가르침을 잘 받고 그분에게 시간을 드리는 사람들을 가르치실 것입니다. 우리의 요청이 하나님의 마음에 맞지 않는다면 철회합시다. 아니면 응답될 때까지 인내합시다.

기도는 응답이 약속된 것입니다!

아버지와 그분의 자녀들 사이에서 사랑의 교제는 기도와 그 응답을 통해서 이루어집니다.

당신의 기도는 응답되었습니까?

6월 16일

하나님의 위대한 계획

"네가 나의 명령에 주의하였더라면 네 평강이 강과 같았겠고" 사 48:18

우리는 하나님의 목적이 인간의 완고함으로 인해 어떻게 좌절되고 지연되는지를 보지 않습니까? 하나님이 아론을 제사장으로 선택해서 성별하기로 결심하셨을 바로 그때에 아론은 금송아지를 빚고 깎는 일에 시간을 보내고 있었습니다.

우리는 50년 전 왕으로 지명을 받고 대관식을 앞두고 있었습니다. 그런데 그때 우상을 제조하는 것이 발각되었습니다. 주님은 우리를 왕으로 삼을 준비를 하고 계셨는데 그때 우리는 스스로 바보가 되었습니다. 조셉 파커 Joseph Parker

> 하나님의 위대한 계획 안에 있는 하나의 작은 삶인데,
> 세월이 흐름에 따라 얼마나 헛된 일이 많은지요.
> 할 수 있거나, 하려고 분투하는 일들을
> 영원한 전체의 빗자루로 쓸어 보세요!
> 끝없는 거미줄 망을 한 땀씩,
> 바다의 밀물과 썰물의 한 방울씩.
> 그러나 한 땀이 빠진 천 조각은 찢어지고

엉킨 실타래가 교차된 곳은 망쳐집니다.
그리고 진정한 의도에서 이탈한 각각의 삶은
주님이 의도하신 완전한 계획을 손상시킵니다.

나는 전능하신 하나님의 명령을 한순간도 바꿀 수 없지만, 현재 그리스도의 능력을 제한할 수 있다는 무서운 사실을 기억하십시오._씨앗의 생각
들 달력 Seed Thoughts Calendar

하나님의 성전에 틈새가 있으니 그것은 당신을 위한 것입니다. 그 틈새를 맡아 일하도록 당신을 빚으신 손, 그 손은 하나님의 손입니다.

6월 17일

함께할 일

"고르지 아니한 곳이 평탄하게 되며 험한 곳이 평지가 될 것이요
여호와의 영광이 나타나고 모든 육체가 그것을 함께 보리라" 사 40:4-5

무엇이 하나님의 영광입니까? 그것은 사랑의 사역입니다. 우리는 의견이 일치될 때까지 기다리지 말아야 합니다. 우리는 하나 된 마음으로 시작해야 합니다. 우리가 아직 "함께 보지"는 못해도 우리는 하나가 되어야 합니다. 당신과 내가 같은 별을 바라보면서 다르게 부를 수 있습니다. 당신은 천문학자이고 나는 농부입니다. 당신에게 별들은 세계 전체입니다. 내게 별들은 집을 밝히는 하늘의 양초입니다.

무슨 상관입니까? 동의하지 않더라도 영광을 누려야 하지 않겠습니까? 메신저에 대한 논쟁이 정리되지 않더라도 메시지를 놓고 손을 맞잡읍시다.

해변에 서서 파도 수를 놓고 언쟁하는 자들이여, 그동안 당신이 해야 할 일이 있고, 함께 해야 할 일이 있습니다. 난파된 항해자들이 저 밖에서 울부짖고 있습니다. 그들은 손을 모아 기도했지만 울부짖는 메아

리 외에 응답이 없었습니다. 그들의 부르짖음이 헛수고일까요? 그들을 삼키는 큰 파도를 셀 때까지 그들을 기다리게 하겠습니까? 당신이 구명보트의 이름을 놓고 다투는 동안 그들이 폭풍 속에서 떨며 기다리게 내버려두겠습니까? 우리 각자가 믿기만 한다면 구명보트의 이름을 어떻게 부르든 무슨 상관입니까?

형제들이여, 난파선으로 가십시오. 나침반을 잃어버린 영혼에게, 키가 부서진 삶에, 돛이 찢긴 마음에게 가십시오. 그들은 구명보트의 이름을 묻지 않을 것입니다. 심지어 야곱의 천사에게도 이름이 없었습니다. 당신은 함께 보지 못할지라도 주님의 영광을 함께 드러낼 것입니다. 당신은 연합된 지지자들의 교회가 될 것입니다. 당신은 주의 얼굴을 함께 볼 것이며 못자국도 함께 만질 것입니다. 내일 당신은 그분을 있는 그대로 볼 것입니다. 조지 매더슨 George Matheson

승무원들과 선장은 서로를 속속들이 알고 있습니다.
이들이 배를 해안에 정박시키기 위해서는
강풍 이상의 바람이 필요합니다.
뼛속까지 차갑다 하더라도,
한 사람은 일하고 다른 사람은 명령할 것입니다.
둘 다 날씨를 견뎌야 살 수 있습니다.
어느 쪽도 혼자 해낼 수 없습니다.
키플링 Kipling

선상에서 반란이 일어나면 전함은 작전을 펼칠 수 없습니다.

6월 18일

하나님의 수레

"구름으로 자기 수레를 삼으시고" 시 104:3

우리는 자신의 수레와 하나님의 수레를 동시에 탈 수 없습니다. 하나님께서는 우리가 그분께 올라가는 데 방해되는 지상의 모든 수레들을 그분의 사랑의 불로 반드시 태워 버리십니다.

하나님의 수레에 오르시겠습니까? 그렇다면 당신 삶에서 잘못된 것들을 당신을 위한 하나님의 병거 중 하나로 삼으십시오. 당신의 눈을 열어 달라고 매일 아침 그분께 간구하십시오. 그러면 당신은 눈에 보이지 않는 그분의 구원의 수레를 볼 것입니다.

우리는 하나님의 수레를 탈 때마다 엘리야처럼 하늘로 올라가는 것이 아니라 우리 내면에 있는 하늘로 올라갑니다. 낮고 비천한 삶에서 벗어나 그리스도 예수가 계시는 하늘로 옮겨집니다. 그러나 지상에서 영혼을 나르는 수레는 현재로서는 즐겁지 않고 슬퍼 보이는 일종의 징벌 같습니다.

그렇지만 나중에는 달라집니다!

이러한 징벌의 근원이 무엇이든지 간에 그것들을 높은 차원의 영적 성취와 고양으로 당신을 이끌어 주는 하나님의 수레라고 생각하십시오. 놀랍게도 당신은 그 수레가 하나님의 사랑이라는 것을 곧 알게 될 것입니다. 그분의 수레 때문에 당신은 어둠 속을 순적하게 달릴 것입니다.

지상의 수레를 파괴시키는 모든 시련에 대해 감사하십시오. 이런 시련은 우리 옆에서 항상 준비하고 기다리고 계시는 하나님의 수레로 피신하도록 강요할 것입니다.

"나의 영혼아 잠잠히 하나님만 바라라 무릇 나의 소망이 그로부터 나오는도다 오직 그만이 나의 반석이시오 나의 구원이시요 나의 요새이시니 내가 흔들리지 아니하리로다"(시 62:5-6).

우리는 오직 그분만이라고 말하기 전에 다른 피난처에서 실패를 경험하게 됩니다. 우리는 그분과 나의 경험, 그분과 나의 교회 관계, 그분과 나의 기독교 사역에서 오직 그분만이라고 말해야 합니다. 그리고 그 다음에 오는 모든 것들은 우리가 오직 그분께로 나아가기 전에 우리에게서 제거되거나 쓸모없는 것으로 입증되어야 합니다. 그래야만 우리는 하나님의 수레에 올라타게 됩니다.

우리가 하늘에서 하나님과 함께 수레를 타고 싶다면 이 땅의 수레를 타는 일이 끝나야 합니다. 하나님과 함께 수레를 타는 사람은 땅에 있는 모든 구름을 뛰어넘습니다!

오, 종의 눈을 가려 주님을 볼 수 없게 만드는 지상의 구름이 일어나지 않게 하소서.

어떤 방해물도 하나님의 수레가 가는 승리의 행로를 방해할 수 없습니다. 한나 휘톨 스미스Hannah Whitall Smith

6월 19일

축복의 이슬

"내가 이스라엘에게 이슬과 같으리니" 호 14:5

호세아는 우리를 이슬이 맺혀 있는 생명의 근원으로 인도합니다. 이런 값진 선물은 그분으로부터 옵니다. 주님과 많은 시간을 보내는 사람은 삶에서 축복의 이슬을 맺게 됩니다.

잠잠하고 고요한 밤에 모든 자연에 이슬이 내립니다. 자연에서 참된 것은 영적인 것에서도 참입니다. 바로 여기에 많은 하나님의 백성이 이슬 없는 삶을 사는 핵심적인 이유가 있습니다. 그들은 안절부절못하고, 불안하고, 참을성이 없고, 까다롭고, 분주하며, 주님 앞에서 가만히 있을 시간이 전혀 없습니다.

더 고운 것이 더 거친 것에 희생되고 있습니다. 가치 없는 것에게 가치 있는 것들이 희생됩니다.

욥기 38장 28절에 "이슬방울은 누가 낳았느냐"라는 질문이 나옵니다. 이것은 하나님의 비밀 중 하나입니다. 이것은 조용히 오지만 강력하게 작용합니다. 우리는 이것을 생산할 수는 없지만 받을 수는 있습니다. 그리하여 우리는 성령께서 충만하게 임재하시는 가운데 순간순간을 살아갈 것입니다. W. 말리스 W. Mallis

하지만 섬세한 이슬과 고요함은 친구들입니다.
폭풍 가운데 이슬은 내리지 않습니다.
소란이나 침울함을 버리고 오직 하나님께 자신의 걱정을 맡기세요.
그러면 기도의 고요함 가운데 이슬은 나의 것이 될 것입니다.

그분께서 고약하고 혼란스러운 성질과 의지를 안식과 고요함으로 가라앉히시기에, 깨끗해진 마음은 비로소 평온해집니다.
주변이 이슬 맺히기에 적합할 때, 우선적으로 알아야 할 것은,
이슬이 당신에게 내릴 것이라는 사실입니다.
매니 페인 퍼거슨 Manie Payne Ferguson

주님의 이슬은 풀의 이슬과 같습니다.
하나님은 그 어떤 사람의 도움 없이도 한적한 산허리의 들꽃을 먹이십니다. 그러기에 들꽃들은 날마다 지켜보는 우리 집 정원의 꽃들만큼이나 싱싱하고 사랑스럽습니다. 하나님은 사람의 도움 없이도 달콤한 이슬로 하나님이 심으신 것들을 먹이실 수 있습니다. 로버트 머리 맥체인 Robert Murray McCheyne

당신의 온 마음이 주님으로 충만해질 때까지 주님 앞에서 기다리십시오. 그리고 신선하고 강하고 향기로운 삶의 능력으로 나아가십시오.
주님, 당신의 영으로 메마른 나의 양털을 적셔 주소서!

6월 20일

기쁨의 노래

"온 회중이 경배하며 노래하는 자들은 노래하고 나팔 부는 자들은 나팔을 불어 번제를 마치기까지 이르니라" 대하 29:28

얻는 기쁨이 있고 주는 기쁨이 있습니다. 얻는 기쁨은 기쁨을 가져다주는 것, 즉 편안한 환경이나 마음에 맞는 친구들이 필요합니다. 주는 기쁨은 내적으로 영원한 즐거움에서 솟아나는 샘물로 가득 차 있기에 기뻐합니다. 왜냐하면 기쁨은 항상 하나님 안에 있고, 하나님은 기쁨 가운데 계시기 때문입니다. 기쁨은 어떤 상황에서도 빛을 발합니다. 기쁨은 그 자체가 노래이기에 노래합니다.

기도하고 나면 노래합니다. "구하라 그리하면 받으리니 너희 기쁨이 충만하리라"(요 16:24). 이는 분명 채워져야 할 필요와 장소가 있다는 의미입니다. 우리는 믿고 받았기 때문에 노래를 부릅니다!

믿음 후에는 노래가 나옵니다. "이제도 보지 못하나 믿고 말할 수 없는 영광스러운 즐거움으로 기뻐하니"(벧전 1:8). 적어도 자연적인 감각으로는 아무것도 보이지 않고 감지되지 않지만, 전에 몰랐던 충만한 영광으로 노래를 부릅니다.

순종하고 나면 노래가 나옵니다. "겸손한 자에게 여호와로 말미암아 기쁨이 더하겠고"(사 29:19). 주님을 위한 자리를 마련하는 것은 주님 자신을 더 많이 받아들이는 비결입니다.

슬픔 후에 노래합니다. "저녁에는 울음이 깃들일지라도 아침에는 기쁨이 오리로다"(시 30:5). 빛이신 분, 즉 고운 소리로 우는 깃털 가진 새처럼 조율된 노래를 부르도록 아침 신호를 보내시는 분께서 또한 당신에게도 노래를 주실 것입니다.

헌신한 후 노래합니다. "하나님의 은혜의 복음을 증언하는 일을 마치려 함에는 나의 생명조차 조금도 귀한 것으로 여기지 아니하노라"(행 20:24).

그분의 영광이 이 땅에 임하기를 바라는 당신의 기도에 "예"라는 말이 들렸을 때, 당신의 골방에서 조용히 혼자 부를 노래를 발견한 적이 있습니까? 당신과 당신이 사랑하는 사람들을 위해 그분이 하신 일이 전혀 보이지 않았을 때, 당신은 감미로운 선율의 노래를 들었습니까?

세상은 새로운 노래를 부르는 가수, 당신을 기다리고 있습니다!

6월 21일

작은 자의 큰 하나님

"이 하나님은 영원히 우리 하나님이시니" 시 48:14

헨리 다이어 Henry Dyer 는 "하나님은 큰일에 위대하시지만 작은 일에 더욱 위대하시다"라고 말합니다.

한 일행이 마테호른에 서서 그 장면의 숭고함에 감탄하고 있을 때, 한 신사가 파리를 잡아 유리 아래에 놓고 휴대용 현미경으로 관찰하고 있었습니다. 그는 우리에게 영국에 있는 집파리의 다리 껍질이 벗겨졌다는 것을 상기시킨 후 털이 빽빽하게 덮인 이 조그만 파리 다리를 보게 했습니다. 그렇게 함으로써 스위스의 우뚝 솟은 산을 만드신 바로 그 하나님이 작은 피조물의 안위를 챙기시고 심지어 이 산에 서식하는 이 작은 파리에게 양말과 벙어리장갑까지 제공하셨음을 보여 주었습니다. 이런 하나님이 바로 우리 하나님이십니다!

한 의심하는 영혼이 거대한 느릅나무에 앉아 있는 울새 둥지를 바라보았을 때 "하나님이 백 년 동안 새를 위해 이런 나무를 만드셨다면 분명히 당신을 돌보실 것입니다"라는 세미한 음성을 들었습니다. 하나님은 너무나 섬세한 분이셔서 우리를 한 사람씩 데려가 우리 삶의 모든 세부사항을 일일이 마련해 주십니다. 그분에게는 하찮은 것이 없습니다.

무한하신 하나님은 지극히 작은 것의 하나님도 되십니다.

나는 하나님으로 불타오르는 인간의 삶을 보았습니다.
부서지기 쉬운 진흙으로 빚은 텅 빈 그릇을 통해
하나님의 영광이 빛을 발하는 것을 볼 때
하나님의 능력이 느껴졌습니다.
나는 꿈에서 깨어나 큰 소리로 외쳤습니다.
"아버지, 하나님께 소비되는 삶의 축복을 주소서.
제가 주님을 위한 삶을 살게 하소서."

6월 22일
기름과 잘라주기

"내가 사는 것이 아니요 오직 내 안에 그리스도께서 사신 것이라" 갈 2:20
"성령과 믿음이 충만한 사람이라" 행 11:24

우리는 주님 안에 거하고 주님 안에서 영화롭게 되며 '주님이 밝혀 주시는' 촛불로 빛나기를 원합니다.

내 등불의 심지는 내가 책을 읽는 동안 오랫동안 내 옆에서 조용히 나를 위해서 그 역할을 다했습니다. 나는 눈에 띄지 않은 심지의 역할을 일찍이 알아차리지 못한 것이 몹시 미안했습니다. 나는 심지에게 이렇게 말했습니다.

"여러 달 동안 봉사해 주어서 고마워."

"제가 당신을 위해 무엇을 했나요?"

"네가 내 책 페이지에 빛을 주지 않았니?"

"정말 아닙니다. 내게는 드릴 빛이 없는데요. 그 증거로 나를 기름 목욕통에서 꺼내 보면 내가 얼마나 빨리 숨을 거두는지를 볼 수 있지요. 당신은 연기 나는 밧줄 같은 나에게서 곧 돌아설 거예요. 타는 것은 내가 아니라 내 몸을 적시고 있는 기름입니다. 당신을 비추는 것이 바로 이것입니다. 나는 단지 저수조의 기름과 끄트머리 불 사이를 중재할 뿐입니다. 검게 그을린 가장자리는 서서히 쇠퇴하지만 빛은 계속 타오릅니다."

"소멸되는 것이 두렵지 않니? 심지가 얼마나 남았는지 확인해 보렴! 심지 마디가 천천히 타서 잘릴 때까지 빛을 줄 수 있을까?"

"기름 공급이 끊어지지 않는 한 두렵지 않습니다. 그리고 어떤 친절한 손이 이따금 까맣게 그을린 부분을 제거해 준다면 새로운 부분이 불꽃에 노출되거든요. 두 가지가 제게 필요합니다. 즉, 기름과 잘라주기입니다. 그러면 저는 끝까지 불태울 것입니다!"

하나님은 당신의 자녀들을 "세상의 빛"으로 부르셨습니다. 가정용 촛불이든, 가로등이든, 등대 불빛이든, 어떤 불빛이든지 간에 우리의 빛을 숨기지 않도록 조심합시다. 그래야 사람들이 어둠에 걸려 넘어져 죽지 않을 것입니다.

성례전이나 집회나 밤 기도에서 은혜를 축적해 두려는 시도는 심지의 가르침과 상충됩니다. 심지는 그런 축적 장소가 없지만 항상 공급됩니다!

당신은 완전히 무기력하고 부족해 보일 수 있지만, 당신에게는 무한히 공급될 기름의 샘이 준비되어 있습니다. 이는 당신의 능력이나 힘이 아닌, 그분의 영으로부터 나오는 샘입니다. 시간이 지날수록 기름은 심지를 타고 불꽃으로 올라갑니다! 당신은 하나님을 소진시킬 수 없습니다!

심지를 자르는 가위가 사용될 때 움찔거리지 마십시오. 검게 그을린 잔해만 자르니까요. 그분은 심지 자르는 일을 너무나 심사숙고하시기에 황금 가위를 사용하십니다! 가위를 들고 있는 손에는 갈보리의 못 자국이 있습니다! F. B. 마이어 F. B. Meyer

6월 23일

기도는 노동

"항상 기도하고 낙심하지 말아야 할 것을 비유로 말씀하여" 눅 18:1

여기에 쓰인 단어 "해야 한다"ought는 강조형입니다. 여기에는 하늘만큼 높은 의무가 내포되어 있습니다. 예수님은 "항상 기도하고"라고 말씀하시면서 "낙심하지" 말라고 덧붙이셨습니다.

고백하건대, 내 기도를 들어주는 사람이 아무도 없다고 느껴질 때마다 나는 기도하고 싶은 생각이 들지 않습니다. 그런데 이런 말씀이 저를 기도하도록 자극했습니다. '나는 기도해야 한다, 항상 기도해야 한다, 기도 중에 낙심하지 말아야 한다.'

기도는 노동의 한 형태입니다. 농부는 기분이 좋지 않을 때도 종종 밭을 갈면서 자신의 수고에 대한 수확을 기대합니다. 이제 기도가 노동의 한 형태이고 우리의 수고가 주님 안에서 헛되지 않다면 감정에 관계없이 기도해야 하지 않을까요? 한번은 아침 기도를 위해 무릎을 꿇었을 때 나는 영혼이 죽어 있는 느낌을 받았습니다. 바로 그때 "형제를 고발하는 자"가 오래 전 예수님의 피로 용서함을 받았던 사실을 내게 즉시 상기시켜 주었습니다. 나는 하나님께 울며 도움을 요청했고 복되신 보혜사는 나의 대제사장이 내 사정을 간청하고 계심을 상기시켜 주었습니다. 나는 은혜의 보좌 앞에 담대히 나아갔고 적군은 완전히 패했습니다! 주님과의 교제의 시간이 얼마나 복됩니까! 내가 싸우는 대신 포기했더라면, 내가 열심히 기도하지 않았더라면 합당한 삯을 받지 못했을 것입니다. 나는 씨를 뿌리지 않았기 때문에 거둘 수 없었을 것입니다.브렝글 의

원Commissioner Brengle

6월 24일

담금질

"이 모든 일에 우리를 사랑하시는 이로 말미암아 우리가 넉넉히 이기느니라" 롬 8:37

최고의 강철은 극한의 열과 극한의 추위를 번갈아가며 겪습니다. 칼을 만들 때 칼날을 달구고 두드린 다음 다시 달구고 차가운 물에 담그는 과정을 통해 칼날의 모양과 성질을 맞추는 것을 알 수 있습니다. 또한 담금질 과정을 견디지 못해 버려진 칼날이 수북이 쌓여 있는 것을 볼 수 있습니다. 숫돌에 올려놓았을 때 그 전까지는 완벽해 보였던 칼날에 작은 결함이 나타나기도 하고, 담금질 과정을 견디지 못해 버려진 칼날도 있습니다.

영혼은 환난의 풀무에서 뜨거워지고, 환난의 냉수에 내던져지고, 역경과 재난의 윗돌과 아랫돌 사이에서 다져집니다.

어떤 사람들은 가장 최고의 헌신을 위해 준비되어 있지만, 어떤 사람들은 가장 낮은 헌신에 사용되는 것에도 부적합합니다. 여러분은 세상의 구원을 위해 일하는 무리 중에 속해 있습니까? 그분이 당신을 단련시킬 때까지 하나님 손안에 가만히 계십시오.

"이제 멈추세요!" 칼날이 칼 만드는 사람에게 말합니다. "저는 충분히 자주 불 속에 있었어요! 제 삶을 태워 버리시렵니까?"

그러나 그것은 다시 이글거리는 용광로 속으로 들어가 백열로 달궈집니다.

"망치질 좀 그만하세요! 저는 이미 충분히 두들겨 맞았어요."

그런데 운반용 썰매가 내려옵니다.

"이 차가운 물에서 저를 지켜주세요! 한순간은 용광로에서, 그다음은 얼음물입니다. 죽이기에 충분하네요!"

그렇지만 그대로 진행됩니다.

"숫돌을 막아 주세요! 당신은 제 생명을 쓸어 버릴 것입니다!"

그러나 칼을 만드는 사람이 만족할 때까지 돌은 제게 입맞춤을 계속

합니다.

이제 보십시오! 그것을 두 번 구부려도 화살처럼 곧게 다시 튀어나옵니다. 그것은 은처럼 광택이 나고 다이아몬드처럼 단단하며 다마스쿠스의 칼날처럼 날카롭습니다. 모양이 만들어지고 단련되고 광택이 납니다. 가치가 있습니다.

하나님께서 당신을 단련시키고 광택을 내도록 가만히 계십시오. 그러면 당신도 가치 있는 사람이 될 것입니다. 스스로 쓸모 있는 사람이 될 준비를 하십시오. 당신이 그것에 적합한 인물이 되도록 허용된다면 그분이 당신에게 거룩한 명성을 주실 것입니다. 성령이 당신의 영혼을 빛고 연마하는 동안 용광로 불 속에 가만히 계십시오. R. V. 로렌스 R. V. Lawrence

6월 25일
하나님의 선한 손

"그들에게 하나님의 선한 손이 나를 도우신 일과
왕이 내게 이른 말씀을 전하였더니" 느 2:18

이 일이 하나님의 일입니까? 그분이 이 일을 하도록 당신을 부르셨고 준비시키셨습니까? 이 점을 분명히 하십시오. 시간을 내서 생각하고 기도하며 주님의 뜻이 무엇인지 찾으십시오. 그런 다음 힘든 사항들을 숙고해 보고, 필요한 것들을 냉정하게 가늠해 보고, 하나님께서 일어나 건축하라고 부르신다는 분명한 확신이 있을 때 손에 쟁기를 잡고 결코 뒤를 돌아보지 마십시오.

끝까지 견디는 능력, 모든 낙담을 이겨내는 인내심, 다른 사람들의 열심을 불태울 수 있는 꺼지지 않는 열심, 이 모든 것들은 사역과 소명이 하나님으로부터 온 것임을 아는 사람에게 주어지고 보장됩니다.

하나님 나라의 모든 일꾼과 모든 일의 원칙은 동일합니다. 짜증, 혐오감, 절망감에 사역을 포기할 정도로 거부감을 느끼거나 낙담이 될 때,

이것을 이겨내는 유일한 방법은 처음부터 사역을 올바른 선상에 올려놓는 것입니다. 지극히 높으신 분의 은밀한 장소, 지성소에서 오로지 하나님과 함께 시작해야 합니다. 성소 안의 빛과 능력, 즉 필요한 안내와 장비를 위해서 거룩한 장소로 나가야 합니다. 그런 다음 그 일을 안전하게 할 수 없다 해도 그 일의 성공은 확실하고 영원한 것입니다. 왜냐하면 그 일이 진정으로 "하나님 안에서 행한 것"(요 3:21)이기 때문입니다. 허버트 부룩 Hubert Brooke

주 예수님의 멍에는 쉽고 짐은 가볍습니다. 그럼에도 불구하고 그분이 우리에게 맡기신 밭고랑은 항상 쟁기질이 쉬운 게 아닙니다. 그분의 멍에처럼 매끄럽고 손쉽게 맞는 것은 없습니다. 그렇지만 그분처럼 꾸준하게 걸어야 하고 지속적인 신실함이 요구됩니다. 허드슨 테일러 Hudson Taylor는 그 일을 세 단계로 놀랍게 설명합니다. "하나님을 위한 일에서의 세 단계: 불가능, 어려움, 성취됨!"

윌리엄 부스 구세군 장군은 "하나님은 불가능한 일에 열정을 가진 사람을 특별히 사랑하신다"라고 말했습니다. 오늘 불가능한 하나님의 일에 직면해 있습니까? 당신을 밭고랑에서 시작하게 하신 주님은 당신이 그 어려운 일을 찾아내는 축복을 발견하게 하시고, 그 일을 완수하는 깊은 기쁨을 경험하게 하십시오. 그러니 그분을 찬양하십시오.

주님, 제가 당신의 친구입니까?
당신은 저를 믿을 수 있습니까?
주님, 주님께 진실할 수 있을까요?
당신의 일, 목표, 목적을 위해
당신은 나의 도움과 동조에 의지할 수 있습니까?
당신의 이름의 영광으로 저를 믿을 수 있습니까?

6월 26일

동반자의 능력

"내가 세상 끝날까지 너희와 항상 함께 있으리라" 마 28:20

사람들은 발을 다치는 사소한 일이나 땅의 기초가 무너지는 것처럼 큰일을 당했을 때, 사고로도 앗아갈 수 없고 그런 변화의 틈새도 주시지 않는 분이 함께하셨다고 간증합니다. 이것이 위대한 동반자의 능력입니다.

순교자 중 한 명이 형틀에 누워 애처롭게 고문을 당하고 있었습니다. 그는 맑게 뜬 눈으로 자기 옆에서 이마에 맺힌 땀방울을 계속 닦아내고 있는 쉰 살 정도 되는 사람을 보았습니다.

불이 가장 뜨거울 때 그분은 거기 계십니다. "그 넷째의 모양은 신들의 아들과 같도다"(단 3:25). 나에게 가까이 있는 그분이 불 가까이 계십니다. 그렇기 때문에 거룩한 용광로의 중심은 영혼의 가장 깊고 고요한 장소입니다. 우리가 불속을 통과할 때마다 그분은 우리 옆에 항상 함께 계십니다.

패튼John G. Paton이 남쪽 섬의 한적한 무덤가에서 아내의 관을 손수 만들고 무덤을 파고 있을 때 원주민들이 이를 지켜보고 있었습니다. 그들은 이런 모습을 본 적이 없었습니다. 그는 매장을 끝내고 곧 떠나면서 이렇게 말했습니다. "예수님과 그분의 임재가 저를 보증하지 않으셨다면 저는 미쳐 죽어 한적한 이 무덤 옆에 묻혔을 것입니다." 그러나 패튼은 극한의 어둠 속에서 자기와 함께 계신 주님을 발견했습니다.

어니스트 섀클턴Ernest Shackleton 경과 그의 동료 두 명은 뉴조지아 설산에서 36시간을 보냈습니다. 그리고 그들은 코끼리 섬Elephant Island에서 기다리고 있는 대원들과 생사를 결정짓는 장소를 찾으려고 노력했습니다. 그 여정에 대해 그는 이렇게 말했습니다. "저에게는 우리 셋이 아니라 넷처럼 느껴졌습니다." 그는 그들과 함께 계셨던 '안내하는 분'을 언급했습니다. 그리고 이렇게 마무리했습니다. "우리의 여정에 대한 기록은 우리의 절실한 심정을 다루는 주제에 대한 언급 없이는 완성되지 못했을 것입니다."

바울이 다메섹으로 가는 도상에서 살아계신 주님을 본 것은 유별난 특권이 아닙니다. 시리아 사람, 칼릴 지브란은 자신의 유명한 현대 예수 그림을 이렇게 설명했습니다. "지난 밤 그분의 얼굴을 보았는데, 전에 보았던 것보다 훨씬 더 선명했습니다." 〈할렐루야〉의 작곡가, 헨델은 "나는 보좌에 앉으신 하나님을 보았습니다"라고 선포했습니다. 전쟁의 끔찍한 스트레스를 받는 동안에도 많은 사람들이 "백의 동지"The White Comrade (전쟁에서 돕는 천사)를 보았다고 적극적으로 단언했습니다. 필립 브룩스는 "그분이 여기 계셔요. 나는 그분을 알고 그분은 나를 아십니다. 이것은 비유가 아닙니다. 세상에서 가장 실제적인 것입니다"라고 말했습니다.

주님은 저 멀리 계신 것이 아닙니다.
멀리 계신 사랑이 아닙니다.
나를 위해 육신이 되셨기에 그분은 쉴 수 없습니다.
그분이 내 안에서 안식하실 때까지.

형제여, 기쁠 때나 괴로울 때나,
그분은 내 뼈 중의 뼈였습니다.
이제, 여전히 친밀감이 더해집니다.
그분은 내 안에 거하십니다.

나는 멀리 여행할 필요가 없습니다.
가장 소중한 친구를 뵙니다.
동행은 언제나 나의 것입니다.
그분은 나와 함께 안식하십니다.

말트비 D. 뱁콕 Maltbie D. Babcock

6월 27일

전능자의 날개

"그의 말씀을 따르는 광풍이며" 시 148:8

바람이 세차게 불어대고 비가 퍼붓는 어느 날 오후 늦게 숲에 들어가 매우 을씨년스러운 광경을 보거나 음산한 소리를 들어본 적이 있습니까? 앙상한 나뭇가지 사이로 부는 바람, 메마른 잎사귀에 떨어지는 빗방울, 어두운 숲속에서 펄럭거리며 날아다니는 나뭇잎들이 무덤으로 떨어지는 분위기, 섬세한 색깔의 나무줄기와 이끼는 빗물에 흠뻑 젖어 얼룩에 뒤섞여 버렸습니다. 여름 숲의 아름다움과 이러한 황량함이 이런 식으로 관련되어 있다는 것이 얼마나 믿기 어려운 일입니까!

그런데 우리는 나무를 뒤흔들고 음울하게 울부짖는 것이 바람이라는 것을 알고 있습니다. 그저 쏟아지는 비와 썩어져가는 잎사귀만이 다음 해 숲속 나무들에게 푸른 옷을 입히고, 기쁨으로 노래하고 생명으로 고동치는 숲을 만들 것입니다. 모든 바람과 날씨는 나무가 튼튼하게 뿌리를 내려 성장하는 데 유용합니다. 사실 잎과 가지를 앗아가는 허리케인조차도 나무의 생명력을 활성화시켜 더 큰 힘을 발휘하게 합니다.

나무의 일부를 자르면 줄기가 더 튼튼해지고 더 촘촘하고 균형을 이루며 잘 성장할 수 있습니다. 폭우에 넘어져도 도토리는 흩어져 숲의 씨앗이 됩니다. 죽은 나무는 다른 나무들이 자라나는 토양으로 되돌아갑니다.

그러기에 당신의 어제의 눈물과 한숨과 쓸쓸함 때문에 오늘의 당신은 더 선하고 더 정결하고 더 강인합니다. 당신의 삶이 더 풍요롭고, 더 안정되고, 더 신뢰할 수 있고, 덜 이기적이고, 감각적인 것들로부터 더 초연해진다는 것, 즉 전체적인 당신의 분위기가 더 순수하고 더 활력이 넘친다는 것을 당신은 물론 세상도 알고 있습니다.

"그의 말씀을 따르는 광풍"과 그 소용돌이 속에서 전능자의 날개의 바스락거리는 소리를 듣는 영혼은 그 폭풍우로 인해 하나님을 찬양합니다. 조금도 누그러지지 않고 폭풍이 몰아치고 영원한 반석을 삼킬 듯 홍수가 덮치더라도 그 영혼은 하나님을 찬양합니다.

폭풍은 강한 나무를 만들고 고통은 강인한 성도를 만듭니다!

6월 28일
가능의 영광

"대저 하나님의 모든 말씀은 능하지 못하심이 없느니라" 눅 1:37

봄에 스위스 산을 오르는 기쁨을 맛본 사람들은 섬세한 연보라색 방울이 달린 솔다넬라(앵초과 식물)를 사랑하는 법을 배웠을 것입니다. 수년 전 릴리아 트로터 Lilias Trotter의 「불가능의 영광」The Glory of the Impossible 이라는 소책자에 눈 위에 놓인 이 작은 식물의 스케치가 실렸습니다. 우리는 릴리아의 절묘한 적용이 말해 주는 교훈을 결코 잊을 수 없습니다. 그녀는 이 연약한 식물이 햇빛을 받아 머리 위 얼음을 뚫고나오는 힘을 추적한 것입니다.

우리는 불가능한 일이 성취되는 것을 좋아합니다. 그리고 하나님도 그러십니다!

"당신이 이 눈을 뚫고
튀어나올 수 있을까요?
당신은 너무 연약하거든요.
그리고 찬바람도 불어요!"
"나는 머리를 들어 올릴 거예요,
그리고 믿고 앞으로 나가겠어요."

"이제 바위처럼 단단해졌어요.
얼어 버렸고 건조해졌군요.

조롱하는 당신의 힘은.
시도한다고 무슨 유익이 있겠어요?
눈이 당신 길을 가로막을 겁니다."
"나는 하나님만 의지하겠습니다."

"당신은 너무 약하고,
부드럽고 깨끗해요.
왜 더 향기롭고 부드러운 공기를
찾아가지 않는 거죠?"
"하나님께서 나를 위한 장소를 정하셨어요.
그리고 그곳에서 나를 지탱해 주실 것입니다."

"아직도, 당신은 이 싸움을 계속 하시겠어요?
새벽부터 저녁까지 고달픈 텐데요."
"이 싸움은 힘으로 하는 것이 아닙니다.
승리를 얻었습니다.
하나님께서 나의 원수들을 도망치게 하셨습니다."

그리고 이제 저 위에
한낮의 불꽃 가운데,
사랑의 기적.
우리는 꽃을 보고 이렇게 말합니다.
"믿는 자에게는 불가능이 없다."

J. B. L., "오로지 신뢰" Just Trusting

키쿠 kiku 국화의 꽃봉오리는 서리 속에서도 꽃을 피웁니다. 일본 속담

6월 29일

자기 봉헌

> "주의 권능의 날에 주의 백성이 거룩한 옷을 입고 즐거이 헌신하니 새벽 이슬 같은 주의 청년들이 주께 나아오는도다" 시 110:3

이것이 헌신이라는 용어의 올바른 의미입니다. 그것은 주님께 속하기 위해 사랑의 구속으로 행하는 자발적인 순복이고 자기 봉헌입니다. 이에 대한 기쁨의 표현이 바로 "나는 내 사랑하는 자에게 속하였고"(아 6:3)입니다.

물론 헌신은 믿음에서 우러나와야 합니다. 우리가 이렇게 포기해도 안전하다는 확신이 충만해야 합니다. 이는 벼랑에서 떨어지거나 심판관의 손에 우리를 내맡기는 것이 아닙니다. 오히려 하나님 아버지의 품에 안기어 무한한 유산 속으로 발을 내딛는 것입니다. 아, 이것은 무한한 유산입니다! 아, 스스로 우리 모두를 위하겠다고 맹세하신 분에게 우리 자신을 바치는 것은 무한한 특권이 아닐 수 없습니다. 아니, 그분은 자신의 무한한 지혜와 능력과 사랑이 우리 안에서 성취되는 것을 기뻐하실 것입니다!

이것이 주님이 쓰시기에 합당한 귀한 그릇이 되기 위해 토기장이의 손에 맡겨진 진흙입니다.

가난한 거리의 부랑자가 왕자의 자녀가 되어 교육과 부양을 받습니다. 그리고 그의 후견인의 모든 재산을 물려받을 준비를 할 것입니다. 지상에서의 천국의 날들 Days of Heaven Upon Earth

그는 모든 위험을 무릅쓰고 도전했습니다.
살아갈 집과 힘과 가족의 사랑을 잃었습니다.
오, 잔혹한 상실이여! 오, 외로움과 고통이여!
그는 그리스도를 찾았습니다!
그런데 감히 누가 상실이라고 부를까요?

이런 귀중한 승리의 축복을.
그리스도는 오늘과 내일의 그리스도이십니다.

<small>J. 매닝턴 덱스터 J. Mannington Dexter, "바울"Paul</small>

최상의 헌신을 하십시오!

6월 30일
하나님의 음성

"그 머리 위에 있는 궁창 위에서부터 음성이 나더라
그 생물이 설 때에 그 날개를 내렸더라" 겔 1:25

별이 가득한 우주에 박동하는 심장이 오직 그분과 나의 심장뿐이라면
나는 땅바닥만 바라보며 굶주린 영혼으로
하나님이 곁에 계신다는 감미로운 친밀감을 빼앗긴 채
터벅터벅 걷지 않을 것입니다.
달콤한 언어로 하나님께 나아가고
그분의 영혼에서 흐르는 신비한 가사로
노래하는 소나기를 지나 빛나는 길을 걸을 것입니다.
내 힘을 소진시키는 사람들을 피하여 기다리는 내 영혼
홀로 계시는 하나님이 예술로 초대하고 기도로 높은 곳을 올라
마음과 마음이 부드러운 고요에 거하고
하늘의 이슬로 이 진흙으로 빚은 몸을 변화시켜 주소서.
오, 하나님은 어디에나 계시고 여기에도 계십니다.
단지 내 믿음만 점점 약해질 뿐… 세상은 너무 가까이 있습니다.

<small>에디스 앨리스 뱅 Edith Alice Bang</small>

세상의 혼란함 속에서 나는 침묵으로 하나님과 약속했습니다. 이런

침묵 속에서 나는 정신이 상쾌해지고 새로워진 힘을 얻었습니다. 나는 침묵 속에서 하나의 음성을 들었고 결국 그것이 하나님의 음성임을 더 깨닫게 되었습니다.

오, 하나님의 희미한 빛일지라도, 우리에게 얼마나 큰 평안을 주는지 모릅니다! 데이비드 브레이너드 David Brainerd

7월

향유 옥합은 깨뜨리지 않으면
향기를 내지 못합니다

7월 1일

승리자

"통치자들과 권세들을 무력화하여 드러내어 구경거리로 삼으시고
십자가로 그들을 이기셨느니라" 골 2:15

본문은 사탄을 패배한 적으로, 심지어 세상의 구경거리로 전락한 대적이라고 이야기하고 있습니다. 그는 무장해제되었습니다. 다른 약탈자들이 접근하지 못하게 경고하려고 죽은 새들을 달아놓은 들판의 허수아비가 생각납니다. 이런 허수아비는 우리를 놀라게 할 수는 있어도 실제로 해를 끼칠 수는 없습니다. 그는 전투가 시작되기 전에 이미 패배한 상태입니다. 우리는 이미 승리자의 신분으로 전투에 참가합니다. 대적과 마주할 때는 이런 놀라운 특권을 꼭 기억해야 합니다. 그를 이미 패배한 적으로 대하여야 합니다. 의심과 두려움으로 그를 이롭게 하는 행동을 삼가야 합니다. 우리의 용맹함이나 승리는 중요하지 않습니다. 전쟁의 승리는 승리자이신 그리스도를 믿는 확신으로 가능합니다.

"세상을 이기는 승리는 이것이니 우리의 믿음이니라"(요일 5:4). 우리의 승리는 우리의 인도자께서 이미 확보해 주신 승리입니다. 그러나 그의 승리를 우리의 것으로 삼아야 합니다. 결코 의심하지 말아야 합니다!

"통치자들과 권세들을 무력화하여 드러내어 구경거리로 삼으시고 십자가로 그들을 이기셨느니라"(골 2:15).

웨이머스 Weymouth 박사는 "싸움이 벌어지면 굳건히 자리를 지키며 끝까지 싸워서 전쟁터의 승리자가 되어야 한다"라고 말합니다. '전쟁터의 승리자', 이렇게 감동적인 표현을 들으니 가슴이 벅차고 흥분이 됩니다. 햇살이 환할 때 찾아오는 유혹이나 깊은 좌절 속에 찾아오는 유혹처럼 온갖 유혹을 받고 모든 싸움을 한 후 전쟁터의 승리자들로 굳건히 선다는 것입니다. 주님의 깃발이 휘날리고 악한 자와 그의 수하들은 모두 철저히 참패를 당하고 전면 퇴각합니다. 존 헨리 조웨트 J. H. Jowett

에디스톤 등대를 쉬지 않고 때리는 드센 파도를 묘사하면서 한 작가

가 한 말이 있습니다. "그 등대는 조금의 미동도 없이 그 무서운 파도의 공격을 막아낸다. 그러나 마치 적들의 위력에 경외를 표하는 듯 몸을 굽힌다."

등대가 거센 풍랑을 이기듯이 견고하면서도 유연하게 인생의 파도와 맞서기로 합시다. 만세 반석이신 분이 나를 붙드시니 나는 요동치 않습니다.

7월 2일

주님의 울타리

"내 의의 하나님이여 내가 부를 때에 응답하소서 곤란 중에 나를 너그럽게 하셨사오니 내게 은혜를 베푸사 나의 기도를 들으소서" 시 4:1

하나님을 우리 육안으로 볼 수 있을 때, 우리 앞에 탄탄대로가 펼쳐질 때, 하나님을 신뢰하는 일은 누구라도 할 수 있습니다. 하지만 사방으로 에워싸임을 당하고 피할 길이 도무지 보이지 않을 때 하나님을 신뢰하는 일은 하나님이 기뻐 받으실 아름다운 일입니다. 우리 조상 아브라함이 바로 이런 믿음의 소유자였습니다.

"아브라함이 바랄 수 없는 중에 바라고 믿었으니"(롬 4:18).

남북 전쟁 때 아브라함 링컨이 한 말입니다. "나는 때때로 무릎을 꿇고 기도할 수밖에 없었다. 그렇게 무릎 꿇는 일 외에 달리 할 수 있는 일이 없다고 생각했다. 나의 지혜와 내가 가진 어떤 것으로는 하루를 감당하는 것조차 버거웠다."

하나님이 없는 사람은 아무리 위대한 위인이라도 처절하게 실패할 수밖에 없습니다.

사탄이 사방으로 우리를 에워싸지만 우리를 가둘 수는 없습니다.

우리 발을 묶고 손을 결박하더라도,

손아귀로 우리 영혼을 움켜쥐고 꼼짝달싹 못하게 하더라도,
늘 그랬던 대로 말이지요.
그러나 하나님의 얼굴을 가릴 수는 없습니다.
주님은 우리 빛이 되시니,
우리 눈과 생각이 하늘 높이 날아오를 수 있으리,
거기서는 그의 구름과 바람과 그가 만드신 새들이 노니나니,
밤에는 그의 별들이 총총히 빛을 발합니다.

사탄이 우리를 사방으로 에워싸더라도,
소중한 것을 모조리 빼앗아간다 하더라도,
깨어지지 않는 단단하고 거친 돌을 가져다가,
우리를 가두고 홀로 있게 두었다고 생각할지라도,
우리를 완벽하게 가둘 수는 없습니다.
주님이 안에 튼튼하고 키가 높은 울타리를 심어 두셨으니,
살아있으면서 푸르게 자라가는 울타리를 만들어 두셨으니,
신뢰하는 영혼과 사탄의 벽 사이에서 지켜주고 자라게 하시리.

사탄이 우리를 사방으로 에워싸더라도,
주님의 손길이 우리를 덮어 주시나니,
그의 울타리는 두텁고 가시투성이어서,
사탄은 헤집고 들어올 틈조차 찾지 못합니다.
손가락 하나도 들이밀 틈이 없습니다.
하루 종일 우리를 에워싼다 하더라도 그 뜻대로 되지 않습니다.
주님의 뜻이 그의 손이 헤집지 못하게 누르니,
사탄은 주님의 명령을 절대 어길 수 없습니다.
주님은 사탄의 악을 오히려 선으로 바꾸어 주십니다.

사탄이 우리를 사방으로 에워싸더라도,

충층이 사악한 돌들로 에워싸더라도,
울타리는 나날이 더 푸르고 아름답습니다.
울타리 안에 영혼이 자랄 넉넉한 공간이 있습니다.
우리를 에워싼 벽이 높고 단단하고 억세다 하더라도,
주님이 햇빛이 되어 주시고 주님이 이슬이 되어 주시고,
그의 울타리가 우리에게 시원한 그늘이 되어 줍니다.
어떤 벽도 그분을 막을 수는 없습니다.

애니 존슨 플린트 Annie Johnson Flint

7월 3일

합당한 제물

"여러분이 드릴 합당한 예배" 롬 12:1, 새번역

우리가 구원을 받은 이유는 무엇입니까? 우리는 주님께 제물로 드려지고자 구원을 받았습니다. 대홍수 때에 하나님이 정결한 짐승들과 정결한 새들을 일부 구원해 주신 일은 놀라운 교훈을 담고 있습니다. 노아는 하나님의 지시대로 정결하지 않은 짐승들과 새들뿐 아니라 이런 정결한 짐승들을 구원의 방주에 실었습니다. 이 정결한 짐승들은 홍수로 목숨을 잃은 짐승들보다 은혜를 입었습니다. 그들이 방주에서 나와 다시 마른 땅에 발을 내디뎠을 때 얼마나 놀라고 감동했을지 선연하게 그려집니다. 그런데 그다음에 어떤 일이 생겼을까요?

"노아가 여호와께 제단을 쌓고 모든 정결한 짐승과 모든 정결한 새 중에서 제물을 취하여 번제로 제단에 드렸더니"(창 8:20).

그렇다면 이 짐승들 중의 일부는 구원이 완성된 후 제물이 되려고 구원을 받은 셈입니다. 이 사실에 충격을 받는다면 그리스도를 믿는 우리 역시 정확히 같은 목적으로 구원을 받았음을 알고 있습니까?

"그러므로 형제들아 내가 하나님의 모든 자비하심으로 너희를 권

하노니 너희 몸을 하나님이 기뻐하시는 거룩한 산 제물로 드리라"(롬 12:1). 이것은 하나님이 기뻐 받으실 제사이며 우리가 마땅히 드릴 예배입니다.

성경이 바로 이어서 보여 주듯이 노아가 정결한 짐승들을 제사로 드림으로 땅은 큰 축복을 받았습니다. 그리고 하나님의 자녀들의 '산 제사' 역시 인류에게 큰 축복을 안겨다주었습니다.

우리가 제물로 드려지고자 구원받았음을 하나님께 진심으로 감사하시기 바랍니다.

오, 나의 거룩하신 주님, 주의 제단에 엎드리나니
이 하루를 주님께 바치는 선물로 받아 주소서.
제게는 주의 제단을 꾸밀 보석도 없나이다.
세상에 이름을 날릴 제물을 드릴 수도 없나이다.
그러나 여기에 떨리는 손으로 저의 이 마음을 드립니다.
볼품이 없고 초라합니다.
사랑하는 주님, 오직 당신만이 아십니다.
이 작은 것을 주님께 드리지만 제 전부를 드린다는 사실을,
제 눈물로 젖어있고 탄식과 한숨으로 빛이 바랜 선물입니다.
손에서 행여 놓칠세라 움켜쥐다
아름다운 빛이 완전히 퇴색해 버린 선물입니다.

거짓이 흔적조차 없이 사라지는 주의 발등상으로
기도를 올려드립니다. "주의 뜻대로 이루어지이다"
오, 아버지여, 이 기도를 받으소서.
용기 내어 드리니 이 기도를 주님 당신의 뜻으로 함께 버무려
절망하여 울음소리 더 크게 들리더라도
제 선물을 다시 돌려주시더라도
한 올도 남김없이 바꾸어 주시고 정갈하게 하시며 아름답게 하소서.

주의 평강으로 충만하게 하소서.
그 선물이 원래 제가 드린 선물인지 알지도 느끼지도 못하게 하소서.
다시 저의 뜻을 돌려받을 때 주의 뜻으로 바뀐 지 오래임을 알게 하소서.

제가 가진 모든 것을 당신께 올려드리나이다!

7월 4일
높은 곳에 거하는 자

"그는 높은 곳에 거하리니 견고한 바위가 그의 요새가 되며 …
네 눈은 왕을 그의 아름다운 가운데에서 보며 광활한 땅을 눈으로 보겠고" 사 33:16-17

까마득하게 깎아지른 기암절벽 위로 거친 나뭇가지로 만든 둥지에 알이 하나 있습니다. 독수리 한 마리가 가슴 깃털로 그 알을 따뜻하게 품고 있습니다. 하늘은 내려다보며 손짓해 부르고 아찔한 듯 깊은 하늘의 푸름은 유혹하듯이 말합니다. "이 높고 깊은 창공은 너희의 것이다. 와서 다 차지해 보라."

반짝이는 별들이 재잘거리는 참새처럼 자리 잡고 있는 하늘 아래 우뚝 솟은 봉우리들과 넓게 펼쳐진 대지는 억눌린 작은 생명에게 "여기로 올라와!"라고 외치고 있습니다. 그 안에 살아있는 생명체는 감옥의 얇은 벽 너머 소리를 듣습니다. 껍질을 깨고 둥지 밖으로 나와 햇살이 반짝이는 광활한 하늘로 솟구쳐 올랐다가 산들을 갈라놓은 깊은 협곡으로 내려오라는 유혹을 받습니다. 무한한 순례자 A Pilgrim of the Infinite

나는 영혼의 햇빛을 받으며 하나님의 산에 서 있습니다.
저 아래 골짜기에서 폭풍이 지나가는 소리가 들립니다.
천둥이 우는 소리가 들립니다.
그러나 나는 이 찬란하고 아름다운 하늘 아래

나의 하나님 당신과 함께하기에 더없이 평온합니다.
내가 발 딛고 서 있는 이 높은 곳에는
폭풍도 구름도 그 손길이 미치지 못합니다.

오, 이 생명이여! 오, 이 기쁨이여!
나의 하나님 당신은 그런 분입니다.
주의 얼굴을 눈으로 뵈옵고 귀로 주의 음성을 들으니
당신의 사랑 낱낱이 알기 원합니다.

호라티우스 보나르 Horatius Bonar

7월 5일

나니 평안하라

"천만인이 나를 에워싸 진 친다 하여도 나는 두려워하지 아니하리이다" 시 3:6

저녁 시간. 이 넓은 지역의 안녕과 이 많은 사람들을 위해 세운 나의 모든 계획들이 내일이면 야만인들에 의해 무참히 짓밟힐 것을 예상하니 내 영혼은 심한 혼란을 느낍니다. 그러나 예수님이 하신 말씀을 읽어 봅니다. "하늘과 땅의 모든 권세를 내게 주셨으니 그러므로 너희는 가서 … 내가 너희에게 분부한 모든 것을 가르쳐 지키게 하라 볼지어다 내가 세상 끝 날까지 너희와 항상 함께 있으리라 하시니라"(마 28:18-20). 이 말씀은 누구보다 위대하고 신성한 영광의 소유자이신 주님의 말씀입니다. 그러니 더 이상 말이 필요 없습니다. 작정한 대로 오늘 밤 몰래 빠져나가는 일은 없습니다. 나 같은 사람이 어찌 도망을 가겠습니까? 결코 그러지 않을 것입니다. 마지막이 되더라도 오늘 밤 위도와 경도를 확인해 볼 것입니다. 이제 고요한 평안을 느낍니다. 하나님 감사합니다. 데이비드 리빙스턴의 일기 Diary of David Livingstone

중국에서 의화단 사건이 일어난 끔찍한 시기에 선교 본부들이 파괴되고 선교사들이 살육을 당한다는 소식이 잇따라 전해지는 가운데 허드슨 테일러는 책상에 조용히 앉아 늘 즐겨 부르던 찬송가를 나직하게 웅얼거렸습니다. "예수여, 저는 쉼을 누립니다. 당신의 주 되심을 기뻐하며 쉼을 누립니다."

주님을 온전히 신뢰할 때 우리는 환경을 이길 수 있습니다. "만일 하나님이 우리를 위하시면 누가 우리를 대적하리요"(롬 8:31). 세상 사람들이 생각하기에는 불가능해 보인다 하더라도 하나님을 신뢰하는 그분의 자녀들은 "슬픈 나날들 속에서도 믿음으로 노래할 수 있습니다. 모든 것이 형통하다고 말이지요"라고 노래하는 축복을 누릴 수 있습니다.

존 버컨John Buchan은 "내가 많은 것을 두려워하지만 그중 가장 극도로 두려워하는 것은 두려움 자체이다"라고 말했습니다.

> 무서운 바람이 분다, 어두운 밤에 노 젓기 힘들다,
> 물결이 높다, 사공들은 두려워 무서워한다.
> 그때에 하나님이 말씀하시길 "나니 평안하라."
> 산 같은 파도가 밀려오네, 나 어찌 편안히 쉬리,
> 오, 위험과 근심은 날아가리,
> 생명의 주님이 말씀하시길 "나니 평안하라."

"항구로 와서 정박하든지 아니면 하나님과 망망대해를 항해하라!" 랄프 왈도 에머슨Ralph Waldo Emerson

7월 6일
고난과 영광

"생각하건대 현재의 고난은 장차 우리에게 나타날 영광과 비교할 수 없도다" 롬 8:18

불완전한 인간이 인격을 연마하기 위해서는 완벽한 환경이 아니라

성장에 도움이 되는 자극과 훈련이 필요합니다. 투쟁과 저항이 공존하는 세상이 필요합니다. 극복해야 할 장애와 싸워 이겨야 할 싸움, 풀어야 하는 난해한 문제들이 있습니다. 더없이 안락하고 평안해서 잠이 저절로 오는 세상이 아니라 더위와 추위, 여름과 겨울, 햇살과 그늘, 빛과 어둠, 즐거움과 고통, 번영과 역경처럼 행동과 반응이라는 끊임없이 변화하는 세상이 필요합니다.

힐리스Hillis 박사가 말한 대로입니다. "고통에서 해방되기를 구하는 사람은 사계절에서 겨울을 지워 버리려고 하고 하루에서 찬란한 밤을 지워 버리려는 사람입니다. 여름의 구름과 폭풍을 지워 버리고, 링컨의 얼굴에서 주름진 이마를 지워 버리며, 소크라테스에게서 고귀한 위엄을 지우며, 바울을 단순히 감상적으로 바라보려는 사람입니다. 모성의 아름다움을 지우고, 하나님의 고난당하는 종에게서 신성함을 제거하려는 사람입니다."

어린 소녀가 피아노 연습을 하면 손가락이 아프다고 음악 선생님에게 투덜거리자 그 선생님이 해준 말입니다. "피아노를 치면 손가락이 아프지만 손가락이 튼튼해지기도 한단다." 그런데 소녀가 한 대답에는 불변하는 만고의 철학이 담겨 있습니다. "선생님, 튼튼하게 해주는 건 뭐든지 아픔이 따르네요."

하나님은 절대 자녀들의 고통을 허비하지 않으십니다! 하나님은 극진히 사랑하는 자들에게 슬픔을 주시고 오직 고난이라는 통로로만 주어지는 소중한 영혼의 풍요를 선사하십니다.

하나님이 고난을 허락하시지 않으면 우리를 위해 하실 수 없는 일들이 있습니다. 고난의 과정이 없이는 그 과정의 결실을 거둘 수 없습니다.

"하나님을 사랑하는 자"(28절)는 모든 것을 소유합니다. 정해진 길을 따라가는 별들이 당신을 위해 싸웁니다. 불어오는 모든 바람이 당신의 돛을 채워 앞으로 나가게 합니다.

하나님은 쓸모없는 영혼들에게 시련을 주지 않으십니다!

7월 7일

내게 작정하신 일

"그런즉 내게 작정하신 것을 이루실 것이라" 욥 23:14

하나님의 뜻을 믿고 그를 신뢰해야 합니다. 골번Goulburn이나 아돌프 모노드Adolph Monod나 여러 사람들의 글을 보면, 주님이 일생 놀랍도록 고요한 영혼의 평화를 누리신 비결을 그의 아버지께서 그를 위해 세운 계획이 있었다는 사실에서 찾고 있습니다. 주님은 사람들을 가르치실 때나 여행을 하실 때 아무리 피곤하고 바빠도 결코 평온을 잃지 않으셨습니다. 그 계획은 단순히 주님의 일생에 대한 계획이 아니라 매일의 계획이었습니다. 주님은 그 계획을 확인하고 실행하셨고, 그래서 미로처럼 복잡한 일들로 상황이 아무리 혼란스럽고 뒤죽박죽으로 보이더라도 한 번도 혼란스러워하시거나 서두르지 않으셨습니다. 아버지의 손을 맞잡고 그를 위해 준비된 길로 걸어가시면 되었습니다.

그렇다면 하나님이 모든 사람을 위한 계획을 갖고 계시다면 어떻게 하나요? 하나님이 우리를 위해 계획을 세우고 계시다면 어떻게 하나요? 그렇다면, 실제로 우리가 해야 하는 모든 일과 우리가 감당해야 하는 모든 의무는 이미 정해진 계획의 일부라고 할 수 있습니다. 우리의 일을 방해하는 일들이나 우리가 세운 계획들을 뒤집는 일들, 우리가 바라는 일을 방해하는 일들, 성가신 일들이 모두 그 계획의 일부, 하나님의 계획일 수도 있으므로 우리는 그에 걸맞게 행동해야 합니다. 생명수 Living waters

나는 대대로 이어지는 영원한 뜻이 한 가지 있음을 추호도 의심하지 않습니다.

이 세상 위에 보좌가 하나 있고 그 보좌에 한 사람이 앉아 있습니다. 그분은 분쟁과 혼란으로 얼룩진 이 시대에 낮은 이곳에 있는 우리를 위한 계획을 갖고 계십니다. 그의 성령이 여기로 오셔서 그 계획을 이루어 주십니다. 그분에게는 우리 한 사람 한 사람 모두가 다 필요합니다. 그분은 각 그리스도인의 삶에 개입하시며 말씀하십니다. "다른 모든 일을 내려놓고 네게 맡길 작은 일에 충성하라." 그분의 손이 우리와 함께하십니다. 당신은 그 일을 하고 있습니까? 그 일이 아닌 다른 일은 다 실패일 뿐입니다. S. D. 고든 S. D. Gordon, "무릎을 꿇을 시간" The Bent Knee Time

7월 8일

달콤한 향기

"힘에 겹도록 심한 고난을 당하여" 고후 1:8

"넌 정말 달콤한 향기가 나는구나." 자갈길이 창 아래 화단에 핀 국화꽃들을 보며 말했습니다. "우리는 사람들에게 계속 밟혀 왔는데요." 국화꽃이 말했습니다. "그래서 향기가 난다는 거니?" 자갈밭이 되물었습니다. "나는 매일 사람들에게 밟혀도 향기가 나지 않는데." "우리는 태생이 달라요." 국화꽃이 대답했습니다. "자갈밭은 밟힐수록 더욱 단단해질 뿐이지만, 우리는 짓밟히면 이슬이 내릴 때 눌리고 멍이 들어 지금 당신이 들이키는 그 달콤한 향기를 발산한답니다." "정말 좋겠구나." 자갈밭이 대답했습니다.

그리스도인들과 세상 사람들에게는 시련이 이와 비슷합니다. 그리스도인은 시련으로 더욱 달콤한 그리스도의 향기를 내뿜게 되지만 세상 사람들은 이런 경험으로 더욱 독해지고 완악해지는 것입니다. 이런 일은 서로의 본성이 달라서 생기는 일입니다.

오, 아름다운 장미여, 내게 말해 다오.
정말 너무나 알고 싶구나.
내가 왜 네 꽃잎을 짓이겨야 하는지
달콤한 향기가 사방에 흩날리도록

오, 아름다움을 옷 입은 인생이여

저 아름다운 장미꽃처럼 어여쁘구나.
너도 고난을 받고 짓밟히겠지
최고의 향기를 발산하려면. 누가 알리?

슬픔으로 짓이겨진 생명이여
이웃의 슬픔을 시리도록 느낄 수 있으니
사랑의 달콤한 향기를 흩날릴 수 있으리
누군가 그 향기에 가슴 깊은 평안을 누리리.

시련을 만나도 투덜거리지 말지니
시련의 채찍을 맞으라는 부름을 받아도
그 생명으로 더 달콤한 향기를 내기 위함이니
바로 하나님의 손에서 주시는 향기라.

우리가 얼마나 곤핍한지 그는 아시나니
슬픔으로, 고난으로, 시험으로
오직 그 자녀들에게만 주시는도다.
최고라고 아시는 것을 주시는도다.

그러니 그가 주실 때 기뻐하자.
그가 슬픔을 주시거나 시련을 주실 때
장미 잎사귀처럼 짓이겨질 때 기뻐하자.
더 달콤한 향기를 내뿜으리니.

플로라 L. 오스굿 Flora L. Osgood

7월 9일

바다로 달려가는 순록처럼

"물이 없어 마르고 황폐한 땅에서 내 영혼이 주를 갈망하며
내 육체가 주를 앙모하나이다" 시 63:1

북부 순록에 관한 흥미로운 이야기가 있습니다. 바다에서 수백 마일 떨어진 평원에서 어느 시기가 되면 라플란드 사람들의 마을 한 가운데 어린 순록 한 마리가 널따란 콧구멍을 위로 향한 채 북쪽에서 불어오는 바람 냄새를 맡으며 일 분이 넘게 먼 곳을 바라봅니다. 그 순간 그는 어쩔 줄을 모르고 점점 흥분하기 시작하지만 아직 다른 순록들은 아무 반응이 없습니다. 다음 날 십여 마리의 순록 떼가 이끼를 뜯다 말고 하늘을 바라봅니다. 그러면 라플란드 사람들은 서로 알겠다는 듯이 고개를 끄덕이고 마을은 매일 점점 더 부산을 떨기 시작합니다.

어린 순록들이 떼로 제 자리에 선 채 넓은 콧구멍을 벌렁거리고 거칠게 숨을 몰아쉬면서 서로를 밀치며 부드러운 땅을 발굽으로 마구 때릴 때도 있습니다. 시간이 흐를수록 점점 더 거칠어지기 때문에 가벼운 썰매를 고정하기가 쉽지 않습니다. 날이 갈수록 마을 사람들은 점점 서로를 밀착시키는 순록의 모습을 유심히 살펴봅니다. 조만간 무슨 일이 일어날지 너무나 잘 알고 있습니다.

그러다가 마침내 북쪽 땅거미가 내려앉을 때 순록들은 거대한 무리를 이루며 이동하기 시작합니다. 약속이라도 한 듯 걷잡을 수 없는 충동에 사로잡혀 그들은 일제히 한 방향으로 머리를 돌립니다. 처음에는 천천히 이동하며 빛깔이 좋은 이끼 뭉치들을 여기저기서 뜯어 먹습니다. 그러다가 이내 빠르게 걷기 시작합니다. 그럴수록 서로에게 더 바짝 가까워집니다. 마을 사람들은 아직 챙기지 못한 남은 짐과 요리도구들과 목각 신상을 서둘러 챙기느라 마음이 바빠집니다.

빠르게 걸음을 옮겨놓던 거대한 순록 떼는 일제히 질주하기 시작합니다. 이제 맹렬한 속도로 내달립니다. 맹렬하게 일시에 질주하는 소리

는 마치 멀리 내리치는 천둥소리처럼 캠프가 흔들릴 정도입니다. 곧 그들은 시야에서 사라지고 소리도 아득히 멀어집니다. 멀리 북극해의 바닷물을 마시려고 달려가는 것입니다.

마을 사람들은 질주하는 수천 마리의 순록들이 만들어 놓은 넓은 길로 짐을 잔뜩 실은 썰매를 힘들게 끌며 그들을 따라갑니다. 꼬박 하루 거리를 쫓았지만 아직 바다는 아득히 멀고 길은 여전히 넓습니다.

둘째 날, 길이 점점 협소해지고 핏자국들이 보입니다. 그들 앞에 아득히 멀리 펼쳐진 평원으로 그들은 날카로운 눈초리로 어둠 속에 아무 미동도 없이 줄 지어 쓰러져 있는 물체들을 찾아냅니다. 바다로 가까워질수록 더욱 필사적으로 거칠게 광란의 질주를 벌였던 것입니다. 약한 순록은 더 억센 순록들의 발굽에 사정없이 짓밟혀 쓰러지고, 천 개가 넘는 뿔은 가죽을 뚫고 뼈가 드러날 정도로 서로를 찔러대었을 것입니다. 순록 떼는 앞뒤를 살피지 않고 점점 더 빨리, 그리고 더 필사적으로 앞으로 내달립니다. 다른 순록들이 죽어나가도 개의치 않습니다. 먹을 생각도 없고 목이 마르다는 생각도 하지 않습니다. 앞에 기다리는 얼얼할 정도로 짠 소금물을 향해 내달릴 뿐입니다. 드디어 해변가에 당도한 마을 사람들은 그들이 키우던 순록들이 언제 그랬냐는 듯이 조용히 풀을 뜯고 있는 모습을 보게 됩니다. 언제나처럼 고분고분하고 순한 모습으로 다시 썰매를 끌 자세를 하고 있습니다.

순록들은 일생에 한 번 흡족하리만큼 충분히 바닷물을 마셔야 합니다. 이렇게 바닷물을 마시지 못하면 죽고 말 것입니다. 바다로 달려가는 순록을 그 어떤 사람도, 그 어떤 짐승도 감히 가로막을 수 없습니다. 화살처럼 질주하는 그들에게 백 마일이나 되는 거리는 아무 문제가 되지 않습니다!

주님의 음성 내게 들리네,
"보라, 내가 값없이 생수를 주노니
목마른 자는 다 엎드려 생수를 마시고 영생을 얻으라"

나는 예수께 나아가 그 생명수를 마셨네.
목마름 사라지고 영혼이 다시 살림을 받았네.
이제 나 그분 안에 산다네.

오라, 오! 물가로 너희는 나아오라!

7월 10일

나를 따르라

"양 떼를 따를 때에 여호와께서 나를 데려다가" 암 7:15

천사들이 "맡은 사명을 감당하도록 누구를 남겨 놓고 오셨습니까?"라고 물었습니다. "나를 사랑하는 작은 무리들을 남겨 두고 왔도다"라고 주 예수님이 대답하셨습니다.

"그런데 시련이 찾아올 때 그들이 실패하면 어떻게 됩니까? 애써 이루신 것이 다 수포로 돌아가지 않겠습니까?"

"그렇지. 그들이 실패하면 내가 이룬 모든 일이 수포로 돌아가겠지만 그들이 실패할 일은 없느니라."

천사들은 이 말씀에 나타난 놀라운 사랑의 자신감을 보며 놀라움을 금치 못했습니다.

"나를 따르겠느냐" 구주께서 물으셨습니다.
길은 환하고 아름다워 보였고
청춘의 빛나는 희망과 열정으로 가득했습니다.
나는 "어디든지 가겠습니다"라고 대답했습니다.

"나를 따르겠느냐?" 다시 주님이 물으셨습니다.
앞에 놓인 길은 어둡고 침침해 보였습니다.

나는 환하게 빛나는 그의 얼굴을 흘깃 보고
"끝까지 따르겠나이다. 사랑하는 주님" 하고 대답했습니다.

"나를 따르겠느냐?" 이제 내 얼굴은 파리하게 질렸습니다.
길은 더없이 거칠고 낯설었습니다.
하지만 단단하게 나를 꼭 잡아 주시는 그 손길의 감촉을 느꼈고
내 마음은 흥분하여 쿵쾅거렸습니다.

"그래도 너는 따르겠느냐?" 부드럽고 따스한 음성이 들렸습니다.
내 마음 깊은 곳에 뜨거운 전율이 흘렀습니다.
나는 차마 대답하지 못했습니다.
하지만 그는 나를 더 가까이 안아 주셨고
우리는 결코 헤어지지 않으리라는 것을 알았습니다.

그 길은 겟세마네로, 성문으로, 진 밖으로 이어집니다. 그 길에는 아무도 보이지 않고, 발자국 하나 남아 있지 않으며, "나를 따르라"는 음성만 들립니다. 그러나 결국 그 길은 "그 앞에 놓인 기쁨"(히 12:2)으로 이어지고 하나님의 산까지 이어집니다.

아무것도 보이지 않을 정도로 어두운 시간에 당신의 타오르는 불꽃이 필요합니다.

7월 11일
더 깊은 안식

"그가 나를 푸른 풀밭에 누이시며 쉴 만한 물 가로 인도하시는도다" 시 23:2

수많은 사람에게 영향을 미치는 이 끝없는 추격전이 가치가 있을까요? 원하는 대가를 얻을 수 있을까요? 무엇보다 왜 이 흥미진진한 추격

전이 전국적인 현상이 되었을까요?

저 들판의 수많은 맹수들처럼 인간의 아들들도 무모한 열정에 영원히 내몰리며 살아야 할까요? 인생의 전 분야로 계속 번져가는 이 맹렬한 열정에서 벗어날 길이 정녕 없을까요?

그리스도인이라면 격렬하게 몰아치는 삶에서 벗어나 평안을 누릴 수 있습니다. 평화로운 내실의 공기가 살벌한 거리로 이어지게 할 수 있습니다. 우리 목자되신 주님은 잔잔한 물가로 우리를 인도해 주겠다고 약속하셨습니다. 가장 깊은 물속은 더없이 잔잔합니다.

너무나 많은 사람들이 맹렬히 서두르며 살아가는 이런 모습은 하나님의 경제 원리와 무관합니다. 이런 식의 삶을 계속 살아가는 이유는 목자 되신 주님이 우리로 잔잔한 물가로 인도하시게 하지 않고 그분 앞에서 계속 달려가기 때문입니다.

주님의 음성에 더 민감할 수 있다면 더 깊은 안식을 누릴 수 있습니다. 영혼이 믿음의 생명으로 넘실거릴 때만 우리는 쉼을 누리며 살아갈 수 있습니다. 주님이 명하시는 속도로 주님을 따라가며 하나님을 뒤따르는 삶이 될 수 있다면 "주께서 심지가 견고한 자를 평강하고 평강하도록 지키시리니"(사 26:3)라는 말씀의 의미를 배울 수 있을 것입니다.

고요하게 빛나는 별들의 움직이는 속도와 리듬에 발맞추어 걷는다면, 쉬지 못하고 들썩이는 이 작은 땅과 숨이 차서 헐떡거리던 우리 삶은 고귀한 품위를 회복하며 더 깊은 가치를 지니게 될 것입니다.

대부분의 훌륭한 위인들은 침묵의 시간을 알고 있습니다. 오직 하나님과 독대한 아브라함은 한 민족의 조상이 되었습니다. 광야의 정적과 고요 가운데 모세는 불타는 떨기나무 앞에서 하나님의 음성을 들었습니다. 그들의 훈련은 대부분 침묵의 학교에서 이루어졌습니다.

거룩하기까지 시간이 걸립니다. 그냥 저절로 되는 일이 아닙니다!

아프리카의 깊은 정글 속에서 한 여행자가 긴 거리를 가고 있었습니다. 그의 짐을 옮기기 위해 한 부족에서 많은 사람들을 고용했습니다. 첫날 그들은 서둘러 먼 거리를 이동했습니다. 여행자는 조금이라도 더 빠르게 가고 싶었습니다. 그러나 둘째 날 아침 이 정글 부족민들은 움직이려 하지 않았습니다. 그 자리에 앉아 쉬고 있었습니다. 그 이유를 묻자 여행자는 첫날 그들이 너무 빨리 이동하였고 이제 그들의 영혼이 육신을 따라잡을 때까지 기다리고 있다는 대답을 들었습니다.

우리 대부분이 살아가고 있는 바쁘게 휘몰아치는 삶은 첫날 서둘러 이동한 정글 부족민들에게 그랬던 것처럼 우리에게도 좋지 못합니다. 차이가 있다면 그들은 삶의 균형을 회복하기 위해 무엇이 필요한지 알았다는 것입니다. 우리는 그 사실을 거의 모르고 지나갑니다.

예수님은 요동치는 우리 인생이라는 거친 바다의 소용돌이 너머로 우리를 부르고 계십니다.

7월 12일
짓밟힌 삶

"뒤에 있는 것은 잊어버리고 앞에 있는 것을 잡으려고" 빌 3:12-13

자신의 내면 깊은 곳에 무덤 하나를 파십시오. 그리고 어떤 길도 이어지지 않는 망각의 무덤으로 만드십시오. 그곳에서 그동안 겪었던 힘들고 어려운 모든 일들을 영원한 침묵 속에 파묻으십시오. 마치 무거운 짐이 떨어져 나간 듯 마음의 홀가분함을 느끼고, 거룩한 평화가 함께할 것입니다. 샤를 와그너 Charles Wagner

심지어 사랑하는 사람들에게까지 오해를 받는 일은 인생의 쓰라린 아픔이자 십자가를 지는 고통입니다. 위대한 사람들의 입가에 비통하고 슬픈 미소가 왜 피는지 그 비밀을 이해하는 이들은 지극히 드뭅니다. 인자도 자주 그렇게 심장을 쥐어짜는 슬픔을 느끼셨을 것입니다. 아미엘 Amiel

산산이 부서진 바위 덩어리 깨어진 돌
보잘것없는 흙덩이

이리 저리 굴려 다니고 처박히고 짓밟히며
모두에게 잊혀져 아무 가치가 없다 하네
손가락질을 당한다네. 그러나 매일 그 쓸모를 다하지
대로에서, 왕의 대로에서는

툭하면 문 밖에 버려져 있지
때로는 비를 고스란히 맞으며
언제나 바닥에 누워 있네
진창으로 얼룩으로 사그라질 운명처럼
신사들이 발을 훔치고 꾹꾹 밟아
말끔히 털어내지 그리고 주인의 깔판이 되지

그대는 이리 저리 부서져 홀로 버려져 있지
사람들이 손가락질하지 그것이 다가 아니네
채찍에 맞고 침뱉음을 받는다네
그대 나의 저주가 되었으니
주 예수여 그 일을 생각하며 기도합니다.
저를 당신의 대로로, 당신의 깔판으로 삼아 주소서.

골드 코드 Gold Cord

"남을 도울 수 있는 힘은 남에게 짓밟힌 삶을 받아들이느냐에 달려 있습니다."

7월 13일

일상의 영성

"네가 선 곳은 거룩한 땅이니" 출 3:5

　우리는 커다란 행사나 모두가 부러워하는 좋은 환경, 기쁨으로 벅찬 순간, 훌륭한 위업을 우리의 열정과 용기와 믿음과 사랑을 재는 잣대로 사용할 수 없습니다. 평범한 일상의 일이나 남의 눈에 띄지 않는 일상생활 속의 여러 길들을 잣대로 삼아야 합니다.

　새로운 시야, 멋진 아이디어, 산속의 황홀한 경험을 주신 하나님께 감사합니다. 하지만 일상 속으로 내려와 발로 직접 걷고 손으로 수고하며 매일 만나는 삶의 긴장을 버텨내지 않으면 차라리 다 잃어버리느니보다 못할 것입니다. 오히려 상처를 받습니다. 흔하지 않은 삶은 흔하지 않은 방식으로 살아온 날의 열매입니다.

　낮고 천한 곳에서 누구나 알아보도록 온전히 사명을 감당할 때 높은 곳에 오르기 위한 최고의 준비를 할 수 있습니다.

　예수님의 사역을 이루는 사건들은 인간적으로 말해 매우 소박하고 전혀 가식적이지 않았습니다. 인간적인 평범한 행동이 광대한 그분의 경험과 사역 세계를 빼곡하게 채웠습니다. 그분은 매일 밤마다 무서운 광풍을 잠잠하게 하실 수도 있었고, 필요하다면 바다 위를 걷거나 바다 위를 날아가실 수도 있었습니다. 빌라도와 성전의 놀라는 무리들 앞에서 주님은 형체를 변화시키실 수도 있었습니다. 마음에 작정하기만 하시면 매일 환한 정오에 모두가 보는 가운데 하늘로 올라가는 모습을 보이실 수도 있었습니다.

　아무리 믿음이 신실한 사람도 한없이 자기를 낮추는 겸손은 예수님과 비교가 되지 않습니다. 그분은 야곱의 우물에서 오직 한 여인을 가르치셨습니다. 그분의 옷자락을 만지는 수줍은 손길에 관심을 보여 주셨습니다. 허리를 굽혀 어린아이들을 품에 안으며 축복해 주셨고, 심지어 냉수 한 잔처럼 너무나 사소한 일도 하늘의 보상을 받으리라고 말씀하셨습니다.

부엌 바닥일 수도 있고 더없이 바쁜 상점일 수도 있고,
아니면 매일 가르치고 자녀를 돌보는 곳일 수도 있습니다.
팔이 욱신거리고 머리가 어지럽도록 애쓰며 땀 흘립니다.
하지만 바로 거기서 예수님이 우리를 찾아내신다면,
발 딛고 있는 바로 그곳이 거룩한 땅입니다.

M. 콜리 M. Colley

주님은 "내가 나의 발 둘 곳을 영화롭게 할 것이라"(사 60:13)라고 말씀하셨습니다. 아무리 거칠고 가파른 곳이어도, 아무리 더러운 진창이어도 그가 발을 두시는 곳은 영화롭습니다!

가는 길에 주님을 모시면 이마에 주름질 일이 없습니다. 예수님을 곁에 모시고 걷는다면 겟세마네라 할지라도 하루아침에 나이 들어 보이는 일은 없을 것입니다. 우리가 지치고 곤비한 원인은 우리가 걷는 길이 아니라 내딛는 걸음이 무겁고 힘들어서이니 말입니다.

7월 14일
하나님의 병거

"하나님의 병거는 천천이요 만만이라" 시 68:17
"구원의 병거" 합 3:8

그러나 주님, 저들은 병거를 닮지 않았습니다. 아니 오히려 우리를 괴롭히는 원수들, 고난, 시련, 패배, 오해, 낙심, 불친절의 모습을 하고 있습니다. 언제라도 우리를 덮쳐 땅으로 처박을 기세로 우리를 노리는 고통과 비참함의 거대한 수레들을 닮았습니다.

그러나 저들은 병거가 맞습니다. 우리 영혼이 오랫동안 갈망하며 기

도해 오던 바로 그 승리의 높은 고지대로 날아오르게 해줄 승리의 병거입니다.

세상의 병거는 물질의 법칙을 따르며 중간에 방해를 받을 수도 있고 뒤집어질 수도 있지만, 하나님의 병거는 영적 군대가 조종하며 그 길을 막아서는 모든 장애물을 너끈히 뛰어넘습니다.

"천천이요 만만이라"고 오늘 본문은 말합니다. 우리의 영안이 아직 열리지 않아서 그들을 볼 수 없을지라도, 그들은 사방에서 우리를 에워싸고 대기하고 있을 것입니다.

"[엘리사가] 기도하여 이르되 여호와여 원하건대 그의 눈을 열어서 보게 하옵소서 하니 여호와께서 그 청년의 눈을 여시매 그가 보니 불말과 불병거가 산에 가득하여 엘리사를 둘렀더라"(왕하 6:17).

아람 왕은 그 병거들을 볼 수 없었고 선지자 엘리사의 종도 그 병거들이 눈에 보이지 않았습니다. 하지만 선지자는 조금의 미동이나 두려움 없이 고요히 집 안에 앉아 있었습니다. 그의 눈에는 보이지 않는 그 병거들이 보였습니다. 이제 그는 자기 종을 위해 "여호와여 원하건대 그의 눈을 열어서 보게 하옵소서"라고 기도했습니다.

우리 눈을 열어 보게 하옵소서!

오늘 우리 눈이 열리면 우리 집이나 일터나 우리가 다니는 거리들이 '하나님의 병거들'로 둘러싸여 있는 모습을 한눈에 볼 수 있다고 저는 추호도 의심하지 않습니다. 타고 갈 병거가 모자라서 걸어가야 하는 사람은 우리 중 한 사람도 없습니다. 지금까지 우리 인생에 큰 짐을 지어주었고 우리 영혼을 짓밟아 바닥에 처박은 무거운 수레 같은 존재였던 우리 가족의 일원, 그 십자가는 바로 그래서 천상의 인내와 오래 참음의 높은 고원으로 우리를 데려가 줄 영광스러운 병거일 수 있습니다. 우리가 겪는 오해, 치욕, 몰인정, 낙심과 상실, 패배, 이 모두는 그토록 가보고자 간절히 갈망했던 승리의 그 자리로 우리를 데려가기 위해 대기 중인 병거입니다.

시련을 겪는 와중에는 그의 뜻이 감추어져 보이지 않을지 모릅니다.

우리는 알든 모르든 주님의 뜻을 받아들여야 하며 그렇게 그분의 보이지 않는 사랑의 품에 숨어야 합니다. 우리는 말해야 합니다. "주의 뜻대로 이루어지이다. 주의 뜻대로 이루어지이다." 수없이 계속 말해야 합니다. 다른 생각들은 모두 몰아내고 오직 그분의 뜻에 복종하고 그분의 사랑을 신뢰하겠다는 한 가지만 생각해야 합니다. 그러면 전에는 꿈도 꾸지 못했던, 하나님과 함께 병거를 타고 있는 자신을 보게 될 것입니다.

하나님의 병거를 타고 인생길을 가는 영혼이 당도할 그 영광스러운 자리는 어떤 말로도 형용할 수 없습니다! 당신은 땅의 높은 곳으로 올라가겠습니까?

그렇다면 그곳에 데려갈 그 병거에 올라타시기 바랍니다.한나 휘톨 스미스Hannah Whitall Smith

7월 15일

역경의 순풍

"약속하신 생명의 면류관을 얻을 것이기 때문이라" 약 1:12

인류에게 가장 지대한 공헌을 한 위인들은 자기 십자가를 졌던 사람들이었습니다. 지도자들은 고독을 감내해야 했고 선지자들은 고통의 학교에서 교훈을 배웠습니다. 안전한 바다에서 서식하는 산호는 무성하게 성장하다가 아무 쓸모없이 되어 버립니다. 파도에 깨어지고 부서진 산호들은 견고한 바위를 이루고 대륙의 기초를 이룹니다. 안온함으로는 위대함을 낳을 수 없습니다.

불리한 환경과 맞서 싸워야 했던 사람들, 추위와 싸우고 폭풍과 악전고투를 벌이며 바위를 부수고 척박한 황무지에서 삶을 이어가야 했던 사람들은 그 고통으로 고귀한 성품을 얻게 되었습니다.

새는 세찬 맞바람에 날아오르며, 그 맞바람에도 불구하고 그리고 그 맞바람 때문에 높이 날게 됩니다. 제대로 각도를 조절한다면 맞바람은 양력으로 작용할 수 있습니다.

폭풍은 배 난간을 사정없이 때리고 닻을 찢을 수 있지만 강한 손과 용감한 마음을 만들어 줍니다. 오, 인생의 광활한 바다의 폭풍과 고요함을 함께 항해하는 동지들이여. "닻을 높이 올리고 역경의 순풍에 몸을 맡기자."

역사상 가장 위대한 분, 바로 운명의 시금석이신 주님도 오직 고난으로 온전하게 되셨다면 우리 역시 고난을 당해야 마땅하지 않겠습니까? 가장 좋은 것은 모두 전쟁터를 지나야 합니다. 이런 좋은 것들을 얻으려면 그 전쟁터를 무사히 건너가기 위해 싸워야 합니다.

웅장한 대자연은 흉한 자국이 선연한
천둥이 수없는 공격으로 남긴 상처가 있어야 한다.
힘을 다해 싸운 상처 자국이 없이는
영혼의 근육이 튼튼해질 수 없다.

로웰 Lowell

당신의 인생에서 안으로든 밖으로든 가장 고되고 힘든 일을 택하고, 바로 그곳에서 영광스러운 승리를 거두게 하실 하나님을 고대하십시오. 하나님은 바로 그 자리에서 우리 영혼의 꽃을 피우게 해주십니다. 릴리아스 트로터 Lilias Trotter

7월 16일
여호와께 피함

"내가 여호와께 피하였거늘" 시 11:1

새에 대해 흔히 하는 미사여구가 있지만, 사실 새는 이슬이 반짝거리는 상쾌한 봄날 아침이 아니라 먹구름이 가득한 하늘 사나운 폭풍이 부는 한가운데서 노래합니다. 얼마 전에 천둥과 새소리가 함께 연주하는 음악을 들었습니다. 무섭게 내리치는 천둥소리 사이에 간간히 종달새의 맑고도 가슴 떨리는 노랫소리가 들렸습니다. 그 음색은 사나운 폭풍 한 가운데서 들려오는 것 같았습니다. 이 시편은 인생의 사나운 폭풍 가운데서 지은 시입니다. 해는 지고 별도 보이지 않습니다. 물결이 사납게 일렁입니다. 길은 무너져 갈 수가 없습니다. 바로 이렇게 황량하고 캄캄한 어둠 속에서 시편 기자의 드높은 승리의 외침이 들립니다. "내가 여호와께 피하였도다." 이 노래를 부르는 사람은 곤경에 빠져 있습니다. 대적들에게 끝없이 괴롭힘을 당하고 있습니다. 포기할 줄 모르는 적에게 쫓기고 있습니다. 이길 승산이 없어 보이는 싸움을 하고 있습니다. 대적은 거침이 없습니다. 그리고 이렇게 패배하고 재앙이 곧 닥칠 것 같은 순간 하나님을 신뢰하는 이 기쁨의 노래가 등장합니다. "내가 여호와께 피하였도다." 캄캄한 한밤중의 노래입니다. 존 헨리 조웨트 J. H. Jowett

아일랜드 남부에는 '폭풍 개똥지빠귀' Storm Thrush 라고 불리는 개똥지빠귀과의 새가 살고 있습니다. 폭풍을 좋아하는 특이한 습성 때문에 붙여진 이름입니다. 비가 퍼붓고 바람이 사납게 부는 폭풍우 속에서 이 새는 가장 높은 나무의 꼭대기 가지로 날아가 아름다운 노래를 쉬지 않고 부릅니다. 바람에 위태롭게 흔들리는 가지에도 아랑곳하지 않습니다.

둥지가 완전히 무너져 버린 작은 새들에 관한 아름다운 이야기가 전해집니다. 폭풍이 휩쓸고 지나가고 시인은 정원의 나무 사이로 산책하다가 바닥에서 부서진 둥지 하나를 보게 됩니다. 시인은 몸을 숙이고 안타까운 마음에 둥지를 쓰다듬었습니다. 보금자리가 완전히 파괴된 새가 측은하기 그지없었습니다. 그러나 생각에 잠긴 얼굴로 그 자리에서 일어난 그는 머리 위로 재잘거리는 소리를 들었습니다. 위를 올려다보니 새들이 망가진 둥지를 다시 짓느라 부산하게 움직이고 있었습니다.

동이 틀 무렵 새 우는 소리를 들었지
가을의 나무들 사이로 부르는 노래였지

얼마나 곱고 평화로운 노래인지
추호의 의심도 없는 확신으로 충만한 노래
인간은 그렇게 오래 들을 수 없는 노래라는 생각이 들었지
무릎을 꿇을 때만 들을 수 있는 노래
이 작은 새는 홀로 죽은 나무들 사이에서 노래하였지

로버트 루이스 스티븐슨Robert Louis Stevenson이 한번은 이렇게 기도를 끝낸 적이 있습니다. "폐허처럼 행복이 무너져 내린 모습에 망연자실 슬퍼하는 동안 누구도 절망하지 않게 용기라는 은혜를 베풀어 주소서. 당신의 제단 불로 우리를 만져 주셔서 분연히 일어나 우리 성을 다시 짓게 하소서."

새롭게 성을 짓는 일을 합시다!

7월 17일

노아를 기억하사

"하나님이 노아와 … 가축을 기억하사 하나님이 바람을 땅 위에 불게 하시매 물이 줄어들었고 깊음의 샘과 하늘의 창문이 닫히고 하늘에서 비가 그치매 물이 땅에서 물러가고 점점 물러가서" 창 8:1-3

이 모든 것은 하나님이 노아를 기억하셨기 때문입니다! 오직 하나님이 노아를 기억하시고 그를 위해 세우신 계획이 있으셨기 때문에 하늘과 땅의 세력들이 부름을 받고 물러서며 명령대로 움직였습니다.

하나님은 우리를 잊지 않으십니다. 노아에게 하셨듯이 우리를 위해 우주의 세력들에게 주저치 않고 명령을 내리실 분입니다. 노아를 위해 계획을 세우신 그분은 노아를 통해 온 세상을 위한 계획을 세우셨습니다. 그러니 그분은 우리를 위해서도 계획을 세우고 계십니다. 우리가 원한다면 온 세상의 유익을 위해 우리를 사용하실 것입니다.

우리는 잊을지라도 하나님은 잊지 않으시나니!
 하나님의 때는 결코 어긋남이 없습니다.
너무 빠르지도 너무 느리지도 않습니다.
별들은 정해진 대로 변함없이 움직이며
수백 년이 오고 가도 그대로입니다.

별들은 때에 맞추어 뜨고 지며
혜성은 정해진 시간이면 되돌아옵니다.
일초도 늦지 않게 제시간에
눈에 보이지 않는 길을 돌다가 다시 찾아옵니다.

인간은 태양으로 나이를 계산하고
달로 월을 헤아립니다.
너무 늦게 오는 법도 없고
너무 이르게 떠나는 법도 없습니다.

우리는 하나님으로 우리 시계를 맞추고
그의 길로 우리 인생을 정리해야 합니다.
우리가 사는 날 동안 그 어떤 것도 너무 이르거나
너무 늦게 오고 가는 것은 없습니다.

애니 존슨 플린트 Annie Johnson Flint

그분에게는 멋지게 보내는 여유로운 날이 없습니다.

7월 18일

인생의 솔개

"주 여호와여 내가 이 땅을 소유로 받을 것을 무엇으로 알리이까 여호와께서 그에게 이르시되 나를 위하여 … 새끼를 가져올지니라 … 솔개가 그 사체 위에 내릴 때에는 아브람이 쫓았더라" 창 15:8-9, 11

하나님이 우리에게 큰 축복을 약속하셨을 때, 우리가 그분에게 어떻게 그 축복을 받는지 물으면 항상 같은 대답이 돌아옵니다. "네가 직접 희생 제사를 드려야 된다." 우리가 완전히 우리를 내어드리며 우리 자신을 그분에게 올려드리지 않으면 하나님은 아무리 풍성한 약속이라도 지키실 수 없습니다. 이렇게 온전히 우리를 내어드릴 때 비로소 하나님은 우리 삶을 이용해 우리에게 영광스러운 일을 해주실 수 있습니다.

그다음에는 또 솔개들이 유례없이 우리 인생을 공격하기 시작합니다. 사탄은 그 어떤 인생도 하나님께 제물로 드려지기를 원하지 않습니다. 어둠의 역사를 좌절시키기 위해 그 인생을 하나님이 얼마나 위력적으로 사용하실지 아는 것입니다. 그래서 솔개들이 공격합니다. 우리는 우리 인생을 하나님께 온전히 내어드린 후에는 그 어느 때보다 맹렬하고 가차 없는 공격과 유혹을 받으리라 예상해야 합니다. 아침에 오는 메시지

Messages for the Morning Watch

중국에는 도자기에 원하는 빛깔을 내기 위해 수년 동안 애를 쓰던 한 도공에 관한 전설이 전해집니다. 그는 온갖 노력에도 원하는 결과를 내지 못했습니다. 결국 낙심하고 절망한 그는 스스로 가마에 몸을 던졌고 그의 육신은 맹렬한 불속에 한 줌 재로 변하고 말았습니다. 가마에서 도자기를 꺼낸 사람들은 도자기들이 그가 그토록 오랫동안 내고 싶었던 그 놀라운 빛깔을 띠고 있음을 보았습니다.

이 전설은 우리 자신을 희생할 때만 가장 고귀하고 놀라운 일을 이룰 수 있다는 진리를 보여 줍니다. 향유 옥합은 깨뜨리지 않으면 향기를 내지 못합니다.

그리스도는 편안하고 유쾌하며 성공적인 인생으로 세상을 구원하신 것이 아니라, 고난받으시고 죽으심으로 세상을 구원하셨습니다. 단순히 세상에서 잘 지낸다고 세상을 축복할 수 없습니다. 오직 우리 생명을 내어줄 때만 가능합니다.

심장을 치유하려면 심장의 피를 흘려야 합니다. 생명을 구원하려면 결국 생명을 버려야 합니다.

나의 무모한 고집을 사로잡아 멍에를 채웠지
무거운 짐에 짓눌릴 때 평안은 없고 고통만 있었지
영광의 짐 최후의 한 가닥이 끊어질 때까지
나는 하나님의 풀무에 초가 녹듯이 녹아내렸네
이제 나는 거침없이 날아오르네
도도히 흘러가는 그분의 무한한 뜻이라는 강에 작은 조각처럼
거친 바위를 웃으며 소리치며 지나지
그러니 나의 하나님이여 그 소중한 뜻을 이루소서

7월 19일
약속의 열쇠

"하나님의 약속은 얼마든지 그리스도 안에서 예가 되니" 고후 1:20

때로 그리스도인들은 곤경에 처할 때 행복을 찾으려 나서지만 이미 받은 약속 안에 있는 풍요로운 축복을 잘 모르고 있습니다.

'크리스천'과 '소망'은 금지된 땅에서 길을 잃고 헤매고 다니다가 부주의로 '절망 거인'이 사는 '의심의 성'에 갇히고 말았습니다. 그들은 며칠 동안 누워 있다가 어느 날 밤 기도를 하기 시작했습니다. "날이 밝아 오려던 차에 크리스천이 갑자기 흥분한 얼굴로 벌떡 일어났습니다. '이런 바보가 어디 있나! 언제라도 도망칠 수 있는데 이 악취 나는 지하 감

옥에 앉아 있었다니! 내 품에 '약속'이라고 하는 열쇠가 있었어. 이 열쇠만 있으면 '의심의 성'의 어떤 문도 열 수 있어.' 그러자 소망이 말했습니다. '형제여 정말 좋은 소식입니다. 어서 열쇠를 꺼내서 시험해 보세요.' 그 말을 듣고 크리스천은 품에서 열쇠를 꺼내 지하 감옥의 문에 넣고 돌렸고 간단히 빗장이 풀리며 문이 활짝 열렸습니다. 크리스천과 소망은 무사히 밖으로 나올 수 있었습니다." 존 번연 John Bunyan, "천로역정" Pilgrim's Progress

종종 어려움에 봉착할 때 아무리 애써도 그 어려움을 해결하고 기쁜 결말에 도달할 길을 찾기가 어렵습니다. 기도해도 소망하는 기도의 자유를 누릴 수 없습니다. 확실한 약속을 원하기에 당신은 영감을 받은 말씀으로 이렇게 저렇게 시도해 보지만 맞아떨어지는 말씀이 없습니다. 또다시 시도해 봅니다. 그러다가 적당한 때가 되면 그 경우를 위해 준비된 듯한 약속이 스스로 모습을 드러냅니다. 제대로 만든 열쇠가 미리 준비된 자물쇠에 딱 맞아떨어지듯이 정확히 상황에 맞는 약속과 살아계신 하나님의 일치하는 말씀을 발견하고 당신은 은혜의 보좌로 서둘러 나아가 간절히 호소합니다. "오, 주님 당신은 당신의 종에게 이 좋은 것을 약속해 주셨습니다. 이루어 주옵소서." 이렇게 문제가 해결됩니다. 슬픔이 기쁨으로 변하고 기도는 응답을 받습니다. 찰스 스펄전 Charles H. Spurgeon

> 믿음, 능력 있는 믿음, 그 약속을 보며,
> 오직 하나님만 의지하네.
> 불가능에 웃으며 큰 소리로 외치네.
> "그대로 이루어지이다."

가진 열쇠를 모두 다 사용해 보기 바랍니다. 절대 절망하면 안 됩니다. 하나님은 우리가 보물 창고를 열지 못하게 하시는 분이 아닙니다.

7월 20일

거창한 기도

"지금까지는 너희가 내 이름으로 아무것도 구하지 아니하였으나 구하라 그리하면 받으리니 너희 기쁨이 충만하리라" 요 16:24

알렉산더 대왕은 유명하지만 가난한 철학자를 궁정에 두고 있었습니다. 과학에 정통한 이 사람은 특별히 궁핍한 살림으로 힘들어한 때가 있었습니다. 그가 세상의 정복자인 자신의 후원자 말고 누구에게 손을 내밀겠습니까? 왕은 지체하지 않고 그 요청을 들어주었습니다. 알렉산더는 마음껏 왕의 국고를 이용할 재량권을 주었습니다. 그는 곧 왕의 이름으로 만 파운드를 요구했습니다. 그의 거액 요구에 놀란 왕의 금고지기는 요청을 거부하고, 왕의 정식 허가를 받고자 대기했다가 그 사건을 보고하고, 그의 요청이 얼마나 터무니없는지 그리고 그 액수가 얼마나 거액인지에 대한 자신의 생각을 추가했습니다. 참을성 있게 그의 말을 듣던 알렉산더는 그의 충언에 이렇게 대답했습니다. "즉각 그 돈을 내주라. 나는 이 철학자의 사고방식을 흡족히 여기노라. 나는 누구에게서도 받지 못한 영예를 이 사람에게서 받았도다. 그는 거액을 요청함으로 나의 막대한 재물과 왕으로서 나의 관용을 흔쾌히 인정하는 모습을 보여 주었노라."

성도는 기도가 지닌 가능성의 한계에 한 번도 도달해 본 적이 없습니다. 아무리 놀라운 일을 이루고 성취했더라도 기도를 들으시는 하나님의 옷자락만 겨우 만져 보았을 뿐입니다. 우리가 그분의 능력과 사랑의 부요함을 존중하는 방법은 오직 더 담대하고 거대한 요청을 하는 것뿐 입니다. A. T. 피어슨 A. T. Pierson

하나님이 응답하시기에 너무 부담스러워서 자제를 요청하실 정도로 그렇게 거창한 기도는 없습니다. 목발이 아니라 날개를 주시도록 기도하십시오. 필립 브룩스 Phillips Brooks

진심으로 간구하라.
넘쳐흐르는 사랑으로 말씀하시는 이는 네 하나님이시니
네 하나님은 베풂의 놀라운 기쁨을 누리시는 분이로다.
너의 모든 연약함을 아시고 네 하나님은 속삭이시니
"풍성한 수확을 원하느냐? 진심을 다해 구하라."

진심을 다해 구하라.
샘의 근원으로 그릇을 드리우며
기쁘게 샘솟는 샘물의 풍성한 모든 복을 누리라.
갈보리에서 헤아릴 수 없는 풍성함을 선포하셨도다.
그렇다면 누가 그 보물을 아끼며 그 보물을 누가 거절하겠는가.
이 말씀, 그의 증언을 깊이 되새기며 진심을 다해 간구하라.

알렉산더가 왕으로서 이만큼 베풀 수 있다면 하나님이신 여호와는 어떠하겠습니까?

7월 21일

기도의 승리

"무엇이든지 기도하고 구하는 것은 받은 줄로 믿으라
그리하면 너희에게 그대로 되리라" 막 11:24

오, 기도의 승리는 성경의 산 정상에 해당합니다.

기도로 우리는 마므레 평지로 돌아가고 브니엘 강가로 되돌아갑니다. 기도는 여호수아의 승리와 다윗의 구원과 엘리야와 엘리사의 기적으로, 주님의 인생의 거룩한 이야기로, 오순절의 비밀과 바울의 유례없는 사역의 정수로, 성도들의 일생과 순교자들의 죽음과 교회 역사에서 가장 신성하고 아름다운 모든 이야기와 하나님의 자녀들의 체험으로 다시 이끌어 줍니다.

마지막 싸움이 끝나고 기도하던 의자가 있던 자리에서 찬양의 하프가 울려 퍼질 때 영원한 광채로 빛날 시간 속 장면들은 끝 모를 슬픔과 캄캄한 어둠이 있던 자리일 것입니다. 그리고 그 위에 '여호와 삼마'(여호와께서 거기 계신다)라고 적게 될 것입니다.

그대가 어떤 것을 구하더라도,
하나님은 그 능력으로 사랑하고 축복하실 수 있습니다.
믿음을 지키는 영혼에게 주시기를 기뻐하십니다.
그들이 표현할 수 있는 것 이상으로 주시는 분입니다.

7월 22일
치유의 나무

*"내 이름을 경외하는 너희에게는 공의로운 해가 떠올라서
치료하는 광선을 비추리니"* 말 4:2

남미를 여행하던 한 여행자는 작은 네발짐승과 몸집이 거대하고 독을 뿜는 파충류와의 흥미로운 싸움에 관한 목격담을 들려줍니다. 작은 짐승은 단 한 방으로 상대를 제압하려고 하는 상대방에게 도무지 적수가 되지 못할 것 같았습니다. 무력하기 짝이 없는 새끼까지 끼고 있었습니다. 그 작은 짐승은 조금도 두려워하지 않고 막강한 적에 맞서 돌진했고 연달아 강렬한 유효타를 날리며 적을 공격했지만 초반에 맹독이 있는 그 파충류의 어금니에 물려 깊고 치명적인 상처를 입었습니다. 적은 분노의 일격을 가하며 그 어린 공격자의 살을 깊이 파고들어 놓지 않았습니다.

잠시기는 하지만 이제 모든 싸움은 다 끝난 듯 보였습니다. 하지만 지혜로운 어린 짐승은 바로 숲으로 물러나 플랜테인 나무(바나나과 나

무—편집자)로 올라갔고 그 잎사귀를 열심히 씹어 삼킨 다음 서둘러 돌아왔습니다. 상당히 기운을 회복한 듯 보였고 결연하게 다시 일전을 치를 태세였습니다. 이 장면은 그 뒤로 여러 차례 되풀이되었습니다. 거대한 뱀은 비록 체력을 크게 소모했지만 맹렬하게 공격을 했고 상대가 거의 죽을 정도로 상처를 입히고 또 입혔습니다. 그러나 어린 짐승은 그때마다 그 단순한 처방책으로 기력을 회복하고 돌아와 새로운 승리를 거두었습니다. 한두 시간 후에 그 싸움은 끝났습니다. 거대한 뱀은 숨을 거둔 후 아무 미동도 보이지 않았고, 어린 승리자는 성한 몸으로 자기 둥지 안에서 무력한 새끼들을 지성으로 돌보고 있었습니다.

우리는 용이 쏜 독에 얼마나 자주 상처를 입는지 모릅니다. 상처를 입고 마치 죽은 것처럼 보입니다. 긴 의식을 거쳐야 생명의 근원에 도달할 수 있다면 우리는 기진해서 죽고 말 것입니다. 하지만 주님의 이름을 찬양하시기 바랍니다. 그 숲 그늘처럼 손닿을 곳에 치유의 나무가 있습니다. 언제라도 상처를 치유하고 회복하고 힘을 얻고 변화되어 다시 돌아오게 해줄 나무가 있습니다. 그리고 우리도 산에서 기도하실 때 눈부신 하늘의 광채로 해처럼 빛나시던 그분처럼, 동산에서 기도하시다가 죽음의 공포를 이기시고 자리에서 승리자로 분연히 일어나 구속의 장엄한 전쟁을 이기기 위해 위로부터 힘을 얻은 그분처럼 변화될 것입니다.A. B. 심슨 A. B. Simpson

그의 날개로 우리 아픔과 고통을 치유해 주시네.
독을 머금은 뱀 어금니에 물린 자국을 낫게 해주시네.
그의 품에 더 깊이 안겨 치유하시는 날개를 어루만지리.

7월 23일

기도회 언덕

"무엇을 구하든지 내가 행하리니 이는 아버지로 하여금 아들로 말미암아 영광을 받으시게 하려 함이라" 요 14:13

그분의 영광을 위해 기도하나요?

하나님께 "그분의 이름으로" 기도드릴 수 있는 모든 이들에게 이런 특권과 가능성이 있습니다.

인도 온골레의 론스타 선교회에서 소수의 신실한 성도들은 매년 담대한 믿음으로 선교회를 개최했습니다. 이제 선교회는 문을 닫아야 할 처지였습니다. 선교는 실패할 것이 분명했고 자금도 없었습니다. 유일한 희망은 하나님뿐이었습니다.

조웨트 Jowett 박사와 그의 아내는 그 유명한 힌두 여성, 거의 100살이 된 줄리아와 함께 온골레 너머 산을 올라 론스타 선교회(현재의 One Mission Society, OMS)와 하나님을 모르는 인도 백성들을 구원해 주시도록 기도를 드렸습니다. 어느 날 밤 인도 넬로르에서 한 나이 든 힌두 성도는 코틀랜드 마이어스 Cortland Myers 박사에게 그녀의 일생 중 가장 의미 있고 감동적인 순간을 다시 말하며 눈물을 훔쳤습니다. 바로 '기도 모임 언덕' Prayer Meeting Hill에서의 평생 잊지 못할 해돋이 순간이었습니다.

"그들은 함께 기도하고 함께 믿었습니다. 대화를 나누고 다시 기도했습니다. 갈멜산의 엘리야처럼 이방의 땅을 마주하며 하늘 보좌 앞에서 씨름했습니다. 드디어 날이 밝았습니다. 태양이 지평선 위로 떠오르자 조웨트 박사는 어둠을 털고 일어났고 눈부신 빛을 보는 듯했습니다. 그는 하늘을 향해 손을 들어 올리고 눈물로 얼룩진 얼굴을 돌려 위대한 사랑의 심장을 바라보았습니다. 그는 발아래 가시밭 황무지 들판이 교회와 선교회 건물로 변한 장면이 보인다고 외쳤습니다!

그는 믿음으로 그 놀라운 사실을 붙들었습니다. 그 약속을 주장하고 오직 그분의 영광과 죄인들의 구원을 구하는 기도에 응답해 달라고 하나님께 부르짖었습니다."

곧 필요한 자금이 들어왔습니다. 분명히 하나님이 주신 선물이었습니다.

하나님이 세우신 사람이 즉시 나타났습니다. 클라프 박사가 거의 실패한 선교에 새 생명과 희망을 불어넣도록 부름받은 것은 하나님의 일이 분명했습니다.

오늘날 그 선인장 밭에는 지상의 어떤 교회보다 많은 교인이 출석하는 교회가 서 있습니다. 그 교회는 무려 20,000명이 출석하는 교회로 성장했습니다. 어쩔 수 없이 교회를 분립하지 않았다면 교인 수는 50,000명에 육박했을 것입니다. 현대 선교 세계에서 가장 놀라운 기적이 일어났습니다.

거의 포기한 선교지에서 클라프 박사는 한 해에 10,000명에게 세례를 주었습니다. 하루에 2,222명이 세례를 받았습니다.

기도회 언덕은 하나님의 보좌를 움직였고 세상이 놀라 떨었습니다. 이토록 많은 기도의 역사를 보고 하나님께 영광을 돌리려 천상의 천군 천사들이 숨죽이고 지켜보았을 것입니다!

7월 24일

보지 못하고 믿는 자의 복

"너는 나를 본 고로 믿느냐 보지 못하고 믿는 자들은 복되도다" 요 20:29

아무 비전도 보지 못하고, 땅이나 바다에서는 절대 볼 수 없는 영광으로 물든 산을 올라 본 적이 단 한 번도 없는 사람들이 있습니다. 환상을 보는 이유는 그 방법이 아니면 연약함에서 벗어나지 못할 믿음을 강건하게 해주기 때문일지 모릅니다. 지극히 평범하다고 할 믿음의 세계를 경험하면서도 믿음을 잃지 않는 사람들에게 우리 주님은 "복되도다"라고 말씀하십니다.

변덕스럽고 충동적으로 살지 않도록 조심해야 합니다. 한결같은 원리에 따라 살고 행동하여야 합니다. 달과 별의 투명하고 한결같은 광채에 비하면 한순간 번쩍이다 사라지는 한여름 번갯불은 허망할 뿐입니다.

"어둠이 가장 짙은 밤에 별은 빛난다."

마음이 울적할 때 신약 성경을 열어 보기 바랍니다. 머리에 그림을 그리듯이 읽어 보기 바랍니다. 가버나움 해변에 서 보기도 하고, 베다니의 집을 방문하기도 하며, 야곱의 우물이나 다락방에 앉아 예수님의 눈을 들여다보고, 그의 음성을 따라 갈보리를 걸어보며, 가시로 만든 면류관을 기억하고 가만히 자신에게 말해 보십시오. "날 위해 이 모든 일을 해주셨구나. 하나님의 아들이 나를 사랑하셔서 자기를 내어주셨구나." 그리고 뜨거운 찬양의 열정에 침울한 기분이 저 멀리 날아가 버리지 않는지 확인해 보기 바랍니다.

"찬양과 섬김은 우리를 치유해 주는 특효약이다." 인생이 상처로 고통스러울 때, 용기를 내기가 힘들 때 하나님을 찬양하기 바랍니다. 노래하고 찬양할 때 우리 마음은 그 노래로 활기를 되찾게 됩니다.

그분의 임재하심이 전혀 느껴지지 않고 고개를 들기가 어려울 때라도 물 위로 머리를 쳐들고 수영하는 법을 배워야 합니다.향신 정원 Garden of Spices

인생이나 감정을 의지해서는 안 됩니다. 늘 따뜻한 곳에서 살 수는 없습니다.

7월 25일

당신은 하나님의 기회

"내가 너를 누구에게 보내든지 너는 가며" 렘 1:7

조지 엘리엇 George Eliot의 〈스트라디바리우스〉라는 제목의 시를 읽어 본 적이 있습니까? 스트라디바리는 바이올린 제작으로 유서 깊은 유명한 가문의 사람으로, 거의 200년 된 그의 바이올린은 오늘날 같은 무게의 금값과 같은 가치를 지닌다고 합니다. 시에서는 스트라디바리를 이렇게 말합니다.

내가 손을 게으르게 놀린다면 하나님의 것을 도적질해야 하리라.
그분은 넘치도록 좋으신 분이니, 바이올린 대신 빈 여백을 남기리.
안토니오가 없이는 그가 안토니오 스트라디바리 바이올린을
만드실 수 없으리.

이 시대의 우리는 하나님의 기회가 됩니다. 하나님은 바로 당신 같은 사람을 수백 년이나 기다려 오셨습니다. 우리가 하나님을 거부하면 하나님은 우리를 통해 하고자 기다리셨던 기회를 잃게 되고, 다시는 다른 기회를 얻지 못하실 것입니다. 이 땅에 당신과 똑같은 사람은 없으니까요.

내 형제여, 하나님께 선물을 가져다드려라.
다른 선물을 청하실 이유가 없으니 당신이 하리라.
하나님이 축복을 더하시어
하나님과 그대 둘이 그 일을 하리라.

R. E. 네이버 R. E. Neighbour

하나님의 뜻 안으로 온전히 이끌려 다른 이들에게 베풀 선물을 우리에게 실어 주시도록 합시다. 개성을 살리지도 못하고 싫어하는 일을 매일 억지로 해나가며 불행하게 사는 중년의 사람들을 많이 만납니다. 그들이 각기 반백년의 인생을 좌우했을 결정을 하루라도 기도하며 고민하였다면 아마 다른 곳에서 멋진 인생을 살아가고 있을지도 모르겠습니다.

7월 26일

중보기도

"그들을 향하사 숨을 내쉬며 이르시되 성령을 받으라" 요 20:22

목회자로 처음 부임한 사역지에서 2마일 떨어진 작은 학교에서 설교할 기회가 있었습니다. 어느 오후 모임이었습니다. 오전 예배가 끝나고 세찬 비가 억수처럼 퍼부었습니다. 그런 폭우를 뚫고 2마일을 간다니 무모하게 보였습니다. 그런 날씨에 누가 밖으로 나가려 하겠습니까? 그런데 한 젊은 여성이 나를 데리러 자동차로 그 자리에 와 있었고 나는 마지못해 그 여성을 따라나섰습니다.

그날 일곱 명의 사람이 기다리고 있었고 젊은 여성은 비를 뚫고 집으로 갔습니다. 내가 처음 받은 인상은 그렇게 작은 인원에게 설교를 하는 것은 의미가 없다는 것이었습니다. 하지만 이내 그런 마음을 회개하고 최선을 다해 말씀을 전했습니다. 우리 위로 하늘의 이슬이 내렸습니다. 우리는 하나님의 거부할 수 없는 임재를 느꼈고 그리스도인이 아니었던 일곱 명 중 두 사람은 구원을 받고 싶다고 고백했습니다.

한 농부가 일어나 말했습니다. "젊은 형제, 하나님께서 우리 가운데 역사하고 계시오. 오늘 밤에 설교하지 않으시겠습니까? 구름이 개이고 있으니 밖에 나가서 사람들에게 이 모임에 대해 알리도록 합시다." 다음 날 세운 계획에 지장이 생기지만 나는 순순히 따랐습니다. 그날 밤 25명 정도의 사람들이 참석했고, 6-7명의 질문자가 있었고, 2-3명이 그리스도를 영접하기로 결단했습니다.

집회는 2주일 동안 매일 계속되었습니다. 70명 이상이 회심했고 일요일 아침에는 40명의 새 교인에게 세례를 주었습니다. 나는 이 일에 대해 설명할 수 없었습니다. 어느 누구도 부흥을 기대하거나 부흥을 위해 기도하는 것 같지 않았습니다. 그 누구의 기도로 된 것이 아니라 하나님의 숨결로 그분의 주권이 역사하신 것 같았습니다.

집회 마지막 날에 그 미스터리가 풀렸습니다. 설교가 끝날 즈음 반백의 머리에 남루한 옷을 입은 자애로운 여성이 내 손을 잡더니 이렇게 말했습니다. "이곳에서 60마일 떨어진 학교에서 아이들을 가르치며 대부분 시간을 보내지만 여기는 내 집이에요. 당신이 오후 3시와 저녁 7시 반에 설교를 한다고 조카가 편지를 보내왔을 때 나는 평상시보다 30분 일찍 학교에서 떠났어요. 당신이 설교할 때마다 기도하려고 말이지요. 그런데 목사님, 하나님이 무슨 일을 해오셨는지 이제 알게 되었어요. 오늘 아침 당신이 세례를 준 사람들은 모두 저의 이웃이고 친구이고 그중에는 내 동생과 조카들도 있어요."

내 설교나 기도로 그런 부흥의 역사가 일어난 게 아니었습니다. 60마일 떨어진 곳에서 기도했던 훌륭한 여성 때문에 이 동네의 죽은 심령들에게 하나님의 손길이 임했던 것입니다.

우리 동네의 마른 뼈와 같은 심령들에게 주님의 손길이 임하도록 하나님께 기도하지 않고는 하루도 지나가지 않게 합시다.

제게 불어 넣으소서, 하나님의 숨결을
온전히 당신의 소유가 되도록
이 비천한 자가
거룩한 당신의 불로 타오르도록

웨일즈에서 대각성 운동이 일어났을 때 성령이 역사하시는 방법은 말로 설명할 필요가 없었습니다. 오직 "하나님께 온전히 굴복하는" 것이었습니다.

7월 27일

그가 그렇게 말씀하셨다

"네 이름을 다시는 야곱이라 부를 것이 아니요 이스라엘이라 부를 것이니
이는 네가 하나님과 및 사람들과 겨루어 이겼음이니라" 창 32:28

한번은 나폴레옹이 파리 근교에서 군대 현황을 파악하고 있었습니다. 그가 탄 말이 갑자기 흥분하기 시작했는데 그는 말을 제어하려는 생각이 앞서서 엉겁결에 손에서 고삐를 놓고 말았습니다. 흥분한 말은 달리기 시작했고 그는 바닥으로 내동댕이쳐질 위험에 처했습니다. 대기 중이던 한 젊은 병사가 한달음에 달려와 말의 재갈을 잡고 존경하는 총사령관이 낙마하지 않도록 구해 주었습니다. 황제는 그를 흘깃 보더니 간단하게 "고맙네, 대장!"이라고 말했습니다. 병사는 환한 얼굴로 올려다보더니 물었습니다. "그렇다면 어느 부대 소속입니까? 폐하." "내 근위병 소속이다." 나폴레옹은 이렇게 대답하고 저 멀리 들판으로 곧장 말을 타고 내달렸습니다.

젊은 병사는 "원하는 사람은 이 총을 가져가도 좋다. 나는 더 이상 필요 없다"라고 말하며 총을 내려놓고 즉각 조금 떨어진 곳에서 대화를 나누며 대기 중이던 장교 그룹에 합류했습니다. 그중 한 장교가 당당하게 다가오는 그를 보고 화가 나서 말했습니다. "이 무례한 놈이 여기서 뭐하는 거냐?"

그 젊은 병사는 상대방의 눈을 똑바로 보더니 "이 무례한 놈은 근위대 대장이시다"라고 말했습니다. 그 장교는 "정신 나갔구나. 왜 그따위로 말하는 거냐?"라고 되받아쳤습니다. 병사는 대열에서 멀리 떨어져 있는 황제를 가리키며 "저분이 그렇게 말씀하셨다"라고 대답했습니다. 장교는 "무례를 용서하시기 바랍니다. 승진하신 줄 몰랐습니다"라고 정중하게 대답했습니다.

그를 지켜보는 사람들의 눈에 그는 여전히 남루한 병사 복장을 한 일개 사병에 불과했지만, 그는 자신의 승진을 담대하게 선언하며 동료

병사들의 온갖 조롱과 상관들의 비웃음을 "그가 그렇게 말씀하셨다"라고 즉각 되받아칠 수 있었습니다.

그가 그렇게 말씀하셨습니다. 그가 그렇게 말씀하셨습니다!

7월 28일

허비가 아니라 준비

"어찌하여 이 향유를 허비하는가" 막 14:4

자연의 낭비처럼 쓸데없는 낭비는 없는 것 같습니다. 소나기는 땅에 떨어지자마자 바로 땅속으로 사라져 흔적도 남기지 않는 것 같습니다. 비는 하늘에서 떨어져 되돌아가지 않습니다. 강은 바다로 흘러가 거대한 대양의 짠 바닷물에 흡수됩니다. 이 모든 일이 소중한 자원의 낭비로 보입니다. 그러나 과학은 어떤 자연도 헛되이 낭비되지 않고 단지 다른 형태로 전환될 뿐이며, 달라진 역할을 감당하며 제 몫을 다하지만 그 힘은 조금도 줄어들지 않는다고 가르쳐 줍니다.

어떤 사람이 일종의 시적인 비유로, 공기 중에 떨면서 땅으로 떨어져야 하는지, 아니면 아름다운 구름 속에 그대로 있어야 하는지 하늘의 정령과 공방을 벌이는 작은 빗방울의 이야기를 했습니다.

"왜 제가 더러운 흙 속에 떨어져 파묻혀야 하나요? 왜 어두운 땅속으로 사라져야 하나요? 이렇게 다이아몬드처럼 빛날 수도 있고, 아치를 이룬 무지개에서 에머랄드나 루비처럼 빛을 낼 수도 있는데 왜 그래야 하나요?"

하늘의 정령은 "네 말이 맞아"라고 맞장구를 쳐주었습니다. "하지만 네가 땅에 떨어지면 아름다운 꽃잎으로, 장미의 향기로, 포도나무의 탐스러운 열매로 화려하게 부활해 자태를 뽐낼 수 있는걸."

풀이 죽은 투명한 빗방울은 후회의 눈물을 한 방울 떨어뜨리더니 이내 땅 아래로 자취를 감추었고, 바짝 마른 대지는 기다렸다는 듯 냉큼 빗방울을 삼켰습니다. 이제 시야에서 사라져 그 존재마저 없어진 듯 보였습니다. 그런데 보십시오. 저기 멀리 떨어진 백합의 뿌리가 그 빗방울을 마시고, 담홍색 장미의 물관은 그 신선한 물을 빨아들입니다. 깊이 뿌리내린 포도나무도 생명의 그 샘을 찾아냅니다. 그리고 얼마 지나지 않아 그 빗방울은 눈처럼 하얀 백합의 꽃봉오리로 피어납니다. 장미의 짙은 향기와 자주색 탐스러운 포도 열매로 그 존재를 뽐냅니다. 이제 하늘의 정령을 다시 만난 빗방울은 기쁨에 겨워 고백합니다. "그래요. 저는 죽었다가 다시 살아나서 이제 더 고귀한 사명을 감당하며 더 위대한 삶으로 더 멋진 부활의 삶을 살게 되었어요." A. B. 심슨 A. B. Simpson

    세차게 흐르는 강물처럼 사랑을 쏟아부으라.
    영원토록 그 강물을 그대로 흘려보내나니,
    주어도 되갚지 않는 달아오른 모래로
    그대는 말없이 때로는 노래를 부르며 바다로 가까이 가나니.
    여름 소나기 퍼붓듯 그대 생명을 사방으로 흩뿌리라.
    진주방울 흩뿌리는 비에도 새가 날아오르지 않으면 어찌하리?
    꽃봉오리 하늘 바라보며 찬양하지 않으면 어찌하리?
    그대 위해 아낌없이 베푼 생명을 바라보라.

    그렇게 거친 바람은 애무하듯 그 향을 흩뿌리네.
    감사를 모르는 짓궂은 사막도 축복하며 쓰다듬고
    부드럽게 골을 이루며 짓누르는 쓰라린 파도도 축복하며
    쉬임 없이 속삭거리고 노래하나니
    딱딱하게 굳은 가슴 그대 가진 장미에 가시를 내면 어찌하리?
    바위 위에 그대 곤한 가슴 쉬면 어찌하리?
    슬픈 단조 가락으로 끝맺음한 음악 더 달콤하고
    폐허 위에 매달린 포도나무는 더없이 아름답구나.

7월 29일

나는 주의 것

"너희 몸은 너희가 하나님께로부터 받은 바 너희 가운데 계신 성령의 전인 줄을 알지 못하느냐 너희는 너희 자신의 것이 아니라 값으로 산 것이 되었으니 그런즉 너희 몸으로 하나님께 영광을 돌리라" 고전 6:19-20

이 두 절을 진정으로 이해한 그리스도인은 인생의 가장 어려운 문제들을 해결하였습니다. 자신의 육신에 대한 절대적 소유권이 하나님께 있음을 인정하는 사람들은 어디로 가야 할지, 혹은 무엇을 해야 할지 의심하며 혼란스러워하지 않습니다. 봉헌이란 하나님께서 지불하신 것을 하나님이 소유하시도록 하거나 훔친 재물을 되돌려주는 방법일 뿐입니다.

"너희는 값으로 산 것이 되었으니." 하나님은 계산조차 할 수 없는 값을 지불하셨습니다. 은이나 금이 아니라 그분의 독생자의 보배로운 피를 값으로 치르셨습니다(벧전 1:18-19). 하나님은 구속함을 받은 자의 가슴에 호소하고자 얼마나 엄청난 속전을 치렀는지 강조하십니다. 그분이 지불하신 값은 그분이 우리를 어떻게 보시는지 보여 줍니다. 아무 가치도 없는 영혼을 위해 그토록 소중한 생명을 내어주신 것이 아닙니다. 그분은 자신의 심장의 보석을 내놓으셨습니다. 예수 그리스도를 내어주셨습니다. 우리가 갈보리 언덕에 가서 선다면, 우리 구원을 사려고 어떤 대가를 치르셨는지 생각하는 시간을 가진다면 그분이 합법적으로 소유하신 것을 드리지 않고는 배기지 못할 것입니다. 우리 영혼과 마음과 육신을 모두 다해 그분을 섬겨야 마땅한 것입니다. 그러나 "예수님은 나의 것"이라고 고백하는 데 만족하고, "저는 그분의 것입니다"라고 절대로 말하지 않는 사람들이 얼마나 많은지 모릅니다. 이 높은 곳을 차지한 이들은 남의 소유로 무슨 일을 하는지 스스로 경계해야 합니다.

하나님의 소유권을 확실히 이해하고 인정하면, 우리가 그분의 소유된 존재이며 동시에 성령의 전이라는 사실을 인정하게 됩니다. 하나님의 소유권을 인정하고 우리의 거룩한 손님, 성령을 생각하면 우리 몸과 마음으로 하나님께 영광을 돌리는 것이 너무나 당연한 일입니다. 우리 몸과 마음은 바로 그분의 소유입니다. 그러므로 그분을 영화롭게 하기 위해 하나님의 능력과 성품을 드러내고 알려야 하는 것입니다.

그리스도인은 하나님이 원래 소유물을 가지시도록 하는 데서 지극히 큰 기쁨을 누립니다.

7월 30일
회복의 자리

"그러나 여호와께서 그의 백성의 피난처, 이스라엘 자손의 산성이 되시리로다" 욜 3:16

전투 중에 병사는 부상을 입고 병원으로 후송을 당할 수 있습니다. 병원은 안식처가 아니라 치료하는 곳입니다.

영적 군대에 복무 중인 군인은 결코 전쟁터를 떠날 수 없습니다. 부상을 당하면 전쟁터의 다른 곳으로 이동할 뿐입니다. 원래 맡은 임무를 잠시 중단하고 다른 일을 하며 잠시 시간을 보내는 것입니다.

제대가 없다니 기쁘지 않습니까? 정말 기쁘지 않습니까? 복무 중인 군인은 절대 '제대당하지' 않습니다. 단지 전쟁터의 보이지 않는 세력과 싸우는 또 다른 임무를 하달 받을 뿐입니다. 사랑하는 대장에게 더 이상 이용 가치가 없어 열외가 되는 경우는 절대 없습니다. 군인은 대장이 그를 가장 필요로 할 때가 언제인지, 혹은 가장 필요한 임무가 무엇인지 명확히 하달하도록 해야 합니다. 의심으로 마음을 흐리게 해서는 안 됩니다. 지혜로운 주인은 종의 시간을 절대 허비하지 않으며, 지휘관은 병사들의 시간을 결코 낭비하지 않습니다. 그러므로 그 문제를 지체 없이 확실하게 매듭짓고 마음의 평안을 얻어야 합니다. 전쟁 중에는 제대가 없습니다. 단 하루도 없습니다. 우리는 육안으로 보이는 전쟁터에서 섬기도록 부름받았고 반복해서 눈에 보이지 않는 후방으로 물러나 기력을 회복하는 동시에 후방에서만 수행할 수 있는 전투를 하게 됩니다. 혹은

보이는 전쟁터에서 잠시 전면 후퇴했다가 보이지 않는 후방으로 더 깊이 물러날 수도 있습니다. 우리에게 '강제 제대'라는 불명예스러운 일은 절대 없습니다. 우리는 왕의 용사입니다. 찔레에서 나온 장미 | Rose Form Brier

회복의 자리, 오, 복된 피난처
그곳에서 그를 기쁘게 만나 뵈오리.
잠시 섬김의 큰 기쁨을 내려놓고
그분과 함께하는 더 깊은 기쁨을 누리리.

회복의 자리, 지친 몸과 정신이 쉼을 누리는 곳
아무도 보이지 않는 그 자리, 얼마나 필요했는지
오직 그분만이 말씀하시고 그분만이 곁에 계시는 곳
전능한 능력으로 다시 강건함을 회복하기까지 거하는 자리.

회복의 자리, 시련이 나를 짓누를 때
하나님이 예기치 않은 시험을 주실 때
거기서 아름답고 고귀한 교훈을 배우노라
그분의 성실하심으로 안식을 누리나니.

회복의 자리, 슬픔이 눈 녹듯 사라지고
상처와 견디기 힘들었을 아픔도 회복되는 곳
그러나 이제 은밀한 그 자리에서 알아가네
그분이 거기 계시니 모든 상처 회복됨을

회복의 자리, 새로이 부어 주심을 기다리니
오직 그분과 고요히 함께하리니
그때 다시 말씀하시며 이르시리라
"가서 다른 양들이 길을 찾게 도우라"

회복의 자리, 은밀한 자리 지극히 성스러운 곳
주님 거기서 몸소 내게 말씀하시니
그분의 은혜, 힘, 영광과 승리
오직 그분만으로 나 만족하노라

7월 31일

열방이 주께 나오리라

"그에게 모든 백성이 복종하리로다" 창 49:10

드디어 모든 열방이 그분의 발아래 복종할 때 눈앞에 펼쳐질 장대하고 웅장한 장면은 형언할 수 없을 것입니다. 유럽 전역의 모든 나라들과 먼 북방의 아이슬란드에서 남쪽의 그리스, 서쪽의 포르투갈에서 동쪽의 러시아에 이르는 대표들도 그분에게 엎드릴 것입니다. 알제리, 모로코, 아틀란스 산맥, 이집트와 나일 계곡, 사하라의 모래사막과 산들, 중앙아프리카의 거대한 호수, 니제르의 제방, 칼라바르, 콩고, 잠베지 강, 남아프리카의 고원에서 온 대표들도 거기 있을 것입니다. 팔레스타인, 요르단, 아라비아에서 온 많은 사람들이 그리스도께 엎드릴 것입니다. 인도의 수백만 명이 그곳으로 올 것입니다.

자바, 수마트라, 발리, 셀레베스, 롬복, 숨바와, 보르네오 등 인도네시아 곳곳의 사람들이 그곳에 나아와 구속자의 발아래 엎드릴 것입니다. 수백만 명에 이르는 중앙아시아의 사람들, 중국, 일본, 한국, 몽고에서 구주를 만나러 거대한 무리들이 나아올 것입니다. 태평양의 무수한 섬들, 폴리네시아와 멜라네시아의 사람들이 구속하신 주님을 만나러 나아올 것입니다. 오스트레일리아와 뉴질랜드에서 많은 무리들이 기쁨의 찬양 대열에 합류하러 나올 것입니다. 남미, 중미, 북미의 모든 공화국에서 서인도 제도에 이르는 쿠바, 아이티, 자마이카, 푸에토리코, 소앤틸레스 제도에서 사람들이 나아올 것입니다. 저 멀리 캐나다의 삼림 지대와 호수에서 그분을 만나러 모여들 것입니다.

그들이 말하는 방언과 속한 민족이나 문화가 무엇이든지 그리스도를 경배하러 나아오는 그 장엄한 장면에 우리는 압도당할 것입니다.

광활한 땅의 경계, 바다 아득히 먼 해안에서
열두 진주 문으로 허다한 무리들이 줄을 지어 들어오네
성부, 성자, 성령께 "할렐루야" 찬송을 부르네.

성서 공회 기록 Bible Society Record

천천만만이 노래하는 음성 들리니
높이 계신 주께 찬양을 올려드리는 소리로다
저 먼 해안과 언덕에서 울려 퍼지는 소리
각 민족이 부르는 기쁨의 노래

주를 찬양하라! 그는 베푸시나니
어둠에 갇힌 땅에 그 빛을
아침 햇살이 하늘을 밝히듯
그분은 말씀으로 우리의 어둔 밤을 쫓아 주시네

들을지어다! 들을지어다! 큰 소리 울려 퍼지니
하늘과 땅 위로, 땅과 바다로
천사의 나팔 소리 그분의 오심을 선포하니
영원할 우리 희년의 날
주 그분을 찬양하라! 그대 백성들이여 그분을 찬양하라!
온 땅에서 우리 그분의 이름을 찬양하네
하늘의 영원한 보좌로 찬양을 올려드리네
주여, 주의 능력을 받으소서 영광의 왕이시여!

헌신과 믿음의 찬송 Hymns of Consecration and Faith

8월

비전을 지니기 위해서는 대가가 필요합니다

8월 1일

쉼

"내 마음으로 사랑하는 자야
네가 양 치는 곳과 정오에 쉬게 하는 곳을 내게 말하라" 아 1:7

우리는 '정오에 쉬는' 법을 잊어버렸습니다. 많은 이들이 쉬는 법을 망각한 채 서서히 인생이 주는 중압감에 굴복하고 있습니다. 아무런 변화도 없이 쉬지 않고 계속되는 인생은 죽음과 같이 괴로운 일입니다.

쉼은 아픈 사람에게 필요한 진정제가 아니라 강한 자에게 필요한 강장제입니다. 해방이자 변화와 깨달음의 시간입니다. 심지어 선행에도 노예가 되는 우리를 건져 줍니다.

캠브리지의 자연주의자 중 한 분이 비둘기를 이용한 실험에 대해 말해 준 적이 있습니다. 그 비둘기는 새장에서 태어났고 한 번도 자유롭게 날아 본 적이 없었습니다. 어느 날 그 비둘기 주인은 집 현관으로 새를 안고 가서 하늘로 날려 보냈습니다. 놀랍게도 그 비둘기의 비행 능력은 완벽했습니다. 마치 처음부터 하늘에서 태어난 것처럼 계속해서 하늘을 날아다녔습니다. 그러나 비행에 흥분한 새는 곧 호흡이 거칠어졌고 점점 작고 빠르게 원을 그리며 날다가 결국 주인의 품 쪽으로 전속력을 다해 내려와 바닥에 떨어지고 말았습니다. 무슨 일이 일어난 것일까요? 그 새는 비행 본능은 물려받았지만 멈출 수 있는 능력은 물려받지 못했던 것입니다. 갑작스럽게 떨어져 바닥에 부딪히는 위험을 자초하지 않았다면 그 작은 생명은 공중에서 여전히 거친 숨을 몰아쉬며 날고 있었을 것입니다.

많은 현대인들의 삶을 보여 주는 비유가 아니겠습니까? 행동하는 본능은 전적으로 타고났지만 멈추는 능력은 습득하지 못한 인생인 것입니다. 끝없이 피곤하게 쳇바퀴 돌 듯 하루하루를 반복하다가 결국 전력 질주하듯이 죽음에 다다르는 것입니다. 이런 소용돌이를 멈출 수 있다면 어떤 충격이나 심지어 심각한 경험이라도 다행이라 할 수 있을 것입니다. 때로 하나님은 갑자기 곤란한 일을 주심으로 그런 영혼이 일순간에 멈추도록 하십니다. 절망한 그 영혼은 그의 발아래 엎드리고, 그분은 허리를 굽혀 그를 바라보시며 이렇게 말씀하십니다. "내 아들아 가만히 있어 내가 하나님인 줄 알라!" 점차 곤란한 현실에 대한 절망이 복종과 순종으로 바뀌고, 가난하고 피곤함으로 퍼덕거리던 인생은 강건함을 회복하여 다시 날아오르게 됩니다.

끝을 모르는 미완의 일로 내몰릴 때
멀리서 쉼을 얻으려 하나
바로 쉼을 얻을 수 없을 때
있는 곳에서 쉼을 누리라

아무 필요 없는 일들은 무시하고 쉼을 청해 보라
스트레스는 훌훌 털어버리고 항아리는 내려놓고 가라
고요한 마음으로 평온하게
있는 곳에서 쉼을 누리라

일이나 금욕이나 방종이 아니라
멀리 있는 장면이나 먼 장면이 아니라
우리 안에서 불안이나 평안이 결정되니
있는 곳에서 쉼을 누리라

영혼이 살아가는 그곳에 하나님이 계시나니 그의 날, 그의 세계
유령 같은 안개도 방해를 못하지
그의 별이 빛나는 밤은 바람에 흔들리지 않는 평화의 장막
있는 곳에서 쉼을 누리라

쉬는 곳으로 난 길을 밟은 지 너무 오래여서

잡목이 무성한 정글이 되지는 않았는가?

8월 2일

레인 트리

"그들은 비를 기다리듯 나를 기다렸으며 봄비를 맞이하듯 입을 벌렸느니라" 욥 29:23
"여호와가 … 메마른 곳에서도 네 영혼을 만족하게 하며 …
너는 물 댄 동산 같겠고 물이 끊어지지 아니하는 샘 같을 것이라" 사 58:11

여행자들은 남미에서 자라는 야자나무의 일종인 어떤 나무에 대해 열광적인 반응을 보입니다. 그들은 이것을 레인 트리 rain tree 라고 부릅니다. 이 나무는 대기 중 수분을 놀라울 정도로 흡수할 수 있는 능력을 지니고 있으며, 이 수분을 응축해 신선한 이슬처럼 지면으로 떨어뜨려 줍니다. 메마르고 건조한 사막에서 곧게 자라며, 매일 신선한 수분을 나누어 줌으로 나무 아래에는 곧 식물이 무성한 일종의 오아시스가 만들어집니다. 사막에서는 하늘의 수문이 열리지 않고 샘이 흘러내리지 않으며 강은 수증기로 증발해 버립니다. 하지만 레인 트리는 위에서부터 수분을 모아 그 바닥에 자라난 식물을 살리며, 지친 여행자들에게 그늘과 과실, 새로운 생명과 즐거운 안식을 선사해 줍니다.

하나님은 우리를 세상의 사막 길을 따라 자라는 레인 트리처럼 만들고자 하십니다. 새로운 영적 생명의 원천으로 삼으려고 하시는 것입니다. 하나님 자신은 수분을 머금은 대기가 되시고, 우리는 가는 곳마다 대기를 실어 나릅니다.

이 대기는 모든 감염을 막아 주므로 이 대기로 호흡해야 건강을 유지할 수 있습니다.

그리스도의 능력은 그의 구별되심에 있었습니다. 그분은 세상에서 물러나시지 않고 세상 한가운데에서 사셨습니다. 사탄과 그렇게 가까이 접촉한 사람은 아무도 없었습니다. 예수님은 은둔 생활을 하시지 않았습니다. 사람들과 활발하게 교제하시고 그들과 더불어 사셨습니다. 하지만 세상과 분리된 상태를 유지하셨습니다. 그분은 예수님이셨습니다. 사람들은 이것을 체감했습니다. 이렇게 살 수 있는 것이 바로 그분의 능력이었습니다.

그리스도의 능력의 비밀을 보면서 우리의 능력의 비밀을 볼 수 있습니다. 세상에서 능력을 행하려면 그분의 거룩하심에 참여해야 합니다. 그분과 더불어 구별됨을 지켜야 하고 주님처럼 거룩한 삶을 살도록 구별되어야 합니다.

천사는 되돌아온 감각에 감사하며
그 광경을 한참 바라보았지.
눈처럼 하얗게 빛나는 한 소녀
가느다란 손가락은 긴장한 듯
식탁 가장 자리를 붙들고 있네.
(갓 구운 빵 냄새가 그의 머리 주위로 맴돌았네)
그때 서두름이 전혀 없는 차분하고 낮은 목소리가 선명하게
그리고 가까이서 들렸지.
오롯이 홀로 있어도 혼자가 아니었지.
그 소녀는 놀라 쓰러지지 않았지.
다만 벽에 걸치듯 기대었지.
그때 해도 그 걸음을 늦추었고
소녀는 알았지… 소녀는 알았지…
그때까지 평생 구별되었던 이유를.

플로렌스 G 매기 | Florence G. Magee, "수태고지" The Annunciation

"그를 내 속에 나타내시기를"(갈 1:16).

8월 3일

그리스도를 사는 것

"너희 안에 계신 그리스도시니 곧 영광의 소망이니라" 골 1:27

우리가 할 수 있는 가장 위대한 일은 그리스도를 위해 사는 것이 아니라 그리스도를 사는 것입니다. 성결한 삶이 무엇입니까? 그리스도의 삶입니다. 그리스도인이 되는 것이 아니라 그리스도 바로 그 자체가 되는 것입니다. 위대한 일을 하려고 하거나 위대한 사람이 되려고 하는 것이 아니라 그리스도를 우리 안에 모시고 그분이 우리 안에서 그분의 삶을 사시게 하는 것입니다. 그분 안에 거하고 그분이 우리 안에 거함으로 그분이 그 자신의 은총과 믿음과 성결함과 사랑과 인내와 온유함과 그분 자신의 말씀을 드러내도록 하면 됩니다. 우리는 "너희를 어두운 데서 불러내어 그의 기이한 빛에 들어가게 하신 이의 아름다운 덕을 선포하면" 되는 것입니다(벧전 1:9). 이 삶은 또한 가장 숭고하면서 단순한 삶일 수 있습니다. 인간적 완전함보다 이루기 더 어려운 수준이지만, 가난하고 불완전한 죄인인 인간은 우리 안에 사시러 오신 완전한 그리스도로 인해 그것을 깨달을 수 있습니다.

하나님이여, 그렇게 살도록 도와주셔서 주위 사람들에게 그리스도가 사신 삶의 그 단순함과 아름다움과 영광과 권능을 실현하도록 해주소서.

겸손한 한 양치기의 아내는 이렇게 말했습니다. "어떤 설교가 승리하는 삶을 살도록 이끌어 주었는지는 잘 모르겠습니다. 요리문답이나 교리를 설명할 능력도 없습니다. 하지만 어떻게 해서 내 인생이 완전히 변화되었는지는 알고 있습니다. 지난 여름 존과 나는 저 멀리 개울에서 양 떼를 씻어 주었습니다. 물이 어디서부터 흘러왔는지 모르지만 희고 깨끗한 양털을 보여 드릴 수는 있습니다. 마찬가지로 교리는 잊을지 몰라도 내 가슴과 삶으로 맺은 그 복된 열매는 보여 드릴 수 있습니다."

어느 날 아침 나와 친구는 내 사무실에서 사두 선다 싱 Sadhu Sundar Singh 과 대화를 나누고 있었습니다. 사두는 막 런던에 도착한 상태였습니다.

우리는 그에 대해 아는 바가 거의 없었고 내 친구는 성 요한이 말하는 '완전한 사랑'의 교리를 그가 알고 있는지 확인하고 싶었습니다.

나를 보며 친구는 "저 사람이 이해하는 것 같아?"라고 물었습니다. 사두는 미소를 지으며 나직히 이렇게 말했습니다. "과일 나무에 돌 하나를 던지면 그 나무는 돌을 되돌려주지 않고 열매를 돌려줍니다. 그렇지 않습니까?" 그런 다음 이렇게 물었습니다. "주 예수를 사랑한다면 자기를 내려찍는 도끼에게 그 향기를 나누어 주는 백단향 나무처럼 되어야 하지 않겠습니까?"

8월 4일

기다림

"기다리는 자들에게나 구하는 영혼들에게 여호와는 선하시도다 사람이 여호와의 구원을 바라고 잠잠히 기다림이 좋도다" 애 3:25-26

기다리기보다 일하는 것이 더 쉬울 수 있습니다. 하지만 때로 일하는 것보다 기다리는 일이 더 중요할 수도 있습니다. 우리는 잠잠히 기다리는 가운데 필요한 일을 해주실 하나님을 신뢰할 수 있습니다. 그러나 하나님이 잠잠하라 하실 때 기다리지 못하고 계속 일하기를 고집한다면 우리 대신 하나님이 해주실 효과적인 승리의 역사를 방해할 수도 있습니다. 기다림이 제일 어려울 수 있습니다. 하나님이 우리에게 주실 가장 가혹한 시험일지 모릅니다.

오스왈드 챔버스는 진심으로 이렇게 말했습니다. "인생의 가장 큰 어려움을 하나 꼽는다면 하나님을 기다리는 일이다." 하나님은 화살을 팽팽하게 당기듯이 성도를 다루십니다. 어떤 지점에 이르러 우리는 도저히 견딜 수 없다고 말하지만 하나님은 계속해서 우리를 당기십니다. 그분은 우리의 과녁이 아닌 그분의 과녁을 겨냥하고 계시며, 성도의 인내는 하나님이 활시위를 당겨 목표물을 향해 곧장 화살을 날리실 때까지 기다리는 것을 말합니다. 하나님의 부르심과 확신을 기억하면 기다림이 조금도 고통스럽지 않습니다. 시위를 팽팽하게 당기는 시간은 우리에게 '여호와 앞에 잠잠하고 참고 기다리며'(시 37:7) 평안한 쉼을 누리는 시간이 될 수 있습니다.

소리가 날 정도로 바이올린 줄이 팽팽하게 당겨지지 않으면 현 위로 활을 당길 때 음이 나오지 않습니다. 팽팽하게 긴장하지 않고 느슨하게 늘어진 바이올린 줄은 아무 쓸모가 없습니다. 망가져서 소리를 내지 못합니다. 그러나 팽팽하게 긴장하도록 끌어당길 때 고유한 음을 내게 되고 그래야 비로소 음악 연주자에게 쓸모 있는 악기가 됩니다. A. B. 심슨 A. B. Simpson

하나님의 영원한 계획 안에 한 달이나 일 년은
느릿느릿 흐르는 4월 어느 날의 한 시간과 같으니
우리가 무엇을 두려워하거나 소망하든지 그 싹을 지켜냄은
먼 곳에서 꽃을 피우기 위함이라

전능하신 이는 지루할 수는 있으나 확실하십니다!

8월 5일

길모퉁이

"나의 하나님이 그의 인자하심으로 나를 영접하시며
하나님이 나의 원수가 보응 받는 것을 내가 보게 하시리이다" 시 59:10

하나님이 작정하신 계획이라면 그 규모가 아무리 거대해도 문제가 안 됩니다. 하나님이 책임을 지신다면 아무리 넘기 어려운 장애물도 문제될 것이 없습니다. 그분의 자녀된 우리가 어리석음이나 잘못된 행동으로 막다른 궁지로 내몰리더라도 왕이자 아버지되신 하나님께 나아가

스스로를 의탁하면 우리를 위해 일어나셔서 안전하게, 그리고 왕에게
합당하신 방법으로 곤란에서 우리를 이끌어 내주실 것입니다.

오늘 아침 주여 기도합니다.
하루 동안 우리를 지켜주소서.
무엇보다 길의 모퉁이를 돌 때 지키소서.

길이 곧게 뻗어 있을 때
갑작스러운 운명에도 전혀 두렵지 않고
저녁의 열린 문을 미리 볼 수 있습니다.

허나 모두 잘 보이는 날은
아무리 손꼽아도 별로 없습니다.
무슨 일이 생길지, 아니면 어떤 일이 있었는지 잘 보이지 않습니다.
예기치 못한 일들이
쏜살처럼 날개로 덮치듯이
무섭게 소리를 내며 우리를 내려칩니다.

그러니 사랑하는 주님 기도하오니
이 하루 다스리시고 보호해 주소서.
길모퉁이를 돌아가는 주의 자녀들을 지켜주소서.

M. G. L., "모퉁이" Corners

S. D. 고든은 그의 저작에서 이렇게 말했습니다. "좁은 모퉁이에서
꼼짝달싹 못하는 경험은 좋은 경험입니다." 등을 벽에 기대고 설 때까지
밀리고 사방이 가로막혀 적과 맞선 채 발 디딜 틈도 거의 없다면 좋아할
일입니다. 무엇보다 그 구석진 곳은 좁아서 함께 있는 사람을 껴안아야
합니다. 그렇게 꼭 끼어 있기 때문에 그곳은 주님과 더 가까이할 수밖에

없는 공간이 됩니다. 그리고 오직 그렇게 서로를 가까이 밀착할 때 그분이 얼마나 놀라운 분인지 알게 됩니다.

좁은 모퉁이는 실내 음악회를 하기에 안성맞춤이라는 것을 알 만한 사람은 다 알고 있습니다. 아주 훌륭한 음향 시설 역할을 해줍니다. 다윗이 망명 시절 쓴 시편들은 수세대를 흘러도 신비하리만큼 아름다운 멜로디를 울리고 있습니다. 온 세상으로 울려나가 수천 명의 가슴으로 흘러가고 있습니다.

8월 6일
하나님의 시간

"무슨 계획이든지 못 이루실 것이 없는 줄 아오니" 욥 42:2

우리는 하나님의 섭리를 믿지만 완전히 믿지 못합니다. 전능하신 하나님에게는 어디에나 섬기는 종들이 있으며 길의 요지마다 그 자리를 지키는 이들이 있음을 기억하기 바랍니다. 파발마를 운영했던 지난 시절에는 언제라도 왕의 서신을 전달할 수 있도록 항상 빠른 말을 준비해 두었습니다.

하나님이 교대로 일할 대리자들을 두셨다는 것은 놀라운 일입니다. 한 가지 일을 이루시면 항상 그 자리를 이어받을 다른 대리자가 기다리고 있었습니다. 때로 한 친구가 그 역할을 수행하지 못할 때가 있습니다. 막 숨을 거두어 장례를 치렀습니다. "아, 이제 어떻게 하오리까?"라고 탄식합니다. 진정하기 바랍니다. 하나님은 그 섭리의 계획을 어떻게 수행할지 알고 계십니다. 또 다른 일꾼을 일으켜 세워 주실 것입니다. 단 일 초도 놓치지 않고 제때에 섭리의 손길을 베푸실 것입니다. 우리는 만날 약속을 하고 30분 늦기도 하지만 하나님은 지금까지 단 한 번도 약속하신 시간을 늦으신 적이 없습니다. 우리는 종종 조금이라도 더 빨리 오시기를 바라지만 하나님은 절대 정해진 시간보다 일찍 오시는 법이 없습니다. 하지만 뒤늦게 오시는 법도 결코 없습니다. 단 일 초라도 절대 늦지 않으시는 분입니다.

이스라엘 백성들이 애굽에서 나가기로 했을 때 피라미드에 잠들어 있던 파라오들이 일제히 다시 살아나 그들이 속박에서 벗어나지 못하게 막으려 해도 단 30분도 늦추게 할 수 없었을 것입니다. "여호와께서 이렇게 말씀하시기를 … 내 백성을 보내라!" 이제 때가 되었고 그들은 가야 합니다! 땅의 모든 왕들이, 모든 군왕들이 하나님의 섭리의 왕국에 복종하며 그분은 그 기쁘신 뜻대로 그들을 움직이게 하실 수 있습니다. 그러니 두려워 떠는 자들이여, 무엇을 두려워합니까? "두려워말라 내가 너와 함께함이니라"(사 41:10). 이해하기 어려운 모든 섭리의 계획들이 합력하여 우리의 선을 이룹니다. 찰스 스펄전 Charles H. Spurgeon

8월 7일

하나님의 백지수표

"나는 스스로 있는 자니라" 출 3:14

하나님은 그분 자체이시며, 그 마음에 작정하신 위대한 뜻을 이루는 데 자신 외에 그 무엇도 필요하지 않으십니다.

하나님은 모세에게 백지수표를 주셨고 그 이후 40년간 살아가면서 특별한 필요가 있을 때마다 그 백지수표에 필요한 금액을 적어 넣었습니다. 바로 앞에서는 '담대함'을 적었고, 홍해를 건널 때는 '인도하심'이라는 글자를 적었습니다. 먹을 것을 요구하는 이스라엘 백성들을 위해서는 '만나'를 적었습니다. 반석에서는 '물'을 적어 넣었고, 광야를 지날 때는 '인도해 주심'이라는 글자를 적었고, 아말렉과의 전투에서는 '승리'를 적었습니다. 시내산에서는 '선명한 계시'라는 글자를 적었습니다. 그렇게 모세는 남은 평생 홀로 조용히 나아가 하나님의 백지 수표를 앞에 두고 '나는 스스로 있는 자니라'라는 하나님의 이름이 서명된 곳에 '인도하심'이나 '빵'이라고 적었고 달리 어떤 일도 하지 않았습니다. 그는 그 수표를 하나님께 가져다 드렸고 하나님은 그대로 실행해 주셨습니다.

그 순간 모세가 그랬던 것처럼 하나님의 계획대로 살고자 할 때마다 하나님을 절대적으로 신뢰하기 바랍니다. 그러면 나이가 들었을 때 당신은 "너희의 하나님 여호와께서 너희에게 대하여 말씀하신 모든 선한 말씀이 하나도 틀리지 아니하고 다 너희에게 응하여 그중에 하나도 어김이 없다"라고 말할 것입니다(수 23:14). A. B. 심슨 A. B. Simpson

여호수아는 벽돌 가마에서 40년, 광야에서 40년, 약속의 땅에서 30년을 하나님을 시험했는데, 이것이 그가 죽어가며 남긴 마지막 증언이었습니다. D. L. 무디 D. L. Moody

인생에서 어떤 일을 만나더라도
"하나님"은 우리에게 진심을 다하시나니.
하늘의 별로
상점의 음식으로
손에 지팡이로
곁에 함께하는 친구로
길을 비추는 빛으로
마음의 기쁨으로
귀에 음악으로
입술의 노래로.
달리는 발걸음이 아무리 빨라도
태양이 아무리 뜨겁게 내려쬐어도
아무리 쓰라린 상처에 힘들어도
아무리 외로이 제비를 뽑아도
인생에서 어떤 일을 만나더라도
"하나님"은 영원히 우리에게 진심을 다하시나니.

찰스 허버트 Charles Herbert

8월 8일

벤 풀 위에 내리는 비

"그는 벤 풀 위에 내리는 비같이, 땅을 적시는 소낙비같이 내리리니" 시 72:6

베어낸 풀은 부드럽게 내리는 비가 참으로 고맙게 느껴질지 모릅니다. 모조리 풀을 베어냈으니 얼마나 쓰리고 아프겠습니까. 하지만 비는 치료하는 힘이 있습니다. 그래서 하나님은 자기 백성들에게 "벤 풀 위에 내리는 비같이" 찾아오겠다고 말씀하십니다.

인생을 살다 보면 마치 절단기로 잘려나가는 것처럼 고통스러운 일을 당할 수 있으며, 쓰라린 상처를 입은 마음은 하나님이 주시는 치료의 힘이 필요합니다. 우리를 어루만지는 치료의 손길을 무엇이라 부르든 간에, 하나님은 마치 "벤 풀 위에 … 비같이" 우리를 찾아오셨다고 할 수 있습니다. 우리가 흠모하는 아름다운 잔디밭처럼 우리도 마찬가지입니다. 더 깎이고 더 비를 맞을수록 우리는 더 아름다워질 것입니다. 그러나 둘 중 어느 하나가 아니라 함께입니다.

기쁨을 누리지 못한다고 하나님이 계시지 않는다는 말은 아닙니다.

포도나무가 가지치기를 했다고 과수원지기가 없다는 의미가 아닙니다. 포도나무가 설령 피를 흘리고 있다 하더라도 그가 포도원을 버렸다는 의미는 아닙니다.

사람들이 낫으로 여름 들판의 풀을 베었다
풀은 여름 태양 아래 피를 흘리며 누워 있었다
억세고 재빠른 손들이 풍성한 곡식 수확물을 한 곳에 모으고
들판은 차례로 텅 비어갔다

찬란한 영광이 사라지고 빛나던 아름다움도 한순간에 휩쓸려 가버렸네
신속한 죽음의 예리한 칼날에 여전히 상처로 고통당하며
그들의 고통은 단 하루의 짧고 날선 노동 탓이지

향기로운 숨결 속에 햇살이 떠오르며 그날은 시작되었지
따스한 하늘에 호소하리라 생각했지
그들 위로 미소 지으며 그들의 비통함을 굽어 살펴보니
눈물 없는 외침 속에 소리 없는 애원
소리 없는 흐느낌 제발 구원해 달라는 낮은 탄식

그들이 부르는 절절한 요청을 하늘이 들었지
그리고 어스름이 깔릴 즈음 상처를 어루만지는 향유를 내려 보냈다네

땅으로 떨어지는 달콤한 빗방울은 숨 쉬듯 축복을 내쉬며
그들의 상처 입은 자존심에 가만가만 흐느껴 울었지

그렇게 그는 갓 낫질한 풀 위로 내리는 비로 오신다네
시든 희망이 그의 길의 은총에 새로 움을 틔우고
그의 발길이 지나는 곳에 새 생명 태어나네
그리고 연한 싹이 생명을 틔우네 – "하나님의 돌보심"

프란시스 브룩 Frances Brook

8월 9일

종달새의 노래

"내가 여호와를 항상 송축함이여 내 입술로 항상 주를 찬양하리이다" 시 34:1

기쁨의 선율이 들렸다
잎사귀를 모두 떨군 가지 위 종달새 한 마리 앉아 있었지
비를 맞으며 노래하며

이른 아침에 그가 노래를 부르는 소리가 들렸습니다. 아직 어둠이 채

다 가시지 않은 시각이었습니다. 무슨 노래인지 정확히 이해할 수 없었지만 상당히 쾌활하고 즐거운 노래였습니다. 밤새 불길한 꿈을 꾸느라 몸을 뒤척였던 나는 피곤하고 마음이 심란한 터였습니다. 잊고 싶었던 옛날의 일들, 절대 일어나지 않았으면 하고 기도했던 일들이 뻔뻔한 얼굴로 짓궂게 웃는 작은 악마들처럼 꿈속을 어지럽혔습니다. 분명히 노래할 기분은 아니었습니다. 저기 저 친구는 도대체 무엇을 가졌기에 온 마을에 자신의 기쁨을 전할 수 있었을까요? 그는 시냇가에 쳐놓은 울타리에 자리를 잡고 있었습니다. 몸은 흠뻑 젖은 채였습니다. 밤새 비가 왔고 비를 피할 집이 없었음이 분명했습니다. 가여운 마음이 들었습니다. 밤새 폭우에 시달리며 무슨 위로를 받을 수 있었을까요? 위로는 생각도 못했을 것입니다. 그의 노래는 그런 이중성으로 억지로 만든 노래가 아니었습니다. 그냥 마음에 그 노래가 있었던 것입니다. 그러다가 나는 몸을 떨었습니다. 종달새가 인간보다 더 의연하다는 부끄러움 때문이었습니다. G. A. 레이클리터 G. A. Leichliter

"노래하는 동안은 그 무엇도 당신을 꺾을 수 없습니다."

8월 10일
그리스도를 위하여

"그러나 무엇이든지 내게 유익하던 것을
내가 그리스도를 위하여 다 해로 여길뿐더러" 빌 3:7

하나님이 진심으로 우리가 그리스도를 닮도록 부르셨다면 십자가에 못 박히고 수치를 당하는 삶으로 이끄셨을 것이며, 다른 그리스도인들에게는 요구하지 않았을 것을 순종하라고 하실 것입니다. 그리고 다른 좋은 사람들에게는 우리에게 시키지 않으실 일들을 이런저런 식으로 하게 하실 것입니다.

아주 신앙심이 돈독하고 훌륭한 일꾼으로 보이는 다른 그리스도인들은 계획한 일들을 실행에 옮기며 스스로를 다그치고 이런저런 수를 동원하며 수완을 발휘할지 모릅니다. 그러나 당신은 그렇게 할 수 없습니다. 그런 시도를 한다면 완전히 실패하고 말 것이며 주님의 심한 꾸지람을 받고 꼼짝없이 회개해야 할 것입니다.

다른 사람들은 그들이 거둔 성공이나 업적과 문장력을 자랑할지 모르지만 성령께서는 우리에게 그런 일은 절대 허용하지 않으십니다. 그런 시도를 하면 그분은 심한 치욕을 당하도록 하심으로 우리 스스로와 그동안 했던 모든 선행을 경멸하게 하실 것입니다.

다른 사람들은 돈을 벌도록 해주실지 모릅니다. 그러나 하나님은 우리가 금과 비교할 수 없는 좋은 것을 갖기를 원하시므로 늘 가난하게 하실지도 모릅니다. 무력해 보이겠지만 오직 그분만을 의지하며 매일 눈에 보이지 않는 보물 창고에서 필요한 것을 공급받는 특권을 누리도록 하실지도 모릅니다.

주님은 다른 사람들에게는 영광을 얻고 출세하도록 허락하시더라도 우리는 누구에게도 눈에 띄지 않는 무명의 삶을 살게 하실지 모릅니다. 그분이 영광을 받으시도록 최상의 향기로운 과일을 맺기를 원하시기 때문입니다.

다른 사람들은 위대하게 하시더라도 우리는 초라하게 하실 것입니다. 다른 이들은 주를 위해 공을 세우고 그 대가를 누리게 하시더라도 우리는 땀 흘려 수고하더라도 얼마나 수고하고 애쓰는지 남에게 알리지 못하게 하실지 모릅니다.

성령은 우리의 일거수일투족까지 엄격하게 살피시며 사소한 말과 감정에도 꾸짖으시고 시간을 허비하신다고 책망하실지 모릅니다. 하나님은 무한한 주권자이십니다. 그분의 기쁘신 뜻대로 하실 권한이 있는 분입니다.

그렇다면 주 예수님과 직접 대면하기로 영원히 작정하십시오. 당신의 혀에 재갈을 물리고 손을 사슬로 묶으며 남들과 다른 방식으로 눈을 감을 수 있는 특권을 가지십시오.

그러면 하늘에 이르는 문을 찾을 수 있습니다.
남들은 할 수 있어도 우리는 절대 안 됩니다!

8월 11일

하나님의 학교

> "당신들이 나를 이 곳에 팔았다고 해서 근심하지 마소서 한탄하지 마소서 하나님이 생명을 구원하시려고 나를 당신들보다 먼저 보내셨나이다" 창 45:5

낙심에 빠지고 혼란스럽고 사방으로 에워싸인 듯 좌절감을 느낄 때, 버림받은 것 같은 마음이 들 때 하나님의 자녀, 하늘의 후계자인 우리는 더 고귀한 삶을 살도록 준비 중이라는 사실을 기억해야 합니다. 우리에게는 용기, 오래 참음, 끝까지 견딤이 필요한데, 이런 덕목은 바로 그와 같은 어려운 곳에서 개발할 수 있습니다. 우리에게는 믿음이 필요합니다. 보이는 것이 아니라 보이지 않는 것으로 행동할 수밖에 없는 환경에 처하지 않으면 절대 이런 믿음을 가질 수 없습니다. 성경에서 말하고 설교단에서 가르치는 그런 그리스도의 은총이 필요합니다. 그리고 여러 우여곡절을 겪는 실제 생활은 그런 은총을 얻을 수 있는 하나님의 학교입니다. 낙심하거나 실망하지 마십시오.

삶이 괴롭고 힘들 때 하나님이 훌륭한 선생님으로 당신을 이끌고 계시다는 사실을 기억하십시오. 하루하루 갈수록 그분의 엄한 훈육에 감사하게 될 것입니다.

하나님이 당신을 힘들게 하시더라도 원망하고 비난하지 마십시오. "어찌하여 나를 버리셨습니까?"라고 소리 지르지 마십시오. 그렇게 훈련을 받은 사람들에게 하나님은 사랑과 부성애를 보여 주신다는 사실을 기억하십시오. 하나님의 징계에 겸손히 고개 숙이며, 그 어려움에서 벗어날 방법을 궁리하는 것이 아니라 그 일을 계기로 더욱 성숙해지며 그 일을 딛고 일어서는 법을 고민하십시오.

내가 팔려간다는 것을 알았지

사막의 구덩이처럼 컴컴하고

노예상들 만큼 음침한 환경

나를 에워싸고

나를 짓밟아 무너뜨리니

나는 팔려간다네

또 나는 보냄을 받았지

신성한 빛으로 눈부시게 빛나는 환경

인간의 분노로 하나님은 나를 직접 작정하신 곳으로 가게 하셨지

높이 나를 올려 주셨지

누구도 나를 고개 숙이게 하지 못하지

나는 보내심을 받았으니.

M. 매닝턴 덱스터 M. Mannington Dexter, "요셉" Joseph

시련이 전혀 없고, 짓눌림을 받는 경험을 전혀 하지 않으면, 우리에게 얼마나 놀라운 구원자와 당당한 안내자가 계신지 절대 모를 것입니다. 우리를 제한하시는 이유는 오직 우리를 자유롭게 하시기 위함입니다.

8월 12일

하늘에 접수

"보라 그를 얼마나 사랑하셨는가" 요 11:36

그분은 사랑하셨지만 바로 나서지 않으셨습니다. 우리는 기도 응답이 지연되면 기도 응답을 거부하신다고 성급하게 생각해 버립니다. 스튜어트 홀던 Stuart Holden 박사는 "기도할 때 우리는 하나님의 침묵을 우리 간구의 거부라고 단정해 버릴 때가 많습니다. 하지만 사실은 우리가 그

분의 뜻에 온전히 협력할 수 있는 수준이 될 때까지 하나님이 그 응답을 미루시는 것뿐입니다"라고 분명하게 말했습니다. 비록 눈으로 가시화되기까지 시간이 걸리겠지만 하늘에 한번 접수되면 그 기도는 반드시 응답이 됩니다.

믿음은 인내의 연단으로 숭고한 사명을 감당할 수준에 이르기까지 훈련을 받습니다. 하나님의 때를 기다리며 지혜와 애정으로 하나님이 그 기도를 손질하고 계심을 알 수 있는 사람은 하나님이 단 1분도 지체하거나 더 이르지 않게 도움의 손길을 내밀어 주시는 분임을 알고 있습니다.

간절한 마음으로 드린 기도에 하나님이 응답을 지체하시는 것은 하나님이 사용하시는 지극한 사랑의 한 방법입니다. 우리가 더 가까이 나아가 그 발 앞에 엎드리기까지 기다리고 계시는 중일 수도 있습니다. 믿음으로 복종하는 가운데 그 앞에 머무르도록 기다리시는 것입니다. 그토록 간절히 바라던 응답을 주님께서 허락하신다는 것은, 우리가 그분의 발밑의 먼지가 아닌 다른 곳에서 응답을 받았을 때보다 훨씬 더 큰 축복을 의미할 수 있습니다.

> 기다리라 조급해하는 심령이여!
> 겨울이 기다리듯 노래하는 새들은 먹게 되리
> 어린 새들마다 꽃이 피듯 활짝 피어나리
> 보랏빛 바다 너머 새들이 노래 부르네!
> 사각사각 내리는 눈 밑에서 잠을 청하네
> 잠만 자지만. 달콤한 인내로 지키며
> 기다리라, 겨울이 봄을 기다리듯이

조수가 들어오면 어떤 것으로도 배를 붙들어 둘 수 없습니다! 알로에는 백년에 단 한 번 꽃을 피웁니다. 하지만 그 섬세한 조직과 눈부시게 아름다운 꽃잎을 피우기 위해서는 백년의 한 시간 한 시간이 모두 필요합니다.

믿음은 '비의 걸음소리'를 들었습니다. 하지만 하나님은 엘리야도 기다리게 하시는 분입니다.

하나님은 결코 서두르는 법이 없으시며 절대 지체하지도 않으십니다!

8월 13일

온전한 구원

"온전히 구원하실 수 있으니" 히 7:25

얼마나 벅차고 웅장한 장면이겠습니까? 숨이 멎을 듯 감동이 벅차오르지 않겠습니까?

당연히 그러리라 생각합니다. 하지만 그럼에도 그것은 단 한치도 틀리지 않는 사실입니다. 영광스럽고 영원한 사실입니다. 하나님의 말씀에 그렇게 기록되어 있습니다. 그 사실을 놓치지 마십시오. 전심으로 붙드십시오. 위험을 감수하십시오. 전부를 거십시오. 싸움이 격렬할 때 어금니를 악다물고 스스로 되뇌십시오. 적이 도망치려고 할 때 하늘을 향해 외치십시오. 승리를 누리며 기뻐하십시오.

이 한 가지 사실을 믿으면 인생 전부가 달라지고 승리와 영광의 고지에 오를 수 있습니다. 이전에는 저 멀리 아득하게 보였고 여행자들에게 빛나는 산꼭대기 눈처럼 저 멀리 있었던 그 고지 말입니다. 아지랑이 핀 듯 아스라한 햇살 사이로 여행자가 눈을 들어 푸른 하늘 아래 우뚝 솟은 그 신성한 자태를 바라볼 때처럼 이전에는 아득하게만 생각했습니다.

기억하십시오. 성결한 삶과 영적 능력은 절대 싸구려 제품이 아닙니다. 우리에게 이 선물을 주시려고 주 예수님은 갈보리에서 값을 치르셨습니다. 이 선물을 받기 위해서는 최소한 그분의 간단한 요구조건에 순종하는 대가는 치러야 합니다. 또한 기억해야 합니다. 그 인생이 살 가치가 있는 유일한 인생이라는 사실을 말입니다. 리더 해리스 Reader Harris

비전을 갖기 위해서는 대가가 필요합니다. 하지만 그 대가만 기억하고 멈추기에는 너무 많은 대가를 치렀습니다.

8월 14일
죽어야 맺는 열매

"죽으면 많은 열매를 맺느니라" 요 12:24

무한한 지혜는 우리 손을 잡고 우리의 자긍심, 고귀한 이성, 찬란하게 빛나는 희망, 소중한 감성, 경건한 열정, 영적 충동, 협소한 문화, 우리의 신조와 교회주의, 성공과 영적 체험과 영적인 위로까지 속사람이 십자가에 못 박히도록 이끌어 줍니다.

우리는 완전히 죽어서 모든 피조물과 성도와 모든 생각과 희망, 모든 계획과 마음의 애달픈 갈망, 모든 기호들을 완전히 멀리할 때까지 십자가에 계속 매달려 있어야 합니다. 온갖 걱정, 슬픔, 낙심, 찬양이나 비난, 성공이나 실패, 안락함과 괴로움, 기후나 국적에 대해서 죽어야 합니다. 모든 욕망에 대해 죽고 오직 그분에 대해서만 살아야 합니다.

씨앗이 없이 들판은 없습니다.
죽음을 이기고 다시 일어난 생명이 진정한 생명입니다.
지극히 작고 나즈막한 작은 꽃
비밀은 그 놀라운 힘에 있습니다.
죽고 살아나며 부활하고자 다시 묻히는,
희생함으로 얻는 풍성한 생명
그대는 희생을 알고 있습니까?
잃음으로 하는 희생입니다.
십자가가 아니고는 구원을 얻지 못합니다.
한 알의 밀알이 죽지 않고는

절대로 많은 열매를 맺을 수 없습니다.
황금빛 물결치는 아름다운 들판
죽음으로 생명이 백배의 결실을 맺나니
영혼을 위해 눈물로 기도하는 그대여
지옥의 군대가 와도 놀라지 마십시오.
그대를 위한 길 중의 길이니
확실한 승리의 길이니.

"영적 승리자의 비밀" The Soul Winner's secret

풍성한 곡식을 추수하고 싶다면 묵은 밀알은 내주어야 합니다.

8월 15일

쉬어!

"악한 것을 생각하지 아니하며" 고전 13:5

"쉽게 해주십시오!"

아! 불안과 염려가 찾아올 때 이 간단한 문장으로 마음의 평안과 기쁨을 느끼는 이들이 얼마나 많은지 모릅니다.

어떤 일들은 서투른 방법으로 우리에게 마음의 상처를 줍니다. 쉽게, 중단하게 해주십시오. 아무도 다시는 그 일을 생각하지 않을 것입니다. 모진 말이나 부당하다고 생각하는 말을 들으면 짜증이 납니다. 쉽게 합시다. 그 일을 털어놓는 사람들은 누구라도 그 일이 기억에서 잊히면 좋아할 것입니다.

고통스러운 추문으로 오랜 친구와 사이가 멀어지려 합니다. 쉽게, 잊어버리게 합시다. 그리고 그렇게 해서 자애로운 마음과 마음의 평화를 지키도록 합시다.

의심하는 눈빛으로 우리 애정이 식어 버리려 합니다. 쉽게 합시다.

신뢰하는 마음으로 바라볼 때 서로의 신뢰를 되찾을 수 있습니다.

생각해 보십시오. 찔릴까 무서워서 길에 있는 가시덤불을 없애려고 그렇게 살피는 우리가, 정작 매일 서로와 대화하고 교제할 때 보이는 가시가 있으면 모두 끌어 모아 우리 가슴을 찌르는 데 열중하는 모습을 말입니다!

우리란 인간은 얼마나 유치하고 제멋대로인지요! 금 모래 Gold Dust

시간으로 생긴 상처는 하나님이 처리하시게 내어드리면 곧 아물게 될 것입니다.

8월 16일

쉼과 침묵

"너희는 가만히 있어 내가 하나님 됨을 알지어다" 시 46:10

그대 영혼으로 가만 가만 걸으라.
맨발로 하늘을 걷는 성자처럼,
침묵하며 홀로 있는 것은
곧 하나님과 홀로 있다는 것이니.

고요한 마음은 라듐 원소처럼 희귀합니다. 우리는 날마다 거룩하신 목자의 손에 이끌리어 푸른 초장으로 나아가고 잔잔한 물가로 가야 합니다. 우리는 묵상하는 능력을 계속 잃어가고 있습니다. 외부의 섬김을 위해서는 내면의 준비가 꼭 필요합니다.

더 아름다운 인생의 음악을 연주하기 위해서는 일시 중지가 필요합니다. "예수께서 기도하시러 산으로 가사"(눅 6:12). "기도하실 때에 용모가 변화되고"(9:29). 우리 주님이 이 일에 몸소 모범을 보여 주셨습니다.

우리는 침묵의 힘을 배워야 합니다. 대학이나 학원에서가 아니라 영혼의 침묵 속에서 우리는 인생의 중요한 교훈들을 배우고 영적 내향성을 깊은 곳까지 뿌리내릴 수 있습니다.

지질학자들은 어떤 결정체는 고요함 속에서만 완벽한 형태를 갖출 수 있다고 말합니다. 온 마음을 다하는 순간, 인간은 하나님과 영원한 것들을 만나게 됩니다.

인생의 수많은 싸움과 갈수록 집중하기 어려워지는 세상 속에서 침묵의 장소와 고요한 시간을 따로 지정해야 합니다.

"이르시되 너희는 따로 한적한 곳에 가서 잠깐 쉬어라 하시니 … 이에 배를 타고 따로 한적한 곳에 갈새"(막 6:31-32). 매일 이런 한적한 곳을 찾고 침묵으로 교제하는 시간을 가지도록 합시다. 영원의 일은 그런 순간에 달려 있습니다!

모든 삶은 쉬지 않고 달리기보다 잠시 쉬어야 더 좋습니다.
도끼질이나 대단한 일을 한다고 내달리기만 하는 것보다 좋습니다.
만군의 하나님의 뜻대로 가만히 쉬는 것입니다.

뜨거운 연설보다 잠시 침묵해야 좋습니다.
탄식하며 광야에서 부르짖는 것보다 잠깐의 침묵이 좋습니다.
만군의 하나님의 뜻대로 가만히 있는 것입니다.
잠시의 쉼과 침묵은 이중의 노래를 부릅니다.
나지막하게 한목소리로 영원히 울리는 노래입니다.
오, 인간의 영혼이여, 하나님의 계획은 중단되지 않나니
그는 사람의 도움이 필요 없도다.
가만히 있어 볼지어다!

가만히 있어 알지어다!

8월 17일

앞으로 나오라

"나는 본래 말을 잘 하지 못하는 자니이다" 출 4:10

거짓 겸손만큼 하나님을 모독하거나 우리에게 위험한 것은 없습니다. 어떤 덕목과 자질이 없다는 이유로 하나님께서 은혜로 우리에게 맡기신 직책을 한사코 거부한다면 그것은 겸손이 아닙니다. 그런 덕목이나 자질과 관련해 오직 우리 자신의 양심을 만족시킬 수 있어야 그런 직책을 감당할 자격이 있다고 스스로 여기기 때문입니다. 가령 모세가 스스로 중요하다고 생각했던 것처럼 달변가였다면 애굽으로 갈 준비가 되어 있다고 생각할 수 있습니다. 하지만 맡은 사명을 감당할 요건을 갖추려면 그가 어느 정도 유창한 언변술을 갖추어야 하겠습니까? 이에 대한 대답은 하나님이 함께하시지 않으면 아무리 인간적으로 유창해도 소용이 없다는 것입니다. 하나님과 함께하시면 아무리 말더듬이라도 유능한 사역자로 인정받을 수 있습니다. 실제적인 놀라운 진실은 바로 이것입니다.

불신은 겸손이 아닙니다. 오히려 매우 교만한 것입니다. 자신에게서 믿어야 할 이유를 찾지 못한다는 이유로 하나님을 믿지 않기 때문입니다. 이런 불신은 오만의 극치입니다. C. H. M.

앞으로 나아오라
나보다 더 나은 이가 있다고 말하지 말라
뒷걸음치는 자신을 부끄러워하라!
앞으로 나와 지금 그대의 소명을 마주하라
한 영혼이 감당할 모든 일에 스스로 자격이 있다고 고백하라
피하고 물러서는 일은 이제 그만하라. 하나님은 오늘 그대가 필요하니.
앞으로 나아오라!
하나님이 몸소 기다리시니, 그대가 나서기까지 기다리셔야 하시니

수백 년 침묵이 이어지더라도 인간은 하나님의 예언자들이니
적이 바로 앞까지 왔는데 그리스도의 나라가 멈추어야 하는가?
그대가 그 이유이니, 그대 영혼이 나서지 않아서이니
앞으로 나아오라!

인생의 소명을 발견하면 온 인생을 내던져야 합니다. 뜻이 고귀할수록, 자신이 풍요로워지고 세상을 더 풍성하게 만들 수 있다는 확신을 갖게 될 것입니다. 필립 브룩스 Phillips Brooks

8월 18일

좁은 곳

"여호와의 사자가 더 나아가서 좌우로 피할 데 없는 좁은 곳에 선지라" 민 22:26

"좁은 곳!" 누구나 이런 곳을 알고 있습니다. 당신은 그런 곳에 가본 적이 있으며 앞으로도 머지않아 그곳에 갈 가능성이 많습니다. 지금 이 순간 그곳에 있는 사람도 있을 것입니다. 저 멀리 모압 동쪽 산지 어느 곳에 자리한 곳이 아니기 때문입니다. 그곳은 개인이 경험하는 인생의 길이고, 불가피한 문제로 홀로 대면할 수밖에 없는 시간이기도 합니다. 유혹이 그런 '좁은 곳'일 수도 있습니다. 영혼이 심각한 위기에 처할 때 그 길은 외로운 길입니다. 길을 가다 보면 그 누구도 함께할 수 없는 곳에 다다를 수 있습니다. 그곳에는 오직 하나님만 앞에 계십니다. 오직 하나님과 둘 사이에서 문제를 해결해야 합니다. 모든 것이 '예'나 '아니오'에 달려 있습니다. 유혹에 굴복하고 하나님을 모욕할지, 아니면 유혹에 맞서 그분의 힘으로 승리할지 결정해야 합니다. 타협은 조금도 가능하지 않습니다. 죄와 타협한다는 것은 가장 흉악한 형태의 죄입니다. 어떤 사람도 이러한 위기를 극복하고 이전과 같은 모습으로 돌아갈 수는 없습니다. 하나님을 직접 대면하였고 이제 그 경험으로 더 나아지든지

더 후퇴하든지 해야 합니다. 브니엘의 야곱처럼 "내 인생이 보호를 받았다"라고 말할 수도 있고, 하나님에 대한 충절을 저버린 후 사울처럼 "여호와께서 나를 버리셔서 내 원수가 되셨다"라고 말할 수도 있습니다. 윌리엄 M. 테일러 William M. Taylor

좁은 곳일수록 하나님은 능력을 베풀기를 더 원하십니다. 그분을 진정으로 만나고자 한다면 큰 어려움을 당할 때 그분에게 나아가기 바랍니다. 좁은 곳으로 내몰리고서야 우리는 하나님이 일하실 기회를 드리게 됩니다. 홍해로 그들을 인도하시기까지 하나님은 이스라엘을 대로로 인도하셨습니다. 홍해에 당도해서야 그분의 능력을 나타내실 곳이 생겼습니다. 하나님은 좁고 힘든 곳을 좋아하십니다.

그런 곳에 있다면 기뻐하기 바랍니다. 그곳이 바로 적의 수중이라 하더라도 하나님은 우리를 건져 주실 수 있습니다. 잠시라도 그분을 믿는 믿음이 흔들리지 않게 하십시오. 그러면 어떤 어려움에 처하더라도 그분의 전능하심이 함께하심을 알 수 있을 것입니다.

해리엇 비처 스토 Harriet Beecher Stowe 는 이렇게 말했습니다. "곤란을 당할 때, 그리고 온 세상이 그대를 대적할 때, 더 이상 1분도 버틸 수 없다는 생각이 들 때가 오더라도 결코 포기하지 말라. 조류가 바뀔 때가 바로 그곳, 그 시간이기 때문이다."

8월 19일
마음의 소원

"네 마음의 소원이 무엇이든지 내가 너를 위하여 그것을 이루리라" 삼상 20:4

하나님의 약속을 있는 그대로 받아들이기 어려울 때가 있습니다. 우리는 너무나 자주 하나님의 약속들을 말씀의 일반적인 영적 교훈의 일부일 뿐 우리의 필요를 따라 활용할 수 있는 것은 아니라고 생각합니다. 우리가 깨닫지 못하는 것은 실제로 활용하지 않기 때문입니다!

우리의 필요가 무엇이든, 인도하심이나 영적 회복이나 물리적 필요나 임시적 필요이든 하나님은 우리 믿음의 기초를 어디다 두어야 할지 구체적으로 말씀해 주셨습니다.

그렇다면 약속이 이렇게 분명한데도 명확하게 기도를 드리지 않을 이유가 무엇입니까? 우리는 기도하는 가운데 상황에 맞는 약속을 찾도록 말씀을 깊이 연구하여야 합니다. 그분을 증명해야 합니다. 주님의 말씀 이면에는 하나님 자신의 인격과 성품이 있습니다. 결코 거짓말하시지 않는 하나님이 계십니다.

하나님은 그분을 온전히 신뢰하는 자를 높여 주십니다. 보좌 앞에 바로 나아가도록 길을 열어 주시는 것은 우리의 가치가 아니라 그리스도의 가치 때문입니다. "하나님의 약속은 얼마든지 그리스도 안에서 예가 되니 그런즉 그로 말미암아 우리가 아멘 하여 하나님께 영광을 돌리게 되느니라"(고후 1:20).

이렇게 기초가 확실하고 분명한 약속이 있는데 주님이 준비해 두신 것을 왜 망설이며 주장하지 않습니까? 이 약속을 주신 분을 믿을 수 없습니까?

아버지께서 성도의 마음에 어떤 소망을 불러일으키셨든지 그분은 그것이 이루어지도록 해주실 것입니다. S. 채드윅 S. Chadwick

하나님의 불변하는 약속을 드러내 보이십시오.

8월 20일

누가 승자인가?

"누구든지 자기 목숨을 구원하고자 하면 잃을 것이요" 막 8:35

목숨을 내놓는 것은 우리 스스로에게도 새로운 생명의 기초일 뿐 아니라, 다른 이들에게도 새 생명의 기초가 됩니다. 우리 주님이 목숨을 버리심으로 평생 영원하도록 풍성한 결실을 맺게 된 것과 같습니다.

열매를 추수하기 위해서는 목숨을 버려야 합니다. 밀알이 땅에 떨어져 죽는 것은 혼자가 아니기 위해서입니다.

존 콜러리지 패터슨John Coleridge Patterson은 본국에서 부유하고 행복하게 살 수 있는 모든 재능과 여건을 다 갖춘 사람이었지만 그 모든 것을 내려놓고 남태평양 지역에서 힘들고 수고로운 생활을 자청했습니다. "지난 삶을 되돌아보면 후회스럽지는 않습니까?"라는 질문을 받았더라면 그는 아마 "제게 주신 약속이 성취되었습니다"라고 대답했을 것입니다.

한번은 중국에서 한 미국인 총영사가 매튜 컬버트슨Matthew Culbertson에게 이렇게 말했습니다. "고국에 그대로 계셨더라면 소장이 되었을지도 모르겠습니다." 그는 미육군 사관학교에서 최우수 성적을 거두었지만 그의 어머니의 기도대로 선교사가 되었습니다. "아닙니다. 전혀 후회하지 않습니다. 4천만 명이나 되는 한 민족을 대상으로 복음을 전하는 특권은 지상에서 사람이 누릴 수 있는 가장 위대한 특권입니다"라고 그는 대답했습니다. 그는 자기 인생을 찾았던 것입니다.

리빙스턴Livingstone은 목숨을 잃었지만 다른 생명을 얻었습니다. 그 생명은 아프리카를 통해 확산되었을 뿐 아니라, 아프리카에서 머무르며 세계가 가져야 할 아프리카에 대한 인식의 모범이 되었습니다.

헨리 마틴Henry Martyn은 쟁기를 손에 잡으며 "하나님을 위해 나를 불태우자"라고 말했습니다. 결코 "뒤돌아보지" 않았습니다. 심지어 휴가를 보내겠다고 손잡이를 손에서 놓지도 않았습니다.

고독하게 살았던 몽고의 제임스 길모어James Gilmore를 생각해 보십시오. 몽고는 동쪽 동해에서부터 서쪽 투키스탄까지 3천 마일에 이르며, 아시아 러시아(시베리아, Asiatic Russia―역자)의 남쪽 경계에서 중국의 만리장성에 이르기까지 900마일에 달합니다. 어마어마한 밭이 아닙니까? 그러나 그는 놀라운 농부였습니다. 그는 끝까지 밭을 갈다가 주님의 부르심을 받았습니다.

2천여 년 전 우리 주님은 자기 목숨과 명성을 버리는 선택을 하셨습니다. 이제 역사는 말해야 합니다. 누가 인생의 승리자입니까? 긴 역사의 연대기를 공개하고 분명히 선언하기 바랍니다. 세상에서 소위 승자라고 인정받는 찰나의 성공을 거둔 이들이 인생의 승리자입니까? 순교자가 승리자입니까? 아니면 네로가 승리자입니까? 테르모필레의 전투에서 굴복한 스파르타인과 페르시아인들과 크세르크세스 왕 중 누가 승리자입니까? 소크라테스와 그를 재판한 사람들 중에 승리자는 누구입니까? 빌라도가 승자입니까? 그리스도가 승자입니까? 윌리엄 웻모어 스토리
William Wetmore Story

8월 21일

불꽃 백합

"화관을 주어 그 재를 대신하며" 사 61:3

오, 사그라드는 불은 그대가 아니라 내 마음의 재를 위함이로다.

아프리카 초원에 대한 이야기를 들려드릴까 합니다. 불꽃 백합에 관한 이야기입니다.

산지의 산불은 신비의 땅에서 목격하는 가장 놀라운 장면 중 하나입니다. 미묘한 끌림으로 따지면 바짝 마른 풀을 삼키며 하늘 높이 치솟는 어마어마한 평지의 화재에 비할 바가 아닙니다. 키가 작디작은 풀들로 이루어진 산지에 있다 보면 멀리 고지대에서 산등성이를 따라 타고 있는 불을 시간 가는 줄 모르고 바라봅니다. 저 멀리 떨어진 도시 하늘을 물들이는 아득한 불빛을 보는 것 같습니다. 날이 밝아오면 장면은 완전히 달라집니다. 반가운 마음으로 눈을 들어 아끼던 산지를 바라보면 시커멓게 타버린 얼굴이 당신을 바라보고 있습니다. 조금 더 찬찬히 보고 있으면 시커멓게 보이던 언덕은 초록색 싹으로 옷을 입고 있습니다. 다 타버린 잿더미에서 불꽃 백합이 가장 먼저 얼굴을 내밀며 마치 작은 불꽃처럼 올라옵니다.

"재 대신 아름다움을"(KJV). 여기 하나님의 말씀, 그분의 행사로 육화

된 말씀이 있습니다. 불꽃 백합을 생각하면 이사야서 61장 3절의 놀라운 말씀이 더 깊은 의미로 다가옵니다. 신약이라는 환히 빛나는 빛에 비추어 구약의 약속을 펼쳐 보여 줍니다. 부활한 생명의 놀라운 가능성을 하나님이 우리가 실제로 경험하게 하신다는 것이 어떤 의미인지 보여 주기 때문입니다.

우리의 옛 본성에 언도된 사형 선고를 집행하시도록 하나님께 모두 내어드릴 때, 하나님은 희생 제물을 받으시는 유일한 방식으로 완전히 재로 태워서 그것을 받으십니다(시 20:3). 큰 화재가 난 자리, 옛 생활의 잿더미에서 그리스도의 아름다운 불꽃 백합이 피어납니다. 매일 더 많은 땅을 내어드릴수록 화재가 휩쓴 우리 내면의 산지는 죽음을 딛고 싹트는 생명의 기적이 일어납니다. 불에 타서 맨 살을 드러낸 산비탈은 사방에서 꽃망울을 터뜨립니다. 타지 않은 언덕은 풀과 잡초로 무성한 정글이 됩니다. 화재를 비껴간 계곡은 그리스도로 충만한 삶이 아님을 의미합니다. 자연이든 영적인 문제든 하나님의 법이 이러합니다. 불에 타지 않으면 불꽃 백합이 피지 않습니다. 재가 없으면 아름다운 화관도 없습니다. 불꽃 백합의 비밀이 여기 있습니다. 완전히 내어드림의 의미가 이러합니다. P. E. 샤프 P. E. Sharp

잿더미만 남았을 때 그는 오셨지, 그리고 말씀하셨지.
"딸아, 네 마음대로 섬기려고 하지 않았느냐?
그러나 이제 손을 내밀어 보거라.
자아의 캄캄한 감옥에서 너를 이끌어내고
너를 통해 내 뜻을 펼치려고 한단다.
이제 네 옛 사람이 사라지고 없으니."
나는 말씀드렸지.
"내 청춘은 사라지고 더 이상 쓸 힘도 남아있지 않습니다.
제 인생은 주님 앞에 쇠잔하고 벌거벗은 그대로 놓여 있습니다.
저는 너무 수치스럽습니다.

이렇게 회색빛 황량한 재만 남아서는 저를 드릴 수가 없습니다.
하오나 저를 향한 당신의 뜻을 이루어 주시고
제 자아가 죽도록 가르쳐 주소서."

그때 사그라드는 불이 남기는 잿더미로
그는 그 숨을 불어넣으셨지.
재가 그 입김에 날라가고
매운 연기를 내며 꺼져가는 불씨 위로
활활 타오르는 불꽃이 선연히 보였지
맹렬히 붉은 불꽃을 피우는 그것은 당신의 생명, 당신의 사랑.
"주의 뜻이 제게 이루어질지니 내가 주 안에 거하겠나이다."

작가 미상

하나님은 축복을 베푸시기 전에 그 축복으로 가는 길에 사형 선고문을 써넣으십니다.

8월 22일

천상의 음악

"너희가 내 손에 있느니라" 렘 18:6

세계에서 가장 유명한 바이올린 연주자인 올레 불은 풀리지 않는 의문이 하나 있었습니다. 어느 날 그는 끝이 보이지 않는 숲에서 길을 잃어버렸습니다. 캄캄한 밤을 헤매다가 한 은둔자가 사는 통나무 오두막집 모퉁이에 부딪혀 넘어지고 말았습니다. 은둔자는 그를 집으로 들이고 배를 채우게 하고 몸을 따뜻하게 해주었습니다. 저녁 식사가 끝나고 두 사람은 뜨거운 열기를 내는 난로 앞에 앉았습니다. 노인은 삑삑거리는 다 망가진 바이올린으로 조악한 음을 연주해 보였습니다. 올레 불은

"저 악기로 제가 연주할 수 있다고 생각하시나요?" 노인은 "못할 것 같소. 내가 배우는 데 몇 년이 걸렸소"라고 대답했고, 이 말을 듣고 올레 불은 "제가 한번 해보겠습니다"라고 말했습니다.

그가 낡고 망가진 바이올린을 들고 활을 바이올린 현 위로 올리자 갑자기 은둔자의 오두막은 천상의 음악으로 가득 찼습니다. 그리고 전해지는 이야기에 따르면 그 은둔자는 아이처럼 엉엉 소리내어 울었다고 합니다.

우리는 망가진 악기와 같습니다. 우리 인생의 활은 망가지고 현은 느슨하게 늘어져 버렸습니다. 그러나 주님이 우리를 가져다 만지시기만 한다면, 낡고 망가져 여기저기 부서진 채 멍든 이 악기로 천사들에게나 어울릴 천상의 음악을 연주하실 수 있습니다.

나는 그 오래된 갈색 바이올린을 전혀 모르고 있었지.
구석지고 어두운 곳에 오래 방치되어 있었지.
줄은 끊어지거나 늘어지고 나사는 느슨하게 빠져 있었지.
다시 사용할 수 있을런지.
얼마나 오래되었던지 초라한 케이스에 먼지가 더께를 이루고 있었지.
어느 날 주인이 그 악기를 꺼내고 소중하게 애무하듯이
그 나무 악기를 쓰다듬고 나사를 조이고 줄을 당겼지.
그는 활을 드리우며 음을 조율하는 데 온통 정신이 팔렸다네.
드디어 오랜 침묵을 깨고 바이올린은 다시
아르페지오, 속주, 트릴로 현란한 솜씨를 내보였지.
선율로 몸체가 진동을 하고 생명의 기쁨의 노래가 울려 퍼졌지.

이제 나는 믿습니다. 망가진 어떤 인생이라도
귀에 거슬리는 불협화음으로 조율도 되지 않은 채 버려져 있었더라도
눈에 보이지 않는 먼 구석에 내팽개쳐 방치되어 있던 인생이라도
여전히 그 쓸모가 남아 있음을.

천국의 오케스트라에서 빠질 이유가 없습니다.
오랜 상처로 흠이 진 장인은 능숙한 솜씨로 망가진 악기를
매끈하게 수선할 수 있습니다.
다만 그 손길에 스스로를 완전히 내맡겨야 합니다.
말 못하던 인생도 다시 말하고 즐거이 노래할 수 있습니다.
아무도 멸망치 않게 자기 목숨을 내어주신 분을 찬양하라.
지극히 복된 이 기쁨의 소식을 이제 나는 믿습니다.
내 인생을 그의 손에 맡김으로 이제 나의 세계가 쉼을 누리는 것을 봅니다.

도로시 M. 바터 스노우 Dorothy M. Barter-Snow

8월 23일

든든한 위로

"너희를 업어 내게로 인도하였음을 너희가 보았느니라" 출 19:4

우리 마음을 격동시키고 가족들과 친구들과 관계가 소원해지게 하는 그 사건들이 도무지 이해가 되지 않았습니다. 그리고 더없이 안전한 곳에서 사방으로 위 아래로 완전히 비어있는 듯 모든 것이 불확실한 곳으로 우리를 내모는 섭리의 그 가열참에 얼마나 놀랐는지 모릅니다. 그러나 이제 우리의 모든 경험이 하나님의 사랑 안에서 우리를 향한 그분의 고귀한 뜻을 이루기 위함이었음을 알겠습니다. 어떤 일이 일어나더라도 우리는 금방 그의 모습을 알아보았고, 용기를 내라는 그분의 외침을 들었습니다. 절대 지치거나 힘들지 않았고 곧 우리 밑을 떠받치는 든든한 날개를 보았습니다. 오, 하나님이 우리를 집으로 그분 곁 안식처로 인도하실 때 느끼는 그 놀라운 경이로움이여! 헨리 W. 프로스트 Henry W. Frost

내 사랑하는 아이야, 내게로 너를 인도하리라!
나 외에 누가 너의 든든한 위로가 될 수 있느냐?

누가 손을 내밀어 너의 마음 깊은 곳을 어루만져 주겠느냐?
너의 마음을 누가 이토록 섬세하게 알아주겠느냐?

네 사랑하는 이들이 너를 등질 때 통한의 눈물을 흘리지 않았느냐?
너의 참된 위로를 슬프게도 저버리지 않았느냐?
"그들이 왜 그랬을까요?" 너는 묻지 않았느냐? 은밀히 알려주겠노라.
"그대 내게서 마음의 위로를 얻게 하려 함이니라."

내게로, 아, 다른 누구에게가 아니로라
더없이 소중하고 아름다우며 달콤한 최고의 위로
오직 내 안에만 변치 않는 위로가 있노라
오직 내 안에서만 네 안식의 약속이 있노라

내 사랑하는 아이야, 내게로 너를 인도하리라!
하늘의 지복을 누릴 어떤 곳이 아니라
사람들처럼 온통 실망을 안길 곳으로
이보다 더 고귀한 음료를 마실 법을 배울 곳으로 너를 인도하리라

내 사랑하는 아이야 내게로 너를 인도하리라
내가 아니면 그 누구도 너를 충만하게 할 수 없으리
내 마음에는 허기진 갈망이 있으니
나는 그대 안에서 최상품 보물을 찾아내고 말리라

내 도움이 아니라 내게로 바로 나에게로,
그러면 참으로 분명하고 아름답게 증명하리니
그대를 내 축복의 통로로 삼을 수 있음을,
풍요로운 내 사랑이 흘러내리도록 그대를 이용하리라.

J. 댄슨 스미스 J. Danson Smith

8월 24일

호미 든 일꾼

"기드온이 … 밀을 포도주 틀에서 타작하더니 여호와의 사자가 … 이르되 …
여호와께서 너와 함께 계시도다 하매" 삿 6:11-12

적과 교전이 벌어지는 전장에서 쏟아지는 포탄과 맞설 때보다 일상생활 속에서 일상적인 문제들과 싸울 때 더 큰 용기가 필요합니다. 음침한 거리에서 예수님을 향한 믿음을 지키는 것이 영웅의 길을 따르는 일보다 훨씬 더 어렵습니다. 하나님의 도우심 없이 인간의 본성만으로는 이런 일을 해내기가 어렵습니다.

예수를 따르는 제자는 일꾼입니다. 하지만 하나님과 함께하는 일꾼입니다. 호미를 든 일꾼이지만 천사들과 함께 추수에 참여하는 일꾼입니다.

당신은 여기 이곳에 발을 딛고 서라고 말씀하셨습니다.
그리고 일하며 기다리라 하셨습니다.
나는 그곳이 비옥한 땅이라 생각했습니다.
돌보고 가꾸기에 좋은 땅이라고.
그곳에서는 분명히 꽃이 피고 열매가 맺히리라고 나는 말했습니다.
준비된 비옥한 땅이니
그곳을 아름다운 정원으로 만들리라
나의 주 당신을 위해서

아, 그 땅은 잔뜩 찌푸린 황량한 하늘만 보였습니다.
여기저기 잡초들로 무성했습니다.
그 위로 마치 먼지를 잔뜩 뿌린 듯이
엉겅퀴가 가득했습니다.
오래 땀 흘려 수고했지만 불모의 땅,

곡식을 맺지 못할 땅만 남았습니다.
쉬지 않고 땀 흘려 얻은 대가가 바로 이런
쟁기 갈아 속살 드러낸 땅이었습니다!

하지만 아니었습니다. 이런 곳에서도, 울면서 힘쓰고 애썼던 이곳에서도
어느 태양이 화창한 아침
누군가 기쁜 마음으로 와서 거두겠지요.
알알이 가득 맺힌 곡식을 말입니다.
그러나 그들이 추수하는 곡식은 당신이 수고한 덕분입니다.
내게 쏟은 수고
곧은 고랑을 내었으니
그대여 만족하라!

밭을 가는 농부 A Tiller of the Soil

8월 25일

빨래판의 기도

"믿기만 하라" 막 5:36

마치 후광이 비치는 듯한 착각이 들 정도로 백발이 성성한 한 노파, 주름진 뺨에는 뜨거운 눈물이 흘러내리고 궁한 티가 흐르는 방에서 굳은살이 박힌 손으로 빨래를 하는 데 열중하고 있습니다. 노파는 빨래를 하며 아들 존을 위해 기도합니다. 십 대에 뱃사람이 되겠다고 집을 나간 아들 존, 이제 그 아들이 흉악한 악인이 되었다는 소식이 전해집니다. 노파는 아들이 하나님을 섬길 수 있는 사람이 되게 해달라는 기도를 쉬어 본 적이 없었습니다.

예술가가 예술의 소재로 삼기에 얼마나 좋은 주제인지 모르겠습니다! 늙은 어머니는 두 가지를 믿었습니다. 기도의 능력과 아들의 회심이

었습니다. 그래서 빨래를 하면서도 기도를 쉬지 않았습니다. 하나님은 존 뉴턴John Newton의 마음에 기적이 일어나게 하심으로 그녀의 기도에 응답해 주셨습니다. 그는 어린양의 피로 더러운 죄를 씻음 받았습니다. "너희의 죄가 주홍 같을지라도 눈과 같이 희어질 것이요."(사 1:8).

주님의 이름으로 구하는 모든 기도처럼 빨래하면서 드린 어머니의 기도는 응답을 받았습니다. 술에 절은 뱃사람 존 뉴턴은 뱃사람으로 말씀을 전하는 존 뉴턴이 되었습니다. 그가 그리스도께 인도한 수천 명의 사람들 중에는 이기적이고 지적이며 자신에 대한 자부심이 남달랐던 토마스 스콧Thomas Scott이 있습니다. 어머니의 빨래 중의 기도 덕분에 또 다른 기적이 일어났습니다. 토마스 스콧은 자신의 펜과 목소리를 이용해 수천 명의 믿지 않는 사람들을 그리스도께로 이끌었습니다. 그중 한 사람이 비관적이며 우울증에 시달리던 젊은 청년 윌리엄 카우퍼William Cowper입니다. 그 역시 깨끗케 하는 보혈로 씻음을 받고 깊은 감동을 받아 이렇게 썼습니다.

> 보혈로 가득한 샘물이 있도다.
> 임마누엘의 혈관에서 흘러나온
> 그 샘물에 자신을 던진 죄인들은
> 모든 죄를 씻음 받도다.

이 노래를 듣고 헤아릴 수 없이 많은 사람들이 십자가에서 죽으신 그분에게로 돌아왔습니다. 윌리엄 윌버포스William Wilberforce가 대표적입니다. 그는 위대한 그리스도인 정치가가 되었고 많은 사람들이 영국 노예 해방 운동에 뛰어들도록 영감을 주었습니다. 그가 주님께 이끌었던 사람들 중에 채널 제도에서 영국 국교회 성직자로 섬기던 레이 리치몬드Leigh Richmond가 있습니다. 그는 「목장주의 딸」Dairyman's Daughter을 썼고 이 책은 40개 언어로 번역되었습니다. 이 책은 수많은 사람들의 심령에 그리스도에 대한 사랑의 뜨거운 불길이 피어오르도록 불쏘시개 역할을 했습니다.

이 모든 일이 한 어머니가 하나님의 말씀을 조금도 의심하지 않고 아들의 마음을 빨래 대야의 비누 거품처럼 희게 해달라고 기도했기 때문에 일어났습니다.

8월 26일

그 길 끝에

"내가 네게 장가들어 영원히 살되" 호 2:19

"나의 사랑, 내 어여쁜 자야 일어나서 함께 가자"라고 그분이 부르십니다(아 2:10). 애굽의 속박에서 벗어나 멀리 가자…. 그러나 그분과 함께 가자! 주님의 정혼자여!

'나의 사랑'이 바로 그 표현입니다. 다른 어떤 목소리로는 그녀가 그렇게 가슴 설레지 않았을 것입니다. 사모하는 마음은 바로 그 음성을 알아들었습니다. 우리가 그리스도를 마음 깊이 사모할 때 그만의 독특한 음성을 금방 알아듣지 않겠습니까!

그는 말했습니다. "나와 함께 가겠느냐?
어둠이 빛을 가리는 곳으로 함께 가려느냐?"
그녀는 대답했습니다. "나의 주여, 먼 길이라도 주를 따르겠나이다. 어둔 밤 달빛 아래라도 따르겠나이다."
그러나 그는 말했습니다.
"별빛으로는 네가 발로 밟을 골짜기 어둠을 밝힐 수 없단다.
그 길을 따라가면 십자가와 무덤이 기다리고 있지."
"하지만 당신과 함께 가겠습니다" 그녀는 대답했습니다.

"네가 치를 대가를 계산해 보아라. 그 값을 치를 수 있겠느냐?
바보처럼 끌려가서 제단 제물로 스스로를 바칠 수 있느냐?"

"저를 거기서 결박해 주소서. 내 주여" 그녀는 대답했습니다.
"도망가지 못하게 저를 결박하시든지
아니면 못 박힌 손으로 저를 잡고 놓지 마옵소서.
그 칼과 찌르는 못을 두려워할까 하오니,
뜨겁게 달아오른 낙인에 뒷걸음칠까 하오니.
하오나 당신이 어디로 가시든지 따르겠습니다.
비록 그 길이 외롭고 무섭다 하여도 가겠습니다."
그의 음성은 따뜻하면서도 낮고 감미로웠습니다.
"나와 함께 가자꾸나." 그는 말했습니다.
그 마음의 고통이 얼마나 쓰라릴지 아무도 몰랐습니다.

그녀는 캄캄한 어둔 밤길을 따라나섰습니다.
홀로. 외로이 십자가를 진 채였습니다.
비통함과 수치를 삼키며 외로이 길을 갔습니다.

희생 제물을 드리는 제단으로 이끌려갔습니다,
거기서 말 못할 제물로 죽임을 당하러 갔습니다.
그를 따른다고 그렇게 쓰라린 대가를 치러야 합니까?
그렇게 아픈 상실과 고통을 치를 가치가 있는 일이었습니까?

곡식 낱알이 익어서 황금빛 물결로 출렁일 때
씨앗에게 물어보십시오.
땀 흘려 수고한 후 백배 결실을 거둘 때
씨를 뿌린 농부에게 물어보십시오.
그는 말했습니다(그의 목소리는 달콤한 기쁨으로 떨렸습니다).
"그런 대가를 치를 가치가 있었느냐?"
그리고 그녀는 못 박힌 그분의 발아래 엎드린 채 대답했습니다.
"홀로 간 그 길 끝에서 내가 얻은 것은

죽음이 아니라 보좌 위의 생명이었나이다."

애니 클라크 Annie Clarke

"네가 이 사람과 함께 가려느냐"(창 24:58).

8월 27일

선으로 바꾸사

"요셉이 그들에게 이르되 … 당신들은 나를 해하려 하였으나 하나님은 그것을 선으로 바꾸사 오늘과 같이 많은 백성의 생명을 구원하게 하시려 하셨나니" 창 50:19-20

요셉은 먼 길을 갔습니다. 죽고 싶을 만큼 힘든 길이었습니다. 그는 질척거리는 구덩이에 갇히고 형들의 배신으로 사슬에 묶여 노예로 팔려 가는 신세가 되었습니다. 궁궐에서 끔찍한 유혹을 받고 결국 감옥에 갇히고 말았습니다. 그러나 이 이야기는 완전히 다른 결말로 마무리됩니다. "바로가 또 요셉에게 이르되 내가 너를 애굽 온 땅의 총리가 되게 하노라 하고 … 내가 너보다 높은 것은 내 왕좌뿐이니라"(창 41:41, 40). 요셉이 그의 형들에게 하는 말이 들리지 않습니까? "하나님은 그것을 선으로 바꾸사 많은 백성의 생명을 구원하게 하시려 하셨나니."

흔들림 없는 한결같은 성실함으로 하나님께 드린 일생은 가장 거룩한 신뢰의 표지라 할 수 있습니다. 위대한 영혼이 탄생하기 위한 과정은 다양할 뿐 아니라 많은 시간이 소요됩니다. 멀고 힘든 길들이 많지만 되돌아올 길은 없는 것 같습니다. "밤은 어둡고 집은 아득히 먼데", 인내는 "주여 나를 계속 인도해 주소서, 내 발걸음을 지켜주소서. 먼 곳까지 보게 해달라고 구하는 것이 아닙니다. 한 걸음으로만 충분합니다"라고 외칩니다. 믿음, 용기, 오래 참음은 위대한 인생의 참으로 중요한 자질입니다. 하지만 이 모든 덕목을 갈고 닦는 데 시간이라는 요소가 절대적으로 필요합니다.

하나님의 생명에 철저히 뿌리내린 인생은 복된 인생입니다. 길고 끝이 없어 보이는 시험과 시련으로 시간이 천천히 흘러도 그 생명을 느끼고 알 수 있으니 말입니다. 하나님의 시간은 그 영광스러운 뜻을 이루기까지 변함없이 꾸준히 흘러갑니다. 탐험과 정복 Quests and Conquests

주의 안식을 기다릴지니
잠시 지체하신다 하여도 찬양할지어다
영원하신 분이 그대의 시계에
당신의 시계를 맞추시리라 생각하지 말지어다
그의 때를 기다리며 그의 정하신 날을 신뢰하라
늦지도 이르지도 아니할지니!

먼 길도 결국 모퉁이를 돌 날이 올 것입니다!

8월 28일
평범한 삶

"예수께서 본래 마르다와 그 동생과 나사로를 사랑하시더니" 요 11:5

예수님은 사랑하는 자들이 모조리 한 형태나 한 색깔을 띠기를 원치 않으십니다. 획일성을 요구하지 않으십니다. 우리의 개성을 없애려 하시지 않고 다만 더 아름답게 해주려고 하십니다. 그는 "마르다와 그 동생과 나사로"를 사랑하셨습니다.

"예수께서 … 마르다와." 마르다는 성경에 나오는 실용적인 여성의 대표적인 인물입니다. "마르다는 일을 하고"(요 12:2). 그녀의 인품은 이 분야에서 두드러졌습니다.

"그 동생과." 마리아는 보이지 않는 세계와 깊이 교감을 나누며 긴 시간을 보내는 사색형 사람이었습니다. 우리는 마르다뿐 아니라 마리아도 필요합니다. 깊이 사유할 줄 아는 영혼, 바쁘게 오가는 고된 길에서 쉼의 향기를 실어나를 줄 아는 영혼의 소유자가 필요합니다. 예수님의 발아래 앉아 그분의 말씀을 청종하고, 피곤하여 지친 세상을 향해 달콤한 복음의 말씀을 해석하고 들려줄 영혼들이 필요합니다.

"나사로를 사랑하시더니." 그에 대해 우리는 무엇을 알고 있습니까? 아무것도 아는 바가 없습니다. 나사로는 사람들의 눈에 띄지 않는 평범한 사람이었던 모양입니다. 그러나 예수님은 그를 사랑하셨습니다. '평범한 사람'의 범주에 포함되는 사람들은 무수히 많습니다! 출생 명단과 사망자 명단으로는 명확히 구별되지만 살아생전에는 그 존재감이 희미합니다. 평범한 사람들에 대해 하나님께 감사드립시다! 그들은 집을 행복한 가정으로 만들고 가족들이 편안하고 안온하게 살도록 최선을 다합니다. 예수님은 평범한 사람들을 사랑하셨습니다. 그러므로 우리에게 위로가 되는 멋진 생각이 있으니 우리는 모두 사랑받는 존재라는 것입니다. 탁월하게 뛰어난 사람이든지, 평범한 사람이든지, 실용적인 사람이든지, 이상적인 사람들이든지 주님은 모두 사랑하십니다.

"예수께서 본래 마르다와 그 동생과 나사로를 사랑하시더니."

어떤 야생화가 인간의 발길이 한 번도 닿지 않은 원시림에서 쓰러진 나무 옆에 피어났다고 아무렇게나 꽃을 피우고 싸구려 향을 피웁니까? 우리는 걸출하게 뛰어나지 않다고 또한 세상 사람들에게 인정을 받지 못한다고 해서 슬퍼할 이유가 없습니다. 존 헨리 조웨트 J. H. Jowett

사랑하는 이여! 그러니 그 길은 그렇게 쓸쓸하지 않을 것입니다.
우리가 아는 분이 더욱 가까이 다가오시며
우리 마음에 아주 분명히 증명해 주십니다.
우리가 사랑받고 있음을

사랑하는 이여 그때 즐거운 새 노래를 부를지니
우리가 오랫동안 사모하던 그리스도께,

구속함을 입은 기쁜 모든 무리들과 함께 노래를 부를지니
그들은 영원히 사랑받는 이들입니다.

8월 29일

무엇을 하든지

"이 사람이 마리아의 아들 목수가 아니냐" 막 6:3
"이는 내 사랑하는 아들이요 내 기뻐하는 자라 하시니라" 마 3:17

그렇구나, 나처럼 같은 일을 하는 목수라니!
이 글귀를 읽을 때 내 마음 얼마나 따뜻해지는지
일이 고되어도 견딜 수 있소, 받는 급여가 얼마 안 되어도 견딜 수 있소.
머지않아 그 목수를 만나 뵐 것이니. 말트비 D. 뱁콕 Maltbie D. Babcock

"손에 쟁기를 잡고", "멍에를 메고"라고 말씀하시는 이가 직접 쟁기와 멍에를 만들었어야 한다는 것은 우리 상식에 잘 부합합니다. 사람들은 책 냄새가 나지 않는다고 그분의 말씀이 거룩하지 않다고 생각하지 않습니다. 나사렛 사람들이 저지른 그런 실수를 우리는 하지 말아야 합니다. 그들은 목수에 불과한 예수님이 하나님이 약속하신 메시아일 리가 없다고 생각했습니다. 하지만 그 이후로 가난한 사람들에게 그분이 목수라는 사실은 하나님의 신임장이나 같았습니다. 사회적 지위나 학위에 기만당하지 말아야 합니다.

캐리는 구두 수선공이었지만 그의 가게 벽에는 늘 세계 지도가 걸려 있었고 꿈을 꾸고 실행하는 일에는 알렉산더 대왕을 능가할 정도였습니다.

예수님은 작업장에서 작업을 하실 때 어떤 생각을 하셨을까요? 이 세상 나라들이 하나님의 나라가 되어야 한다는 생각을 하셨습니다. 어떤 대가를 치르더라도 그 일을 이루겠다는 생각을 하셨습니다.

"네 손에 있는 것이 무엇이냐?"(출 4:2)

괭이? 바늘? 빗자루? 펜이나 검? 숙박부? 아니면 교과서? 타자기? 아니면 전화기? 모루? 인쇄용 줄자? 회반죽 흙손? 목수의 대패? 조절판? 조타 장치? 외과용 메스? 아니면 긴 자? 악기 아니면 음악적 재능?

그것이 무엇이든 사랑으로 섬기는 하나님께 바치기 바랍니다.

많은 땜장이와 직공과 석공과 노동자들이 하늘을 향해 창을 활짝 열고 상상의 나래를 마음껏 펼쳤습니다.

8월 30일

위대한 대의

"내가 거스리지 아니하고" 행 26:19

오, 주여 어디로 가야 하나이까? 하늘은 계시해 주지 않았고 바울도 묻지 않고 길을 나섰습니다. 바울이 물었더라면, 그리고 주께서 대답하셨더라면, 바울이 멀고 험한 길이 앞에 기다린다는 사실을 알았더라면, 천상의 계시로 추위와 굶주림에 시달리고 극심한 가난에 시달리며 사슬과 차꼬에 매인 채 악취 나는 어두운 감옥의 자신을 보았더라면, 사나운 강도들이 흔들리는 바위 뒤에서 노리는 모습과 폭도들의 소요와 그를 향해 날아오는 돌, 진물이 흘러나오는 눈, 뼈가 타들어갈 듯한 고열, 거칠고 가파른 산길의 위험과 깊은 바다의 무서운 폭풍의 위험, 외로움, 거짓에 가득한 저주, 편견에 젖어 의심의 눈초리로 감시하는 이들의 맹렬한 적의, 약하고 서투른 친구, 마지막으로는 시저의 망나니 칼춤을 미리 보았더라면, 바울은 몸서리치듯 탄식하며 뒤돌아서서 다소에 그대로 눌러 앉았을까요? 그렇지 않았을 것입니다. 천 번도 넘게 단호하게 아니라고 큰소리로 말했을 것입니다. 예수님이 가신 곳마다 바울은 기쁘게 따라갔을 것입니다. 감옥은 예수님과 함께하던 곳이었습니다. 예수님이 함께하시기에 다른 누구의 도움도 필요하지 않았습니다. 예수님의 사랑으로 그는 늘 기쁘고 만족했습니다. 세상 군왕들 앞에서 당당했고 어떤 폭풍에도 안전했습니다. 오, 주여 어디로 가야 하나이까? 하늘은 계시해 주지 않았고 바울도 개의치 않았습니다. 그는 길을 나섰습니다. 아모스 R. 웰스 Amos R. Wells

"위대한 대의가 인자의 인생을 지배했습니다. 그분의 발자취를 따라가는 우리 인생 역시 그 대의의 지배를 받아야 합니다. 인자가 그러하셨듯이 그분의 제자들도 그러해야 합니다."

주여, 당신을 따르리이다. 그러나
먼저 그 놀라운 부르심이 무슨 뜻을 지니는지 알기 원하나이다.
인생의 무지개 빛 강당을 아름다운 선율로 가득 채우며
떨리는 황금빛 현으로 내 마음을 감동으로 가득 채우는 부르심,
내 영혼은 신성한 기쁨으로 넘치나이다.

주님, 당신을 따르리이다. 그러나
먼저 길을 나서기 전 분명히 해야 하겠나이다.
제가 감당할 몫을 모아 주소서. 제가 진 빚을 갚아 주소서
제가 가더라도 여기 돌봐야 할 이가 아무도 없도록
시간의 무정한 손이 저의 몫을 없이 하지 못하도록

주님, 당신을 따르겠나이다. 그러나
먼저 이 대로의 끝을 보아야 하겠나이다.
곧게 뻗은 이 아름답고 넓은 길
벗어나 헤멜 일이 없는 선명한 길
나를 하나님께로 이끌어 주는 길

그리스도의 지치지 않는 부르심에 응답하는 자는
자기 자신과 생명과 전부를 드려야 하리.

한 번도 뒤돌아보아서는 안 되리.
쟁기를 들고 염려로 미간을 찌푸리며 돌아보는 자
그의 부르심을 제대로 모르는 자이니
그리스도는 오직 영광을 받으시고자 그를 온전히 주장하시리니
그는 그리스도의 것, 오직 그리스도의 것이어야 하리라.

하나님의 성령은 천둥처럼 큰 소리가 아니라(물론 궁극적으로는 그렇게 하실 것입니다) 부드러운 미풍처럼 다가오십니다. 하지만 오직 절대적인 명령형처럼 표현해야 합니다. "이 일은 반드시 해야 하는 일이니라!"

8월 31일

출렁거리는 부표

"여호와께서 너로 머리가 되고 꼬리가 되지 않게 하시며" 신 28:13
"너희는 오직 위에만 있고 밑에 있지 말지니라" 신 28:13, KJV

큰 중압감에 시달릴 때 이 말씀을 처음 듣고 하나님이 정말 내게 하시는 말씀이라는 생각이 들었습니다. 미셔너리 하우스에는 방문객이 14명이나 되었고 국내의 도움은 거의 없는 실정이었습니다. 부득이 나는 서신을 보내는 일과 다른 중요한 업무들을 제쳐두고 요리와 가사에 시간과 관심을 쏟아야 했습니다. 심적인 부담감이 매우 컸습니다.

그러다가 "너희는 오직 위에만 있고 밑에 있지 말지니라"라는 하나님의 말씀이 큰 도전으로 다가왔고 일순간 밑에 있을 필요가 없다는 사실을 알게 되었습니다. 내 환경에 휘둘릴 필요가 없었습니다. 상황을 타개하지 못하고 일상적으로 해야 할 일들이 뒤로 밀린다 해서 힘들어할 필요가 없었습니다. 어떤 경우이든 나는 그 모든 것 위에 있을 수 있었습니다. "오직 위에만 있고 밑에 있지 말지니라." 부엌에서 일을 하며 "내려가는 일은 안 돼"라고 스스로에게 얼마나 되뇌었는지 모릅니다. 그 이

후로 그런 힘든 시기에 배운 그 교훈은 내내 큰 힘이 되었습니다. 신명기 28장 13절이 성경에서 내가 좋아하는 구절이라서 이상한가요?

나는 이 말씀에서 지속적으로 승리하는 삶의 가능성을 확인합니다. 오늘 축복의 고지대와 내일 비참한 골짜기의 저지대에서도 꾸준하게 승리할 수 있습니다. 모든 은혜의 하나님이 이미 확보해주신 삶이기 때문입니다.

"오직 위에"는 또한 승리자의 위치를 말합니다. 그리스도 예수 안에서 우리의 위치가 바로 여기입니다. "… 우리를 그리스도와 함께 살리셨고 … 그리스도 예수 안에서 함께 하늘에 앉히시니"(엡 2:5-6). "너희 생명이 그리스도와 함께 하나님 안에 감추었음이니라"(골 3:3).

이집트 알렉산드리아에서 살 때 우리는 바람과 비가 함께 휘몰아치는 심한 악천후를 자주 만나곤 했습니다. 그런 날은 바다도 사납게 출렁거렸습니다. 항구의 거대한 부표들은 허옇게 거품을 일으키는 포말에 뒤덮였습니다. 하지만 바람이 잠잠해지면 그렇게 출렁거리던 부표들은 언제 그랬느냐는 듯 조금도 자리를 이탈하지 않고 여전히 그 자리에 있었습니다. 그것들이 떠내려가지 않고 위에 있도록 하는 것이 있었기에 오직 위에 있을 수 있었습니다. 우리 역시 우리의 승리를 보장해 줄 힘을 우리 안에 간직하고 있지 않습니까?

상황에 휘둘리며 밑으로 내려가 사는 삶을 살지 않도록 합시다.선교사의 간증 A Missionary's Testimony

"모든 이름 위에 뛰어나게 하시고"(엡 1:21).

9월

믿음은 오직 진리를 토대로 합니다

9월 1일

착한 사람의 발걸음

"여호와께서 사람의 걸음을 정하시고 그의 길을 기뻐하시나니" 시 37:23
"여호와는 선한 사람의 발걸음을 정해 주십니다" 시 37:23, KJV

우리는 종종 먼 곳까지 앞을 내다볼 수 없을 때 하나님이 우리를 인도해 주시지 않는다고 생각하는 큰 실수를 저지릅니다. 그러나 하나님은 먼 내년이 아니라 매일매일 선한 사람의 발걸음을 정해 주십니다. 다음 몇 마일이 아니라 바로 지금 몇 걸음을 인도해 주시는 것입니다. 언젠가 영광의 언덕에서 되돌아보며 이 사실을 인정할 날이 올 것입니다.

조지 뮬러는 "여호와께서는 선한 사람의 걸음을 정해 주시되 멈출 때도 정해 주십니다"라고 말했습니다. 당연하겠지만 우리에게는 닫힌 문보다 열린 문이 하나님의 인도하심처럼 보입니다. 그러나 하나님은 열린 문으로 우리를 인도하시듯이 때로 닫힌 문으로 우리를 인도해 주시기도 합니다. 이스라엘 백성들을 구름기둥과 불기둥으로 인도하신 경우가 바로 여기에 해당합니다. 구름이 떠오르면 이스라엘 백성들은 행진을 시작했습니다. 이동하라는 하나님의 인도하심이었습니다. 그러나 구름이 그대로 머무르며 성막 위를 떠나지 않으면 이스라엘 백성들은 각자의 장막에서 머물렀습니다. 지체하든지 떠나든지 모두 주님의 인도하심이었습니다. 전자든지 후자든지 모두 인도하심이었습니다.

주님이 앞서 가시면 우리는 서둘러 갈 일이 없습니다. 언제 어디서나 주님을 따라간다면 너무 느리게 갈 일도 없습니다. 그분 뒤에서 멀리 뒤처질 때와 마찬가지로, 하나님의 영광스러운 인도하심을 앞질러 갈 때도 어둡기는 매한가지입니다.

우리는 주님이 움직이시는 속도보다 더 빨리 가려고 할지 모릅니다. 그분이 일어나 움직이실 때까지 기다려야 합니다. 그러면 더 이상 길은 어둡지 않습니다. 주님이 우리가 따라오도록 발자국을 남겨 주시니까요. 우리의 발걸음을 남기려고 해서는 안 됩니다!

내 마음아 그렇게 서두르지 말아라
하나님을 믿고 기다리라
오래 지체하시는 듯해도
결코 늦지 않으시리라

그가 오시기까지 쉬어라
시간이 속절없이 흐른다고 원망하지 말아라
하나님을 기다리는 발걸음은
목적지에 누구보다 빨리 닿으리니

누구보다 빨리 목적지에 닿으리니
서두르지 않아도 되리라
내 마음아 그러니 잠잠히 있으라
주의 인도하심을 기다리리니

베야드 테일러 Bayard Taylor

위대한 주님의 걸음을 내 걸음으로 삼으십시오!

9월 2일

불꽃의 중심

> "네가 불 가운데로 지날 때에 타지도 아니할 것이요" 사 43:2

한 과학자가 불꽃에 관한 강의를 하던 중 매우 흥미로운 실험을 하였습니다. 불꽃의 중심은 비어있는, 완전한 고요만 있는 곳으로 그 중심을 둘러싼 불꽃은 일종의 벽과 같은 역할을 한다는 사실을 보여 주고 싶었습니다. 이 사실을 증명하기 위해 그는 극소량의 꼼꼼하게 감싼 폭발성 화약을 불꽃 중심으로 밀어 넣었습니다. 그런 다음 조심스럽게 화약을 감싼 막을 제거하였는데 아무 폭발도 일어나지 않았습니다. 두 번째 실험을 시도했을 때 도중에 그의 손이 살짝 흔들렸습니다. 화약은 불꽃의 주변부에 닿았고 그 즉시 폭발이 일어났습니다.

우리의 안전은 오직 영혼의 고요함에 달려 있습니다. 우리가 두려움으로 흔들리며 그 두려움으로 믿음의 원칙을 저버리거나 반발심으로 동요하게 된다면 불꽃에 화상을 입고 낙심과 고통에 빠지고 말 것입니다.

나아가 우리가 무너지면 하나님은 우리에 대해 크게 실망하실 것이 분명합니다. 시련은 그분이 우리를 사랑하며 신뢰하신다는 표식입니다. 우리가 흔들리지 않고 잠잠히 그분을 기다린다면 하나님이 얼마나 기뻐하시겠습니까? 시험을 받지 않게 면제해 주신다고 해도 우리의 신앙 행로에 도움이 되지 않을 것입니다. 그러므로 많은 시련과 고난이 따른다면 그것은 하나님이 그만큼 우리를 믿으시며 그 시련에도 견딜 강한 믿음이 있다고 생각하신다는 의미입니다. 하나님이 우리를 돌봐 주신다는 증거를 주시지 않고 적의 수중에 떠넘긴 채 방치하신다는 생각이 들 때라도 그것은 우리가 끝까지 믿음을 지키리라고 믿으신다는 의미입니다. 시련을 거두시지 않고 오히려 더 심한 시련을 주신다면 지금까지 우리를 신뢰하신다는 표현이며, 더 뜨거운 불길을 지나도록 하신다면 그분을 영화롭게 하고자 우리를 의지하신다는 또 다른 증거입니다. 두려워할 필요가 없습니다. 잠시 지나가는 이 시련에서 곧 건짐을 받고 하나님과 더 깊은 교제로 이끌림을 받게 될 것입니다.

오, 하나님, 우리로 잠잠히 기다리는 자녀가 되게 해주소서. 고대 예식

An Ancient Liturgy

9월 3일

감사하는 마음

"주야로 자기 직분에 전념하므로" 대상 9:33

사탄이 인간 마음에 뿌리려고 씨를 보관 중이던 창고를 발견한 사람에 대해 전해지는 전설이 있습니다. 그 사람은 특히 낙심의 씨가 다른 씨보다 훨씬 많다는 사실을 알았고 그 씨는 거의 어디서나 자랄 수 있다는 사실을 깨닫게 되었습니다. 사탄은 질문을 받자 절대 그 씨가 자랄 수 없는 곳이 딱 한 군데 있다는 사실을 마지못해 인정했습니다. 그 사람은 "거기가 어디인가요?"라고 물었습니다. 사탄은 풀이 죽은 듯 "감사하는 사람의 마음이다"라고 대답했습니다.

시편 기자는 참된 예배에 감사가 가장 중요한 역할을 한다는 사실을 깨달았습니다. 그는 항상 하나님을 찬양하였습니다. 종종 앞이 보이지 않는 캄캄한 순간에도 찬양을 드렸습니다. 절망 중에 하나님을 찬양하던 그는 곧 고통으로 부르짖었고 늘 습관처럼 감사할 때 승리할 수 있음을 보여 주었습니다.

때로 찬양하는 그리스도인에게 불현듯 한 줄기 빛이 찾아옵니다. 지금 한밤중 캄캄한 어둠 속을 지나가고 있습니까? 서쪽 하늘을 수놓던 황금색 붉은 희망이 완전히 사그라든지 오래입니까? 손꼽아 기다리는 새벽 동트는 시간, 그 시간이 너무 길고 지체하는 듯 보입니까? 여전히 한밤중입니다. 어둡고 음산합니다. 이때가 기도할 때입니다. 찬양할 때입니다. 기도와 찬양으로 어떻게 감옥 문이 열리는지 이해할 수 없지만 실제로 그런 일이 일어납니다! 문이 열리기를 기다리고 있습니까? 기도하고 찬양을 불러 보시기 바랍니다. 찬양하며 기도할 때 기적이 일어납니다!

바람이 불며 하늘이 어두워지고 천둥이 우리 머리 위에서 터지는 소리가 들릴 때 우리는 폭풍 정령들의 찬가를 그분께 함께 불러 드릴 수 있습니다. 위엄에 찬 권능으로 지상을 건너가며 진격하더라도 우리는 해를 입을 일이 없습니다.

작은 새들의 합창, 밤새 울어대는 귀뚜라미, 그리고 행복에 겨운 모든 만물이 밤이 새도록 그분을 찬양합니다. 의기양양하게 찬양을 부릅니다.

9월 4일

뿌리

"그는 꽃과 같이 자라나서" 욥 14:2

연꽃(동양의 종교적 상징물)은 진흙 속에 뿌리를 내립니다. 연꽃이 꽃을 피우며 아름다운 자태를 뽐낼 수 있는 것은 공기와 햇볕의 도움만큼이나 진흙과 물의 도움 덕분입니다.

우리는 뿌리 문화에 대한 연구를 비웃어서는 안 됩니다. 아름다운 난초 꽃을 꽃피우고자 하는 그 열정을 무시해서도 안 됩니다. 그 진귀한 꽃이 공기 식물이라 하더라도 땅에 뿌리를 내리고 토양에서 영양을 빨아들여 스스로와 기생충을 먹일 튼튼한 식물에 붙어있어야 살 수 있습니다. 나무는 계절을 달리하며 그 생명을 이어가는 난초보다 더 오래 살아남습니다.

한 작가가 이렇게 말했습니다. "얼마 전 지난 가을 즈음에 나는 한 플로리스트가 돌보는 온실을 방문했습니다. 작은 지하 온실을 들어가자 희미한 불빛 아래 차례로 긴 줄을 이루며 정리되어 있는 화분들을 볼 수 있었습니다. 플로리스트는 이 화분에 겨울 꽃을 피울 구근을 심어 두었다고 설명해 주었습니다. 그리고 어둠 속에서 뿌리내리는 것이 그들에게 가장 좋다고 그는 말했습니다."

눈부신 햇살 아래가 아니라 은은한 그림자 아래 생명의 근원인 뿌리가 싹을 틔우고 있었습니다. 얼마 지나 밝은 햇살 아래 나갈 채비를 하고 있었습니다. 그때 색색의 화려한 꽃망울을 보고 많은 사람들이 환한 미소로 대답할 것입니다. 그때 은은한 향기로 차가운 겨울의 공기를 물들일 것입니다.

환한 햇살을 받으며 꽃을 피우기 위해 어둔 지하에 뿌리를 내립니다. 그래야 뿌리는 꽃을 피울 수 있습니다.

9월 5일

기도의 특권

> "이에 여호와의 불이 내려서 번제물과 나무와 돌과 흙을 태우고 또 도랑의 물을 핥은지라" 왕상 18:38

기도는 유한한 인생에게 허락된 가장 신성하고 소중한 특권 중 하나입니다. 아래는 엘리야와 같은 기도의 거장 찰스 G. 피니 Charles G. Finney 인생의 한 장면입니다.

1853년 여름은 특별히 더웠고 비가 한 방울도 내리지 않았습니다. 산천초목이 다 타버릴 지경이었습니다. 큰 흉년이 들 것이 분명했습니다. 오벌린의 교회에서 평상시처럼 많은 교인들이 한자리에 모였습니다. 하늘은 구름 한 점 보이지 않았지만 피니는 절박한 마음으로 비를 내려 주시도록 기도했습니다.

"오, 주님, 우리에게 무엇이 최선인지 강요하는 주제넘는 짓을 하고 싶지는 않습니다. 하지만 당신은 자녀들이 세상 아버지에게 나아가듯이 당신에게 나아와 우리가 원하는 것을 모두 아뢰라고 초청해 주셨습니다. 우리는 비를 원합니다. 목초지가 다 말라 버렸습니다. 땅은 비를 달라고 가쁜 숨을 몰아쉬고 있습니다. 소들이 사방으로 헤매며 물을 찾다가 죽어갑니다. 참새들도 목을 축이지 못해 고통당하고 있습니다. 주께서 비를 내려 주시지 않으면 가축들이 죽고 아무 수확도 하지 못할 것이 분명합니다. 오, 주님, 우리에게 비를 내려 주소서. 지금 비를 내려 주소서! 당신에게는 이 일이 아무 일도 아니지 않습니까? 주여, 그리스도의 영광을 위해 지금 비를 내려 주소서."

몇 분 후 그는 설교를 중단해야 했습니다. 포효하듯 무섭게 쏟아지는

빗소리에 사람들이 그의 목소리를 들을 수 없었기 때문입니다.피니의 생애
Life of Finney

인생을 살다 보면 감당하기 벅차다는 생각이 들지
어린아이 같은 믿음의 방식으로는,
조롱조의 오만한 사람들은 억지를 부리지
그러니 비웃지 모두를
하나님의 기적이 있다고 말하는 모두를

글쎄 비웃으라지!
믿음을 잃지 않는 마음은
기쁨을 누리지
이전에 몰랐을 기쁨을
매일 기적이 일어나지
끝까지 믿고 사랑하는 우리에게!

존 리차드 모어런드 John Richard Moreland, "기적" Miracles

세상은 하나님을 드러내는 무엇인가를 원합니다!

9월 6일

비밀

"너희 안에 계신 그리스도" 골 1:27

오늘 놀라운 비밀을 알려 드리려 합니다. 아니 제가 드릴 수 있습니다. 내가 아닌 그분에게서 받으려고 한다면, 제가 받았던, 그 놀라운 비밀을 드릴 수 있습니다. 몇 년 전에 저는 죄책감과 두려움에 짓눌린 채 그분에게 나아갔습니다. 그리고 그 단순한 비밀을 받았고 나의 두려움

과 죄는 씻은 듯이 사라졌습니다. 그 후로 많은 시간이 흘러 나는 죄에 사로잡혔고 유혹이 너무 강렬해서 도무지 혼자 힘으로 감당할 수 없었습니다. 나는 다시 그분에게 나아갔습니다. 그분은 "네 안에 계신 그리스도"라고 비밀을 속삭여 주셨습니다. 그 후로 나는 승리를 경험하며 안식과 향기로운 축복을 누렸습니다. 이제 나는 슬픔을 이기지 못하고 외로움에 떨었던 그날 밤을 되돌아보며 말로 할 수 없는 감사함을 느낍니다. 나는 많은 실수를 저질렀고 모든 일에 부족했습니다. 아침 먼동이 트기 전에 말 그대로 죽을 일만 남았다는 것을 알았습니다. 내 마음에 첫 번째 온전한 헌신이 이루어졌고 나는 절대적으로 복종하며 처음으로 이렇게 말할 수 있었습니다.

예수여, 제 십자가를 지나이다.
모든 것을 버려두고 당신을 따르겠나이다.
누추하고 조롱을 받으며 버림을 당하오나
이제부터 당신이 저의 전부가 되기를 원하나이다.

내 심령이 그토록 놀라운 기쁨으로 벅차오른 적은 아마 처음이었을 것입니다. 그래서 다음 주일 아침 나는 이 고백을 입으로 되뇌며 온 마음을 다해 찬송을 불렀습니다. 하나님이 이제까지 더 많은 일에 나를 기꺼이 사용하셨다면 온전히 그 시간 덕분일 것입니다. 그리고 그 시간이 그리스도께 인생을 드리고 구별되어 십자가에 못 박힌 인생의 중심이 되는 한, 여전히 그러할 것입니다. 우리를 성결케 하시는 분으로서 그리스도에 대한 이런 경험은 한 영혼의 역사에 분명하고도 뚜렷한 위기가 있었음을 가리킵니다. 우리는 아직 그 위기를 감당할 수준이 아니지만 분명한 경계선을 넘었습니다. 여호수아의 군대가 요단강을 건너가 약속의 땅에서 승리를 거두고 거대한 돌무더기를 세움으로 다시는 그 위기의 시간을 잊지 않게 했던 것처럼 너무나 명확한 경계선을 넘었습니다. A. B.

심슨 A. B. Simpson

9월 7일

작은 불꽃

"그중에 제일은 사랑이라" 고전 13:1

"내가 해볼게!" 도끼가 이렇게 말하더니 쇠를 힘껏 내려찍기 시작했습니다. 쇠를 내려찍을 때마다 도끼의 날은 점점 더 뭉툭해지더니 결국 더 이상 내려찍을 수 없는 지경이 되고 말았습니다.

"나한테 맡겨 봐!" 톱이 말했습니다. 톱은 날카로운 이빨로 쇠 표면을 앞뒤로 부지런히 오가더니 결국 이가 다 닳아 부러지고 말았습니다. 톱은 옆으로 나가떨어졌습니다.

"하하" 망치가 나섰습니다. "너희가 성공하지 못할 줄 알았어! 내가 시범을 보여 줄게!" 그러나 기세등등하게 첫 방을 내려친 순간 바로 그의 머리가 날아가 버렸습니다. 쇠는 이전처럼 여전히 그대로였습니다.

"내가 해볼까?" 조용히 침묵하던 작은 불꽃이 말했습니다.

그들은 모두 그 불꽃을 비웃었습니다. 하지만 불꽃은 가만히 쇠를 감싸더니 꼭 안고 도무지 저항할 수 없는 열기로 녹아내릴 때까지 포기하지 않았습니다.

하지만 사실 마음이 완고하면 사랑을 거부할 수 있습니다.

"그런즉 믿음, 소망, 사랑, 이 세 가지는 항상 있을 것인데 그중에 제일은 사랑이라"(고전 13:13).

9월 8일

영원한 종

"내가 주인을 떠나지 아니하겠노라" 신 15:16
"그가 영구히 네 종이 되리라" 신 15:17

그분을 극진히 섬기는 사람은 절대 상실을 경험하지 않습니다. 여호와는 어떤 누구에게도 빚을 지고 가만히 계시는 분이 아니기 때문입니다. 우리가 집착하면 하나님은 빼앗아 가시지만 내려놓으면 그분은 베푸시고, 그것도 아낌없이 베푸십니다.

주님, 저를 포로로 삼으소서
그러면 제가 자유하리이다
칼집의 검을 내려놓게 하소서
그러면 제가 두 손을 들고 굴복하리이다
인생의 경이로움에 잠기겠나이다
내 힘으로 서 있으려 할 때
강한 팔로 저를 가두소서
그러면 내 손이 강건하리이다

내 마음은 약하고 가난하오니
내 주를 만나기까지 그러하니이다
정해진 행동의 원천이 없으니
바람 따라 흔들립니다
자유롭게 움직이지 못하나이다
당신께서 사슬을 가져다
거대한 사랑으로 묶으실 때에야
당신의 사랑으로 묶어 주셔야
그제야 영원히 다스릴 것이니이다

내 힘은 미약하고 약하오니
섬기는 법을 배울 때까지 그러하니이다
뜨겁게 타오를 불이 필요합니다
간질이듯 어루만져 줄 미풍이 필요합니다
먼저 내몰리지 않고서

세상을 움직이게 할 수 없습니다
그 깃발이 펄럭일 때는
당신이 하늘에서 숨을 불어넣으실 때뿐입니다

나의 의지는 내 의지가 아니니
당신이 그것을 당신 것으로 삼으실 때까지입니다
왕의 보좌에 닿고자 한다면
그 왕관을 벗어야 합니다
서로 부딪히고 충돌하는 와중에
굽히지 않고 버틸 뿐입니다
당신의 품에 기대어
당신 안에서 생명을 얻을 때까지는 그러합니다

조지 매더슨 George Matheson

오, 주님, 오늘 아침, 당신께 완전히 굴복하는 법을 보여 주시고 왕의 베푸심에 합당하도록 위대한 것이 무엇인지 당신에게 묻는 법을 가르쳐 주소서. 제게 주시고자 하는 한없는 마음의 열정에 맞게 제가 당신께 구하도록 하소서. 못 박힌 당신의 손으로 제 내면 깊은 곳 숨은 샘을 만져 주소서. 내 주 나의 하나님 당신을 온전히 모실 수 있도록.

9월 9일

온전한 신뢰

"내가 믿는 자를 내가 알고" 딤후 1:12

하나님은 그분을 향한 절대적인 신뢰를 원하십니다. 온전히 신뢰받기를 원하십니다. 이런 절대적 신뢰는 진정한 그리스도인의 모든 특징 중에 가장 아름답고 숭고한 모습이라 할 것입니다. 모든 덕성의 바탕이 됩니다.

신뢰받는 것보다 더 마음에 기쁜 일이 있습니까? 어린아이까지 고개를 들어 당신의 얼굴을 바라보며 손을 내밀고 거리낌 없이 다가올 정도로 신뢰를 받을 수 있다면 얼마나 기쁘겠습니까? 하나님은 우리보다 지극히 선하신 분이기에 우리는 그분의 사랑을 신뢰해야 마땅합니다.

우리에게 내미는 손이 있습니다. 그 손바닥에는 못 자국이 있습니다. 믿음의 손을 내밀어 그 손을 맞잡고 절대 놓지 마시기 바랍니다. "믿음이 없이는 하나님을 기쁘시게 하지 못하기"때문입니다(히 11:6). 헨리 반 다이크 Henry Van Dyke

가능한 한 높이 손을 뻗어야 합니다. 그래야 하나님이 나머지 거리를 손을 내밀어 다가오실 것입니다. 빈센트 주교 Bishop Vincent

그 무엇이 아니라 그 어떤 분을 내가 믿노라!
도움이 간절한 캄캄한 어둠 속에서
유한한 인생이 언젠가는 사라질 교리로는 절대 얻을 수 없는 위로를
누리게 되리라
그 무엇이 아니라 그 어떤 분을!
그리스도는 어떤 교리보다 더 뛰어나시며
그분의 따스한 손길 그 풍성한 생명은
모든 신조가 다 사라져도 사라지지 않으리.
그 무엇이 아니라 그 어떤 분을 나는 믿노라!
어둠에 휩싸일 때 내 곁에 함께 걸어갈 이가 누구리
힘든 짐을 함께 져줄 이가 누구리
캄캄한 어둠 속에 빛을 비추며 무덤 너머 보게 할 자
더 광대한 인생이 기다리고 있음을 보게 할 자 누구리?
그 무엇이 아니라 그 어떤 이를!
그 무엇이 아닌, 그 분을!

존 옥슨햄 John Oxenham

9월 10일

높은 바람

"돛을 펼쳐라" 사 33:23, KJV

유리처럼 반짝이는 바다에 배 한 척이 미동도 없이 누워 있는 장면을 상상해 보십시오. 한 점 바람으로 돛은 끝자락조차 펄럭이지 않습니다. 그런데 저 멀리 돛대 꼭대기에 달린 작은 깃발이 펄럭이더니 위쪽으로 움직였습니다. 바다에는 잔물결조차 일지 않고 갑판에서도 바람이 움직인다는 징후가 전혀 포착되지 않습니다. 하지만 하늘에서는 공기의 움직임이 있는 것입니다! 돛은 즉각 날개를 활짝 펼쳐 그 바람을 붙잡습니다.

밀러Miller 박사는 이렇게 말합니다. "이처럼 인생에는 높은 기류와 낮은 기류가 있습니다. 우리 중에 너무나 많은 사람들이 낮은 돛만 이용하고 지상을 따라 부는 바람만 포착합니다. 우리 인생이 이 상층부 기류를 따라 움직이도록 모두 내어드린다면 말로 할 수 없는 축복을 맛볼 것입니다."

하루가 저물어갈 무렵 저 먼 아득한 바다
외로운 알바트로스 한 마리 날아가네
우리는 멀리 하늘 높이 사라지는 그 새를 바라보았지
노을로 붉게 타오르는 하늘로 까만 점이 되어 사라질 때까지
나는 생각했지. 당당하게 창공을 날아가는 저 새는
바람과 파도, 별과 해의 성실함을 믿고 있구나
하물며 창조주를 내가 신뢰하지 못할 이유가 어디 있는가

오, 나의 영혼아, 그대 날개를 활짝 펴라
높은 창공으로 올라가 흔들림 없는 용기로 버티라
한 마리 새처럼, 하늘 높이 치솟아 오르며 노래하는 새처럼

하늘이 그대의 노래로 가득 울리게 하라
오 나의 영혼아, 그대 날개를 활짝 펴라
하나님은 영원히 신실하신 이시니
그 사랑으로 그대 인도해 주시리. 신성한 그 바람
이 험한 바다 위로 그대 이끌어 주시리

어둔 밤에 여러 위험이 노리더라도
죽음의 파도가 바로 아래 포효하더라도
집으로 향하는 이 길에 폭풍이 덮치더라도
오, 나의 영혼아 그대 날개를 활짝 펴라

푸른 해안가 어둔 그림자에 덮여 있더라도
저 멀리 신성한 새벽 미명 보이네
그대 날개를 활짝 펴라
그대 날개를 더 활짝 펴고 끝까지 날아가라

로버트 크룸리 | Robert Crumly

돛을 활짝 펼쳐 저 위에 흐르는 바람에 몸을 맡기십시오!

9월 11일
승리하리라

"우리의 싸우는 무기는 육신에 속한 것이 아니요 오직 어떤 견고한 진도 무너뜨리는 하나님의 능력이라 모든 이론을 무너뜨리며 하나님 아는 것을 대적하여 높아진 것을 다 무너뜨리고 모든 생각을 사로잡아 그리스도에게 복종하게 하니" 고후 10:4-5

그는 말씀하지 않으셨습니다.
"너희 인생의 풍랑을 만나지 않으리라

고난을 당하지 않으리라
괴로움을 당하지도 않으리라"
대신 이렇게 말씀하셨습니다.
"너희는 결코 패배하는 일이 없으리라!"

노르위치의 줄리안 Julian of Norwich, 1373년

우리는 패하러 이 땅에 온 것이 아닙니다. 무서운 온갖 시련과 공격에도 무너지지 않고 일어서서 두려움이 아니라 믿음으로 활짝 웃으라고 보내졌습니다.

인생의 바다로 무서운 풍랑이 일어나고
땅의 분쟁과 다툼 속에 치이고 고통당하며
자주 짓눌리며 두려움에 떨더라도
겁에 질린 그대 영혼이여 머리를 들라, 두려워 말라
그대 절대 패배하지 않으리니

하나님의 길은 우리 이해를 훨씬 넘어서니
그분의 생각은 사람의 생각과 다르도다
우리에게 무엇이 가장 좋은지 아시니
친구여 소망을 버리지 말라 그분이 너로 이기게 하시리니
그대 절대 패배하지 않으리라

우리는 "그 이유"를 알 수 없다 하더라도
우리 아버지는 아시니
우리 눈이 침침해도 그분의 사랑을 신뢰하는 것으로 충분하도다
하늘을 보라! 요동치 말라! 전황이 암울하여도
우리는 패배하지 않으리라

메리 E. 톰슨 Mary E. Thompson

9월 12일

부유한 젊은 관원

"예수께서 길에 나가실새 한 사람이 달려와서 꿇어 앉아 묻자오되 선한 선생님이여
내가 무엇을 하여야 영생을 얻으리이까 … 예수께서 그를 보시고 사랑하사 이르시되
네게 아직도 한 가지 부족한 것이 있으니 가서 네게 있는 것을 다 팔아
가난한 자들에게 주라 그리하면 하늘에서 보화가 네게 있으리라 그리고 와서
나를 따르라 하시니 그 사람은 재물이 많은 고로 이 말씀으로 인하여
슬픈 기색을 띠고 근심하며 가니라" 막 10:17, 21-22

이 갸륵한 심령이 예수 그리스도의 제자가 되기 위해서는 이런 준비가 되어 있어야 했습니다. 도날드 데이비드슨 박사Donald Davidson의 말을 빌려 보겠습니다.

"모든 소유를 다 포기하고 모든 애정도 다 차단하고 모든 일에서 스스로 물러나라. 벌거벗은 영혼처럼 세상에 오직 홀로인 양 단독자가 되라. 오직 한낱 사람이 되어 하나님의 소유가 되라. '네게 있는 것을 다 팔라 … 그리고 나를 따르라!' 스스로를 낮추라. 말하자면 스스로에 대한 의식만이 남을 때까지 자신에게 아무것도 남기지 마라. 그런 다음 그 자기 의식을 그리스도 안에서 하나님의 발아래 내던지라.

예수께 이르는 유일한 길은 다 내려놓고 혼자가 되는 것이다. 자신을 내려놓고 오직 홀로 그 외로운 길을 가라. 당신도 '슬픈 기색을 띠고' 근심하며 주를 떠나가겠는가?"

그의 이름을 우리는 모릅니다.
이 '부유한 젊은 관원',
그날 주님을 찾았던 그 사람
그에게 재물이 많았다는 사실을 알 뿐입니다.
그리고 그가 주님을 떠나갔다는 것도.

그는 떠나가 버렸습니다. 세상의 보물을 지키는 편을 택했습니다.

그러나 엄청난 대가를 지불했습니다.
그는 십자가를 지고 재물을 잃을까 두려워했습니다.
그리고 하나님과 하늘을 잃었습니다.

금붙이에 미련을 버리지 못해
그가 어떤 특권을 포기했는지
요한과 바울과 동지가 되고 예수님과 친구가 되는 자리
그 영광스러운 교제를 포기했습니다.

그들은 예수님을 따르려고 전부를 포기했고
결코 사라지지 않을 명예를 얻었습니다.
성도와 순교자들의 불멸의 두루마리에
하나님은 찬란하게 빛나는 그 이름을 하나하나 적어 넣으셨습니다.

그가, 그 부유한 젊은 관원이 주를 떠나지 않았다면
그의 이름이 그 두루마리에 기록되었을 것입니다.
예수께서 그를 사랑하셨음에도
그의 이름을 모르는 까닭은 그가 그 자리를 떠나가 버렸기 때문입니다.

9월 13일

주님의 생각

"하나님이여 주의 생각이 내게 어찌 그리 보배로우신지요
그 수가 어찌 그리 많은지요" 시 139:17

미래를 내다보시는 주의 생각이 어찌 그리 보배로우신지 모르겠습니다!
예수님만큼 신실하시며 사려 깊으시고 먼 곳까지 내다보시는 분은

없었습니다. 그분은 한 여인이 "미리" 섬길 준비를 했기 때문에 그녀를 크게 칭찬하셨습니다. 미리 내다보고 예상한 대로 움직이시는 것이 주님의 방식이었습니다. 그분은 항상 제자들보다 먼저 생각하셨습니다.

예수님은 유월절을 준비하러 제자들을 보내셨고 제자들은 준비된 다락방을 찾았습니다. 그 모든 일을 이미 다 알고 계셨던 것입니다. 그분은 그날 하루의 계획만 세워 두시지 않았습니다. 언제나 미리 생각하고 계획을 세워 두셨습니다. 제자들이 물고기를 잡다가 돌아오자 예수님은 해변에 미리 숯불을 피워 두고 생선을 구워 두셨습니다. 그분은 우리가 본격적으로 하루를 시작하기 전에 아침에 할 일을 생각해 두시는 분입니다. 이미 우리 앞서 기다리고 계십니다. 잠에서 깨기 한참 전에 기다리고 계십니다. 살아가는 평생 그분은 항상 미리 생각하고 계획하시는 분입니다.

예수님이 부활하신 후 제자들은 방향을 잃었고 앞날을 기약할 수 없었습니다. 그러나 천사는 "너희보다 먼저 갈릴리로 가시나니"라고 말했습니다(마 28:7). 그분은 언제나 미리 생각하시고 준비하시며 미리 움직이셨습니다. 이 본문을 오늘의 우리 경험에 적용해 보기 바랍니다. "너희는 마음에 근심하지도 말고 두려워하지도 말라 … 내가 너희를 위하여 거처를 예비하러 가노니"(요 14:27, 2). 그분은 세상에 오셔서 이 일을 하고 계십니다. 우리보다 먼저 그곳에 가 계실 것입니다. 약속하신 곳에 우리를 데려가실 것이며 우리는 약속된 자원을 발견할 것입니다. 그분의 내적 통찰력과 외적 통찰력, 예지적 통찰력을 우리 것으로 삼게 될 것입니다. 우리 눈에 항상 주님이 보이지 않을 수 있습니다. 하지만 그분이 우리를 보고 계심을 안다면 어둠 속에서 믿음으로 걸을 수 있습니다. 한밤중에 길을 가더라도 노래할 수 있습니다. 존 맥베스 John MacBeath

우리는 누군가에게 매우 소중한 존재입니다.
내게 이보다 더 중요한 사실은 없습니다.
하나님의 방탕한 자녀들은 갈보리의 가치가 있는

그분의 소중한 자녀들입니다.
내게 주일은 이런 의미입니다.
월요일부터 토요일까지 저는 소망합니다.
언젠가 내 주를 뵈오리라.
날이 어둡고 을씨년스러워도
지치고 피곤한 자들에게 위로가 있으니
우리는 누군가에게 매우 소중한 존재라는 것입니다.
그분이 그대와 나를 위해 죽으실 정도로 말입니다.

"가치" Value

9월 14일

사냥꾼의 올무에서

"그가 너를 새 사냥꾼의 올무에서 … 건지실 것임이로다" 시 91:3

지극히 고귀한 영혼은 누구보다 많은 시험의 대상이 됩니다. 스포츠 선수 사탄은 아슬아슬한 게임을 즐깁니다. 가장 풍요로운 성품, 가장 아름다운 지성, 가장 고귀한 심령들에게 가장 치명적인 공격을 퍼붓습니다. 존 L. 로렌스 John L. Lawrence

주님, 새 사냥꾼이 그물을 칩니다.
어둠이 내려앉는 저녁 시간에.
우리 영혼은 쏟아지는 잠을 이기지 못합니다.
힘없이 늘어집니다.
아. 야생의 새는 사냥꾼이 보이지 않습니다.
사냥꾼은 살며시 그물을 내립니다.

물가로 살그머니 다가갑니다.

어스름이 깔리는 저녁 시간에
보이지 않게 그물을 내려뜨립니다.
그 무게를 느끼지 못하도록,
그리고 기다립니다!
그가 일하는 모습이 보입니다.
그대 하나님을 향해 날아가라. 그리고 기도하라!

야생의 새처럼
발아래 그물이 기다리고 있음을
모르는 새처럼
물가로 미끄러지듯 다가갑니다.
사냥꾼의 올무가 아래 있는데
작은 발이 그물에 걸리고 맙니다.
영혼은 그 자리에 누워 죽음을 기다립니다.

그러나 그분의 약속은 여전히 너무나 선명합니다.
"그가 너를 건져 주시리라"
올무에서 건져 주시리라
아무리 큰 올무라도 너를 자유하게 해주시리라
"올무에서 내 발이 빠져나오게 해주소서" 그분은 나를 건져 주십니다.
주님, 당신이 저를 건져 주십니다.

사냥꾼의 올무에서
나를 건져 주실 때 오로지 당신만이 영광을 받으십니다.
당신은 우리로 알게 하셨습니다.
남몰래 올무를 쳐놓더라도
우리는 거기 올무를 이미 보았습니다.

L. M. 와르너 L. M. Warner

> 성령의 바람에 밀려가면 잠을 자는 순간에도 앞으로 갈 수 있습니다.
>
> 로렌스 형제|Brother Lawrence

9월 15일

그리스도 예수를 아는 지식

> "또한 모든 것을 해로 여김은 내 주 그리스도 예수를 아는 지식이 가장 고상하기 때문이라" 빌 3:8

스웨덴의 나이팅게일로 알려진 제니 린드Jennie Lind는 오페라 가수로 대성공을 거두었고 막대한 부를 거머쥐었습니다. 그러나 최고의 전성기를 구가할 즈음 돌연 무대를 떠나 다시는 돌아오지 않았습니다. 돈과 명성과 수천 명의 박수갈채를 놓쳤을 수는 있지만 그녀는 사생활을 즐기는 삶이 만족스러웠습니다.

한번은 한 영국인 친구가 해변 모래밭 목욕 기계 계단에 앉아 무릎에 성경책을 놓고 아름다운 석양을 올려다보는 린드의 모습을 보았습니다. 두 사람은 대화를 나누었고 결국 피할 수 없는 질문이 나오고 말았습니다. "골드슈미트 부인, 가수로서 최고 전성기에 무대를 떠난 이유는 무엇인가요?"

그녀는 나지막한 어조로 대답했습니다. "(성경책을 손으로 집으며) 매일 이 책에 대한 관심이 줄어들고, (석양을 가리키며) 저기는 아예 생각지도 않게 되더군요. 그러니 달리 도리가 없었어요."

세상의 성공을 탐내지 않기를 바랍니다. 생명의 면류관을 대가로 치르게 될 것입니다!

9월 16일

끝까지 사랑

"자기 사람들을 사랑하시되 끝까지 사랑하시니라" 요 13:1

사두 선다 싱 Sadhu Sundar Singh은 히말라야 산 기슭 숲속에 불이 나 많은 사람들이 불을 끄고 있는 곳을 지나가게 되었습니다. 그러나 어찌된 일인지 여러 명의 사람들이 불을 끄는 대신 나무 하나를 보고 있었습니다. 나뭇가지는 이미 불이 붙어 있었습니다.

"무얼 그리 보고 계십니까?" 그는 물었습니다. 사람들은 나무에 있는 어린 새 둥지를 가리켰습니다. 나무 위로 새 한 마리가 불안하게 쉬지 않고 주위를 날아다니며 필사적으로 울었습니다. 사람들은 "저 나무를 구할 수 있으면 좋으련만 불이 거세서 가까이 다가갈 수가 없습니다"라고 말했습니다.

몇 분 후 결국 둥지로 불이 옮겨 붙었습니다. 사두는 어미 새가 단념하고 날아가 버릴 것이라고 생각했습니다. 그러나 아니었습니다. 어미 새는 나무로 내려앉더니 날개로 어린 새끼들을 덮었습니다. 그리고 얼마 후 새끼들과 함께 불에 타 재가 되고 말았습니다.

그런 사랑, 그토록 놀라운 사랑
그런 사랑, 그토록 놀라운 사랑,
하나님이 나 같은 죄인을 사랑하시니
이와 같은 사랑 얼마나 놀라운지!
우리가 희생의 제물이 되기까지 뜨거운 사랑으로 보답하리라.

9월 17일

용서 주간

"용서하되 주께서 너희를 용서하신 것같이 너희도 그리하고" 골 3:13

세계 어느 곳에서도 볼 수 없는 아프리카의 독특한 풍습이 있습니다. 바로 '용서하는 주간'을 가지는 것입니다. 건기에 날씨가 화창한 하루를 정해 모든 남자와 여자들이 이웃의 잘못을 용서해 주기로 스스로 맹세합니다. 실제로 잘못을 하였든, 아니면 마음으로 잘못한 것이든, 서로 간에 오해와 냉담함이나 다툼의 원인이 되었을 잘못을 용서해 주는 것입니다.

형제를 용서하는 것은 당연히 우리 기독교의 덕목입니다. 그러나 최근 무더위와 일에 대한 부담 때문인지 최근에 개종한 사람들이나 심지어 기존 형제들 간에도 이런 중요한 원리를 망각하거나 무시하는 경우가 있습니다. '용서 주간'을 들으니 이런 안타까운 현실을 생각하지 않을 수 없습니다. 그 용서 주간은 원주민 그리스도인들이 서로 기쁨을 나누며 함께 즐거워하는 축제로 마감을 합니다.

우리도 비슷한 주간을 제정해야 한다고 하면 지나친 것일까요?

주님, 사이에 아무것도 없어요, 아무것도 없어요.
구름 한 점 없이 햇살이 환하게 빛나지요.
안개가 밀려올 때마다 밀어내지요.
제 온 마음을 장악하소서,
그 사이에 아무것도 없어요.

"새벽 동틀 때 점점이 떠있는 구름들처럼" 원한을 버리라.
하나님은 용서하시고 잊어버리시도다!

9월 18일

하나님의 후일

"그러나 후에" 히 12:11, KJV

거룩한 신비를 설익게 드러내려고 하는 것은 그리 좋은 일이 아닙니다. '계시'는 길의 어느 지점에 우리가 도착할 때까지 기다립니다. 시간이 우리를 그곳으로 이끌어 줄 때 우리는 그 계시를 경험하며 기쁘고 놀랍게도 환하게 밝혀진 계시를 보게 됩니다. 그러므로 우리가 관심을 기울여야 할 유일한 일은, 그분의 지극히 거룩한 뜻에 합당하게 발걸음을 내디디며 왕의 대로로 가고 있느냐 하는 것이어야 합니다.

"의인을 위하여 빛을 뿌리고"(시 97:11).

끝을 보면 모든 것이 정당화되며 모든 것이 설명될 것입니다. 하나님의 시선은 항상 궁극적 목표를 향합니다. 때가 되면 들판에서는 황금빛 빛나는 곡식이 그 모습을 드러냅니다. 어둡고 차가운 땅에서 씨가 죽은 듯 보인들 무슨 상관이겠습니까. 잎이 돋아나고, 이삭이 맺히며, 잘 익은 곡식이 황금빛 파도를 일렁이며 가을 들녘을 물들일 때가 올 텐데 무엇이 걱정이겠습니까?

루터는 중대한 문제를 두고 간절히 기도를 한 적이 있습니다. 그 문제에 대한 하나님의 뜻을 알고 싶은 마음이 간절했습니다. 그리고 하나님이 "나는 추적traced의 대상이 아니다"라고 말씀하시는 소리를 들었습니다.

하나님은 추적의 대상이 아니라 신뢰trusted의 대상이 되어야 합니다.

"그 후에 예수께서 … 또 제자들에게 자기를 나타내셨으니"(요 21:1).

우리 경험으로는 지금 이 순간이 아무리 어둡고 캄캄하다 하더라도, 하나님의 후일은 기다릴 가치가 있습니다!

하나님이 자기 자녀들을 대하시는 방법을 생각해 보면 그분의 느긋함에 감동하지 않을 수 없습니다. 하나님의 길이 눈에 보이지 않는 듯해도 하나님의 후일을 기다려야 합니다!

9월 19일

잠잠하라

"평안히 땅에 사는 자들" 시 35:20

우리는 하나님의 방으로 들어가 거기 숨어 잠잠히 있어야 합니다. 기다리면 하나님이 우리를 "평안히 땅에 사는 자들"이라고 부르실 것입니다. 이런 인장을 우리는 받아야 합니다. 외면이 잠잠해야 합니다. 그러면 내면도 잠잠히 평안할 것입니다. 영으로 잠잠히 평안을 누리십시오. 영혼의 활동을 삼가야 합니다. 거대한 산의 시야를 소유하려면 불순물을 찌꺼기까지 다 태워 버려야 합니다. 오직 하나님께로 돌아가서 더 이상 인간적인 방법을 바라보지 말아야 합니다. 하나님 안에 더 깊이 몸을 숨겨야 합니다. 그분이 점점 더 생생하게 다가와야 합니다!

그 보좌에서 그리스도와 함께 하나님 안에 숨기 바랍니다. 만물의 근원이신 분께 나아가야 합니다.

"잠잠하고 신뢰하여야 힘을 얻을 것이거늘"(사 30:15). 모든 일을 사람이 아니라 하나님이 해주시도록 온전히 결단하기 바랍니다. 그분에게 바로 나아가기 바랍니다. "잠잠하고 신뢰"하며 하나님과 모든 걸음을 함께할 때 무슨 일을 하든지 온전히 승리할 수 있습니다. 하나님과 발걸음을 함께하기 바랍니다.

사랑하는 영혼이여, 고요히 평안을 누리라. 슬픔과 원망의 마음을 하나님께 토해 놓으라. 마음을 짓누르는 일로 하나님을 외면하는 일이 없도록 하라. 사람들이 분노하며 손가락질 하더라도 가서 예수님께 아뢰라. 파도가 사납게 몰아칠 때 그분의 은밀한 곳에 숨으라.

골방으로 들어가 문을 닫고 젖 뗀 아이처럼 잠잠하라. 그러나 사람들에게는 침묵한다 하더라도 사람들을 대변하는 일에는 결코 목소리를 낮추거나 침묵하지 말라.

하나님의 음성을 듣기 위해서 우리는 잠잠히 침묵해야 합니다.

길은 왕래하는 사람들과 오가는 차량들로 시끄럽고
안팎으로 소란할 때
마음속 고요한 자리 하나 만들어
그곳으로 찾아들어 거기 머물라.

작은 고요의 성소
당신에게 온전히 신성한 곳
그곳에서 당신은 내 영혼을 모두 소유하시니
내가 나와 마주하리라!

존 옥슨햄 John Oxenham

파스칼은 이렇게 말했습니다. "인생의 질병은 대부분 30분간 고요히 자리 잡고 앉아 자기 행동의 가능한 모든 결과를 생각하려 하지 않기 때문에 생긴다."

9월 20일
나무로 만드는 악기

"지음을 받은 물건이 지은 자에게 어찌 나를 이같이 만들었느냐 말하겠느냐" 롬 9:20

나무토막 하나가 누군가 온몸을 칼로 찌르고 구멍을 뚫는다고 심하게 불평을 했습니다. 하지만 그 나뭇조각을 들고 칼로 조각하고 있는 사람은 아무런 가책도 느끼지 않고 그 원망을 들은 척 만 척했습니다. 그는 그 나무로 플루트를 만들고 있었는데, 플루트를 만들어 달라는 부탁을 받았을 때 너무나 좋은 제안이라서 흔쾌히 받아들였습니다. 나무의 불평을 듣고 그 사람은 이렇게 말했습니다.

"이 어리석은 나무토막아. 이런 칼자국과 구멍이 없이는 넌 평생 나무토막에 지나지 않아. 음악을 연주할 능력은 고사하고 아무 짝에 쓸모

없는 딱딱하고 시커먼 나무 덩어리에 불과할 뿐이야. 이렇게 지금 만들고 있는 골은 당장은 힘들고 괴롭지만 너를 플루트로 바꾸어 주는 과정이지. 그렇게 해서 네가 내는 아름다운 음악은 사람들의 영혼을 매료시키게 될 거야. 이렇게 칼질을 하는 일은 너를 완성해 가는 과정이야. 다 완성되면 소중하고 귀중한 존재로 탈바꿈하지. 세상이 행복해할 거야."

다윗이 핍박과 고난을 겪지 않았더라면 결코 아름다운 노래들을 부를 수 없었을 것입니다. 고난을 받음으로 그의 인생은 하나님이 그분의 사랑의 노래를 불어넣는 악기로 쓰임을 받을 수 있었습니다. 사람들의 마음을 매료시키고 달래 주는 음악을 연주할 수 있었습니다.

우리는 거장이 건반을 만져 주어야 입을 여는 오르간
우리는 하나님의 포도주를 담아내는 토기 그릇
우리는 버드나무 가지에 매달아 놓은 조용한 하프
하나님의 맥박으로 마음의 현이 터질 듯 부풀어 오를 때까지 입을 다물지
인생이 깨지고서야 거장의 쓰임새에 맞는 악기가 되지

9월 21일

몸을 드려라

"너희 몸을 … 드리라" 롬 12:1

우리 주님께서 내 몸을 빌려 달라고 말씀하시는구나. 짧지만 몇 년 동안 나를 위해 준비된 몸으로 나는 내 아버지의 뜻을 기쁘게 이행했도다. 그 몸이 있었기에 나는 사람의 자식들과 만났구나. 병들고 지친 자들, 죄로 병들고 무거운 짐 진 자들을 만났구나. 그 발로 나는 슬픔과 죽음으로 고통당하는 집들을 찾아가게 되었고, 그 손으로 한센병에 걸린 몸과 중풍병자의 사지를 만져 주었고, 보지 못하는 눈을 만져 주었구나. 그 입으로 죄에 대한 내 아버지의 처방책을, 방탕한 탕자 같은 세상을 향

한 그분의 사랑을 알려 주었도다. 그 몸으로 나는 나무에서 세상의 죄를 감당했고, 모두를 위한 그 단번의 드림으로 나를 따르는 자들은 성결함을 입었도다.

그러나 난 지금도 몸이 필요하구나. 그러니 내게 그대 몸을 빌려주겠느냐? 수백만 명의 심령들이 말로 다할 수 없는 허기를 느끼며 나를 갈망하고 있구나. 저 멀리 해안가에는 남자와 여자들과 어린아이들이 흑암 속 사망의 그늘에 앉아 있구나. 나의 사랑에 대해 한 번도 듣지 못한 이들이로다. 너희 몸을 내게 빌려주려느냐? 저 바다 건너 그들이 사모하며 갈구하던 빛이 드디어 당도했노라고 말하도록 해주려느냐? 그들이 그토록 허기져 찾는 빵이 바로 그들 문 앞에 있다고 알게 해주려느냐?

나는 주의 긍휼하심으로 채울 마음을 원하노라. 그 입술이 모든 부정에서 정결함을 입고, 절망하는 자들에게 소망을 전하고 매인 자들에게 자유를 전하며 병든 자에게 치유를, 죽은 자들에게 생명을 전하는 이야기를 들려주기를 원하노라. 너희 몸을 내게 빌려주려느냐? 아니면 빌려주지 않으려느냐? J. 그레고리 맨틀 Gregory Mantle

우리가 가진 모든 것은 오직 주의 것이오니, 오 주여, 주님만을 신뢰합니다.

9월 22일

신유

"우리의 연약한 것을 친히 담당하시고" 마 8:17

우리가 우리 몸을 위해 하나님을 붙드는 데 있어 가장 큰 방해물은 아마 그분을 알지 못하는 것이라고 생각합니다. 가장 본질적인 의미의 신적 치유는 단순한 문제가 아니며, 어떤 하나의 체험이나 사건도 아니기 때문입니다. 그것은 살아계시고 전능하신 인격으로서 예수 그리스도의 계시이며, 우리 몸과 이 살아계신 그리스도와의 연합입니다. 그렇게 해서 그분의 생명이 우리 생명으로 계속 흘러들어가도록 연결과 하나 됨과 살아있는 결합이 이루어집니다. 그분이 사셔야 우리도 살기 때문입니다. 이 일이 내게 얼마나 생생한지 이 복된 연합을 이루지 못하고 그분을 알지 못하는 이들을 보며 내 영은 탄식합니다. 그리고 이 은혜로운 방법으로 왜 그분을 알게 해주시는지 때로 경이로움을 느낍니다. 내 심장이나 머리보다 더 가까운 어떤 분을 의식하지 않는 시간은 밤낮 채 한 시간도 되지 않습니다. 나는 그분이 내 안에 살아계심을 알고 있으며, 이는 다른 분의 생명이 지속적으로 흘러들어오기 때문입니다. 그렇지 않았다면 나는 살 수 없었을 것입니다. 나의 옛 체질은 오래 전에 그 수명을 다했지만 누군가 다정하게 내 안에 숨을 불어넣어 주셨습니다. 아무 강압도 이상한 흥분도 없이 오직 그분의 온전한 생명을 내 안에 가만히 불어넣어 주셨습니다.A. B. 심슨 A. B. Simpson

한번은 아무도 없는 서재에서 갑자기 무엇인가에 기습 공격을 받은 것처럼 심하게 앓았던 일이 기억납니다. 나는 그 자리에서 무릎을 꿇고 도와달라고 하나님께 부르짖었습니다. 즉각 모든 고통이 사라지고 완전히 몸이 나았습니다. 마치 하나님이 그곳에 계시며 손을 내밀어 나를 만져주시는 것 같았습니다. 하나님을 만난 기쁨에 비하면 병이 낫는 기쁨은 아무것도 아니었습니다.R. A. 토레이 R. A. Torrey

그 여인은 그분의 옷을 만졌을 뿐입니다.
그분 곁으로 몰래 다가간 여인
무리들이 그를 에워싸고 있는 가운데
그 자리에서 나음을 입었습니다.

오, 그의 옷 가를 만지라
그대 또한 자유함을 입으리라.
바로 이 시간 그의 고치시는 능력
그대에게 새 생명을 주시리라.

"예수 그리스도는 어제나 오늘이나 영원토록 동일하시니라"(히 13:8).

9월 23일
온전하고 정직한 욥

"그 사람은 온전하고 정직하여 하나님을 경외하며 악에서 떠난 자더라" 욥 1:1

욥에 대한 하나님의 평가는 이러했습니다. 하나님은 사탄에게 "네가 내 종 욥을 주의하여 보았느냐 그와 같은 … 자는 세상에 없느니라"(8절)라고 말씀하셨습니다. 사탄은 이 질문에 이렇게 대답했습니다. "그를 치소서. 그러면 그가 주를 향하여 욕하고 저주할 것입니다." 사탄은 욥의 몰락을 노렸고 하나님은 그의 축복을 원하셨습니다. 사탄은 욥을 쳐도 된다는 하나님의 허락을 받고 악의에 찬 일념으로 일에 착수했습니다. 동방에서 가장 위대한 사람을 비참한 가난으로 몰아넣고 사랑하는 이들을 하루아침에 잃는 비극을 맛보게 했습니다. 정신을 차리지 못할 속도로 참혹한 비극이 연거푸 욥을 덮쳤음에도 "이 모든 일에 욥이 범죄하지 아니하고 하나님을 향하여 원망하지 아니하니라"(22절)라는 성령의 증언은 경이로울 뿐입니다. 하나님은 멋진 승리를 거두셨고 사탄은 처절한 패배를 당했습니다.

"하지만 이 이상한 잿더미는요?
주님, 이 허무,
이 이해할 수 없는 상실감은요?"
아들아, 모든 걸 빼앗기는 괴로움도
고통스러운 십자가보다는 덜하지 않느냐?

나는 죽음의 먼지가 되지 않았느냐?

나는 구더기지 사람이 아니었느니라.
그래, 갈보리에서
맹렬한 불길에 잿더미가 되지 않았느냐?

오, 사랑하는 아들아 그대 마음의 소망 이것이니
다른 무엇도 아닌 이 소원
불사르는 불꽃에 따라
번제로 드려졌으니.

가서 고귀한 기쁨을 맛보라
그대에게 그 같은 기쁨 없으리라
반짝이는 별처럼 그대 길 어떻게 비추이는지 보라
지금 오라, 그리고 나를 따르라!
A. W. C.

9월 24일

성령의 수술

"무릇 내게 붙어 있어 열매를 맺지 아니하는 가지는 아버지께서 그것을 제거해 버리시고 무릇 열매를 맺는 가지는 더 열매를 맺게 하려 하여 그것을 깨끗하게 하시느니라" 요 15:2

"조금만 더 잘라야 됩니다." 이 얼마나 이상한 말인지요. 정원사가 라일락 가지를 쳐내느라 도끼질을 하는 소리가 들립니다. 가지들이 창을 거의 가리고 햇살과 신선한 공기를 막을 정도로 무성하게 자랐고, 바깥 풍경도 보이지 않을 정도가 되었습니다. 우리는 그 과정을 지켜보았습니다. 가지가 차례로 잘려나가는 장면을 보면서 누군가 이렇게 말했습니다. "조금만 더 자르면 깔끔하게 정리가 되겠군요. 이 라일락 가지들이 사실은 저 화이트 마운틴의 풍광을 가리고 있었어요."

그날 정원사가 그렇게 전지 작업을 해주어 기뻤습니다. 덤불과 가지를 쳐내니 보이지 않던 아름다운 자태가 드러나고 지켜보던 사람들은 탄성을 질렀습니다. "저 작은 나무가 저렇게 사랑스러운 나무였군요. 이전에는 못 보던 모습이네요!" "정말 아름다운 푸른 나무로군요. 지금까지 어찌 몰랐을까요?" 우리 안에 이렇게 필요 없는 불순물들을 쳐내어 버린 후 사람들에게서 비슷한 감탄의 말을 듣지 않았습니까? 우리 스스로도 "하나님이 내 작은 가지 하나를 쳐내신 뒤 지금처럼 그분을 사랑한 적이 없었습니다"라고 말하지 않았습니까? "지금까지 저렇게 아름다운 성경 말씀을 본 적이 없었습니다."

아, 그분은 아십니다. 오직 그분만을 신뢰하시기 바랍니다. 언젠가 시리도록 투명한 빛으로 그 모든 것을 볼 날이 올 것입니다.

하나님은 열성적인 정원사,
거짓된 사랑으로 가위질을 아끼지만
장미를 망치는 자가 누구인지 그분은 아신다네.

존 옥슨햄John Oxenham, "정원사"The Pruner

주의 성령의 수술에 나를 내맡기는 용기를 주소서. 주님과 저를 갈라놓는 것이라면 아무리 아끼는 것도 버릴 수 있는 용기를 주소서. 예수 그리스도의 이름으로 기도합니다.

9월 25일
새로움과 영광

"내 영광은 내게 새로워지고 내 손에서 내 화살이 끊이지 않았노라" 욥 29:20

욥의 '화살이 끊이지 않았던 때'는 욥의 영광이 그에게 새로워질 때였습니다. 새로움과 영광이라니! 하지만 이 아름다운 내용의 음악은 '였느니라'라는 작은 손질로 단조 가락으로 바뀝니다.

"나의 모든 근원이 네게 있다 하리로다"(시 87:7).

우리 영광이 우리 안에서 새로워지는 길은 우리 안에 어떤 영광이 있느냐에 달려 있습니다! 절대 변치 않는 유일한 근원이 있습니다. 바로 그리스도입니다. 우리가 그분을 인정한다면 그분은 "너희 안에 계신 … 영광의 소망"이 되십니다(골 1:27). 그분은 우리의 영광입니다. 그분이 우리 영광이 되실 때 우리는 "내 영광이 내게 새로워지도다"라고 노래할 수 있습니다.

예수 그리스도는 항상 새롭습니다. 그분이 우리에게 부어 주시는 기름도 그렇습니다. "내게 신선한 기름을 부으셨나이다"(시 92:10). 신선한 기쁨의 기름! 신선한 성결의 기름! 하나님께 "그 이름을 증언하는 입술의 열매"(히 13:15)를 꾸준히 드릴 때 그 제물 위로 신선한 기름을 부어 주십니다.

내 마음은 불신으로 메말라 타들어가고
내 영혼은 내면의 싸움으로 말라붙었구나.
머리 위의 하늘은 놋이 되었고
내 인생은 메말라 결실하지 못하도다.

그때, 오, 거룩하신 이, 주의 비를 내립니다.
대지는 신선하여 다시 생기를 회복합니다.
그때 주의 성령 내 마음에 임하시나이다.
내 인생 푸르러 가뭄이 물러 가나이다!

베티 브루처Betty Bruechert, "가뭄"Drought

사막의 길? 주의 명령으로 그리스도인은 마르지 않는 신선한 샘이 있는데 사막의 길이라고요? 신선한 기름이여! 신선한 영광이여!

9월 26일

가장 귀한 소유

"그 땅에 기근이 심하고 그들이 애굽에서 가져온 곡식을 다 먹으매 …
우리가 지체하지 아니하였더라면 벌써 두 번 갔다 왔으리이다 …
갑절의 돈을 자기들의 손에 가지고 베냐민을 데리고" 창 43:1-2, 10, 15

우리 인생에 가뭄을 허락하신 하나님을 찬양하라. 철저히 무력하게 하셔서 그분에게 돌아가게 하시도다!

우리가 가진 양식을 모두 다 먹어치우고 양식을 주실 주님을 의지할 수밖에 없을 때 그분을 찬양하기 바랍니다. 그러나 우리 행동은 머뭇거리며 두려워 떨던 그 이스라엘 가족과 하등 다르지 않습니다. 우리는 예수 그리스도 안에서 절대적인 구원과 만족함과 자족함을 얻을 수 있습니다. 하지만 지체하고 다투며 의심하고 시간을 허비하다가 굶주린 배를 움켜쥐게 됩니다. 결국 절망 속에 하나님께 돌아가야 할 때 그분이 우리에게 주시려고 애타게 기다리시는 것을 확인하고 그분의 조건을 충족시킬 무엇인가 해야 한다고 생각합니다. 그리고 갖은 방법으로 '갑절의 돈'을 가져가려고 합니다. 그분이 우리에게 요구하시는 것은 하나입니다. 오직 단 하나뿐입니다. 바로 우리 인생에서 가장 귀한 소유를 원하십니다. 이스라엘 가족에게 가장 소중한 보물은 베냐민이었습니다. 우리가 우리의 가장 귀중한 소유를 포기할 때 하나님은 하늘의 보물 창고를 활짝 열고 우리 인생에 넘치도록 부어 주실 것입니다.아침에 오는 메시지Messages for the Morning Watch

마른 우물은 종종 하늘 보좌에서 흘러나오는 강으로 우리의 영혼을 이끌어 줍니다.

9월 27일

한 가닥 믿음

"여호와께서 허락하신 대로 너희에게 주시는 땅" 출 12:25

하나님은 있는 그대로 신뢰해야 할 분입니다. 그분의 모습이 아닌 것을 신뢰해서는 안 됩니다. 하나님은 그 본성대로 행동하시되 절대 그 본성과 반대로 행동하시지 않는 분입니다. 하나님이 우리가 원하는 대로 이런저런 일을 다 해주시리라 꿈꾸는 것은 믿음이 아니라 광신입니다. 믿음은 오직 진리를 토대로 합니다. 하나님은 그 자신의 공의, 자비, 지혜, 권능을 높이는 방향으로 행동하실 것이 분명합니다. 한마디로 말해 본성에 충실한 방향으로 행동하신다는 말입니다. 그분이 약속을 지키시리라는 사실을 추호도 의심할 이유가 없습니다. 믿음으로 약속을 붙들 때 믿음은 흔들리지 않는 반석 위에 서게 됩니다. 하나님이 약속하신 적이 없음에도 주시리라고 믿는 것은 미몽일 뿐입니다. 약속의 계시나 암시가 없는 믿음은 우매합니다. 목이 쉬도록 믿음으로 기도하며 부르짖는다 해도 그 믿음의 근거가 될 하나님의 말씀이 없다면 그 기도는 아무 소용없는 바보짓일 뿐입니다. 다행히 진짜 위기를 당할 때 필요한 성경의 약속과 계시는 차고도 넘칩니다. 그러나 제어되지 않는 믿음이 변덕스러운 그 상상에 장단을 맞추며 응답이 되리라 생각할 때 낙심은 하등 놀랄 이유가 없는 결과일 것입니다.

하나님의 확실한 계시를 믿는 것은 우리 몫이지만, 그 선을 벗어나는 어떤 무엇에 단 한 알의 믿음도 허비해서는 안 될 것입니다. 찰스 스펄전

Charles H. Spurgeon

"믿음은 약속하지 않는 무엇인가를 믿으려고 하는 것이 아니다. 오직 하나님을 그 말씀 그대로 받아들이는 것이다."

믿음은 한 가닥 실입니다.
가냘프고 허약합니다.

언제 찢어질지 모릅니다.
하지만 너끈히 들어 올릴 수 있습니다.
한 영혼이라는 무게를
절망에서 건져 올릴 수 있습니다.

매튜 빌러 Matthew Biller

9월 28일

순백색 담비

"네 자신을 지켜 정결하게 하라" 딤전 5:22

재판관은 자신이 입은 법복을 장식하고 있는 순백색 털의 사연을 알고 있을까요? 이 사회 지도자는 자신의 어깨를 우아하게 감싼 아름다운 흰 담비 망토가 어떤 희생을 치르고 나온 것인지 알고 있을까요? 지금 그들이 입고 있는 망토의 재료인 어린 짐승을 그들은 알고 있을까요? 이 짐승은 아시아의 울창한 숲을 돌아다닐 때 그들 못지않게 자긍심이 대단했습니다. 그렇습니다. 이 짐승은 순백색 눈처럼 아름다운 털옷을 한껏 뽐내었을 것입니다. 그 짐승의 자긍심이 당연하다 생각됩니다. 온 세상의 시장에서 팔리는 가장 아름다운 털이니까요.

이 어린 짐승의 순백색 털옷에 대한 자부심이 얼마나 대단했는지 이 털옷을 더럽히는 일은 조금도 용납하지 않았습니다. 사냥꾼들은 이 사실을 잘 알았고 정정당당하지 못하게 이 사실을 잘 이용했습니다. 절대 덫을 설치하는 짓을 하지 않았습니다. 정말 그랬습니다. 대신 나무 밑둥이나 바위 틈 속에서 이 짐승의 은신처를 찾아내는 데 집중했습니다. 비겁하게도 그들은 이 은신처의 입구와 주변에 오물을 발랐습니다. 개들을 풀어 추적을 시작하면 어린 짐승은 자연스럽게 은신처 중 하나로 향했습니다. 하지만 오물이 묻은 더러운 곳에 들어가는 대신 돌아서서 사납게 짖는 개와 정면으로 맞서는 편을 선택했습니다.

순백색 털옷을 더럽히기보다 차라리 피로 물드는 편을 선택한 것입니다!

자그마한 담비, 하얀 털옷일 뿐인데 네 행동에 우리는 부끄럽기 그지없구나!

'하나님의 형상과 모양'으로 만들어진 우리, 불멸의 영과 지성을 가진 존재지만 우리가 탐하는 것을 얻기 위해 세속적 쾌락, 탐욕, 이기심의 제단에 우리 인격을 제물로 바친 적이 얼마나 많았는가.

인격의 영혼이라 불리는 성결함을 잃으면 모든 것을 잃는 셈입니다. 모든 생각과 말, 모든 행동, 심지어 그 행동 이면의 동기까지 모두 순백색 그 짐승처럼 성결함을 지키기를 바랍니다.

당신께 이 선물을 구하나이다.
아름다운 백합의 일생
천사가 자리 잡은 정원처럼 향기롭게 해주소서.

9월 29일

특별한 백성

"나는 내가 정한 날에 그들을 나의 특별한 소유로 삼을 것이요" 말 3:17
"그들은 내 보석을 만든 그 날에 내 소유가 될 것이다" 말 3:17, KJV

그리스도는 우리를 '특별한 백성'으로 삼고자 죽으셨습니다(벧전 2:9, KJV). 많은 그리스도인들은 남들보다 특이하게 보일까 두려워합니다. 하나님이 에녹을 하늘로 데려가시기 몇 주 전 그의 친지들은 그가 약간 특이한 사람이라고 수군거렸을지 모릅니다. 마을 잔치가 열리고 온 마을 사람들이 초대받았지만 에녹이나 그의 가족은 한 사람도 참석하지 않았다는 말을 들었을 것입니다. 그는 매우 특이한 사람이었습니다.

그가 위대한 전사라거나 위대한 과학자나 학자였다는 말은 듣지 못했습니다. 실제로 세상적인 기준의 위대함과는 아무 상관이 없는 사람이었습니다. 하지만 그는 삼백 육십 오년간 하나님과 동행했고 그 당시 가장 밝게 빛나는 별이었습니다.

그가 하나님과 동행할 수 있었다면 당신과 나 역시 그분과 동행해야 하지 않겠습니까? 그는 어느 날 오랜 산책을 하다가 다시는 돌아오지 않았습니다. 주님은 그와 동행하기를 너무나 기뻐하신 나머지 "에녹아, 더 위로 올라가자"라고 말씀하셨습니다.

엘리야 시대의 사람들에게 엘리야가 어떤 사람인지 물어본다면 아마 "그 사람은 정말 괴짜야"라고 말했으리라고 생각합니다. 왕은 "그 사람이 정말 싫어"라고 말했을 것입니다. 이세벨은 그를 끔찍이 싫어했습니다. 온 왕궁이 그를 좋아하지 않았고 명목상의 수많은 그리스도인들도 그를 좋아하지 않았습니다. 그는 너무 과격한 사람이었습니다.

주님이 바알에게 무릎 꿇지 않은 칠천 명의 사람을 두셨다는 말씀은 정말 기쁘기 그지없습니다. 그러나 나는 그 칠천 명 전부보다 엘리야의 작은 손가락이 더 낫다고 생각합니다. 몰래 숨어 있던 칠천 명의 그리스도인들에게는 별로 호감이 가지 않습니다. 그들은 겨우 천국에 들어갔을 것입니다. 면류관을 받지는 못했을 것입니다.

"아무도 네 면류관을 빼앗지 못하게 하라"(계 3:11). 사람들이 무엇이라고 수군거리든지 그리스도의 특별한 백성들 중의 한 명이 되기를 바랍니다. D. L. 무디 D. L. Moody

9월 30일

빌려온 짐

"내 영혼아 네가 어찌하여 낙심하며" 시 43:5

일전에 어느 저녁 시간에 나는 여섯 명의 장정도 휘청거릴 정도로 무거운 짐에 눌려 혼자서 버둥거리는 내 모습을 보았습니다. 완전히 기진맥진한 나는 그 짐을 내려놓고 찬찬히 살펴보았습니다. 그런데 그 짐이 하나같이 다 빌려온 짐이라는 것을 알았습니다. 일부는 그 다음 날에서 빌려왔고 일부는 그 다음 주에서 빌려온 것이었습니다. 그리고 지금 그 빌려온 짐에 치여 무너져 내릴 참이었습니다. 너무나 어리석은 일입니다. 하지만 매우 오래된 실수입니다. F. W. 보어햄 F. W. Boreham

당신과 나는 우리가 당한 시련, 우리의 검은 금요일, 우리의 길고 외로운 밤을 지고 그분에게 나아가 이렇게 말해야 합니다. "밤을 빛나는 아침으로 바꾸실 놀라운 친구시여, 이 짐들을 맡아 주소서. 저를 위해 이 짐들을 맡아 주소서."

참새야, 그분이 너를 지켜주시는구나
날갯짓 한 번 없어도 네 날개 그가 떠받쳐 주시누나
한 밤도 빠지지 않고 네 둥지 그가 감싸안아 주시누나
안전하게 그분이 너를 지켜주시는구나

백합화야 그분이 너를 입혀 주시는구나
여름 볕에 신음하며 시들어가더라도
왕좌에 좌정한 군주처럼 그대 아름답게 자태를 뽐내는구나
티끌 한 점 없이 그분이 입혀 주시는구나

들으라, 너희 믿음이 작은 자여
참새와 백합은 영혼이 없어 죽는다 해도
너희는 불멸의 존재,
아무리 작은 울부짖음이라도 그가 흘려보내시겠느냐?
믿으라, 너희 믿음이 작은 자여
R. C. W.

10월

하나님의 침묵은
생명을 품는 시간입니다

10월 1일

인생의 가시

"너무 자만하지 않게 하시려고 내 육체에 가시 곧 사탄의 사자를 주셨으니" 고후 12:7

인생길을 가다 보면 흐드러지게 핀 꽃들이 보입니다. 하지만 그 길에는 가시들도 무성합니다.

'인생의 가시들이 피가 흐르도록 우리를 찌를 때' 하늘 말고 우리는 어디를 보아야 할까요? 상처를 싸매어 주시는 그리스도, 그분 외에 우리가 누구를 찾아가야 할까요? 그분은 가시 면류관을 쓰셨습니다. 그분만이 우리를 시험하고 괴롭히는 가시를 승리하는 은혜와 영광의 경험으로 바꾸어 주실 수 있습니다. B. 맥콜 바버 B. McCall Barbour

지금 거친 가시밭길을 걸어가고 있습니까? 주저 없이 밟아 버리십시오. 가시를 밟는 곳마다 이미 누군가가 밟아서 아프지 않습니다. 아침 메시지 The Morning Message

참 이상한 선물입니다! 찌르는 가시라니,
생살을 뚫고 들어와
끝없는 고통을 안기는 가시가 선물이라니
이상한 선물입니다! 하지만 도움이 되라고 준 선물입니다.
반기지 않지만 늘 곁에 두도록 주셨습니다.
기도한다고 물릴 수 있는 선물도 아닙니다.
하나님이 작정하신 곳을 채우려 왔습니다.
삶을 풍성하게 해줄 은혜의 수단입니다.

하나님의 은혜의 가시들, 아 이 가시들은 어떤 모양을 하고 있는지
생살을 뚫는 듯한 얼얼한 고통을 맛보게 합니다!
그러나 다 사랑으로 보내어진 것입니다
언제나 축복을 주려고 의도되어진 것입니다

그러니 당신이 지금 어떤 가시 앞에 서 있든지
하나님의 선물로 흔쾌히 받아야 합니다.
하지만 극한 시련을 당할 때
그리스도, 그분의 생명, 그 능력이
지켜주심을 잊지 말아야 합니다.

단언컨대 당신의 생명은 더 풍성해질 것입니다.
그분이 넘치는 은혜를 부어 주실 것입니다.
하늘에서 아침을 맞을 때 당신은 기뻐할 것입니다.
그분의 가시로 당신을 강건하게 단련해 주셨음을 말입니다.

J. 댄슨 스미스 J. Danson Smith

10월 2일
하나님을 바라는 자

"나를 바라는 자는 수치를 당하지 아니하리라" 사 49:23
"나를 기다리는 자들은 부끄럽지 않을 것이다" 사 49:23, KJV

"나를 기다리는 자들은 부끄럽지 않을 것이다." 이것은 살아계신 하나님의 믿을 수 있는 기록입니다. 은혜로 생생한 믿음을 발휘할 수 있었던 모든 자들의 경험으로 확인된 기록입니다. "나를 기다리는 자"라는 이 세 단어에 얼마나 많은 의미가 담겨 있는지 우리는 기억해야 합니다. 간절하게 기다려야 합니다. 사실상 인간적으로 의지할 대상에 시선이 꽂힌 상태에서 말로만 하나님을 기다린다고 해서는 안 됩니다. 절대적으로 하나님을 향해 '갇혀 있어야' 합니다. 자아를 포기하고 밑바닥 환경까지 내려가야 합니다. 그래야 하나님의 무한한 자원이 무엇인지 제대로 드러낼 수 있습니다. "나의 영혼아 잠잠히 하나님만 바라라"(시 62:5).
역대하 20장에 기록된 그 장면에서 여호사밧이 바로 이렇게 행동했습니다. 그는 오직 하나님만 의지했습니다. 하나님이 도우시지 않으면 파멸밖에 없었습니다. "우리가 대적할 능력이 없고"(12절). 그러나 그런 다음은 어떻게 되었습니까? "오직 주만 바라보나이다"(12절).

이것으로 충분했습니다. 여호사밧은 하나님이 어떤 분이신지 증명할 수 있는 최고의 태도와 조건에 있었습니다. 인간적인 능력과 지혜는 오직 전능하신 하나님의 능력과 지혜를 의지하는 데 방해만 될 뿐이라는 것이 증명되었습니다. 새롭고 오래된 것들 Things New and Old

스스로의 한계를 느낄 때 하나님이 바로 맞은 편에 계심을 기억하시기 바랍니다!

10월 3일

전화위복

"우리가 알거니와 하나님을 사랑하는 자 곧 그의 뜻대로 부르심을 입은 자들에게는 모든 것이 합력하여 선을 이루느니라" 롬 8:28

시인 쿠퍼Cowper는 우울증에 시달렸습니다. 하루는 택시를 불러 런던 다리로 데려다 달라고 운전사에게 말했습니다. 택시가 출발하고 곧 런던 시는 짙은 안개로 뒤덮였습니다. 운전수는 두 시간을 헤매다가 결국 길을 잃었다고 털어놓았습니다. 쿠퍼는 집으로 가는 길은 찾을 수 있느냐고 물었습니다. 택시 운전수는 가능하다고 말했고 한 시간 만에 집 앞에 도착했습니다. 택시비가 얼마냐고 물어보자 그 운전사는 목적지까지 가지 못했으므로 택시비를 청구할 이유가 없다고 대답했습니다. 쿠퍼는 "그 점은 신경 쓰지 않아도 돼요. 당신은 내 목숨을 구했어요. 난 런던 다리로 가서 뛰어내릴 생각이었거든요"라고 말하며 택시비를 지불했습니다. 그리고 집으로 들어가 다음과 같은 시를 썼습니다.

하나님의 일하심이 신비하도다.

놀라운 이적을 행하시네.

바다에 그 자취를 남기시고

폭풍을 타고 행차하시도다.

그 채플에서 진행하고자 했던 계획들이 어긋났습니다. 우선 목사님이 폭설로 교회에 오지 못했습니다. 그리고 예배 자리에 앉아 있는 소년은 원래 다른 교회에 가려고 했으나 눈보라로 계획이 어긋났습니다. 이 두 계획이 틀어지는 바람에 놀라운 일이 일어났습니다. 이렇게 계획이 수포로 돌아가는 바람에 인류에게 놀라운 선물을 안겨 준 사건이 일어났기 때문입니다. 바로 스펄전의 회심이었습니다. (1850년 1월 6일 영국 콜체스터의 심한 눈보라로 도시 전체가 마비되어 스펄전은 다니던 교회에 갈 수 없어 가까이 있는 교회 예배에 참석하였는데, 목사님이 오시지 못하여 평신도가 대신 설교하는 말씀을 듣고 회심을 하였다.—감수자)

사이라는 이름의 늙은 중국인에게 외아들과 말 한 마리가 있었습니다. 한번은 말이 도망을 가버렸고 그는 크게 낙담했습니다. 한 마리밖에 없는 말이 사라져 버리다니 말입니다. 누군가가 "괴로워 말게. 조금만 기다리게"라고 말했습니다. 그런데 어느 날 거짓말처럼 말이 다른 말을 데리고 돌아왔습니다. 이 일이 있고 얼마 후 외아들이 이 말을 타고 밭으로 갔습니다. 집으로 돌아오던 아들은 말에서 떨어져 다리가 부러지고 말았습니다. 가엾은 노인은 또 얼마나 크게 상심했는지 모릅니다. 밥도 먹지 못하고 잠도 자지 못했습니다. 아들이 아무 불편을 느끼지 못하게 잘 돌봐 주지도 못했습니다. 하나밖에 없는 아들이 걸을 수가 없다니 낙심하지 않을 수 없었습니다. 그런데 어떤 사람이 "좀 더 기다려 보세요. 사이"라고 말했습니다. 그 사고가 있고 얼마 지나지 않아 전쟁이 터졌습니다. 젊은이들이 모조리 전쟁터로 끌려갔고 단 한 명도 살아 돌아오지 못했습니다. 다리가 부러진 덕분에 사이의 외아들만 징집을 피했고 그의 아버지와 함께 행복하게 살 수 있었습니다. ('새옹지마'와 관련된 중국 전설—역자)

10월 4일

약한 것들을 강하게

"그러나 하나님께서 … 세상의 약한 것들을 택하사 강한 것들을 부끄럽게 하려 하시며 … 있는 것들을 폐하려 하시나니 이는 아무 육체도 하나님 앞에서 자랑하지 못하게 하려 하심이라" 고전 1:27-29

나팔을 불고 함성을 지르는 것만으로 하나님은 콧대 높은 여리고 성벽이 완전히 무너지도록 하셨습니다. 온 가나안에서 가장 중요한 성이 이스라엘의 수중에 들어왔습니다(수 6장).

'두 여인' 중 한 명인 드보라는 두려워하는 이스라엘 장정들의 마음에 용기를 불어넣었고, 다른 한 여인인 야엘은 망치와 말뚝으로 이스라엘의 적장을 죽임으로 이스라엘은 20년간의 긴 압제에서 벗어날 수 있었습니다(삿 4-5장).

'소 모는 막대기'로 육백 명의 사람들이 죽었고 삼갈의 하나님은 이스라엘을 구원해 주셨습니다(삿 3:31).

'기드온'을 통해 나팔을 불고 횃불을 밝힌 항아리를 깨뜨리며 함성을 지르는 것으로 하나님은 7년간에 걸친 미디안의 속박에서 이스라엘을 건져 주셨습니다(삿 6-8장).

'나귀의 턱뼈'만으로 블레셋 사람들의 시체가 무더기로 쌓였습니다. 하나님이 그 턱뼈를 휘두르는 팔을 강하게 해주셨기 때문입니다(삿 15장).

'물매'로 한 치의 오차도 없이 돌멩이 하나를 날렸고 전능하신 하나님은 그 방향을 조정해 주셨습니다. 그렇게 해서 그날 이스라엘 전사들은 자신들의 비겁함을 다시 확인해야 했습니다. 블레셋의 거인은 즉석에서 쓰러졌고 하나님의 명예는 회복되었습니다(삼상 17장).

아는 것이 적지만 충정을 의심할 수 없는 헌신적인 남자와 여자들, 하지만 하나님의 능력으로 그들은 영원한 구원을 소유하게 되었습니다. 영원한 구원의 소유자들은 하나님 아들의 형상으로 변화될 것입니다.

그리고 종국에는 영원한 영광의 나라에 도달하게 될 것입니다.

당신이 어리석고 천하며 약하고 세상의 멸시를 당하는 사람 중 하나라면 바로 그 동일한 주님께서 바로 그 권능을 주셔서 그들과 동일한 뜻을 이루도록 하실 것입니다.

하나님의 통치를 받으면 평범한 도구들도 특별하게 쓰임 받을 수 있습니다.

10월 5일
주님의 때

"전능자께는 때를 숨기지 못하겠거늘" 욥 24:1, KJV

고통 중에 외로이 유혹에 흔들리는 친구여, 당신의 구주께서 곁에 계십니다. 당신은 난폭한 우연의 놀잇감이 아닙니다. 당신의 인생은 목적이 있으며 예수께서 그 목적을 이루어가고 계십니다. 그대 영혼이여, 그리스도께로 피하십시오. 생명책을 펴시는 그분의 못 박힌 손으로 피하십시오. 그곳에서 그대여 안식하십시오. 오래 참으며 믿음을 지키십시오. 모든 것이 합력하여 선을 이룰 것입니다. 언젠가 그 모든 일을 이해할 날이 올 것입니다. 그날까지 그분을 온전히 신뢰하십시오. '비록 해와 달이 빛을 잃고 별들이 흑암 속으로 떨어지더라도' 믿음을 잃지 마십시오.

가는 길이 외롭고
그림자 어둡게 내려앉더라도
그 길이 어디로 향하는지 나는 압니다.
내 아버지께서 모두 계획하신 길이니까요.

내일은 태양이 빛날지 모릅니다.
어둠이 흩어져 흔적 없이 사라질지 모릅니다.

그 길은 그분이 계획하신 길이니까요.
아버지께서 나를 위해 세우신 계획이니까요.

그분은 머뭇거리는 내 발걸음을 인도해 주십니다.
피곤하고 지친 길을,
그 길이 영원으로 향하는 길임을
그분은 잘 아시니까요.

빛과 기쁨의 날
그늘 한 점 없는 날
드디어 이날이 나를 기다립니다.
내 아버지께서 모두 계획하신 일이니까요.

어둠 속에서도, 환한 햇살 속에서도 나는 노래합니다.
무슨 일이 있더라도 믿음을 잃지 않습니다.
그분의 길이 가장 좋은 길이며 안식으로 인도하는 길이니까요.
내 아버지께서 모두 계획하신 길이니까요.

하나님이 그 뜻대로 모든 일을 이루어가십니다.

10월 6일

전적인 신뢰

"자기 목숨을 얻는 자는 잃을 것이요
나를 위하여 자기 목숨을 잃는 자는 얻으리라" 마 10:39

젊었을 때 한 친구와 얼음 도매상 동업을 한 적이 있습니다. 우리 얼음은 2년 연속 겨울 폭우에 다 떠내려가는 참사를 당했습니다. 지금 말하려고 하는 그 겨울에도 상황이 심각하게 돌아갔고 얼음을 미리 비축해야 한다는 생각이 들었습니다. 날씨가 영하 아래로 떨어지면서 얼음이 점점 더 두껍게 얼어서 상품으로 팔아도 될 정도가 되었습니다. 때마침 수천 톤의 얼음 주문을 받았고 우리는 재정적 압박에서 완전히 벗어나리라는 희망으로 들떴습니다. 얼마 전에 하나님은 나의 사업을 그분에게 온전히 맡기고 절대적으로 그분을 신뢰하는 것이 그분의 뜻임을 보여 주셨습니다. 나는 어떤 시험이 기다리고 있을지 생각지도 못했습니다. 한밤중에 불길한 소리가 들리기 시작했습니다. 비가 오는 소리였습니다. 정오가 되자 폭풍이 무서울 정도로 휘몰아치기 시작했고 오후에는 인생에서 매우 심각한 영적 위기에 처하게 되었습니다.

이 과정에서 나는 한 가지 사실을 깨달았습니다. 문제가 작아 보인다 하더라도 사소한 문제로 드러난 위기는 우리 인생에 심각하고 중대한 영향을 미칠 수 있다는 것입니다.

그날 정오 즈음, 나는 내 마음 깊은 곳에 하나님에 대한 반발심이 고개를 든다는 무서운 사실과 정면으로 마주해야 했습니다. 그리고 그 반항심은 한 단계 발전해 은밀하게 내 마음에 속삭이며 유혹했습니다. "넌 하나님께 모든 걸 다 드렸어. 그런데 그분은 이런 식으로 갚아 주시는구나." 그런데 또 다른 목소리가 들렸습니다. "얘야, 나를 신뢰하겠다는 네 말이 이런 뜻이었느냐? 선을 이루는 데 네게 전혀 도움이 되지 않을 일을 내가 하려 하겠느냐?" 그때 또 한 소리가 들렸습니다. "하지만 그건 말이 안 되지. 깨끗하고 정직한 일인데 왜 그분이 네 사업을 망하게 하시려 하겠어?"

두 시간이 지나고(그동안 내 인생에서 가장 극심한 영적 전투에 속하는 전쟁이 벌어졌습니다), 하나님의 은혜로 나는 이렇게 부르짖을 수 있었습니다. "저 사업도 가져가소서. 얼음도 거두어 가소서. 다 가져가소서. 다만 당신에게 온전히 드린 의지에만 숭고한 축복을 허락하소서."

그러자 평화가 찾아왔습니다.

한밤중 또 다른 소리가 들렸습니다. 바람 소리였습니다. 아침이 되자

기온이 영하로 떨어졌고 몇 시간 후 우리는 최상의 얼음을 수확할 수 있었습니다. 그분이 얼음을 되돌려 주셨고 사업을 축복해 주셨습니다. 그리고 애초에 나를 위해 준비해 두신 곳으로 완전히 인도될 때까지 나를 이끌어 가셨습니다. 그 자리는 바로 그분의 말씀을 가르치는 자리였습니다. 제임스 H. 멕콘키James H. McConkey

인생을 하나님께 드리면 하나님이 그 인생을 되돌려 주실 것입니다.

10월 7일
목자장

"여호와는 나의 목자시니" 시 23:1

위에 계신 위대하신 아버지는 목자장이 되십니다. 나는 그분의 것이며 그분이 나와 함께하십니다. 부족함이 없습니다. 내게 줄을 던져 주셨는데 그 줄의 이름은 사랑입니다. 푸른 풀밭과 위험하지 않은 안전한 물가로 나를 이끌어 주십니다.

때로 내 마음은 심히 약해서 넘어지지만 그분이 다시 일으켜 세워 주시며 안전한 길로 이끌어 주십니다. 빠를 수도 있고, 지체할 수도 있고, 길고 지루한 시간이 될 수도 있지만, 언젠가 험한 산들 사이 한 곳으로 나를 이끌어 가실 것입니다. 그곳은 어둡지만 나는 절대 뒤로 물러서지 않을 것입니다. 나는 두려워하지 않을 것입니다. 목자장이 나를 만나 주시는 곳은 바로 그 산들 사이 그곳이며, 평생 내 마음에 느낀 갈망이 충족될 곳도 그곳입니다. 때로 그 사랑의 줄로 채찍을 만들기도 하시지만, 얼마 후에는 어김없이 의지할 지팡이를 내려 주십니다.

내 앞에 온갖 진수성찬으로 식탁을 차려 주십니다. 내 머리에 손을 얹어 안수해 주시면 모든 '피곤'이 눈 녹듯이 사라집니다. 넘치도록 내 잔을 채워 주십니다.

내가 하는 말은 거짓이 아니라 사실입니다. '멀리 앞에' 있는 길은 이

생이 다하도록 계속 이어지겠지만, 그 후에는 '큰 장막'에서 살며 영원히 목자장이신 그분과 한 상에 앉을 것입니다. 아메리칸 인디언 버전 시편 23편

어린 양아 두려워하지 말아라. 그가 앞서 가시니
네 목자는 네 갈 길을 골라 주신단다.
마라의 물을 널 위해 단 물로 바꾸어 주시며
겟세마네에서 모든 쓴 물을 다 마신 분이란다.

어린 양아 두려워하지 말아라, 네가 어디 있든지
그분은 '문이 닫혀 있는' 방을 모두 들어가신단다.
결코 버리지 않으시며 외면하고 가버리지 않으신단다.
그러니 어둠 속에서나 동이 틀 때나 그가 함께하심을 믿으라.

폴 레이더 Paul Rader

10월 8일

기도의 오솔길

"온유한 심령으로 그러한 자를 바로잡고 너 자신을 살펴보아
너도 시험을 받을까 두려워하라" 갈 6:1

우간다의 회심자들이 우리에게 한 이야기를 전해 주었습니다.
그 이야기가 가르치는 교훈은 설교자들이 종종 전하는 설교보다
더 위대한 이야기를 담고 있습니다.
그들은 얼마나 힘든 유혹이 찾아오는지 이야기해 줍니다.
얼마나 많은 인내가 필요한지 말해 줍니다.
어떤 무엇보다 절박한 한 가지 필요가 있습니다.
은밀하게 기도할 장소가 필요합니다.
회심자들은 구석진 곳을 찾아갑니다.

조롱하는 이들의 눈길이 미치지 않는 곳, 정글 속에서
그들은 오직 홀로 하나님께 기도할 수 있었습니다.
얼마나 자주 그곳을 찾았던지,
그들이 밟은 풀의 색이 바래고 시들 정도입니다.
그 흔적을 따라 기도의 은신처를 모조리 찾아낼 수 있을 정도입니다.

한 형제가 예전의 나쁜 행실로 돌아갔다는 괴로운 소식이 들리거나 누군가 "그분은 더 이상 기도에 관심을 두시지 않는다"고 말하는 말이 들리면, 그들은 서로를 향해 한없이 따뜻하고 부드럽게 이야기합니다. "형제여, 이렇게 지적하는 우리를 이제 용서하게나. 형제의 길에는 풀이 자라고 있네." 그러면 잘못을 저지른 형제는 마음이 누그러지며 곧 쓰라린 눈물로 회개합니다.

"제가 다니는 길에 풀이 자라고 있다는 것을 알고 나니
너무나 슬픈 마음이 드네요.
하지만 더 이상 그런 일은 없을 것입니다.
더 강해지려면 기도가 필요하니까요.
제가 다시 그 길로 기도하러 자주 다닐 터이니
곧 그 길에 풀이 자라지 않을 겁니다."
"기도의 길에 난 풀" Grass on the Prayer Path

하나님과 만나는 곳을 정하고, 작은 오솔길이 풀로 덮이는 일이 없도록 하십시오!

10월 9일

온전한 제사

"아브라함이 그곳에 제단을 쌓고 … 손을 내밀어 칼을 잡고 그 아들을 잡으려 하니 여호와의 사자가 하늘에서부터 그를 불러 이르시되 … 그 아이에게 네 손을 대지 말라"
창 22:9-12

하나님이 요구하시는 극한까지 우리가 계속 순종한다면 아무리 힘든 희생이라도 우리가 예상했던 것처럼 힘들지는 않습니다. 하나님의 뜻대로 자아를 드리는 희생 제사는 절반이나 심지어 10분의 9까지 진행되었더라도 뼈를 갈아 넣는 듯한 잔인한 경험입니다. 제단을 쌓고 제단에 자아를 누이며 온전하게 제사를 드릴 때 하나님은 언제나 예상치 못한 축복으로 임재하십니다. 그 사랑과 기쁨이 얼마나 놀라운지 희생 제사의 고된 기억은 눈 녹듯이 사라져 버립니다. "내게 아끼지 아니하였으니 내가 이제야 네가 하나님을 경외하는 줄을 아노라"(12절). 오늘 하나님은 그 말을 우리에게도 하실 수 있을까요? 하나님의 말씀을 듣는 온전한 기쁨은 제단을 쌓고 제물을 칼로 잡을 때까지는 아무도 알지 못합니다. 아침에 오는 메시지 Messages for the Morning Watch

네 모든 것을 제단 위에 올려놓았는가?
네 마음을 성령께서 다스리시는가?
축복을 누리며 평안과 고요한 안식을 누릴 유일한 길 있으니
네 마음과 영을 그분에게 온전히 드리라.

10월 10일

순교자

"그들은 죽기까지 자기들의 생명을 아끼지 아니하였도다" 계 12:11

마르쿠스 아우렐리우스가 통치하던 시기에는 그리스도인들에 대한 박해가 매우 심했습니다. 황제는 그의 동상에 절하기를 거부한 사람들 중 사십 명에 대한 처벌을 직접 공표했습니다.

그는 "실오라기 한 올 남지 않게 다 벗겨라"라고 명령했습니다. 그들은 그 명령대로 했습니다. 그리고 그는 "이제 가서 저 얼어붙은 호수 위에 서라"라고 명했습니다. "너희 나사렛 하나님을 부인할 준비가 되지 않으면 절대 나올 수 없느니라."

사십 명의 사람들은 실오라기 하나 걸치지 못하고 겨울밤 휘몰아치는 폭풍 속으로 나갔습니다. 얼어붙은 호수 위에 자리를 잡자 그들은 전심을 다해 목소리 높여 찬양을 불렀습니다.

"그리스도시여, 사십 명의 투사들이 당신을 위해 싸우러 나왔습니다. 당신을 위해 승리하게 해주소서. 당신에게서 면류관을 받게 해주소서."

잠시 후 곁에서 그들을 지켜보던 이들은 그들 가운데 동요가 일어나는 것을 보았습니다. 그중 한 사람이 슬금슬금 뒷걸음치더니 온 힘을 다해 신전으로 달려가 황제의 상 앞에 무릎을 꿇었습니다.

근위대장은 남은 그리스도인들의 용감한 모습을 직접 보고 그들의 가르침에 마음의 감동을 받아 투구를 찢으며 창을 내려놓았습니다. 그리고 군복을 벗고 마음이 약해져 도망간 사람 자리에 서서 소리 높여 부르짖었습니다. 결과가 어떻게 되었는지는 곧 드러났습니다. 새벽이 밝아오자 얼음 위에는 사십 명의 싸늘한 시신이 보였습니다.

우리 대장이 인도하시면 누가 두려워하고 위축되겠습니까?

네로의 정원의 어둠을 밝히는 인간 횃불로 최소한 천 명이 넘는 하나님의 성도들이 죽음을 당했습니다. 로마 군인들은 그들을 옷으로 둘둘 말아 높이 매달았습니다. "그들의 손가락은 양초처럼 불을 밝혔습니다."

그들의 뒤를 따를 자 누구입니까?

주님, 이렇게 서 있습니다.
짙은 안개로 한 치 앞도 보이지 않습니다.
앞으로, 왼쪽, 오른쪽으로 이리저리 솟은 가파른 바위들,
밤에는 낮게 거대한 몸을 희미하게 드러냅니다.
길은 어디 있습니까?

주님, 이렇게 서 있습니다.
뒤로는 시커먼 바위가 버티고 있습니다.
머리 위로 무섭게 부는 바람 소리에
내 마음과 생각이 짓눌려 얼어붙습니다.
저는 두렵습니다.

주님, 이렇게 서 있습니다.
발 아래 바위는 단단하기 그지없습니다.
주님, 진눈깨비에 거의 미끄러질 뻔하였습니다.
주님, 고단하고 힘듭니다. 앉아 쉴 곳이 어디 있나요?
아직도 서 있어야 하나요?

그분은 제게 응답해 주셨습니다.
그분의 얼굴에 누구도 지우지 못할 은혜로운 표정
다 아신다는 완전한 사랑의 표정
나의 모든 투덜거림이 그 사랑에 눈 녹듯 사라져 버립니다.

주님, 이렇게 서 있습니다.
당신이 말씀하셨기에 주님, 이제 보입니다.
당신이 저를 둘러싸고 계셨습니다. 이 바위들은 바로 당신이었습니다.

주의 사랑 나를 감싸 안아주시니
저는 일어나서 찬송하나이다!

베티 스탬Betty Stam, 중국에서 순교하다

10월 11일

만왕의 왕

"마땅히 얻을 자가 이르면 그에게 주리라" 겔 21:27

오래 전 신시내티에서 세상에서 가장 탁월한 합창단이 헨델의 〈메시아〉를 연주했습니다. 당대 최고의 전성기를 구가하던 패티가 소프라노, 휘트니가 베이스, 테오도르 퇴트가 테너, 캐리가 알토를 맡았습니다. 그리고 4천 명이 넘는 합창단원들이 이 네 사람을 뒷받침했습니다.

"할렐루야 합창"을 부르기 직전 관객들 사이에는 죽음과 같은 고요한 정적이 감돌았습니다. 갑자기 베이스가 "그가 영원히 영원토록 다스리리라"라고 노래를 불렀고, 알토가 조금 더 높은 음으로 "영원히 영원히"라고 부르자, 테너가 더 높은 소리로 "영원히 영원히"라고 그 노래를 받았습니다. 그리고 패티가 영감을 받은 것처럼 "만왕의 왕, 만주의 주"라고 끼어들어 목청을 높였습니다. 그녀가 자기 몫을 끝내고 잠시 멈춘 상태에서 그윽한 눈빛으로 고개를 들었을 때 "언제까지 통치하시나이까?"라는 질문이 커다란 홀 안에 울려 퍼졌는데 마치 천사의 목소리가 떠다니는 것 같았습니다. 그러자 기다렸다는 듯이 1천 명의 소프라노가 "영원히 영원토록"이라고 응답했고 바로 이어 4천 명의 합창단이 일제히 천군 천사처럼 "할렐루야, 할렐루야, 할렐루야"라고 화답했습니다.

죄로 망가지고, 폭풍에 찢기며, 비탄에 잠겨 캄캄한 세상을 더듬으며 다니는 이 가여운 자를 위해 그분은 마땅히 보좌에 좌정하셔서 모든 심령과 모든 인생을 영원토록 통치하실 것입니다. 엘머 엘스워스 헴즈Elmer Ellsworth Helms

찬양하라, 우주의 주!
메시아, 다윗의 자손
세상의 왕위를 취하셔서
오직 홀로 지존자로 통치하소서!

그것은 마치 모든 만물이 무릎을 꿇고 세상 열방이 예수 그리스도를 주로 고백하며 아버지 하나님께 영광을 돌릴 그 기쁜 날을 예언하는 것 같습니다. 수백만 명의 아시아인들이 "만왕의 왕, 만주의 주"라는 찬양을 부를 것이며, 유럽에서는 그분에게 권세를 돌려드리는 함성 소리가 들려올 것입니다. 아프리카의 구속받은 백성들은 깊은 저음으로 소리를 더할 것입니다. 미국과 저 멀리 호주와 태평양 군도가 후렴을 함께 부르며 그리스도께서 들으시도록 무엇과도 비길 데 없는 음악을 목청 높여 부를 것입니다. 그리고 땅 끝에서 승리의 함성이 터지고 온 세상은 "만왕의 왕, 만주의 주, 전능하신 여호와 하나님이 통치하시도다"라고 찬양할 것입니다.

돌아오소서. 돌아오소서. 우리 인생의 홀을 받으소서. 우리 마음의 보좌에 좌정하소서. 왕을 찬양하라. 나의 왕이여! 당신은 어떻게 하겠습니까?

10월 12일

침묵의 음성

"나의 기도를 기쁘게 여기시기를 바라나니" 시 104:34

이삭은 묵상을 하러 들판으로 갔습니다. 일행은 모두 강을 건너가고 야곱은 얍복강 동쪽 강둑에 남아 천사와 씨름하여 이겼습니다. 모세는 호렙산 바위 틈에 숨어 여호와께서 임재하고 가신 영광의 흔적을 하염없이 바라보았습니다. 엘리야는 아합을 내려보내어 먹고 마시게 하였지만 정작 자신은 인적이 없는 갈멜의 한적한 기슭으로 물러갔습니다. 다니엘은 힛데겔 강변에서 몇 주 동안 황홀경 상태로 중보기도를 하며 보냈습니다. 그곳은 한때 낙원에 물을 대던 곳이었습니다. 바울은 누구에게도 방해받지 않고 묵상하며 기도할 기회를 갖고자 드로아에서 앗소까지 걸었습니다.

당신은 저주의 축복, 침묵의 음성, 고독의 친구 같은 놀라운 역설의 진리를 이해할 수 있습니까?

나는 침묵의 골짜기를 걸어 내려갔습니다.
오직 홀로 정적만이 감도는 어두운 골짜기로 내려갔습니다.
주변에 발자국 소리 하나 들리지 않았습니다.
하지만 하나님의 발자국과 내 발자국 소리가 뚜렷했습니다.
내 마음의 침묵은 신성합니다.
천사들이 날아다니는 성소처럼 말입니다.

고요한 침묵의 골짜기에서
내가 부르는 노래 소리 선명하게 들립니다.
그 곡조 어둔 골짜기로 흘러갑니다.
마침내 날개를 달 언어를 찾아낼 때까지
사람들에게 대홍수의 비둘기처럼
평화의 소식을 가져올 것입니다.

그러나 멀리 깊은 곳에 큰 물결이 일어납니다.
해변에서는 절대 불어닥치지 않을 큰 파도입니다.
그리고 나는 침묵 속에 노래를 듣습니다.
절대 말로 들리지 않을 노랫소리
그리고 그 골짜기에서 꿈을 꾸었습니다.
너무 높아서 언어가 닿을 수 없는 꿈입니다.

그 골짜기가 어딘지 물으시나요?
염려에 시달리는 마음들에게는
저 멀리 산들 사이에 자리하고 있습니다.
하나님과 그분의 천사들이 그곳에 있습니다.
하나는 캄캄한 슬픔의 산
다른 하나는 밝은 기도의 산입니다.

"어느 신비주의자의 노래" The Song of a Mystic

10월 13일

내가 행하리라

"내 이름으로 무엇이든지 내게 구하면 내가 행하리라" 요 14:14

구하기만 하면 행하리라고 말씀하시는 이가 누구입니까? 바로 하나님 자신입니다. 우주의 전능자께서 "너희가 구하면 내가 행하리라"라고 말씀하십니다.

약속하시는 이가 누구인지 생각해 보기 바랍니다. 손바닥으로 바다를 쥐고 계신 하나님이십니다. 이 무거운 지구가 궤도를 따라 돌게 하시는 하나님이십니다. 별들을 다스리시고, 행성들을 한 치의 오차도 없이 정확하게 눈부시게 빛나는 길로 이끄시는 하나님이십니다. 하늘을 창조하시고 사탄을 짓밟으시며 죽은 자를 살리시는 하나님이십니다. "내게 구하면 내가 행하리라"라고 말씀하시는 분은 바로 이 하나님이십니다.

누구도 흉내 낼 수 없는 지혜, 한계가 없는 솜씨, 무한한 능력, 무한한 자원이 모두 그분의 것입니다.

혼자서 바쁘게 버둥거리기보다 네가 구하고 내가 전능한 능력으로 행하는 것이 더 낫지 않겠느냐? 제임스 H. 멕콘키 James H. McConkey

내가 기이한 일을 행하리라!

10월 14일

침묵의 응답

"나사로가 병들었다 함을 들으시고 그 계시던 곳에 이틀을 더 유하시고" 요 11:6

하나님의 침묵 자체가 하나의 응답입니다. 베다니의 부르짖음에 귀에 들리는 응답이 없었다고만 말하는 것이 아닙니다. 응답의 부재 자체가 그 외침에 대한 응답이었다고 명확하게 언급하고 있습니다. 주님은 나사로가 아프다는 소식을 듣고 바로 그곳에서 이틀을 더 계셨습니다. 나는 종종 외부의 침묵 소리를 듣습니다. 백 번이나 간절한 열망을 담아 호소하였지만 들리는 대답이라고는 내 목소리의 울림뿐입니다. 나는 절망으로 밤을 지새우며 부르짖습니다. "왜 저를 돕지 않고 외면하십니까?" 그러나 그렇게 멀리 계시는 듯한 그 자체가 하나님의 가까움이라는 사실을 한 번도 생각하지 못했습니다. 침묵 자체가 응답이라는 것을 생각하지 못했습니다.

그것은 베다니 가족을 향한 매우 놀라운 응답이었습니다. 그들은 많은 것을 구한 것이 아니라 너무 적게 구한 것이었습니다. 오직 나사로의 목숨만 구했던 것입니다. 그들은 나사로의 생명을 구하고 또한 영원한 생명의 계시를 얻어야 했습니다.

우리가 구해도 아직 받을 준비가 되어 있지 않기에 기도를 해도 하나님이 침묵으로 반응하실 때가 있습니다. 더 많은 것을 받을 준비가 되어 있기에 감당할 수 없는 많은 것으로 응답을 받을 때도 있습니다. 우리는 우리 자신의 가능성이 어느 정도인지 모를 때가 있습니다. 우리가 꿈꾸던 것 이상으로 더 큰 축복을 받기 위해서는 준비가 되어 있어야 합니다. 무덤 앞으로 가서 숨을 거두신 예수님의 몸을 붙들고 눈물로 간청해야 합니다. 더 좋은 것, 바로 살아계신 주님을 받기 위해 우리는 침묵의 응답을 받습니다.

내 영혼아, 하나님의 침묵을 두려워 말라. 그 침묵은 그분의 또 다른 음성이로다. 하나님의 침묵은 사람의 말보다 더 크게 들립니다. 기도했음에도 고요한 정적만 흐르나요? 괜찮습니다. 그 역시 하나님의 음성이 아닙니까? 완전한 계시가 드러날 때까지 당신은 그 음성으로도 충분합니다. 당신을 도우러 아직 그 자리를 떠나지 않으셨다고요? 그렇군요. 하지만 그분의 침묵으로 우리도 침묵하게 됩니다. 그분은 우리에게 주실 더 좋은 것을 준비해 두고 계십니다.

잠잠히 그분을 기다리기 바랍니다. 그러면 머지않아 그 음성이 들려올 것입니다. 죽음이 생명에 삼킨 바 될 것입니다. 조지 매더슨 George Matheson

하나님의 모든 역사는 서서히 이루어집니다! 하나님의 침묵을 무관심이나 냉담함으로 오해하지 마십시오. 둥지에 자리를 잡고 새 생명을 낳을 준비를 하는 새들은 절대 노래하지 않습니다. 하나님의 침묵은 생명을 품는 시간입니다. 하나님을 재촉하지 마십시오.

주께서 한 영혼을 큰 믿음으로 이끌고자 하시면 기도에 응답하시지 않고 잠시 두고 보실 때가 있습니다.

10월 15일

기도의 향불

"그를 향하여 우리가 가진 바 담대함이 이것이니 그의 뜻대로 무엇을 구하면
들으심이라 우리가 무엇이든지 구하는 바를 들으시는 줄을 안즉
우리가 그에게 구한 그것을 얻은 줄을 또한 아느니라" 요일 5:14-15

기도로 무엇이든지 얻을 수 있습니다. 하늘의 문을 열 수 있고, 지옥의 문을 닫을 수 있습니다. 하나님께 거룩한 압박을 가할 수 있으며, 천사의 축복을 받아낼 때까지 그 옷을 놓지 않을 수 있습니다. 비의 보물창고를 열 수 있으며, 쇠처럼 단단한 바위 고랑이 눈물이 되어 녹아 강이 되도록 할 수 있습니다. 기도는 얼음산을 향해 "거기서 옮겨 깊은 바다로 빠져라"라고 말하며 북쪽의 허리띠를 벗길 수 있습니다. 정해진 길을 따라 도는 해를 정지시킬 수 있고, 빠른 날개를 단 바람에게 심부름을 시

킬 수 있습니다. 이 모든 기이한 일들과 은밀한 명령들에 별들 위로 아직 계시되지 않은 거래들을 더하십시오.

허드슨 테일러는 아무 기쁨이 없이 기도해 본 적이 있느냐는 질문을 받았을 때 이렇게 대답했습니다. "자주 그렇습니다. 때로 나는 마음이 나무토막처럼 느껴질 때도 기도합니다. 또한 아무 기쁨도 느끼지 못하고 오직 믿음으로 나아갈 때 가장 놀라운 응답을 받는 경우가 자주 있습니다."

간절하게 진정으로 구한 적이 한 번도 없음에도 응답을 받은 적이 있습니다. 그날이 언제인지는 상관없습니다. 어떤 때는 생각조차 하지 않았음에도 어떤 모양으로든 응답이 옵니다. 아도니람 저드슨 Adoniram Judson

몇 년이나 기도를 했지만 아무 변화도 보이지 않습니다.
산은 있던 자리에 그대로 서 있고
그 산이 드리우는 그림자는 한없이 깊습니다.
그 정상에 이르는 길은 더 험하고 가파르기 그지 없습니다.
이래도 계속 기도해야 할까요?

희망의 조짐 하나 보이지 않는데 계속 기도해야 할까요?
산이 그 자리에 그대로 있지만
그 산이 사라질까 보고 있어도
해마다 그 희망은 더 아득하게 보입니다.
이래도 계속 기도해야 할까요?

나는 끝까지 기도하겠습니다. 아무리 멀어 보여도
바로 문 앞까지 기도 응답이 온 듯 보여도
아니면 아직 모퉁이를 돌고 있어도
멀든지 가깝든지 나는 기도하겠습니다.
포기하지 않고 기도하겠습니다.

에디스 메이프스 Edith Mapes

기도의 향불을 끝까지 피워 올리고자 한다면, 그날이 언제이든 그분의 영광을 볼 날이 올 것입니다.

10월 16일
하나님으로 충분

"하나님께서도 네게 허락하시면 네가 이 일을 감당하고" 출 18:23

찰스 G. 피니 Charles G. Finney는 이렇게 말한 적이 있습니다. "하나님이 무엇인가 하라고 명령하시면 그것은 우리가 그 일을 해낼 수 있다는 가장 확실한 증거이며 하나님의 서약이나 마찬가지입니다."

전능하신 하나님이 하시는 일이라면 예수 그리스도의 제자로서 그분이 그 일을 반드시 이루시리라 믿어야 합니다. 때로 우리는 초자연적인 세계에 좌초되어야 합니다. 하나님께 자신을 내던져야 합니다. 잠시 있다 사라지는 세계는 버리고 영원한 세계를 얻어야 합니다.

"행하시는 이는 하나님이시니"(빌 2:13). 인간은 인간처럼 일할 뿐, 인간이 할 수 있는 이상의 일을 인간에게 기대할 수 없습니다. 그러나 하나님은 하나님처럼 일하시며 그분에게는 불가능이 없습니다.

우리에게는 마음을 고양시킬 힘의 원천이 있습니다. 사무엘상 2장 1절에 대한 가장 도발적인 번역(제임스 모팻)은 이렇습니다. "내 마음은 영원하신 분을 향해 전율하며 내 하나님으로 내 힘이 견고히 되는도다."

아모스는 드고아 출신의 일개 목자에 불과했지만 그의 하나님으로 그 힘이 견고케 되었습니다. 이런 일은 베드로에게도 일어났고 바울에게도 일어났습니다. 아브라함 링컨은 노예무역을 근절하고자 했을 때 불가능해 보이는 일과 마주했습니다.

우리는 우리가 실제로 가진 것보다 더 많은 힘과 용기와 지혜가 필요합니다. 이 '여분의 능력'은 영원하신 분으로 심장이 전율하며 신적 자원을 매일 기다리는 심령에게 허락됩니다.

'어려움'은 상대적인 용어입니다. 우리가 가용할 수 있는 힘에 따라 어려움이 달라집니다. 힘이 충분할 때는 어려움이 축소되고, 그 힘이 전능한 수준에 이르면 어려움 자체가 존재하지 않습니다. "우리는 하나님으로 충분합니다." 하나님이 명하시면 무엇이든지 가능합니다. 우리가 늘 하나님의 기록된 말씀을 가까이하며 그분의 계시된 뜻을 따른다면 그분을 신뢰하지 못할 일이 없습니다.

천 명 중의 한 사람이라면 실패할지 모릅니다. 하지만 "하나님이 함께하시는 한 사람"이라면 반드시 승리할 것입니다.

10월 17일
하나님의 폭풍

"여호와께서 명령하신즉 광풍이 일어나 바다 물결을 일으키는도다" 시 107:25

하나님은 폭풍으로 그분의 말씀을 이루시는 분입니다. 바람이 우리에게 불어닥친다면 그 바람은 우리를 위해 하나님이 일으키신 바람입니다. 무엇보다 그 바람이 일어난 원인은 우리와 아무 상관이 없습니다. 탁 트인 들판으로 바람이 불 길을 열어 주지 않으셨다면 숲속의 가장 작은 나무의 잎사귀 하나 흔들릴 수 없습니다. 그분은 바람에게도 명령하시고 그 바람은 그분에게 순종합니다. 자기 종에게 하시듯이 바람에게 "가라"라고 말씀하시면 그 바람은 가고, 다른 바람에게 "오라"라고 하시면 그대로 따릅니다. 또 "이렇게 하라"라고 하시면 그 바람은 그대로 순종합니다. 그러므로 우리에게 어떤 바람이 불어오든지 그 바람은 우리를 위해 주님이 주시는 바람이며 그분의 바람은 그분의 말씀을 성취합니다.

하나님의 바람은 실제적인 결과를 이루어냅니다. 우리에게서 흔들어 떨어뜨릴 수 있는 것들은 떨구어 내고, 흔들리지 않을 것들은 그대로 붙어 있게 함으로 그 나라의 영원한 것들이 요동하지 않도록 합니다. 우리에게서 불필요한 것을 떨구어 내고 더 강하게 하여 영원한 사랑의 용도에 맞게 더 준비되도록 제각기 맡은 역할을 다합니다. 사정이 이러하다면 이 바람들을 거부하는 것이 과연 옳은 일일까요?

언제 어떤 바람이라도 맞을 준비가 되어 있나요? 달빛에 비친 금 Gold By Moonlight

홀로 하나님을 바라며 바람을 맞는 언덕 위 소나무를 닮아가기 바랍니다.

아버지께서 포기하지 않으시려고 자기 자녀에게 기대신다는 사실을 기억하면 묘한 위로를 받습니다. 어려운 일을 맡겨 주신다니 얼마나 감격스러운지 모릅니다. 당신은 나무에 여름 산들바람이 불게 해달라고 요청한 적은 없었을 것입니다. 언덕 위에 혼자가 아니라는 것만으로 충분합니다.

주의 일을 하는 폭풍이 그 정해진 뜻대로 나를 다루어 주기를.

10월 18일

마른 시내

"얼마 후에 그 시내가 마르니라" 왕상 17:7

하나님은 시냇가로 엘리야를 보내셨지만 그 시냇물이 완전히 말라 버리고 말았습니다. 선지자의 필요를 충족시켜 주지 못했습니다. 빗나가고 말았습니다. 하나님은 그 사실을 알고 계셨습니다. 하나님이 그 일을 주도하신 것입니다. "그 시내가 마르니라." 하나님의 섭리의 이런 측면은 우리 생각에 큰 혼란을 주고 우리 믿음이 시험에 들게 합니다. 곤란과 곤고함의 가뭄으로 인해 샘솟는 기쁨의 시냇물이 잠잠해질 때까지는 들을 수 없는 천상의 속삭임이 있음을 하나님은 아십니다. 하나님은 우리가 그분의 선물이 아니라 그분 자신을 의지하는 법을 배우고서야 만족하십니다. 퍼시 아인스워스 Percy Ainsworth

그릿 시내가 흐르는 곳에 진을 쳤습니다.
하나님의 사람! 그곳은 하나님이 정해 주신 곳이었습니다.
그 시내가 언제 마를지 그는 몰랐습니다.
다만 하나님이 그의 누울 자리 돌봐 주심만 알 뿐이었습니다.

그릿 시냇가에서 하나님은 여러 날 그를 보호해 주셨습니다.
서늘한 물가에서 그의 몸을 얻게 하셨으니
그는 시내가 마를지 모른다는 어리석은 두려움으로
의기소침하지 않았습니다.
하나님이 몸소 돌봐 주시니까요.

그러나 보십시오. 어찌 된 일인지 마침내 사정이 달라져 버렸습니다.
그릿 시내마저 가뭄이 찾아들었습니다.
느리지만 확실하게 조금씩 줄어들던 물은
마침내 말라 버리고 말았습니다.

그때 한결같이 보고 계시던 그분의 말씀이 들렸습니다.
시냇물이, 살아있는 시냇물이 다 말라 버렸던 것이지요.
그를 그곳에서 내보내시며 새로운 은혜를 베푸셨습니다.
그의 필요가 단 하나도 거부되지 않도록 하신 것입니다.

아마 그대 역시 그런 아름다운 물가에 진을 쳤을지 모릅니다.
그리고 지치고 메마른 영혼의 갈증으로
기쁨이 메말라 버렸을지 모릅니다.
그 시내는 처음 본 아름다운 모습과 사뭇 달라져 버렸습니다.

하나님께서 위로하시고 응원하시던 마음,
축복하시고 강건하게 하시던 마음,

아낌없이 베풀어 주시던 사랑

기쁨, 더할 수 없이 소중한 기쁨,

시간이 저 멀리 흐릿하게 사라지듯 모두 사라지고 말았습니다.

그렇게, 그대 마음으로 그렇게 아끼던 그 시내

지금 말라 물이 끊어져 더 이상 갈증을 달래 주지 않는다면

한때 생기를 얻게 하던 기쁜 시내가 다 말라 버렸다면

그대 마음 그분을 모셔 들이라.

그분은 그대를 조롱하거나 실망하고 낙심케 하지 않으시리니

그분의 위로는 세월이 흘러도 한결같으니

기쁨의 기름으로 그대에게 발라 주시며

그대 눈물 닦아 주시리라.

J. 댄슨 스미스 J. Danson Smith

10월 19일

죽지 아니하면

> "한 알의 밀이 땅에 떨어져 죽지 아니하면 한 알 그대로 있고
> 죽으면 많은 열매를 맺느니라" 요 12:24

한 농부가 타울러Tauler에게 고해성사를 하러 찾아왔습니다. 그러나 그 농부가 타울러에게 고해성사를 하는 대신 타울러가 그 농부에게 고해성사를 했습니다. 그 위대한 설교자는 "나는 만족스럽지 않습니다"라고 말했습니다. 그 농부는 "타울러가 죽지 않으면 만족할 수 없습니다"라고 대답했습니다.

당시 그 위대한 설교자의 설교를 듣는 사람들이 수천 명이 넘었지만 그는 조용한 장소로 물러가서 자신이 죽게 해달라고 하나님께 구했습

니다. 2년 동안 그곳에서 은둔 생활을 하고 다시 세상 밖으로 나왔을 때 회중이 모였습니다. 위대한 설교자의 설교를 들으려 수많은 사람들이 모여들었습니다. 그는 말씀을 전하기 시작했지만 정작 말씀을 전하지 못하고 소리 내어 울었습니다. 회중들은 "타울러에게 무슨 일이 있는 거지? 이전처럼 설교를 하지 못해. 오늘도 끝까지 설교를 못했어"라고 투덜거리며 다 집으로 가고 말았습니다.

그다음에 설교를 하러 섰을 때 오직 소수의 사람들만 모였습니다. 무엇인가를 얼핏 깨달은 사람들이었습니다. 그는 사람들의 마음이 상하도록 설교했습니다. 그러나 하나님의 능력이 임했습니다. 하나님은 성령의 능력으로 요한 타울러가 완전히 죽어 새사람이 되도록 해 주셨습니다!

사랑하는 이들이여, 여러분은 그리스도와 함께 십자가에 못 박힐 용의가 있습니까?

가장 높은 하늘보다 높고
가장 깊은 바다보다 깊으니
주님, 주의 사람이 결국 이겼나이다.
지금 저의 간구를 들어주소서.
저는 완전히 사라지고 오직 당신만 계시옵소서.

10월 20일

영적 최고봉

"하나님이 그에게 지시하신 곳에 이른지라" 창 22:9
"거기서 여호와께서 복을 명하셨나니" 시 133:3

그 위, 언덕 위로, 눈보다 더 희게 빛나는 곳으로
제가 올라가 사죄하시는 빛 가운데 거하게 하소서.
당신처럼 성결해야 하겠나이다. 그렇지 않더라도

당신이 나를 작정하신 대로 향하게 하소서.
당신께서 저의 죄를 가져가시듯이
제 마음이 다른 사람들의 잘못을 지게 하소서.

하나님이 지시하신 곳에 이제 도달하였습니까? 죽음의 희생 제사를 치렀습니까? 당신 안에는 있으나 예수님 안에 절대 없을 모든 것을 십자가에 못 박으리라 기꺼이 결단하겠습니까?

눈보다 더 희게 빛나는 곳으로, 하나님의 보좌처럼 견고하고 강한 그곳으로 나아가야 합니다. "저렇게 성결하고 거룩한 삶은 나와 전혀 무관하다"라고 말하지 마십시오. 하나님이 우리를 들어올려 주실 것입니다. 그 가리개를 치워 주시며 그 언덕으로, 눈보다 더 희게 빛나는 곳으로 올라가도록 해주실 것입니다. 그 높은 곳에 이르렀을 때 무엇을 보게 될까요? 거대하고 견고한 평원, 그곳에서 우리 발은 반석을 딛고 설 것이며 그 걸음은 더욱 보폭을 넓힐 것입니다. 우리가 가는 길이 평탄할 것입니다. 오스왈드 챔버스 Oswald Chambers

예수님은 '더 풍성한 생명을' 우리에게 주십니다. 그 생명을 꼭 붙들기 바랍니다. 질척거리고 음습한 저지대에서 허우적거리지 말고, 더 높은 곳으로 당신을 인도하시게 하십시오. 예수님과 함께하는 산 정상 Mountaintops with Jesus

최고봉을 오르십시오.
예수님은 그 산으로 우리를 이끌어 주십니다.
눈보다 더 하얀 옷이 보이는 곳
성도들이 샘의 근원을 볼 수 있는 곳
순결함이 언제나 정갈함으로 지켜지는 곳

더 위로, 빛이 그 밝기를 더하며
세상의 모든 좋은 것보다 더 풍요로운 곳

더 이상 죄를 짓지 않으며
성령께서 홍수처럼 임하시는 곳

더 높이 저를 이끌어 주십시오. 아무 두려움 없이
절대 멈추지 않고 힘을 다해 경주하며
당신의 발걸음으로 제가 계속 걸어가게 해주십시오.
정상까지 가도록 은혜를 주십시오.

내 영혼아, 용기를 내어 여정을 떠나자!

10월 21일

걸작품

"인내를 온전히 이루라 이는 너희로 온전하고 구비하여
조금도 부족함이 없게 하려 함이라" 약 1:4

눈이 멀어가던 밀턴이나 감옥에 투옥된 번연의 경우를 보면 인내할 때 이 불운이 어떻게 행운으로 바뀌는지 알 수 있습니다.

미켈란젤로는 석상을 조각하기 위해 로마로 갔지만 다른 예술가들이 카라라Carrara 대리석을 모두 다 차지해 버렸다는 사실을 알게 되었습니다. 형태가 엉망이고 선이 제멋대로인 대리석 조각만 남아 있었습니다. 그는 이 대리석 조각 앞에 죽치고 앉아 한없이 인내하며 그 조각의 한계를 살피고 또 살피다가 마침내 조각의 머리를 돌리고 팔을 들어 올리는 형상으로 걸작품을 만들 수 있었습니다. 다비드상은 그렇게 태어났습니다.

우리의 연약함과 한계 앞에 앉아 인내의 도움과 하나님의 도우심으로 과감히 걸작품을 만들어내십시오.

"나는 완강한 고지를 보았지
오르기 힘든 바위들, 안간힘을 쓰는 영혼"

"나는 목표물을 보았네!"

"나는 맹렬한 쟁기질을 보았네,
처절한 저항, 세차게 때리는 비"

"나는 그 알곡을 보았네!"
"나는 사방으로 조여 오는 벽
들끓는 액체, 엄청난 열기를 보았네"

"나는 황금을 보았네!"

"잔인한 망치질을 보았네,
날카로운 끌, 망치 자루"

"나는 내 얼굴을 보았네!"

필립 웬델 크란넬Philip Wendell Crannell, "우리의 관점과 그의 관점"Our View and His

10월 22일

봉함 명령

"오직 주의 뜻이 무엇인가 이해하라" 엡 5:17

한 영혼이 그리스도의 뜻에 온전히 조금도 망설임 없이 복종한다는 것이 매우 두렵게 보일 수도 있습니다. "무슨 일이 벌어질까? 내일은 어떻게 되지? 내가 이렇게 굴복하면 내게 감당 못할 짐을 지워 주시지는 않겠지?" 아, 당신은 내 주님을 잘 모르는 모양입니다. 그분의 얼굴을 마주한 적이 없었나 봅니다. 우리를 향한 그분의 무한한 사랑을 아직 깨닫지 못했나 봅니다. 우리를 향한 하나님의 뜻은 우리의 온전한 행복입니다. 그리스도의 뜻과 당신의 가장 깊은 행복은 같은 말입니다. 우리 주님이 우리를 위해 가장 좋은 것을 계획해 두셨음을 어찌 의심할 수 있다는 말입니까?

봉함 명령을 지닌 채 함대와 함께 출전하는 해군 제독은 그 봉함에 무슨 명령이 들어있는지 모르지만 고국의 뜻대로 이행할 각오를 한 채 출전합니다. 당신은 그리스도로부터 그분의 뜻이 담긴 봉인된 함을 받았고 그 안에 어떤 내용이 들어있는지 모르지만, 당신의 미래를 계획해 주신 그분이 어떤 분인지 안다면 그분의 약속을 받을 때처럼 그 뜻이 무엇인지 몰라도 과감하게 걸음을 내디딜 수 있습니다. 어떤 약속이든지 그 가치는 약속을 한 사람에게 달려 있으므로 그분의 뜻도 마찬가지입니다. 그것이 누구의 뜻이며 누가 지워 준 멍에입니까?

온유한 사랑의 주님은 "내 멍에를 지라. 내가 지워 주는 멍에를 지라"라고 말씀하십니다. 그분의 멍에를 진다는 것은 현재뿐 아니라 그분이 준비한 모든 미래에도 우리를 향한 그분의 뜻을 기쁨으로 받아들인다는 말입니다.

하나님께 당신의 뜻을 내어맡기기 바랍니다. 그분은 절대 당신을 이용하실 분이 아닙니다. 에반스 H. 홉킨스 Evan H. Hopkins

"주님, 감히 약속드릴 용기가 없습니다."

나는 부르짖었습니다.

미래는 완전히 봉인되어 있으니까요.

"굴복한다는 건 두려운 일입니다.

마음은 원해도 감히 포기하지 못합니다."

주님의 응답은 너무나 신속하고도 선명했습니다.

"내가 네게 요구하는 것은 지금부터

영원까지 너라는 선물뿐이니라."

어렵지 않게 드릴 수 있는 선물입니다!
나의 두려움은 순식간에 사라졌습니다.
나는 그분에게 나를 드렸고
지각에 뛰어난 평화를 얻었습니다.

베르타 게르노 우즈 Bertha Gerneaux Woods

10월 23일

소명

"배에서 그물 깁는 것을 보시고 부르시니" 마 4:21

살로메! 당신이 나와 그 배에 있었더라면
나를 나무라고 원망하지 않았을 것입니다.
우리 아들들이 우리 집에서 사랑하는 그분과 가버렸기 때문입니다.
살로메, 어떻게 된 일인지 알려 주겠습니다.
그날 밤도 그랬습니다. 파도가 거세게 일렁이고
무거운 우리 그물은 터질 듯이 팽팽했습니다.
아직 어둠이 채 가시지 않았을 때 우리는 물가에 배를 대었습니다.
배를 손질하며 마치 온몸에 새로운 힘이 치솟고
한결같은 기쁨이 샘솟은 듯한 기분이 들어
나는 시편을 흥얼거렸습니다.
다윗이 불렀던 노래, 아침을 맞이하는 노래를 불렀습니다.
그때 내 마음은 고요한 평화로 충만했습니다.

곧 배를 정리하고 우리는 그물을 말리고 수선하는 일을 했습니다.
그때 예수께서 찾아 오셨습니다. 우리 아들들을 부르셨지요.

처음에는 요한을 다음에는 야고보의 이름을 부르셨습니다.
두 아들은 일어나 그분을 따라갔습니다.
나는 돌아서서 그 자리에 서 계신 예수님을 가만히 바라보았습니다.
마치 빛나는 광채로 온통 옷을 입으신 듯 보였습니다.
그분 뒤로 어둠이 물러나고 날이 밝아오는 가운데
그 길에 그분은 서 계셨습니다.
그분의 형체는 눈부시게 빛나고 자유롭고 즐거워보였습니다.

그분이 언덕을 오르시자 우리 아들들도 그 뒤를 따랐습니다.
야고보가 뒤에 서고 요한은 그분과 나란히 걸었습니다.
그들이 대화를 나눌 때 요한은 우리 아들 요한이 아닌 듯 보였습니다.
신비한 빛에 휩싸인 듯 보였습니다.
그리고 내 모든 존재가 넘치도록 충만함을 느꼈습니다.
그날 밤이 지나고 새벽이 밝아왔음을 알았습니다.
그러다가 우리가 그들을 보내야 한다는 것을 알았습니다.

"세배데의 아들들" Zebedee's Sons

"전장에 내려갔던 자의 분깃이나 소유물 곁에 머물렀던 자의 분깃이 동일할지니 같이 분배할 것이니라 하고"(삼상 30:24).

어떤 이들을 그리스도는 부르십니다.
"배와 포구, 그리고 백발이 성성한 세베대를 두고 떠나라"
어떤 이들은 더 어려운 부르심을 받습니다.
"그대로 남아 나를 위해 그물을 고치거라."

10월 24일

있을 곳

"돌아가서 왕과 함께 네 곳에 있으라" 삼하 15:19

정원 그늘진 모퉁이에 자라던 앵초가 따스한 햇살을 받으며 환하게 웃고 있는 다른 꽃들을 보고 투덜거리며 더 눈에 잘 띄는 곳으로 옮겨 달라고 간청했다는 이야기가 있습니다. 그 간청은 이루어졌습니다. 정원사는 눈에 잘 띄고 햇볕이 잘 드는 곳으로 앵초를 옮겨 심었습니다. 앵초는 너무나 기뻤습니다. 하지만 바로 큰 변화가 생겼습니다. 꽃이 그 아름다움을 잃어버리고 색이 칙칙해지며 병이 들어 버린 것입니다. 앵초는 뜨거운 햇볕에 축 늘어져서 시들고 말았습니다. 그래서 앵초는 다시 전에 있던 그늘진 곳으로 옮겨 달라고 간청했습니다. 현명한 정원사는 어디에 어느 꽃을 심어야 하는지 가장 잘 알고 있었습니다.

이처럼 거룩한 정원사인 하나님은 자기 자녀들이 어디서 그분이 계획하신 모습대로 가장 잘 자랄 수 있는지 알고 계십니다. 어떤 이들에게는 매서운 폭풍이 필요하고, 어떤 이들은 가난의 음지에 있을 때 영적으로 왕성하게 자라며, 어떤 이들은 부드럽고 온화한 풍요의 영향을 받아야 더 아름답게 성숙하고, 거친 경험으로는 그 아름다움을 망칠 뿐임을 알고 계십니다.

위대한 자연주의자이자 여행자인 험볼트^{Humbolt}는 자신이 본 가장 놀라운 광경은 빙하의 한가운데서 왕성하게 자라고 있는 앵초라고 말했습니다.

그동안 알았던 가장 빛나는 영혼들은 폭풍에 흔들리며 사나운 비바람이 불 때 자라는 이들이었습니다.

10월 25일

하나님과 악수

"지존자의 은밀한 곳에 거하는 자는 전능하신 자의 그늘 아래 거하리로다" 시 91:1

한밤중에 예배를 드리러 일어나는 것이 나의 습관이었습니다. 하나님은 정확히 바로 그 시간에 나를 찾아오셔서 잠을 깨우시고 나와 만나 주셨습니다. 바다로 흘러가는 강물이 시간이 지나 바다와 하나가 되는 것처럼 내 영혼은 점점 더 그분에게 이끌렸습니다. 오, 말로 형언할 수 없는 기쁨이여! 어떻게 이런 행복을 누릴 수 있는지 어느 누가 상상이나 했겠습니까?

시간이 쏜살같이 흘러갑니다. 그럴 때 나는 기도하는 것 외에 달리 할 일이 없습니다. 기쁨의 기도였고 완전히 그분의 소유가 되는 시간이었습니다. 하나님의 취향이 얼마나 신비롭고 순수하며 성스러운지 내 영혼은 어떤 의식적 노력도 없이 하나님을 신뢰하며 사랑의 안식을 누리는 심오한 상태로 빨려 들어갔습니다. 예수님 외에는 아무것도 보이지 않았습니다. 잔느 귀용 Madame Guyon

하루의 근심 걱정이 시작되기 전 아침의 한 순간
세상이 들어오도록 마음이 넓은 문을 열기 전
아, 그때 아침의 고요 속에 오직 예수님과 홀로 대면하는 기쁨
천상의 달콤한 친교를 누리며 행복한 하루가 새로 시작되기를
평온의 서곡으로 복을 누리는 고요함
이슬이 장미를 소생하게 하듯이 그대 영혼 위로를 받고 평온을 누리기를

두 사람이 사역이 실패한 원인에 대해 서로 솔직한 대화를 주고받았습니다. 한 사람은 "하나님의 손을 잡지 않고 놓아 버렸습니다"라고 말했습니다. 다른 사람은 "하나님께 도저히 말씀드릴 수 없는 일들이 있어서 기도를 그만두는 바람에 내 신앙생활이 엉망이 되어 버렸습니다"라

고 말했습니다. 기도는 하나님과 악수하는 것입니다.

억지로라도 그분을 만나는 기도 시간을 가져야 합니다. 그분을 바라보는 시간을 가져야 합니다.

10월 26일
한 개의 화살

"이 과부가 나를 번거롭게 하니 내가 그 원한을 풀어 주리라" 눅 18:5

하나님께 무엇을 구할지 신중해야 합니다. 하지만 일단 무엇인가를 구하는 기도를 시작했다면 응답을 받을 때까지, 혹은 하나님이 그 요청을 들어주시지 않는 것이 그분의 뜻임을 분명히 보여 주시고 확인해 주시기까지 결코 포기하지 않고 기도해야 합니다. R. A. 토레이 R. A. Torrey

특이하게 기도했다는 존 브래드포드 John Bradford 에 대한 이야기가 전해집니다. 그의 비밀이 무엇이냐는 질문을 받자 그는 이렇게 말했습니다. "내가 무엇을 원하는지 알면 항상 그 기도만 물고 늘어집니다. 나는 하나님께 간청했고, 하나님과 내가 서로 그 문제로 합의가 이루어질 때까지 그 기도에만 집중합니다. 그 간청을 해결하지 않고 다른 것을 구하는 경우는 절대 없습니다."

스펄전 목사님도 비슷합니다. "한꺼번에 두 개의 화살을 당기려고 해서는 안 됩니다. 그러면 화살 둘 다 놓치게 됩니다. 총알을 이중으로 장전하면 절대 성공할 수 없습니다. 하나님께 한 가지 문제를 아뢰고 그 문제가 해결되면 다른 문제를 아뢰어야 합니다. 첫 번째 문제가 응답을 받은 뒤 다음 문제를 아뢰어야 합니다. 기도의 색깔이 서로 엉키고 섞여서 더 이상 그림은 사라지고 거대한 덧칠만 남게 해서는 안 됩니다. 엉망으로 칠해진 색깔들로 얼룩지게 해서는 안 된다는 말입니다."

우리의 실제적인 필요가 무엇인지 알고, 그렇게 확실한 요청에 대해 집중적으로 기도하며 간절하게 간청하는 것이 더 낫습니다. 한 번에 하나씩 충분히 숙고하고 집중해야 하는 것입니다.

"내가 네게 무엇을 줄꼬 너는 구하라"(왕상 3:5).

10월 27일

말씀하시는 하나님

"하나님이 이르시되" 창 46:2

누구라도 하나님의 음성을 들을 수 있습니다.

우리가 들을 때 하나님은 말씀하십니다. 하나님이 말씀하실 때 사람들은 변화됩니다. 사람들에게 변화가 일어나면 나라들이 변화됩니다.

옛적부터 하나님은 말씀하셨고 시내산에서 모세에게 말씀하신 놀라운 일들은 수백 년 동안 인류에게 영감을 주었습니다.

긴 세월이 흐르는 동안 하나님의 사람들은 그분의 음성을 들었습니다. 하나님은 조지 뮬러에게 말씀하셨고 그는 현대판 믿음의 사도가 되었습니다. 허드슨 테일러는 기억에 영원히 남을 안식일에 바닷가를 산책하던 중 그분이 말씀하시는 것을 들었습니다. 그는 그 말씀에 순종하여 중국 내륙으로 떠났고 그 광대한 나라의 모든 지방에 선교 기지를 세웠습니다.

하나님은 A. B. 심슨 박사에게 말씀하셨고 그는 잘 다져진 길을 포기하고 옛적 아브라함처럼 "순종하여 … 갈 바를 알지 못하고" 나아갔습니다(히 11:8). 오늘날 세계에 20개가 넘는 선교기지에서 활동 중인 기독교 선교 연맹The Christian and Missionary Alliance은 그의 순종의 결과물이며 수많은 사람들이 그의 사역으로 축복을 받았습니다.

찰스 카우만은 '온유하고 부드러운 음성'을 들었고 그때 하나님은 "너는 너의 고향과 친척과 아버지의 집을 떠나 내가 네게 보여 줄 땅으로 가라"(창 12:1)고 말씀하셨습니다. 그 결과가 수백 개의 선교 기지를 가진 동양 선교회Oriental Missionary Society(지금은 One Mission Society)입니다.

하나님은 더 이상 말씀하시지 않거나 침묵하시는 분이 아닙니다.
당신이 광야에서 방황하고 있다면
그리고 아직 시내산을 찾지 못했다면,
그것은 그대 영혼이 가난해서입니다.
그 음성이 들리는 산이 우뚝 솟아 있습니다.
누구든지 찾는 자는 찾을 것입니다.
하지만 아직 만나를 찾느라,
허무한 이득을 찾아 땅만 바라보는 사람은
그 산을 보지 못하며 천둥처럼 크게 들리는 말씀도 듣지 못할 것입니다.

로웰 Lowell

10월 28일
하나님의 언덕

"너희가 이 산을 두루 다닌 지 오래니 돌이켜 북으로 나아가라" 신 2:3

지난 여름 우리 일행은 온타리오 호수 주변에서 길을 잃어버리고 말았습니다. 심한 폭풍이 불어닥쳤지만 우리는 큰 바위 아래로 피한 채 폭풍이 지나가기를 기다렸습니다. 그러고 나서 한껏 기운이 빠진 상태로 다시 길을 찾기 시작했습니다. 그때 누군가가 "이 바위 위로 올라가 봅시다. 위에서 보면 길이 보일지 모르잖습니까?"라고 말했습니다. 바위를 타는 것이 쉽지 않았지만 그 모험을 하면서 우리는 용기를 되찾을 수 있었습니다. 높은 시야를 확보하고 보니 자신감도 되찾고 길도 보였습니다. 꼭대기에 섰을 때 빠져나갈 길이 눈에 들어왔습니다.

높은 곳으로 올라가십시오. 그러면 자욱한 안개를 발 아래로 내려다 볼 수 있습니다. 아래 있는 사람들이 안개 밖에 무엇이 있는지 서로 옥신각신하는 동안, 당신은 환한 햇살을 받으며 저 멀리 해안선을 바라보고 해안에서 불어오는 바람결에 실린 갯내음을 맡을 수도 있습니다. 아니면 "터가 있는 성"(히 11:10)의 빛나는 탑들의 찬란한 영광을 볼 수도 있습니다.

하나님을 의지하고 항해를 시작한 영혼은 하나님의 언덕의 신선한 공기로 충만한 자유로운 곳에 있습니다.

오, 도달해야 할 천상의 고지들이 있습니다.
두려운 곳이 많아도 가야 합니다.
하나님의 가련하고 소심한 상속자는
얼굴을 가리고 누워 있습니다.
신령한 빛이 희미해질 때까지 누워 있습니다.
그래서는 결코 그는 보지 못할 것입니다.
그가 당신의 사인을 향해 나아가기까지,
그리고 그 자신이 당신을 신뢰하기까지는.

C. A. 폭스 C. A. Fox

우리는 우리의 한계 뒤로 끊임없이 후퇴하며 "이렇게 멀리 왔는데 더 이상 갈 수 없습니다"라고 핑계를 댑니다. 하나님은 언제나 그 손으로 우리를 만져 주시고 확 트인 곳으로 우리를 밀어내시며 "너는 지금보다 더 잘할 수 있어. 지금보다 더 잘해야 한단다"라고 말씀하십니다.

하나님의 언덕을 당신의 숨 쉴 곳으로 삼고 있습니까?

10월 29일

속도 맞추기

"우리가 말 타고 도망하리라" 사 30:16

하나님의 입장에서 하나님은 절대 느린 것이 아니지만 우리 눈으로 볼 때 하나님은 느리신 것처럼 보입니다. 성급하게 일을 서둘러 하는 우리의 약점 때문입니다.

하나님은 영원 속에서 사시고 행동하시며, 그분의 사역의 모든 사소한 부분은 그분의 속성이 반영되어 무한한 지혜의 정확성과 기민성뿐 아니라 위엄과 계획에 따른 행동이 있어야 합니다. 우리는 하나님께서 신속히 움직이시게 하고 우리는 느리게 움직여야 합니다.

성령께서는 "듣기는 속히 하고 말하기는 더디 하며 성내기도 더디 하라"(약 1:19), 다시 말해서 하나님의 명령은 속히 받아들이고 피조물의 감정이나 생각을 드러내는 일은 느리게 하라고 말씀하셨습니다.

우리는 그분에 맞추어 느린 걸음을 걷지 않음으로 하나님이 주시는 많은 좋은 것들을 놓치고 있습니다. 우리의 변덕에 맞추도록 하나님이 그분의 완전함을 포기하게 할 사람이 누구이겠습니까? 하나님의 완전성을 얼핏이나마 엿보지 않았습니까? 놀라운 진리를, 매일의 기회가 소리 없이 다가오는 것을, 우리의 결정이나 말을 성령이 부드럽게 저지하시거나 그 뜻을 따라 행하도록 은밀하면서도 따뜻하게 부추기시는 것을 잠시라도 보지 않았습니까?

무르익기까지 우주의 삼라만상은 모두 다 때가 있습니다. 하나님과 느린 걸음으로 걷는 것은 천상의 속도를 따라 걷는 것입니다. 때가 무르익을 때 모든 것을 하나로 모으도록 걷는 걸음입니다.

하나님을 기다리는 자들에게 어떤 보상이 기다리든지 그것은 기다릴 가치가 있습니다.

하나님께 맞추어 느리게 가는 것이 우리에게 가장 안전한 길입니다!

10월 30일

가만히 있으라

"너희에게 속한 것이 아니요 하나님께 속한 것이니라" 대하 20:15

무엇인가를 할 때보다 차라리 아무것도 하지 않는 편이 나을 때가 있습니다. 오직 하나님만이 필요한 일을 하실 수 있을 때가 바로 그런 때입니다. 그때 참된 믿음은 그분, 오직 그분만이 기적을 일으킬 수 있음을 믿습니다. 모세와 여호사밧은 이 비밀을 알았습니다. 그들은 동일한 주님을 알았고, 동일한 하나님의 은혜를 알았습니다.

맹렬히 추격 중이던 애굽 군대가 무력한 이스라엘 백성들을 홍해 앞까지 몰아붙였을 때 모세는 이렇게 말했습니다. "너희는 두려워하지 말고 가만히 서서 여호와께서 오늘 너희를 위하여 행하시는 구원을 보라 … 여호와께서 너희를 위하여 싸우시리니 너희는 가만히 있을지니라"(출 14:13-14). 모압 자손과 암몬 자손의 광대한 무리들이 유다를 에워싸자 여호사밧 왕은 무력한 백성들에게 이렇게 말했습니다. "너희는 이 큰 무리로 말미암아 두려워하거나 놀라지 말라 이 전쟁은 너희에게 속한 것이 아니요 하나님께 속한 것이니라 … 이 전쟁에는 너희가 싸울 것이 없나니 대열을 이루고 서서 너희와 함께한 여호와가 구원하는 것을 보라"(대하 20:15, 17).

하나님이 아니면 승리할 가능성이 없을 때 믿음은 그 모든 일을 하나님이 하시게 합니다. 스스로 시도하기보다 믿는 것이 더 낫습니다.선데이 스쿨 타임즈 Sunday School Times

믿음으로 모든 것을 극복하고 승리할 수 있습니다.

전쟁은 당신이 아니라 하나님께 속하였거늘
왜 싸우려 합니까?
참된 믿음은 싸움을 멈추고
그분의 능력을 의지합니다.
우리가 만나는 싸움은 모두
갈보리에서 이미 승리가 확보되어 있습니다.
우리가 할 일은 그리스도께서 하신 일을 주장하고
그 승리를 '붙드는' 것입니다.

H. E. 제솝 H. E. Jessop

가만히 있으라.

세인트 제롬은 말합니다. "이것은 인간이 받은 가장 어려운 교훈입니다. '가만히 있으라'는 이 명령과 비교하면 행동의 개념은 아무리 난해해도 전혀 어렵지 않게 이해할 수 있습니다."

10월 31일
가만히 있으라

"로뎀 나무 아래에 누워 자더니 천사가 그를 어루만지며" 왕상 19:5

하나님을 위해 땀 흘려 일하다가 지쳐 힘들어할 때 하나님은 지친 자기 자녀를 나무라지 않으십니다. "내가 네 수고를 알고"(계 2:2). 여기서 수고는 헬라어로 '지치도록 해산한다'는 의미입니다. 그다음에 무슨 일이 일어났습니까? "천사가 그를 어루만지며." 천사가 없는 광야는 없습니다. 엘리야는 몰랐지만 그가 깊은 낙심에 빠져 있을 때 천사가 그를 지켜주었고, 실제로 그가 차라리 죽여 달라고 구할 때 그 머리맡에 빵과 물을 가져다주었습니다.

하나님을 저버린 무리들 속에 있는 사람은 눈물로 부르짖어야 합니다. "오직 나만 남았거늘"(왕상 19:10). 그러나 그의 곁에는 항상 거룩한 천사들의 군대가 호위하고 있습니다. 그러나 그것이 다가 아니었습니다. 이 천사가 어떤 천사입니까? 여호와의 사자였습니다. 수백 년 후에 겟세마네에 천사를 보내어 그분을 강건하게 할 여호와의 사자였습니다. 그는 지쳐 자고 있는 자기 자녀를 만져 주었습니다. 그런 손길을 받을 수 있는 극도의 피곤이라니 축복이 아니겠습니까!

시편 기자가 말한 대로(시 127:2) 그분은 그의 사랑하는 자들에게 잠을 주십니다. 하나님은 피곤에 지친 자녀를 꾸짖지 않으십니다. 여명The Dawn

사랑하는 자녀여, 오늘은 하나님이 "힘을 내라"고 말씀하시지 않습니다.

당신이 힘을 다 소진해 버렸음을 알고 계십니다.

얼마나 먼 길을 걸어왔는지,

얼마나 지치고 피곤한지 알고 계십니다.

홀로 세상의 길을 걸으신 그분,

질척거리는 저지대와 험한 언덕길을 다 오르셨기에

그분은 이해하실 수 있습니다.

그래서 "가만히 있어 내가 하나님 됨을 알지어다"라고 말씀하십니다.

날은 어둡고 당신은 쉬어야 합니다. 기다려야 합니다.

비어버린 인생의 저수지가 다 채워질 때까지 기다려야 합니다.

천천히 오는 비가 위를 향한 빈 잔을 가득 채우듯이

사랑하는 자녀여, 잔을 높이 드시기 바랍니다.

하나님이 채우시도록 말입니다.

그분은 오늘 가만히 있으라고 말씀하십니다.

그레이스 놀 크로웰 Grace Noll Crowell

11월

곧 순종하겠다가 아니라
바로 지금 순종해야 합니다

11월 1일

약속의 가치

"그러므로 상속자가 되는 그것이 은혜에 속하기 위하여 믿음으로 되나니 이는 그 약속을 그 모든 후손에게 굳게 하려 하심이라" 롬 4:16

지난 세기 위대한 영성가인 앤드류 머레이 박사는 이렇게 말했습니다. "하나님의 약속을 받으면 성취되어야 하며 성취된 만큼 가치를 지닙니다. 약속으로 우리는 하나님과 직접 대면하게 됩니다. 그 약속을 신뢰하고 그분께 순종함으로 그분을 높여 드리십시오." 약속은 성취된 만큼 가치를 지닌다고 합니다. 우리는 이 진리를 자주 붙들고 있습니까? 이런 약속들로 인해 하나님과 만날 수 있음을 깨닫지 못하고 불신과 싸우는 상태에 자주 있지는 않습니까? "하나님의 약속은 하나님의 임재하심이나 마찬가지입니다." 하나님의 약속을 믿고 받아들인다는 것은 우리의 상상력을 발동하여 자기 최면을 하는 일종의 정신적 운동이 아닙니다. 또는 하나님을 믿고자 하는 노력으로 스스로를 설득하며 명목상의 믿음에 안주하라는 말도 아닙니다. 하나님의 말씀을 통해 그분을 절대적으로 믿고 의지하라는 말입니다.

온전한 약속에 대한 온전한 믿음은 하나님이 신실하신 분이라는 것을 가까스로 동의하는 것이 아닙니다. 그것은 하나님의 책에 기록된 약속이 내 안에서 성취될 수 있다고 믿는 것입니다. 그에 합당한 행동으로 내 영과 몸과 마음을 다해 담대하고 진지하게 꾸준히 그 약속의 진리를 주장하라는 의미입니다. 플레처Fletcher

사자의 입을 닫게 할 믿음은 단순히 사자가 물지 않으리라는 경건한 소망 이상이어야 합니다.

11월 2일

바다의 길

"주의 길이 바다에 있었고 주의 곧은 길이 큰 물에 있었으나" 시 77:19

"하나님의 길이 바다로 나 있었습니다." 누구도 예상치 못했을 곳으로 길이 나 있었습니다! 그러므로 그분이 단단하고 잘 닦인 땅을 벗어나 시시각각 변하는 바다로, 전혀 예상하지 못한 길로 우리를 이끌어 가실 때, 우리는 그분의 길을 보게 될지 모릅니다. 우리는 이미 궤도를 벗어나 길을 찾아내시는 분과 함께 있습니다. 이런 길을 가면 우리는 환경을 전혀 의지하지 않기 때문입니다.

하나님이 만들어내시는 길은 한없이 다양합니다. 하나님은 어디서나 그런 길을 내실 수 있습니다! 거미를 어디든지 가게 하시고 가는 대로 그 길을 짤 수 있게 하신 분이 공허와 혼란과 우울함에서 빠져나오도록 길을 만들어 주실 수 있다고 생각하지 않습니까? 우리 눈에는 아무것도 보이지 않아도 하나님은 절대 길을 잃지 않으시는 분입니다. 그분은 길을 아실 뿐 아니라 "시초부터 종말"을 아시는 분입니다.

불확실성과 불가해함은 더 깊은 훈련을 받도록 우리를 준비해 주는 역할을 할 뿐입니다. 풍랑이는 바다가 없다면 우리는 인생 마지막 날까지 연약한 그대로 계속 흔들릴 것입니다. 하나님은 우리를 깊은 심연으로 데려가시지만 그 길을 아십니다! 항구를 아십니다. 우리는 안전하게 그곳에 당도할 것입니다.

예수님과 함께 누구도 가지 않은 깊은 곳으로 계속 나아가십시오. C. A. 폭스 C. A. Fox

"깊도다 하나님의 지혜와 지식의 풍성함이여, 그의 판단은 헤아리지 못할 것이며 그의 길은 찾지 못할 것이로다"(롬 11:33).

11월 3일

예수님의 인생

"예수의 생명이 또한 우리 죽을 육체에 나타나게 하려 함이라" 고후 4:11

우리에게는 두 개의 인생이 있습니다. 첫째는 우리 부모에게서 물려받고 창조주 하나님께서 주신 우리 개인의 인생입니다. 이 인생은 소중하지만 질병과 썩음과 다가오는 죽음의 세력에 얼마나 속절없이 무너지며 시달리는지 모릅니다.

그러나 우리에게는 또 다른 인생, 혹은 다른 누군가의 인생, 다시 말해 예수님의 인생이 있습니다. 얼마나 귀중하고 초월적인 인생인지 모릅니다! 어떤 약점도, 썩음도, 한계도 존재하지 않습니다. 예수님은 우리처럼 실제로 육신을 가진 삶을 사셨지만 무한히 위대하셨습니다. 그분은 영화롭게 된 육신과 인간의 영혼을 지닌 실제 사람이십니다. 그리고 그분이 흘리신 보혈과 베풀어 주시는 신령한 은혜와 마찬가지로 우리는 그 생명을 소유합니다. 그분은 부활하시고 승천하셔서 살아계신 우리의 머리가 되시며 언제나 이렇게 말씀하십니다. "이는 내가 살아 있고 너희도 살아 있겠음이라"(요 14:19).

그런데 주님을 이른바 영적인 영역에만 가두어 두려는 이유는 무엇입니까? 그분의 부활한 몸은 우리의 죽을 육신에게 필요한 모든 생기와 힘을 다 갖고 계십니다. 언젠가 그분은 그 부활의 생명으로 우리를 죽은 자 가운데서 살리실 것입니다. 씨앗이 더 영광스러운 열매를 맺는 것처럼, 지금 믿음의 유업을 받을 것을 확신하고 육체적 구속의 일부, 즉 더 나은 나라의 토양을 조금이라도 미리 차지할 수 있다면 그것을 이상하게 여길 이유가 어디 있겠습니까?

바울은 바로 이런 경험을 했습니다. 그런데 우리가 그런 경험을 하지 못할 이유가 무엇입니까? 바울은 루스드라에서 사람들의 돌에 맞아 거의 목숨을 잃을 뻔한 적이 있었습니다. 사람들은 그가 죽은 줄 알고 성문 밖에 버렸습니다. 그런데 그 안에 있는 예수님의 생명이 스스로를 증명하였고 그는 주님의 힘으로 평온하게 일어나 그의 피로 얼룩진 돌들이 널부러져 있는 거리로 다시 돌아갔습니다. 그리고 아무 일도 없었다는 듯이 조용히 계획한 대로 복음을 전파했습니다.

이 생명의 비밀은 예수님과 친밀하게 삶을 나눔으로 그분의 숨으로 호흡하고 그분의 생명과 사랑에 연결되는 것이었습니다. 그러므로 그분으로 우리도 살아가야 합니다. 치유는 그분의 살아계신 몸에 있습니다. 그분 안에 거할 때 우리는 치유함을 얻을 수 있습니다. 오직 그분 안에 거할 때만 그 생명을 소유할 수 있습니다. A. B. 심슨 A. B. Simpson

하나님을 의지하는 자에게는 기적이 일어날 수 있습니다.

11월 4일

카나리아 새

"즐거이 노래하라" 사 49:13

바다로 데려간 새에 대한 아름다운 이야기가 있습니다. 3만 6천 마리의 새를 배에 태웠는데 대부분 카나리아였습니다. 배가 항해를 시작한 초반에는 바다가 매우 잔잔했고 작은 새들은 아주 조용했습니다. 작은 머리를 날개 아래 파묻은 채 한 번도 노래하지 않았습니다. 그러나 항해를 한 지 사흘째 배는 심한 강풍을 만났습니다. 승객들은 겁에 질렸고 아이들은 놀라서 울음을 터뜨렸습니다. 그때 이상한 일이 벌어졌습니다. 폭풍이 최고조에 달했을 때 그 새들이 노래를 부르기 시작했습니다. 처음에 한 마리가 노래하더니 또 다른 새가 노래를 불렀고 결국 3만 6천 마리의 새가 일제히 목청이 떠나가도록 노래를 불렀습니다.

사나운 폭풍이 몰아칠 때 우리는 노래를 부를 수 있나요? 비바람이 무섭게 불어닥칠 때 열 배나 더 큰 기쁨의 노래를 불러야 하지 않을까요?

새들이 늘 하던 대로 노래 부르는 소리가 들립니다.

내 마음에 아침이 찾아왔습니다.
나를 위한 그 생명이 다시 시작되고 있음을 나는 압니다.
내 마음에 아침이 찾아왔습니다.
아침입니다. 내 마음은 아침입니다.
예수님은 우울한 그림자가 모두 물러가게 하셨습니다.
이제 나는 기쁨의 노래를 부릅니다.
예수님이 나의 왕이시니까요.
아침입니다. 내 마음에 아침이 찾아왔습니다.

오, 하나님, 우리가 천상의 음악을 부르게 가르쳐 주소서. 영원한 할렐루야를 한없이 부를 은혜를 허락하소서. "내 영혼아 여호와를 송축하라 내 속에 있는 것들아 다 그의 거룩한 이름을 송축하라"(시 103:1).

노래하라. 폭풍 속에서도 노래하라!

11월 5일

가장 값진 것

"요셉은 베냐민이 그들과 함께 있음을 보고 자기의 청지기에게 이르되
이 사람들을 집으로 인도해 들이고 짐승을 잡고 준비하라
이 사람들이 정오에 나와 함께 먹을 것이니라" 창 43:16

이제 그들의 목숨을 구해 줄 그 형제는 그들이 가족 중 가장 귀하게 여기는 이를 함께 데려온 것을 보자 그들을 위해 왕이나 먹을 성대한 만찬을 차리라고 즉각 지시했습니다.

내 주님께서 내게 풍성한 은혜를 아낌없이 베풀기 위해 기다리시는 것은 오직 그것뿐입니다. 내 인생에 가장 귀하게 여기는 것, 바로 나 자신을 그분에게 바치는 것입니다. 나 자신을 그분이 통치하시도록 조건 없이 내어드리며 나의 무기력과 심각한 필요를 아뢰는 것입니다. 그러

면 그분은 자기 집으로 와서 그분의 식탁에 앉아 그분과 함께 최고의 진미를 먹자고 말씀하십니다.

그들에게 가장 소중한 베냐민을 내어드리는 것이 그 왕국의 모든 보배를 얻는 핵심 열쇠였습니다. 그렇습니다. 베냐민을 내어드리므로 형제들과 야곱은 요셉에게 인정받게 되었습니다. 내 인생의 가장 값진 것을 내어드리는 것이 그 나라의 보물을 얻는 열쇠입니다. 나의 가장 값진 것을 내어드리므로 나의 전부이자 유일한 생명이신 그리스도에게 온전히 인정받게 되는 것입니다.

오, 주 예수님, 더 깊은 은혜를 베푸셔서 저를 포기하고 당신을 소유하도록 하옵소서. 아침에 오는 메시지 Messages for the Morning Watch

친구여, 나를 살펴봐주오.
차라리 죽는 게 더 나을 일을 하지 않도록
우리 안에 계신 그리스도를 십자가에 못 박지 않도록

큰 희생을 치를 일로 부르심을 받았다면
그리고 내가 놀란 눈으로 그대에게 가서
"조심하게, 조심하란 말일세, 현명하게 굴어,
부디 현명하게 생각해"라고 외친다면
부추기는 내 소리 너머 악한 자의 공격을 간파하고
당장 물러나라고 나에게 명령하기를,
그대의 양심과 그대 하나님께 거리낌이 없도록
그대 안에 계신 그리스도께 내가 사탄의 역할을 하지 않도록

그리고 나도 겸손히 그대에게 부탁하리라.
언젠가 내 안에서 사랑의 불꽃이 타올라,
어떤 목소리가 하나님의 모든 것을 얻고자 하면
나의 작은 것을 내려놓으라는 부르심이 있다면,

필요하면 나를 그대 곁에서 밀쳐내어
십자가에 못 박히신 분에 대한 사랑을 온전히 지킬 수 있게 해주오.

11월 6일

예수의 기사

"만일 너희 믿음의 제물과 섬김 위에 내가 나를 전제로 드릴지라도 나는 기뻐하고 너희 무리와 함께 기뻐하리니 이와 같이 너희도 기뻐하고 나와 함께 기뻐하라" 빌 2:17-18

기독교 신앙의 중요한 상징은 안락의자나 푹신한 이불이 아니라 십자가입니다. 그분의 제자라고 자처하는 사람이라면 위험을 무릅쓰는 삶을 살 준비를 해야 합니다. 그 십자가를 지고 거센 반대에도 끝까지 갈 각오가 되어 있어야 합니다.

하나님은 원하시면 우리를 얼마든지 사용하실 수 있습니다.

싸움이 거세고 지쳐서 포기하고 싶은 마음으로 흔들릴 때 우리 대장께서는 그분의 큰 뜻을 위해 세상을 향해 기뻐하는 모습을 보이기를, 기뻐하고 크게 즐거워하기를 원하신다는 것을 기억하기 바랍니다.

비겁한 패잔병처럼 당신의 명예를 실추시켰습니다.
저는 당신의 비겁한 기사였습니다.
그러나 오, 주님, 저를 받으소서.
싸울 때 겁에 질려 울지라도 저를 받아 주소서.

"아니" 그분은 말씀하셨습니다. "그래도 날 부끄럽게 할 작정이냐?
기사로서 명예를 저버리려느냐?
나의 천사들이 기뻐하는 그대의 눈을 보고
찬송하게 하리라"

예수의 기사여, 동정심을 바라는가?

영광스러운 사명을 받은 그대가 동정이 필요한가?

오, 하나님과 사람들과 천사들이

그대 받은 축복을 알게 하라!

하인리히 수소 suso

11월 7일

발로 밟는 땅

"너희 발바닥으로 밟는 곳은 모두 내가 너희에게 주었노니" 수 1:3

이스라엘 백성들은 약속의 땅을 눈앞에 두고 이렇게 기쁜 말씀을 받았습니다. 이전에 이미 이 약속을 받았고, 이제 그들은 그 땅으로 들어가 직접 그 땅을 발로 밟아야 합니다. 이 약속은 완전시제로 되어 있고 이것은 완료된 행동을 의미합니다. "내가 너희에게 주었노니."

여호수아는 정복에 대한 동일한 약속으로 우리에게 도전합니다. 우리 발로 밟는 신약 성경의 모든 약속은 우리의 것입니다! 아낙 자손이 살고 있어도 영적인 권능의 고지대는 우리의 것입니다. 그분의 이름의 권능으로 아낙에 맞서 그의 진에서 몰아낸다면 그곳은 우리 땅이 됩니다.

하나님이 약속하신 것을 용감하게 우리 발로 밟는다면 하나님은 그것을 우리에게 주십니다. 그러니 그분을 우리의 모든 필요를 채워 주시는 분으로 신뢰하시기 바랍니다. 그분이 당신의 하나님이심을 믿고 이 순간 이후로 절대 의심하지 마시기 바랍니다.

당신의 필요가 영적인 정결함이라 하더라도 그분의 약속은 이 필요를 포함합니다. "너희는 내가 일러준 말로 이미 깨끗하여졌으니"(요 15:3). 이 약속을 믿으면 거룩함과 보호하심을 받게 될 것입니다.

당신의 필요에 맞는 약속을 받아들이고 그 약속을 발로 밟아야 합니다. 주저하며 소심하게 슬쩍 스치며 지나가지 말고, 힘주어 발로 밟아야 합니다. 당신의 무게를 견딜지 두려워할 필요가 없습니다. 우리 영혼과 몸과 일과 당신이 기도하는 사랑하는 이들과 인생의 모든 위기에 대한 우리의 모든 필요를 영원하신 하나님의 말씀으로 밟으십시오. 그리고 영원히 그 위에 서십시오.

구약 성경의 모든 기쁜 약속들은 당신의 것입니다. 그런데 그렇게 꾸물거리며 당신의 땅을 차지하지 않는 이유가 무엇입니까? 물려받을 유업의 크기는 당신이 얼마나 많은 땅을 밟고, 실제로 서 있거나 걸어 다녔는지에 달려 있습니다. 약속대로 소유하기 위해서는 그 거대한 틈을 넘어야 합니다. 그곳으로 가서 그것을 소유하십시오. 이렇게 힘을 다해 나아가면 하나님이 영광을 받으시고 당신은 승리를 거둘 것입니다.A. B. 심슨

A. B. Simpson

11월 8일

그리스도의 신부

"여호와께서 이르시되 그 날에 네가 나를 내 남편이라 일컫고" 호 2:16

위로자가 오시는 일은 거룩하고 중대한 사건이므로, 하나님과 영혼 사이에 지성적이며 엄중한 언약에 의하여 진행되어야 합니다. 그것은 구속자와 영혼의 혼인이며, 일시적 동거가 아닙니다. 참된 결혼이라면 절대 경솔하게 서둘러서는 안 됩니다. 꼼꼼하게 따져 보아야 하고, 완전한 떠남과 헌신과 지극히 엄중한 맹세와 서약을 바탕으로 해야 합니다. 그러므로 위로자가 와서 우리와 함께 거하며 더욱이 우리 안에 계시겠다고 하면, 우리는 나아가 그분을 위해 구별되어야 하고 온전히 영원토록 예수님께 우리를 성별해 드려야 합니다. "좋을 때나 나쁠 때나" 주의 것이 되기로 언약해야 하며 그분을 신뢰해야 합니다. 그렇게 온전히 진지하게 그분에게 자신을 드린 영혼은 그분의 소유가 되고 그분은 그 영혼에게 오셔서 영원히 함께 거하시고 그의 "방패요 … 지극히 큰 상급"

이 되어 주실 것입니다(창 15:1).

당신이 자원해서 그 제단에 올려드린 선물을 다시 물리지 말아야 합니다.

예수여, 당신의 생명 저의 것이오니
제 안에 영원히 거하소서.
저로 보게 하소서
그 무엇도 제게서 당신의 생명을
빼앗을 수 없음을 알게 하소서.

제 안에 있는 당신의 생명이 드러나게 하소서.
주님, 이제부터 오직 당신의 생각과 말씀만
생각하고 말하겠나이다.
이제 더 이상 저의 생각과 말을 하지 않겠나이다.

오, 주님, 당신의 위대한 선물
이제 당신 말씀대로 주장합니다.
당신의 고귀하신 이름으로 주장합니다.
온 마음을 다 쏟아 드리오니
열정적인 찬양을 받아 주소서.

예수여, 제 목숨은 당신 것입니다.
당신 안에 영원히 숨겠나이다.
어떤 것으로도 내게서 당신의 생명
빼앗을 자 없나이다.

프랜시스 리들리 하버갈 Frances Ridley Havergal

"너는 많은 날 동안 나와 함께 지내고 음행하지 말며 다른 남자를 따르지 말라 나도 네게 그리하리라"(호 3:3).

11월 9일

심판과 자비

"이 두 가지를 하나님이 병행하게 하사" 전 7:14

우리는 인생의 운문이 아니라 인생의 산문을 볼 때가 너무나 많습니다. 우리는 노래의 영감을 놓칠 때가 참으로 많습니다. 우리의 슬픔이 얼마나 다양한지, 그러나 주님의 선물은 또 얼마나 다양한지 모릅니다.

죄가 있지만 은혜 또한 무한합니다. 사탄이 우리를 노리지만 그리스도께서 우리를 돌봐 주십니다. 심판의 검을 자비의 홀로 막아 주십니다.

아름다운 유대 전설에 따르면 "타락 이후에 죄인들을 구속하기 위해서 '심판과 자비'는 인류를 섬기기 위해 함께 보냄을 받았으며" 이들은 지금도 함께 행동하고 있습니다. 심판이 인간을 괴롭힌다면 자비는 인간을 치유해 줍니다. 심판이 뽑아서 버릴 때 자비는 꽃을 심습니다. 전자는 주름을 생기게 만들지만 후자는 미소를 피워 올립니다. 폭풍우 뒤에 무지개가 떠오르고 구원의 날개는 번쩍이는 검의 칼날로부터 무방비 상태의 머리를 보호합니다.

겟세마네 동산에는 힘을 북돋워 주는 천사가 있었습니다!

하나님은 언제나 자비와 불행이 서로 맞서도록 하십니다. 때를 놓친 후에 개입하시는 경우는 결코 없습니다. 절대 엉뚱한 때에 오시지 않습니다. 하나님은 세상사를 그 손안에 두고 계십니다. 가장 고통스러운 위기에 봉착할 때 분명히 천사가 당신 곁을 지키고 있습니다.

하나님은 절대 잘못된 건반을 치시지 않습니다. 절대 틀린 노래를 부르시지 않습니다. 하나님이 연주를 하신다면 우리를 치유하는 음악일 것입니다. 조셉 퍼스 Joseph Pearce

자비로 심판으로

그분은 내 시간의 그물을 짜셨습니다.

슬픔의 이슬은 언제나

그분의 사랑으로 영롱하게 빛나니

나를 이끌어 준 그 손길 나 찬양하리라.

계획하셨던 그 마음 나 찬양하리라.

영광이 깃든 곳에 좌정하실 때

임마누엘의 땅에서 찬양하리라.

깊은 물이 인생의 길을 넘나들고

뾰족한 가시 울타리 에워쌌으나

이제 이 모든 것 다 내 뒤에 있노라.

오! 아름답게 다듬은 하프의 선율

오! 할렐루야를 함께 부르리

승리의 악단과 함께

영광이 깃든 임마누엘의 땅에서 노래하리.

사무엘 러더퍼드 Samuel Rutherford

한밤에 부르시는 하나님의 노래를 들어보라!

11월 10일

하나님의 뜻을 찾는 법

"의가 주의 앞에 앞서 가며 주의 길을 닦으리로다" 시 85:13

나는 하나님의 뜻을 어떻게 확인하고 있을까요? 먼저 특정 문제에 대해 나 자신의 뜻을 마음에서 완전히 비우는 작업을 시작합니다.

사람들이 겪는 어려움 중 십중팔구는 바로 여기에 있습니다. 어려운 일은 대부분 주님의 뜻대로 순종할 마음의 준비가 될 때 해결됩니다. 하지만 우리가 실제로 이런 마음 상태가 되더라도 하나님의 뜻이 무엇인지 정확히 알기에는 아직 해야 할 일이 있습니다.

나 자신의 뜻을 완전히 포기한다고 해서 결과를 감정이나 단순한 인상에 내어맡기는 것은 아닙니다. 그렇게 한다면 거대한 착각에 쉽게 빠질 수 있습니다.

나는 하나님의 말씀을 통해서, 혹은 그 말씀과 연결됨으로 하나님과 성령의 뜻을 찾으려고 합니다.

성령과 말씀이 하나가 되어야 합니다. 성령께서 우리를 인도해 주신다면 성경 말씀대로 그 일을 행할 것이고, 절대 그 말씀과 반대로 하지는 않을 것입니다.

다음으로 나는 하나님이 섭리하시는 환경을 살펴봅니다. 이렇게 하나님이 환경으로 섭리하실 경우 그 일은 그분의 말씀과 성령과 일치하는 하나님의 뜻일 때가 많습니다.

나는 하나님께 그분의 뜻을 바로 계시해 주시도록 기도로 구합니다.

그러므로 나는 하나님께 기도하고, 그분의 말씀을 연구하고 묵상함으로 의도적인 판단을 내립니다. 그리고 만약 내 마음이 평온하며 두세 번 더 간구해도 그런 마음 상태가 지속된다면 그에 맞게 행동합니다. 사소한 문제나 매우 중요한 문제가 걸린 거래를 해야 할 경우 이런 방법이 항상 효과적이라는 것을 경험으로 확인했습니다. 조지 뮬러 George Mueller

11월 11일

갈보리 십자가

"그가 찔림은 우리의 허물 때문이요 그가 상함은 우리의 죄악 때문이라 그가 징계를 받으므로 우리는 평화를 누리고 그가 채찍에 맞으므로 우리는 나음을 받았도다" 사 53:5
"마치 도수장으로 끌려가는 어린 양과 같이" 사 53:7
"여호와께서 그에게 상함을 받게 하시기를 원하사" 사 53:10

나는 홀로 나의 갈보리로 나아갔습니다.
내가 짊어진 짐은 너무나 버거웠습니다.
모난 돌에 내 발이 여기저기 채이고 찔렸습니다.
불볕더위에 관자놀이가 욱신거렸습니다.

내 마음은 그날의 수고로 지쳐 있었습니다.
그래서 자리에 앉아 쉬운 길이 있는지 생각에 잠겼습니다.
내 앞에 선명하게 보이는 그 괴로운 길
아무리 애써도 소용이 없습니다. 나는 실패할 것입니다.

패잔병처럼 슬픔에 젖어 뒤를 돌아보았습니다.
내 짐은 너무나 무거웠고 나는 물러서고 싶었습니다.
평탄한 대로로, 풍경이 더 아름다운 곳으로 가고 싶었습니다.

하지만 나는 그곳을 바라보며 잠시 머뭇거렸습니다.

내가 아무런 감정도 없이 바라보고 있을 때
한 남자가 십자가에 못 박히려 다가왔습니다.
그 고통스러운 길을 내내 힘겹게 걸어왔습니다.
그리고 그가 짊어진 십자가는 내 짐에 비할 바 아니었습니다.

그의 이마는 가시로 찔려 찢어졌고
그의 얼굴은 고통으로 일그러지고 지쳐 보였습니다.
그는 잠시 멈추어 서서 나를 물끄러미 바라보셨습니다.
이제 나는 기뻐하며 갈보리로 따라갔습니다!

매튜 빌러Matthew Biller, "나의 갈보리"My Calvary

갈보리라는 곳을 자주 찾아갑시다.

11월 12일

연단

"불로 연단하여도" 벧전 1:7

"이 중국 자기 세트가 저것보다 이렇게 비싼 이유가 무엇인가요?" 고객이 물었습니다.

"공을 더 들여서죠. 두 번이나 불로 구웠거든요. 보세요. 이 도자기는 노란색 띠 모양으로 꽃무늬가 보이지만 저 도자기는 하얀 색 배경에 꽃무늬가 있잖아요. 저런 무늬를 얻으려면 불에 한 번 더 들어갔다 나와야 해요."

"이 그릇 무늬는 왜 이렇게 흐리고 엉망이 되었을까요? 무늬가 선명하지가 않네요."

"그건 충분히 불에 굽지 않아서 그래요. 가마에 더 오래 있었다면 어두운 배경이 금빛으로 눈부시게 빛났을 것이고 새겨진 모양이 선명하고 뚜렷하게 돋보였을 것입니다."

자신이 감당할 분량보다 더 많은 고통과 낙심에 시달린 사람들 중에는 이 고가의 도자기처럼 남들보다 두 배나 더 불에 연단된 사람들이 있을 것입니다. 주님이 쓰시기에 더 귀중한 그릇이 되게 말입니다.

토기장이는 가마가 활활 타오르고 어두워진 후에야 비로소 질그릇이 은색, 붉은색, 크림색, 갈색, 노란색과 같은 풍부한 색조를 띤 모습을 볼 수 있습니다. 진흙은 가마에서 뜨겁게 구워야 아름답습니다. 꽃병은 뜨거운 가마에서 구워야 나올 수 있습니다.

이런 생명의 법칙은 어디에나 적용됩니다! 우리가 아는 가장 용감한 남자와 가장 순결한 여성은 어떻게 그렇게 충직한 성품을 지니게 되었을까요? 진흙이 가마에서 뜨겁게 연단을 받은 후 그 아름다움을 지니게 되듯이 그들도 그러지 않았을까요? 사보나롤라는 어디서 유창한 연설 실력을 얻었을까요? 활활 타오르고 어두워진 가마에서 하나님은 그의 심오한 것을 발견하셨습니다. 스트라디바리는 어디서 그의 명품 바이올린을 얻었을까요? 티치아노는 어디서 그 색깔을 얻었을까요? 안젤로는 어디서 대리석을 구했을까요? 모차르트는 어디서 그 음악의 영감을 얻었고, 채터톤은 어디서 그의 시적 언어를 길어 올렸으며, 예레미야는 어떻게 그런 설교를 할 수 있었을까요? 그들은 모두 진흙이 그 영롱한 색채와 아름다움을 얻는 곳, 어둡고 뜨거운 불로 연단을 받는 바로 그 가마에서 그 아름다움을 얻었습니다. 로버트 G. 리 | Robert G. Lee

지상의 인간을 빚으신 당신이여,
당신의 힘으로 강건하며 당신의 자유로 자유하니
드디어 내 안에 아름다운 무늬를 완성하셨습니다.

슬픔과 비통함, 텅 빈 손과
말로 할 수 없는 외로움을 대가로 치를지라도
주님, 온전하기까지 절대 안주하지 않겠습니다.

그러니 주여, 제 안에 당신의 아름다운 무늬를 되찾아 주시고
당신의 은사를 주시거나 회복시켜 주소서,
나로 당신의 힘으로 강건하게 하시고 당신의 자유로 자유하게 하소서.
뜨거운 불로 다시 보내시더라도 거부하지 않게 하소서.

11월 13일

보호하사

"능히 너희를 보호하사 거침이 없게 하시고 너희로 그 영광 앞에 흠이 없이 기쁨으로 서게 하실 이" 유 1:24

"보호하사"라는 단어를 오늘밤부터 내일까지 마음에 되새겨 보시기 바랍니다. 이 말씀은 아름답고 중요한 복음의 메시지입니다. 그는 "능히 너희를 보호하사 거침이 없게" 하십니다. '너희'라는 단어 대신 타락한 이후로 인간에게 나타나는 모든 연약함과 추함과 모든 죄에 관한 단어를 대입해 보기 바랍니다. 그럼에도 그분은 우리를 보호해 주실 수 있습니다. 그의 사자들에게 "능히 너희를 보호하사 거침이 없게 하시고"라고 전하도록 명하신 그분은 보호의 대상이 '우리'라서 이 일이 쉽지 않다는 사실을 절대 가볍게 생각하지 않으십니다. 무한한 사랑으로 감당하지 않으면 그것은 불가능합니다. 완전히 불가능합니다. 밖을 내다보고 위를 올려다보세요. '깊은 곳에서' 올려다보면 우리의 연약함이, 우리도 모르게 물려받은 연약함의 뿌리가 얼마나 깊은지 모릅니다. 안팎으로 어떤 시험을 받을 때 실패에 얽매이지 말고 눈을 돌려보세요. 말하자면 당신 자신이나 과거의 자신의 불성실했던 것에서 시선을 돌려 위를 바라보세요. 무참히 망쳐 버린 목적에 연연하지 말고 위로 그분을 향해 시선을 돌리세요.

이스라엘을 지키신 이, 약속을 지키시는 하나님, 희생을 당하신 주님, 생명의 주님, 구원자, 내주하는 권능이신 주님이 우리를 지켜주실 수 있습니다. 우리 발이 흔들리지 않게 지켜주실 수 있습니다. 그들은 "넓은 곳"에 설 것입니다(시 31:8). 그들은 흔들림 없이 설 것입니다. 마침내 한 걸음씩(그때에도 한 번에 한 걸음씩 발을 옮겼기 때문에) "문들을 통하여 성에 들어갈"(계 22:14) 때까지 넘어지지 않을 것입니다.

"그는 절대 당신의 발이 넘어지지 않게 해주실 것입니다." H. C. G. 물레

H. C. G. Moule

우리는 누군가가 이미 우리 대신 치명타를 가한 유혹을 딛고 굳건히 설 수 있습니다. 우리는 그분 안에서 승리자입니다.

어두워서 아무것도 보이지 않는 뒤에서는, 하나님이 그늘 속에 서서 그분의 자녀들을 지켜보고 계십니다.

11월 14일
동행

"에녹은 하나님과 동행하였더라" 창 5:22

하나님과 하루만 동행해도 백 년 동안 온 지구 곳곳을 누빌 때보다 우리 영혼의 놀라운 경이로움을 일깨우고 그분을 경외하도록 하는 데 더 효과적일 것입니다. 그분은 우리가 알지 못하는 길을 우리를 위해 선택하시고, 그분과 천 번이 넘게 조우하고 교제하도록 하십니다. 그렇게 그 여정이 기억에 선명히 남게 하심으로 그분은 영광을 받으시고 우리는 축복을 누리게 하십니다.

예수여, 이 눈은 당신의 그 눈부신 형체를
본 적이 없습니다.
감각의 휘장이 당신의 거룩한 얼굴과 내 사이를 가르며
검게 드리워져 있습니다.

이 눈으로 당신을 보지 못하고 이 귀로 당신을 듣지 못하오나
당신은 자주 저를 찾아와 주십니다.
제가 당신을 만나는 곳처럼
소중한 땅은 이 지상에 없습니다.

구하지 않아도 찾아오는 밝은 꿈처럼

졸음이 밀려올 때 찾아오는 꿈처럼
제 생각은 당신의 형상으로 채워지고
황홀한 기쁨에 젖은 영혼은 당신의 모습에 매료됩니다.

아직 당신을 육안으로 보지 못했더라도
오직 믿음 안에서 안식을 누리려 합니다.

사랑하는 주님, 주님을 사랑합니다.
보이지 않아도 알 수 있는 당신을 사랑합니다.

_{봉헌과 믿음의 찬송 Hymns of Consecration and Faith}

11월 15일

깨어 있으라

"너희는 여기 머물러 나와 함께 깨어 있으라" 마 26:38

예수님은 인생의 가장 심각한 위기의 순간, 하나님이 절실히 필요했을 때 한 동산을 찾으셨습니다. 감람나무 아래서 유월절 달이 그분을 은은히 감싸는 가운데 하나님의 뜻에 순종할 힘을 주시도록 간절히 기도하셨습니다. 그렇게 처절하게 씨름을 해본 사람만이 우리를 위해 모든 것을 포기하는 그 무서운 시간이 그리스도께 어떤 의미였는지 조금이라도 이해할 수 있습니다.

우리를 위해 그분이 겪으신 겟세마네와 십자가의 고통, 우리가 헛되이 해서야 되겠습니까?

"나는 기도하러 가노라" 그분은 여덟 제자에게 말씀하셨습니다.
"여기 입구에서 쉬고 있거라."
그러나 세 제자에게는 간청하듯이 말씀하셨습니다.

"조금 떨어져 기도할 테니
나와 함께 깨어 있어 주지 않겠느냐?
오늘 밤은 마음이 심히 괴롭구나."
동산 입구에서 여덟 제자는 깊은 잠이 들었고
(피곤하면 늘 그러하듯이)
세 제자는 동산 안에서 꾸벅꾸벅 졸았습니다.
(주님은 그들이 함께하길 바라시고 두 번이나 깨우셨지만)
그들은 잠이 들었습니다.
동쪽 어둠에 잠긴 하늘이 희미하게 밝아올 때까지,
그들의 옷이 그날의 눈물로 다 젖을 때까지.

잠들었습니다.
그분이 그들을 부르실 때까지, 한 명씩 이름을 부르실 때까지
동산 안에서 세 제자와 입구에서 여덟 제자가 잠들어 있었습니다.

여덟 제자는 딱딱한 바닥에서 잠이 들었습니다.
(병사들이 밟았던 길처럼 딱딱한 바닥이었습니다)
세 제자가 꿈을 꾸며 잠들었던 곳은 풀이 누워 있었지만
주님이 눈물로 기도하신 곳은 붉은 피로 물들었습니다.

미리암 르페브르 크라우스 Miriam Lefevre Crouse

"너희가 나와 함께 한 시간도 이렇게 깨어 있을 수 없더냐"(마 26:40).

11월 16일

한없는 사랑

"지식에 넘치는 그리스도의 사랑" 엡 3:18

실제로 바다 전체를 볼 수 있는 사람은 없습니다. 그것은 우리의 능력을 넘어서는 일입니다. 그 풍경을 통해 우리는 마치 하나님이 언덕과 나무를 그려서 액자를 만드신 것처럼 푸른 물을 살짝만 엿볼 뿐입니다. 그러나 우리 눈에는 보이지 않지만 남북으로 멀리 해안선이 바다를 따라 길게 뻗어 있습니다. 햇볕을 받은 암석에 막혀 만의 파도가 잔잔하게 찰랑거리고, 부드럽게 곡선을 이루며 경사진 모래사장 해안선을 따라 파도가 끊임없이 밀려오며 지친 마음을 달래 줍니다. 열대의 달빛 아래 한적한 포구에 파도가 잔물결을 일으키고, 난류는 얼어붙은 북극 암초들에게 봄의 약속을 알립니다. 우리 시야를 가로막는 구불구불한 그 푸른 선 너머에는 한 번도 가보지 못한 곳까지 넓게 펼쳐진 바다가 검푸른 속살을 드러낸 채 일렁거리고 있습니다. 그러나 이런 풍경은 수면에 드러난 모습일 뿐입니다! 그 아래로는 그 깊이가 수 마일에 이르는 바다가 있습니다. 인간의 생각이 도무지 미칠 수 없는 신비의 세계, 그 깊이를 헤아리기조차 어렵습니다.

하나님의 측량할 수 없는 사랑은 이런 바다와 같습니다. 지상의 삶이라는 창문으로 우리는 그 사랑을 살짝 엿볼 뿐입니다. 고생의 골짜기에서는 해안가의 바다를 조금 엿볼 수 밖에 없습니다. 소망의 모래 둔덕에서 파도가 밀려오는 모습을 볼 뿐입니다. 믿음의 곳에 서면 시간과 영원이 뒤섞이며 해안선으로 밀려드는 더 큰 너울이 보입니다. 우리의 행복한 나날들은 끝을 모르는 광대한 바다에 점점이 떠 있는 섬들과 같습니다. 하지만 바다처럼 우리는 아직 그 사랑 전체를 본 적이 단 한 번도 없습니다. 영원조차 경이로움으로 바라보는 하늘의 천군천사들에게 그 위대함을 다 드러내지 못했으며, 온 우주도 그 사랑이 시작된 샘들을 다 가보지 못했습니다.

우리는 드넓은 바다의 지극히 일부만 볼 뿐입니다.
암석투성이 해안에서 불과 몇 마일 거리지만
바로 그곳에, 우리 시선이 가닿는 수평선 저 너머
측량할 수조차 없는 거대한 세계가 있습니다.

우리는 하나님의 사랑을 지극히 일부만 볼 뿐입니다.
그분의 거대한 창고에 몇 가지 보물만 볼 뿐입니다.
그러나 바로 그곳에 우리 시선이 가닿는 지평선 저 너머
측량할 수조차 없는 거대한 세계가 있습니다.

11월 17일

나의 도움

"여호와여 나의 중보가 되옵소서" 사 38:14

인생이 얽히고설킨 실타래처럼 도무지 해결할 수 없는 문제들로 뒤엉켜 있는 것 같습니까? 그렇다면 그 문제들을 찬찬히 살펴보고, 그 뒤엉킨 문제들 속 어딘가에 명백한 현재적인 의무라는 황금색 실이 있다는 말이 진짜인지 확인해 보기 바랍니다. 그 황금색 실로부터 시작하십시오. '다음에는 무엇을 해야 하는가?' 현재에 집중하고 내일 일은 내일에 맡기면 됩니다!

아버지, 제 인생이 엉망입니다.
얽히고설킨 실타래 같습니다.
이리저리 꼬이고 깨어지고 엉켜 있습니다.
세월이 지나고 보니 그렇습니다.

아버지 제 힘으로는 그 엉킨 실타래를 풀 수 없습니다.

오, 참으로 어렵습니다.
이리저리 보아도
제가 한 모든 일이 다 엉망입니다.
이렇게 엉망이 될 때까지
저는 몰랐습니다.
어떻게 이런 일이 생겼는지 저는 모릅니다.
너무 늦어 버렸나요? 너무 늦었나요?

늦었다고? "아, 아니란다!" 당신은 속삭이십니다.
"이렇게 얽히고설킨 네 인생에서
놀랍도록 아름다운 무엇인가가 나올 수 있지.
나의 거룩한 힘이 함께하니까."

그렇다면, 오 나의 아버지여 그 실타래로
당신의 뜻이 이루어지도록 사용해 주소서.
사랑으로 무늬를 짜주소서.
당신의 거룩한 뜻을 닮은 무늬를 짜주소서!

샤롯트 머레이 Charlotte Murray

이런 경우에는 어떤 가망도 없어 보입니다. 희망은 사라졌습니다. 그 렇습니다. 희망은 죽어서 묻혀 보이지 않고 뼈들만이 무덤 입구에 어지럽게 흩어져 있습니다. 그러나 살아계신 하나님만 바라보는 눈은 부활을 누릴 수 있습니다. 희망이 다시 왕성하게 피어오를 수 있습니다. 아버지의 손으로 얽히고설킨 끔찍한 실타래가 풀리고, 자유와 풍성한 생명을 내 것으로 소유할 수 있습니다!

구주께서는 모든 문제를 해결하실 수 있으며
인생의 모든 뒤엉킨 문제들을 되돌리실 수 있습니다.

예수께는 불가능한 일이 없습니다.

그분이 하실 수 없는 일은 아무것도 없습니다.

오스왈드 J. 스미스 Oswald J. Smith

11월 18일

멧돌

"담대하라" 요 16:33

예수님은 "너희가 환난을 당하나"(33절)라고 말씀하셨습니다. 어려움이 아니라 환난을 당한다고 말씀하셨습니다. 그러나 "환난은 인내"를 이룹니다(롬 5:3).

곡식을 빻을 때는 맷돌을 사용합니다. 이런 맷돌은 인생에서 당하는 시련의 신성함을 상징합니다.

"사람이 맷돌이나 그 위짝을 전당 잡지 말지니 이는 그 생명을 전당 잡음이니라"(신 24:6).

곡식 창고에서 아늑하게 쉬고 있다가 하나님이 당신을 거기서 이끌어내어 맷돌 밑에 놓으실 때가 있습니다. 그때 처음 겪는 일은 주님이 말씀하셨던 고통스러운 분리입니다. "인자로 말미암아 사람들이 너희를 미워하며 멀리하고 욕하고 너희 이름을 악하다 하여 버릴 때에는 너희에게 복이 있도다"(눅 6:22). 다른 사람들과 닮은 모습이 하나도 남지 않을 정도로 완전히 깨어지고 부서지게 됩니다.

하나님께서 그분의 성도들에게 맷돌에 갈리는 경험을 하게 하실 때는 가만히 있어야 합니다. 다른 성도가 징계를 받을 때 우리는 간섭하고 싶은 마음이 들 수 있습니다. 그러나 세상을 먹일 빵을 만드는 과정이니 간섭해서는 안 됩니다.

세상의 수많은 곳에서 사람들은 맷돌로 곡식을 갈 때 노래를 부르며 일합니다. "맷돌 소리는 하나님의 귀에 음악 소리 같습니다." 세상 사람들이 듣기에는 음악이 아니지만 성도는 그 모든 일에 아버지의 뜻이 있음을 이해합니다.

악의적인 사람들, 고통스러운 환경, 가난, 소외, 억울한 오해가 모두 맷돌에 해당합니다. 예수님은 이 지상에서 이런 일을 당하지 않으셨을까요? 당연히 당하셨습니다! 3년간 동고동락한 일행 중에 배신자가 있었습니다. 바리새인들에게 끊임없이 오해를 당하고 비난을 받았습니다. 제자가 스승보다 더 나을 수 있을까요?

이런 일들을 경험할 때 하나님이 우리의 일거수일투족을 살펴보고 계심을 기억하기 바랍니다.

그러나 조심해야 합니다. 아주 사소한 자기 연민 때문에 하나님이 우리를 맷돌 근처에 가게 하시는 것을 막아서는 안 됩니다. 오스왈드 챔버스
Oswald Chambers

11월 19일

하나님의 자녀

"누가 아들이 … 달라 하는데" 눅 11:11

헨리 기부드 Henry Gibbud는 뉴욕 시에서 선교사로 사역했습니다. 그는 매우 경건하고 놀라운 기도의 능력을 가진 사람이었습니다. 한번은 이 대도시 빈민가에서 밤새 일을 했습니다.

일을 마칠 무렵 지친 그는 쏟아지는 잠을 참으며 아침 어스름 속에 브루클린 페리 선착장에 도착했습니다. 집으로 가는 배 삯을 지불하려고 주머니를 뒤졌지만 황당하게도 뱃삯 3페니가 없음을 알았습니다. 그는 마음에 크게 낙심이 되었지만 눈을 감고 기도하기 시작했습니다. "주님, 밤새 당신을 섬기며 수고했고 잃어버린 사람들을 당신에게 인도하고자 애를 썼습니다. 저는 지금 배가 고프고 졸려서 집으로 가고 싶은데 뱃삯을 낼 단 3페니도 제 수중에 없습니다. 저를 도와주시지 않겠습니까?"

이렇게 짧게 기도를 드리고 그는 눈을 떴습니다. 발아래 먼지 속에 무엇인가 반짝이는 것이 눈에 보였습니다. 손을 내밀어 반짝거리는 물건을 집어서 보니 50센트 동전이었습니다. 그는 뱃삯을 지불하고 기쁜 마음으로 귀가할 수 있었습니다. 그의 마음은 얼마나 큰 기쁨으로 넘쳤을까요? "아들이 달라 하는데"라는 소중한 약속이 성취되었습니다.

하나님의 존전에 나그네가 아니라 아들로 자리를 잡았던 적이 있습니까?

"아들이면 하나님으로 말미암아 유업을 받을 자니라"(갈 4:7).

전능한 왕의 후계자, 왕위 상속자여
왜 당신은 슬픈 얼굴로 홀로 배회하고 있나요?
하나님의 사랑의 상속자, 그분의 은혜의 후사여
그대 지위 당당히 주장하며 주어진 특권 누리라.

정복자의 후계자, 그대는 왜 두려워하고 있나요?
그분이 함께하시니 원수가 괴롭히지 못합니다.
약속의 자녀여, 마음에 눌리지 마십시오.
소유한 권리 당당히 누리며 달콤한 안식 누리라.

기업의 후사여! 그대 하나님의 자녀여!
자녀 된 권리를 그분의 말씀으로 확인할 수 있습니다.
홀로 걷지 말고 고귀한 자들과 함께 동행하라.
왕가의 왕이여 그대의 왕좌로 나아오라.

후계자들이여! 우리는 우리 주 예수님과 공동 상속자입니다.
그분의 말씀 안에 있는 언약의 상속자들이여!
그분의 은혜의 후사여, 그대 특권에 걸맞게 행동하라.
하나님의 사랑의 상속자여, 일어나 그대의 지위를 당당히 누리라.

11월 20일

로프

"여호와여 내가 알거니와 사람의 길이 자신에게 있지 아니하니 걸음을 지도함이 걷는 자에게 있지 아니하니이다" 렘 10:23

우리는 샤모니 마을의 몽블랑 어귀에 서 있었습니다. 그 전날 비극적인 일이 발생했습니다. 한 젊은 의사가 몽블랑 정상을 정복하기로 결심했고 그는 원하는 바를 이루었습니다. 작은 마을은 그의 성공에 고무되어 서로 축하하느라 소란스러웠습니다. 산중턱에는 그의 성공을 알리는 깃발이 나부꼈습니다.

그들이 산을 오르고 산장까지 내려온 후, 그는 가이드와 독자적으로 행동하고 싶었습니다. 로프를 풀고 혼자서 하산하겠다고 고집을 부렸습니다.

가이드는 그가 마음을 돌이키도록 설득했고 안전하지 않다고 말했습니다. 그러나 그는 로프를 의지하는 것이 지겨웠고 독자적으로 움직이겠다고 주장했습니다. 가이드는 어쩔 수 없이 승낙했습니다. 그 청년은 얼마 가지 않아 빙판에 발이 미끄러졌고 얼음이 언 가파른 경사지에서 미끄러져 멈출 수가 없었습니다. 로프를 놓쳐 버리는 바람에 가이드는 그를 붙잡지도 못했고 끌어올릴 수도 없었습니다. 경사진 얼음판 위에 그 청년 의사는 쓰러져 있었습니다.

축하의 종이 요란하게 울리고 마을은 그의 성공을 기념하며 한껏 들떠 있었습니다. 그러나 애석하게도 그 중요한 순간에 그는 가이드의 안내를 거부했습니다. 그는 로프가 지겨웠던 것입니다.

당신은 로프가 지겹지 않습니까? 하나님의 섭리가 우리를 붙들고 제지하니 우리는 때로 피곤함을 느낍니다. 그러나 우리는 가이드가 필요하며 위험한 길이 끝날 때까지 가이드를 따라가야 합니다. 절대 가이드에게서 멀어지지 마시기 바랍니다. 기도로 "나를 이끌어 주소서"라고 구해야 합니다. 그러면 언젠가 당신이 무사히 집에 도착했음을 알리는 하

늘의 종소리가 울려퍼질 것입니다. 찰스 스펄전 Charles H. Spurgeon

오, 저를 길들여 주소서. 주님!
반항하는 본성을 잠잠하게 해주소서.
오, 주님 저를 길들여 주소서.
이 마음은 너무나 쉽게 흔들리고 두려움으로 가득합니다.
오, 주님 저를 길들여 주소서.

이런 인간적 갈망들이 당신 안에서 다 사라지게 하소서.
제가 당신의 노예가 되게 해주소서.
저를.

"마레샬 기도서" The Marechal

11월 21일

홀로 간다

"나만 홀로 있어서 이 큰 환상을 볼 때에" 단 10:8

이스라엘의 위대한 선지자들은 얼마나 외로운 사람들이었는지 모릅니다! 세례 요한은 무리들과 떨어져 홀로 지내야 했습니다. 바울은 "다 나를 버렸으나"(딤후 4:16)라고 말했습니다. 그리고 무엇보다 주 예수님보다 더 외로웠던 분이 누가 있었습니까?

하나님의 승리는 결코 많은 군중들이 함께 얻는 것이 아닙니다. 남들이 가지 않는 곳을 용감하게 가는 사람은 외로울 수밖에 없습니다. 하지만 그는 하나님의 영광을 볼 것이고 영원의 비밀을 알게 될 것입니다. 고든 와트 Gordon Watt

나는 홀로 갑니다.

좁은 그 길로

음침한 골짜기로 이어지는 길을 지나 높은 바위산을 타고 넘어

그 너머 영광스러운 평원으로 이어지는 길

때로 가는 그 길이 너무 외로워

나는 함께 갈 친구들을 달라고 목 놓아 부르짖습니다.

힘들고 고된 길에 함께할 동행자들을 간절히 구합니다.

바로 그때 달콤한 음악 같은 목소리가 속삭입니다.

"내 은혜가 족하도다. 나 외에 다른 안내자가 필요치 않도다."

이제 홀로 가는 길이어도 그 길은 환하게 빛납니다.

내 주님은 아십니다.

내가 가는 그 길을 아십니다. 그분도 같은 길을 걸으셨습니다

길에 놓인 돌 하나까지 아시고

아름다운 꽃에 가려진 유혹과 함정을 아십니다.

내 인생의 몫으로 받은 어둠의 시간

슬픔과 의심과 두려움의 광야

버림받는 고통, 외로움의 아픔, 수고의 무거움,

그분이 이 모든 일을 알고 계시니

저는 그것으로 충분합니다.

지금 옆에 함께 계시며 힘을 주시고 나를 이끌어 주시며 도와주시니

그것으로 족합니다.

내 구주께서 아시니 기쁘기 한량없습니다.

주의 뜻이 이루어지이다.

편안한 길로 걸어가든지

폭풍이 몰아치고 번개가 내리쳐서 한껏 웅크리며 가든지

봄의 종달새가 나를 위해 노래하든지

겨울의 얼음장 같은 바람에 뼛속까지 얼어붙든지

나는 기뻐하며 당신이 주신 그 모든 것을 받아들입니다.
당신의 통치하심을 기뻐하며 기도합니다.
위로 가는 길로 나를 이끌어 주시도록
발이 닿는 길이 더 형통하도록 기도합니다.
주의 뜻이 이루어지이다.

<small>에이미 L. 퍼슨 Amy L. Person</small>

외로운 늑대는 홀로 길을 가지만 무리와 싸워 이깁니다!

11월 22일

스테인드글라스

"실로 하나님이 사람에게 이 모든 일을 재삼 행하심은" 욥 33:29

유서 깊은 한 도시에 아름다운 성당이 있었습니다. 이 성당에는 너무나 멋진 스테인드글라스 창문이 있었습니다. 외국에까지 소문이 날 정도로 명성이 자자했습니다. 먼 곳에서부터 사람들이 이 뛰어난 예술 작품을 보려고 찾아올 정도였습니다. 어느 날 무서운 폭풍이 불어닥쳤습니다. 폭풍이 얼마나 거셌던지 스테인드글라스 창을 때려 대리석 바닥에 내동댕이쳤고 창은 수백 개로 산산조각이 나고 말았습니다. 그 도시가 그렇게 자랑스러워하던 예술 작품이 갑자기 부서져 버린 참사에 사람들의 마음은 매우 비통했습니다. 그들은 파편들을 모두 모아 상자에 수북이 담고 교회 창고로 옮겨 놓았습니다. 하루는 한 나그네가 찾아와 그 아름다운 창문을 보게 해달라고 간청했습니다. 그들은 그 창문의 운명을 말해 주었습니다. 그는 그 파편을 어떻게 처리했는지 물었고, 그들은 그를 창고로 데려가 부서진 유리 조각들을 보여 주었습니다. "이 조각들을 저에게 주시겠습니까?" 그 나그네가 부탁했고 그들은 "가져가십시오. 우리는 더 이상 쓸모가 없습니다"라고 대답했습니다. 그 남자는 조심스럽게 그 상자를 들어 올려 팔에 안고 가져갔습니다. 몇 주가 지난 어느 날, 그 성당의 관리인들에게 초청장이 왔습니다. 유리 공예의 대가로 알려진 유명한 예술가에게서였습니다. 그의 서재로 와서 그의 천재성이 돋보이는 작품인 스테인드글라스를 살펴달라는 것이었습니다. 그는 자신의 작업실로 그들을 안내한 후 커다란 캔버스로 가린 물건 앞으로 데려갔습니다. 그가 줄을 살짝 건드리자 캔버스 가리개가 떨어졌습니다. 그리고 모두 눈이 휘둥그레져서 살펴보는 그들 앞에 그동안 보았던 어떤 창문보다 더 아름다운 스테인드글라스가 빛나고 있었습니다. 그들이 황홀한 눈으로 그 풍성한 색조와 아름다운 무늬와 놀라운 솜씨를 보고 있을 때, 그 예술가가 그들을 돌아보더니 이렇게 말했습니다. "이 창문은 제가 여러분의 성당에서 가져온 그 부서진 창문 파편으로 만든 것입니다. 이제 가져가서 다시 갈아 끼우셔도 됩니다."

다시 한번 아름다운 창으로 아름다운 빛이 들어와 오래된 성당의 침침한 복도를 비추었습니다. 하지만 새 창문의 아름다움은 옛날의 영광에 비할 바가 아니었습니다. 그리고 그 신기한 작품의 명성은 전국적으로 알려졌습니다.

당신의 계획이 완전히 수포로 돌아갔다고 탄식하고 있지는 않습니까? 그렇다면 이 한 가지를 알아야 합니다. 예수 그리스도는 그 누구와도 비길 수 없는 인생의 수선공이시라는 사실 말입니다. 그분을 시험해 보십시오! 제임스 H. 멕콘키 James H. McConkey

11월 23일

따르는 사람

"어린 양이 어디로 인도하든지 따라가는 자" 계 14:4

그리스도인의 삶은 세 부류가 있습니다. 날개의 사람과 소파의 사람과 길의 사람입니다.

첫 번째 사람은 앞서 날아가는 사람들입니다. 이들은 진보의 선구자이며 다른 사람들보다 앞서가는 사람들입니다.

두 번째 사람들은 가만히 서 있거나 가만히 누워 있는 사람들입니다. 이들은 인류 중에 병약한 사람들입니다. 이들은 섬기러 온 것이 아니라 섬김을 받으러 왔습니다.

세 번째 사람들은 따라가는 사람들입니다. 그들은 인류의 구급대원들입니다. 뒤에서 묵묵히 희생하는 영혼들입니다. 요한 사도와 함께 저는 이 마지막 부류의 사람들이 가장 아름다운 영혼이라고 생각합니다. 그들은 남몰래 섬기는 아름다운 사람들입니다. 앞서기를 원치 않고 뒤따르면서 묵묵히 섬기는 편을 택합니다. 남들이 뒤로 물러서서 아무도 나서려 하지 않을 때만 나섭니다. 전쟁의 영광을 원치 않으며 승리의 화환이나 영웅의 명예도 원치 않습니다. 상처 입은 사람들과 죽어가는 사람들, 이미 죽은 사람들을 찾아다닙니다. 인생의 장례를 치르도록 기름 부음을 받았습니다. 십자가에 못 박힌 자들을 위해 향료를 가져옵니다. 차가운 냉수를 줍니다. 더러운 발을 씻겨 줍니다. 아담의 타락과 막달라 마리아의 죄를 차단해 줍니다. 눈이 먼 다소의 사울을 받아들입니다. 연약하고 흠이 많은 자들에게 마음을 기울입니다. 온갖 무력함에 가슴 아파합니다.

그들은 어둡고 그림자진 곳들을 찾아가려 나왔습니다. 종달새가 아니라 나이팅게일의 길을 가며 어린 양을 따라갑니다.

오, 주님, 화려한 영광이 아닌 고난을 제게 주소서. 앞선 선두 자리는 다른 사람들에게 주소서. 저는 뒤따르는 것으로 족합니다. 묵묵히 뒤에서 섬기도록 도와주소서. 집에 있던 자들이 약탈물을 나눈다고 기록되어 있지 않나이까? 당신의 싸움을 싸울 수는 없어도 당신의 상처 입은 백성들을 돌볼 수는 있나이다. 당신의 원수들을 쫓아낼 수는 없어도 당신의 성을 보수할 수는 있나이다. 당신의 군대 행군을 진두지휘할 수는 없어도 도중에 쓰러진 자들을 도울 수 있나이다.

당신을 따르는 자들 명단에 제 이름을 넣어 주소서.

내 구원의 주님이여 저를 구급 대원으로 삼아 주소서. 조지 매더슨 George Matheson

가장 뒷자리가 당신의 자리라면,
당신이 뒤에 자리하고 있다면 어찌하겠습니까?
이런 일로 괴로워할 필요도 없고
눈물을 흘릴 필요도 없습니다.
사명을 감당하는 자리는 우리 대장이
그 얼굴을 보여 주시는 자리입니다.

모두가 책임자가 되거나 선봉에 설 수 없어도
모두가 용감하며 진실할 수는 있습니다.
대장의 깃발이 나부끼는 곳이면
누구나 할 일이 있습니다.
외면하지 않고 꼭 해야만 하는,
당신이 해야 하는 일이 있습니다.

낙오자들 속에서, 소수의 지친 이들이,
포기하지 않고 진군합니다.
이 일로 마음에 낙심할 필요 없습니다.
연약한 자들이 진실할 수 있습니다.
어둡고 사납게 바람 부는 수많은 나날에도
우리 대장은 그렇게 자기 길을 가십니다.

"그들은 기를 따라 후대로 행진할지니라"(민 2:31).

11월 24일

미래와 희망

> "여호와의 말씀이니라 너희를 향한 나의 생각을 내가 아나니
> 평안이요 재앙이 아니니라 너희에게 미래와 희망을 주는 것이니라" 렘 29:11

하나님의 사랑, 지금 당신을 위해 완벽한
계획을 세우고 있습니다.
당신 눈에는 보이지 않아도
"미래와 희망"을 주는 계획입니다.

잠시 어둠 속에 있더라도
당신의 절대적 신뢰를 요구하십니다.
그럴지라도 당신은 순종하며
"먼지 속에 당신의 보물을 내려놓습니다."

그러나 그분은 내내 계획을 세우시며
한 치의 오류도 없이 인도하십니다.

그분의 삶, 그분의 뜻을 그 무엇보다 귀하게
받아들이는 사람.

길의 끝을 볼 수 있다면
신뢰한다 해도 진정한 신뢰가 아닙니다.
인생이 찬란한 나날이라면
밤에 그분의 노래를 배울 수 없습니다.

여기 어둠 속에서 그분은 일하십니다.
하늘에서 세운 계획대로,

당신에게 "미래와 희망"을 주십니다.
그분의 넘치는 사랑으로

"미래"―지속적인 열매
인애함의 관을 쓰니
"희망"―당신을 초월하는 것
하늘이 땅을 두르고 있는 것과 같습니다.

아직은 가려져 있어도 언젠가 당신은 그 눈으로
그분의 계획대로 이루어지는 날을 볼 것입니다.
한때 구름으로 그 길이 캄캄했어도
하늘의 황금빛으로 빛날 것입니다.

영원토록 풍요로우며
심지가 견고한 영혼은 굳건히 서리니,
'쉬이 분노하지 않으며' 그분을 온전히 신뢰하나니
그분이 모든 인생의 길을 계획하셨도다.

내게는 축복의 유산이 있습니다.
아직 눈으로 보이지 않아도
그 축복을 주시려 피 흘리신 그 손이
나를 위해 지켜주고 계십니다.

프레다 한베리 알렌 Freda Hanbury Allen

11월 25일

지금 바로

"네 아들 네 사랑하는 독자 이삭을 데리고" 창 22:2
"지금 네가 가장 사랑하는 … 아들을 데리고" 창 22:2, KJV

하나님은 '앞으로'가 아니라 바로 '지금' 아들을 데리고 가라고 명령하십니다. 하나님이 일러준 산으로 가라는 명령은 '곧'이 아니라 바로 '지금' 순종해야 합니다.

"내가 네게 일러 준 한 산 거기서 그를 번제로 드리라"(2절). 하나님의 산은 하나님이 자기 종에게 주시는 시련의 산입니다. 아브라함이 어떤 대가를 치러야 하는지는 조금도 암시하지 않습니다. 하나님에 대한 그의 암묵적인 이해는 그의 명시적인 지식을 훨씬 뛰어넘습니다. 그는 하나님을 전적으로 신뢰하여 하나님이 그를 시험하실 가장 높은 산으로 올라갔으며, 하나님에 대해 형언할 수 없을 정도로 진실했습니다.

내적 갈등이 전혀 보이지 않습니다. 이미 그 단계를 넘어선 지 오래입니다. 아브라함의 확신은 전혀 흔들림이 없습니다. 사람들과 상의하지 않았습니다. 즉각 순종했습니다. 요지는 다른 모든 목소리들이 다른 주장을 한다 하더라도, 하나님을 신뢰하는 영혼은 어떤 대가를 치르더라도 하나님의 성령에 순종하는 태도로 임해야 한다는 것입니다.

혈육이나 가족과 의논하고 싶을 때 늘 조심해야 합니다(다시 말해서 스스로의 연민과 지혜를 경계해야 한다는 말입니다). 우리 주님은 우리와 인격적 관계를 가지려고 하실 때 항상 개인적인 관계를 먼저 무너뜨리십니다.

하나님이 명령하셨다면 모든 것을 돌봐 주실 것입니다. 우리가 할 일은 일어나 가는 것입니다. 오스왈드 챔버스 Oswald Chambers

"성령은 말씀하십니다. '오늘'이라고"(히 3:7, 저자 번역).

햇빛도 없고,

달빛도 없고,

별빛도 없네!

오, 젊은 선원이여

포구로 가라

동료들을 부르라

배를 띄워라

그리고 너의 돛을 펼쳐라

그리고 그것이 사라지기 전에

그 뒤를 따르라

어스름한 빛을 따라가라

테니슨 Tennyson

11월 26일

쉼표

"너희는 따로 한적한 곳에 가서 잠깐 쉬어라" 막 6:31

훈련받지 않은 가수는 그 가치를 알기 어려운 악보 표기가 있습니다. 바로 '쉼표'입니다. 쉼, 그것은 음악을 중단하라는 것이 아닙니다. 쉼표는 음악의 일부입니다.

밀물이 들어오고 썰물이 나갈 때 밀물도 썰물도 아닌 균형을 이루는 시간이 항상 있습니다. 열매 맺는 신앙생활을 위해서는 항상 쉼과 균형이 있어야 합니다.

아브라함, 모세, 엘리야, 바울과 같은 하나님의 많은 선지자들에게 광야는 하나님의 훈련소였습니다. 그러나 아라비아 출신이라고 다 선지자는 아니며 하나님은 다른 훈련소를 준비해 주십니다. 증인의 삶을 살기 전에 쉬는 시간이 있었습니다. 중요한 메시지를 전달해야 하는 모든 증인은 이런 세월을 거칩니다. 성도들은 징계를 받고 훈련을 받는다고 위축되지 말아야 합니다. 사람들에게 드러나지 않는 세월은 더 거대한 비전을 담금질하는 시간입니다. 침묵의 시간들은 더 아름다운 노래를 마음에 품는 시간입니다. 주님이 어둔 그늘에 우리를 두신다면, 우리를 위해 준비하고 계신 눈부신 영광을 감당하도록 우리 시야를 단련하시는 것입니다. 침묵하라고 명령하신다면, 우리 목소리를 가다듬어 그분을 찬양하도록 하기 위해서입니다. 쉼표는 음악의 일부임을 기억하시기 바랍니다.

위대한 작곡자는 곡의 주제를 쓰고
우리 각자의 몫을 연주하도록 지정합니다.
어떤 이들에게는 아름다우며 유려한 선율을
끊김 없이 부드럽게 연주하도록 지시합니다.

그들은 마음에 가득한 기쁨을 쏟아냅니다.
기쁨과 섬김이 조화를 이루는 선율로,
하지만 어떤 이들에게는 긴 '쉼표'를 줍니다.
쉬다가 한 번씩 노래하고 연주합니다.

노래하는 부분을 지휘하는 분은,
새벽 별들의 음악을,
하나님의 모든 창조물들이 찬양하기 위해서
소리 없는 조용한 마디가 필요합니다.

내 영혼아 하나님께 잠잠하라.
그분이 그대에게 이런 쉼표를 표시해 주셨으니,
그러니 "잠시 쉬라", 엉뚱한 음을 연주하지 말라.
그분의 완벽한 화음을 망치지 말라.

그러나 그대의 차례를 놓치지 않도록 늘 깨어 있으라.
때를 놓치지 않고 선명하고 진실하게 정하여진 몫을 노래하라.
함께 만들어내는 웅장하고 아름다운 선율에
그대 소리 빠지지 않게 그분 귀에 들려드리라.

애니 존슨 플린트 Annie Johnson Flint

11월 27일

늦기 전에

"지극히 비싼 향유 곧 순전한 나드" 요 12:3

사랑의 손짓은 언제나 평범하지 않습니다. 머리 둘 곳도 없으신 구주에게 그 일은 결코 평범한 일은 아니었습니다. 옥합을 깨뜨려 아낌없이 부어 드리는 일은 절대 흔한 일은 아니었습니다.

아끼던 귀중품을 안고 살며시 들어올 때 마리아의 심장은 고통스럽게 뛰었을까요? 그녀는 이 억제할 수 없는 마음을 눈치 챈 예수님을 제외한 모든 사람들의 눈으로부터 자신의 의도를 직감적으로 숨겼을까요? 아마도 그녀는 자신의 전부이신 그분만을 생각했을 것입니다.

분명히 그녀는 주님의 시신에 발라 드릴 목적으로 그 향유를 보관했을 것입니다. 아마 미리 기름을 부어 드리겠다는 충동으로 그 결심을 하게 되었을 것입니다. 때가 늦기 전에 그녀가 주님의 마음에 기쁨을 드렸으니 기쁘기 한이 없습니다.

호흡을 멈추고 땅에 묻혔을 때 수백 개의 난초꽃을 주는 것보다, 이미 오늘 함께 살고 있는 이들에게 작은 한 송이 격려의 제비꽃을 주는 것이 더 의미 있을 것입니다.

나중에 향료를 가지고 찾아갔지만 텅 빈 무덤만 발견한 네 명의 여인들이 있었습니다. 기름을 부어 드릴 기회는 이미 지나가 버렸습니다. 오늘도 그 기회는 지나가고 있습니다. 영광의 세계에서는 그의 고난에 대신 참여할 수도 없고 십자가 지는 것을 도울 수도 없습니다. 오직 여기에서만 지금 그런 섬김을 할 수 있습니다.

오, 나의 영혼아, 예수님을 사랑하는 일에는 아끼거나 미루거나 인색하지 말라!

내가 그분을 위해 깨뜨린 옥합, 내 향유 옥합의 향기보다 더 아름다운 향기는 없습니다.

다시는 이 길을 놓치지 않겠습니다.
하지만 이 땅의 '시공간' 아득히 너머
지나온 길을 뒤돌아볼 날이 오게 하소서
그 길에서 나는 양쪽 길가에 좋은 씨를 뿌렸습니다.

다시는 이 길을 놓치지 않겠습니다.
지혜가 내 입과 펜을 이끌게 해주소서.
사랑을 내 것으로 삼아 내내 그 길을 따라
장미를 심게 하소서.

다시는 이 길을 놓치지 않겠습니다.
사람들의 마음을 어루만지게 해주소서.
친구들에게 신의를 지키며 내 하나님께 끝까지 진실하게 하소서.
발로 밟는 길에 향기를 흩날리게 하소서.

11월 28일

예와 아멘

"영원히 진실함을 지키시며" 시 146:6

하나님은 결코 자신의 말을 잊지 않으십니다. 오래 전에 구세주를 약속하셨고 4천 년을 기다리셨다가 마침내 그 약속대로 확실하게 이루셨습니다.

아브라함에게 아들을 약속하셨습니다. 25년의 시험 기간이 있었지만 드디어 그 약속은 말 그대로 이루어졌습니다. 그분은 아브라함에게 약속의 땅을 유업으로 약속하셨습니다. 4백 년이라는 시련의 세월을 감당해야 했지만 결국 그 땅을 소유하게 되었습니다. 그분은 예레미야에게 70년 후 포로들이 바벨론에서 돌아올 것이라고 약속해 주셨습니다. 그리고 정확히 약속하신 그 시간에 말씀대로 이루어졌습니다. 다니엘에게는 정하신 때에 메시아가 오실 것이라고 약속해 주셨는데, 오늘날 의심하는 히브리인들에게 예수님이 그의 메시아라는 가장 특별한 증거는 다니엘의 예언이 문자 그대로 성취되었다는 사실입니다.

성도들에게 하나님이 주신 약속도 마찬가지로 확실합니다. 그들은 모두 그리스도 예수 안에서 "예와 아멘"입니다. 그분은 이 약속들의 성취를 보장해 주셨습니다. 하나님의 약속들은 거대한 수표책입니다. 모든 약속을 일일이 중보자께서 확인해 주시며, 그분의 말씀으로 자신의 명예를 걸고 그 성취를 보증해 주셨습니다. 이 약속들이 "예와 아멘"이 되기 위해서는 약속 이면에 당신의 이름을 적고 직접 그것을 활용해야 합니다.

"누구든지 그를 믿는 자는 부끄러움을 당하지 아니하리라"(롬 10:11).

11월 29일

전부를 드린 날

"오늘부터는 내가 너희에게 복을 주리라" 학 2:19

하나님은 우리를 축복하실 시기를 정해 놓고 계십니다. 봉헌을 한 날 (창 22:16-17), 우리의 전부를 그에게 내어드린 날, 바로 그날에 한없는 축복이 시작되었습니다.

우리는 그날에 도달했습니까?

귀용 부인은 이렇게 말합니다. "1690년 7월 22일이었습니다. 내 영혼은 그날 그 모든 고통에서 건짐을 받았습니다. 그날 나는 말하자면 완전한 자유를 회복했습니다. 더 이상 우울하지도 않았고 더 이상 슬픔의 무게에 짓눌리지도 않았습니다. 나는 하나님을 잃었다고, 영원히 잃어버렸다고 생각했습니다. 하지만 다시 그분을 찾았습니다. 그분은 형언할 수 없는 위엄과 순결함으로 다시 나를 찾아오셨습니다. 형언하기 어려운 놀라운 방법으로 내가 빼앗겼던 모든 것들이 회복되었을 뿐 아니라, 이전보다 더 풍성하게 회복되었고, 새롭게 얻은 이익들도 있었습니다. 오, 나의 하나님, 주님 안에서 그 모든 것을 발견했고 그 이상을 얻었습니다. 이제 누리는 평화는 형언할 수 없는 거룩한 천상의 평화입니다. 몇 년 전에 영적으로 즐거울 때는 위로와 평화를 누렸습니다. 하나님의 선물이었지요. 하지만 이제 하나님의 뜻에 완전히 굴복한 지금 그 뜻이 위로의 뜻이든 아니든, 위로뿐 아니라 위로의 하나님까지 소유하게 되었습니다. 단순히 평안만 아니라 평안의 하나님을 소유하게 되었습니다.

단순한 쉼을 누리거나 그 뜻이 무엇이든 하나님의 뜻과 하나 됨으로 얻는 행복한 하루는 그렇게 고통스럽던 세월들을 보상하고도 남았습니다.

내 영혼을 십자가에 붙들어 매고, 정의롭지만 무자비한 섭리의 작용으로 굳이 표현하자면 본성의 생명의 피를 마지막 한 방울까지 흘리게 했던 것은 분명히 나는 아니었습니다. 그 일을 하신 분은 주님이셨습니다. 내게 참 생명을 주시려고 나를 멸하신 분은 하나님이셨습니다."

오, 성령으로 충만한 삶 당신의 것이 되기를, 당신의 것 되기를
당신의 영혼으로 쉐키나 영광이 더욱 빛나기를
폭풍 모두 그친 삶 당신의 것이니
복된 성령으로 충만한 삶 당신의 것이니
그대의 주님이 그렇게 뜻하셨으니 그 삶 당신의 것이니

11월 30일

전쟁

"전쟁은 여호와께 속한 것이니" 삼상 17:47

우리는 전쟁에서 작은 구석만 보기 때문에 전쟁이 하나님께 속했다는 사실을 간과하고 우리에게 속한 것이라고 착각하기 쉽습니다.

전쟁이 여호와께 속한 것이라면 작전 계획을 세울 책임도 그분의 몫입니다. 공격 방안, 방어 방식과 관련된 모든 것은 주님의 몫이어야 합니다. 우리는 적의 간교함이나 작전과 힘에 대해 걱정할 필요가 없습니다. "나는 여호와의 군대 대장으로 지금 왔느니라"(수 5:14).

그분은 적의 동태를 완전히 다 꿰뚫고 계시며 적의 작전을 완벽하게 알고 계십니다. 적의 계략을 모두 예상하고 계십니다. 그분을 속이거나 기습 공격하는 것은 불가능합니다. 그분의 명예가 달린 일이고 그분의 이름의 명성이 공격을 받고 있습니다. 그분은 아무리 막강한 적도 감당하실 수 있습니다.

전쟁이 여호와께 속한 것이라면 보급품은 조금도 모자라지 않을 것입니다. 수많은 전장을 두루 경험한 역전의 노장처럼 전투 중에 얼마나 많은 보급품이 필요한지 정확히 아는 이는 없습니다. 우리가 승리의 전사가 되는 데 아무것도 모자라지 않을 것입니다.

승리는 분명합니다. 우리의 편이신 대장은 패배를 모릅니다. 그분은 정복하고 적을 무너뜨리려 출전하십니다. 적은 전투 중에 잠시 유리한 고지를 차지할지 모르지만, 사탄이 그리스도를 이기는 것은 절대 불가능합니다!

그러나 그분은 우리가 그분의 지혜 안에 거하기를 원하십니다. 전투가 격렬하고 연기와 싸우는 소리로 뒤덮일 때 우리는 하나님의 모든 길의 지혜를 보지 못할 수도 있습니다. 아무것도 보이지 않을 때 그때가 그분의 지혜 안에 거해야 할 때입니다. 그분의 권능을 확신하고 그분의 명령에 순종하도록 합시다.

당신께서 나의 편이시면 전쟁이 두렵지 않습니다.

"항상 우리를 그리스도 안에서 이기게 하시고 … 나타내시는 하나님께 감사하노라"(고후 2:14).

빅토리아 여왕은 이렇게 말했습니다. "우리는 패배의 가능성은 관심조차 두지 않습니다. 그런 일은 존재하지 않습니다!"

12월

모든 것을 버림으로
모든 것을 얻습니다

12월 1일

하나님의 궁전

"오직 예수 외에는 아무도 보이지 아니하더라" 마 17:8

사무엘 러더포드 Samuel Rutherford가 애버딘 감옥에 갇혀 있을 때 편지 제일 위에 "하나님의 궁전, 애버딘"이라고 적었다는 이야기가 있습니다.

마담 귀용 Guyon이 뱅센 성에 갇혀 있을 때는 이렇게 말했다고 합니다. "나는 주님이 새장 속에 넣어 두신 작은 새와 같습니다. 노래하는 것 외에는 지금 아무것도 할 일이 없습니다."

예수님이 함께하시는 곳이라면 감옥도 궁궐이 될 것입니다.

평생 살면서 지금처럼 하나님의 말씀을 이토록 깊이 깨달은 적이 없었습니다. 이전에는 보아도 아무 깨달음도 없었던 그 성경 말씀들이 이제 이곳에서, 이 상태(베드포드 감옥에 갇힌 상태)에서 내게 환한 빛을 비추어 주고 있습니다. 예수 그리스도 또한 지금 그 어느 때보다 생생하고 분명하게 다가와 주십니다. 여기서 그분을 진심으로 만나고 체험했습니다. 존 번연 John Bunyan

신약 성경에서는 그리스도를 위해 자신을 희생한 사람들이 스스로 후회하였다고 하는 내용을 전혀 발견할 수 없습니다. 사도들은 기독교 사역을 위해 일신의 영달을 포기했던 이야기를 절대 후회하며 말하는 법이 없습니다. 옛 순교자들 중에는 그토록 처절한 고통을 당하며 죽어 가면서도 자신을 묶은 기둥에 입맞춤한 이들도 있습니다.

우리는 그리스도를 위해 가진 재산을 모두 빼앗기고 고난당하며 죽어갈 때 이런 태도를 가져야 합니다. 이렇게 우리는 모든 것을 버림으로 모든 것을 얻습니다. 가장 고귀한 권리를 누리고자 사랑으로 자기를 부인할 때처럼 더 큰 유익은 없습니다.

나는 거대한 기관차의 헤드라이트가 어둠을 뚫고 돌진하는 모습을 보았습니다. 어떤 반대도 개의치 않고 위험도 두려워하지 않았습니다. 한밤중에 폭풍이 불어닥친 하늘로 번개가 번쩍이며 내리치는 장면을 보았습니다. 마치 정오의 해가 뜬 것처럼 하늘이 훤하게 보일 정도였습니다. 이런 장면이 얼마나 웅장한지 압니다. 하지만 전능자 하나님의 보좌에서 흘러나오는 빛은 이와 비교할 수 없을 정도로 웅장하며, 무엇보다 장엄한 것은 비탄에 잠긴 세상을 위해 온전히 섬기고 하나님의 품에서 영원한 안식을 찾는 인간의 삶이 받는 축복입니다.

나는 홀로 걷습니다. 정말 두렵습니다.
길은 어둡고 온통 가시로 덮여 있습니다.
주님, 저를 당신 곁으로 이끌어 주시고 떨리는 제 손을 잡아 주소서
당신의 순례자 행렬에 함께 살 수 있는 용기를 주소서.

어둠도 죽음도 두려워하지 않는 이들이 있습니다.
호흡할 때마다 고통으로 괴로워하지만
고통 중에서도 기쁨으로 찬양하는 이들입니다.
이들에게는 가장 큰 상실이 가장 큰 이득입니다.

이런 자들과 누가 동행하려 하지 않겠습니까?
그런 황홀한 기쁨에 노래하지 않을 이 누구겠습니까?
외롭고 두렵다고 제가 말했습니까? 하나님이여 저를 용서하시고
저를 가르쳐 주소서. 슬픔 중에도 살아가는 법을 가르치소서.

시린 공포를 모르는 인생은 인생이 아닙니다.
쓰라린 눈물을 흘리지 않는 인생은 인생이 아닙니다.
짙은 고난 속에서 그리스도와 용감한 사람들에게서
이기는 법을 배우는 것이 참된 인생입니다.

그러하오니 그대 하나님의 순교자들이여 나를 이끌어 주시길
그러하오니 오, 그리스도여 당신의 집으로 저를 이끌어 주시길

거기서 당신의 거룩한 백성들과 쉼을 누리며

인생에서 죽음이 하나님이 주시는 최고의 상급임을 배우리이다.

헨리 W. 프로스트 Henry W. Frost

12월 2일

거룩함

"그 전체가 사랑스럽구나" 아 5:16

    인류가 보기에 완벽한 방식이라고 내세울 만한 인생이 있다니 얼마나 멋진 일입니까! 절대 그 입으로 불친절하게 말하지 않고 거짓을 말한 적이 한 번도 없습니다. 사랑과 순결과 진정한 행복이 아니면 눈길조차 주지 않습니다. 곤고하고 비참한 현실이나 통회하는 이들을 외면하지 않고 그 팔로 안아 줍니다. 그 가슴은 악한 유혹에 전혀 마음의 동요를 느끼지 않으며 성결하지 못한 충동에 흥분하지도 않습니다. 자기 몫이 아닌 모든 이기심에서 자유로운 사람이 있습니다. 오직 선을 행하는 데 인생을 바치는 사람이 있습니다.

    온 인류를 사랑하되 자기 자신보다 그들을 더 사랑한 사람, 그들을 살리려 죽음에 자신을 내어주신 분이 계셨습니다. 사망의 문들이 우리를 가두지 못하도록 그 사망의 문으로 몸소 들어가신 분이 계셨습니다. 축축하고 차디찬 무덤에, 냉기와 공포가 서린 무덤에 누우셨고 무덤에서 부활하는 법을 인류에게 가르쳐 주신 분이 계셨습니다. 땅 위를 걸어 다니셨지만 천상의 대화를 하시고, 불멸의 영생을 가렸던 휘장을 제거해 주시고, 큰 영광 중에 계시는 사랑의 하나님 아버지를 우리에게 보여 주신 분이 계셨습니다.

    이러한 분이 그리스도의 교회의 표준이 되어 주십니다. 교회는 십자가를 중심으로 모이고 예수님을 중심으로 모입니다. 그것은 그분이 지극히 흠모할 분이며 사랑스럽고 영광스러운 분이기에 하나님의 구원

을 보러 땅 끝에서 사람들이 나아오기 때문입니다. 매튜 심슨 주교 Bishop Matthew Simpson

오, 당신 모습 그대로 보여 주소서. 내 삶에 당신의 능력으로 임하소서. 당신의 그 모든 능력으로 제게 임하소서.

진정한 완벽함의 극치를 이루는 그 성결함처럼 흠모할 만한 것이 없습니다. 그것처럼 더없이 행복할 때 우리가 추구하기에 더없이 합당하게 보이는 것은 없으며, 그 소유로 그렇게 풍요로운 것은 없습니다. 저 멀리 차가운 거룩함이 아니라 그 따사로운 빛으로 더 다정하게 바라보며, 그 입의 말은 더욱 상냥하고 그 손은 언제라도 섬길 태세로 더욱 도움이 되는 거룩함입니다. 욕망과 이기심으로 가득한 인간의 마음에서 인색함과 냉담함을 몰아내는 거룩함이며, 인간이 하나님께로 나아가고 하나님은 사람에게로 내려오시게 하는 거룩함입니다. 그 거룩함이 온 천하에 편만하면 모든 영혼이 작은 천국이 되고 비참한 우리 땅은 다시 찾은 낙원으로 변할 것입니다. 닌드 주교 Bishop Ninde

"우리가 다 수건을 벗은 얼굴로 거울을 보는 것같이 주의 영광을 보매 그와 같은 형상으로 변화하여 영광에서 영광에 이르니 곧 주의 영으로 말미암음이니라"(고후 3:18).

허니써클(인동초)이 비에 흠뻑 젖은 채 꽃을 피우고 있습니다.
여름밤에 그 향기를 흩날립니다.
자줏빛 보라색 꽃눈에 보일 듯 말 듯
시골 길가에 피어 있습니다.
자스민 나무, 황금빛 넝쿨 드리우며
반짝이는 빛처럼 숲속에서 빛나던 나무,
잠시 무성하게 자라다가 어느새 자취를 감추더니
재가 되어 다시 흙으로 돌아갔습니다.
그러나 사방에 은은한 향기를 뿌리는 꽃
그 꽃과 같은 이의 일생은 어찌될 것입니까?

그 얼굴에 하늘의 빛나는 광채로 반짝거려
위로 하늘을 보지도 못했습니다.
하지만 위대한 정원사가 가지를 드러내는 시간이 오면 어찌될 것입니까?
하나님은 멀리 그 보좌에서 그 향기를 맡으십니다.

토마스 킴벌Thomas Kimber, "향기"Fragrance

12월 3일
풍성한 생명

"생명을 얻게 하고 더 풍성히 얻게 하려는 것이라" 요 10:10

황무한 사막은 야자나무가 물결을 이루고 아름다운 초록이 빛나는 풍요로운 오아시스와 극명한 대비를 드러냅니다. 굶주리고 야윈 양 떼들과 푸른 초장과 잔잔한 물가에서 한가로이 누운 가축들, 아무것도 보이지 않는 평원과 '저 멀리 땅이 보이는' 높은 산도 큰 대비를 이룹니다.

인공적으로 물을 대어야 겨우 살 수 있는 물이 턱없이 부족한 사막 인생과 풍부한 수량과 넘쳐나는 채소, 수고하지 않아도 자라는 곡식이 지천에 널린 풍요로운 인생은 얼마나 다른지 모릅니다!

전자는 배가 순간순간 바닥에 닿거나 숨은 바위와 부딪히는 얕은 개울과 같고, 후자는 깊은 배일지라도 결코 바닥에 부딪히지 않고 드넓은 대양의 거친 파도를 헤치고 나아가는 곳입니다.

어떤 그리스도인들은 늘 허우적대며 살아가는 것처럼 보입니다. 그들이 입은 영적 옷은 누추하기 짝이 없고, 가난에 찌든 채 얼마 안 되는 수당으로 겨우 살아가는 사람들과 비슷한 행색을 하고 있습니다. 언제 파산할지 몰라 전전긍긍하는 고단한 삶을 사는 사람들과 비슷합니다. 그들은 겨우 그 기준을 통과해 '불 가운데 구원을 받는' 사람입니다.

"생명을 … 더 풍성히" 얻는 영혼들도 있습니다. 그들의 사랑은 "모든 것을 참으며 모든 것을 믿으며 모든 것을 바라며 모든 것을 견디"는 사랑이며 "언제까지나 떨어지지 아니"하는 사랑입니다(고전 13:7-8). 그들의 인내는 "기쁨으로 모든 견딤과 오래 참음에 이르게" 합니다(골 1:11). "모든 지각에 뛰어난" 평화를 누립니다(빌 4:7). "영광스러운 즐거움으로" 기뻐합니다(벧전 1:8). 얼마나 자유롭고 즐겁게 섬기는지 의무가 기쁨입니다. 한마디로 말해 이런 삶은 영원의 세계뿐 아니라 무한의 세계와 잇닿으며 하나님과 그분의 무한한 은혜라는 그 깊이를 헤아릴 수 없고 경계도 보이지 않는 바다로 항해합니다.

오, 어디서 이런 삶을 찾아볼 수 있을까요? 사막과 같은 곳이 어떻게 풍성한 생명을 내는 곳으로 변화될 수 있을까요?

"오, 바다는 어디 있나요?" 물고기는 부르짖었습니다.
수정 같은 바닷속을 헤엄치면서 말이지요.
"오래 전부터 바다의 조수에 관한 소문을 들었어요.
그 푸른 물결을 정말 보고 싶어요.
현인들이 끝이 보이지 않는 바다를 말해 주었어요.
오, 그런 곳이 어디 있는지 누가 말해 줄 수 없나요?"

무한한 바다에 살면서 이런 어리석은 물고기들처럼 생각하지는 않나요? '우리 각 사람에게서 멀리 계시지 아니하며 믿음으로 우리 깊은 마음에 계실 분이자 우리가 그 힘으로 살며 기동하며 존재하는 하나님' (행 17:27-28)이 어디 계시느냐고 묻지는 않나요? 딘 파라Dean Farra

"네가 바다의 샘에 들어갔었느냐"(욥 38:16).

시편 기자는 말합니다. "진실로 생명의 원천이 주께 있사오니"(시 36:9). "나의 모든 근원이 네게 있다 하리로다"(시 87:7).

넘치듯이 솟아오르는 샘이여!

12월 4일

긍휼

"서로 친절하게 하며 불쌍히 여기며" 엡 4:32

인간의 영혼이 천성적으로 완악하고 천상의 긍휼이 완전히 결핍되어 있다고 설득하는 것보다, 천성적으로 불순하다고 설득하는 것이 훨씬 쉽습니다. 복음의 본질은 하나님이 부어 주신 긍휼과 사랑입니다. 한결같이 늘 긍휼히 여기는 마음은 신앙심이 깊은 사람들 사이에서도 찾아보기가 매우 어렵습니다.

긍휼한 마음은 고상한 문화와 사회적 훈련에서 생기는 생각과 태도의 부드러움을 말하지 않습니다. 물론 이런 덕목들도 인생에서 매우 귀중합니다. 긍휼한 마음은 신앙인의 존재 자체에 벌어지는 초자연적인 역사입니다. 하나님 자신의 아름답고 자비로운 품성이라는 지극히 깊은 샘물이 영혼을 완전히 압도하고 모든 사고 능력을 뒤덮으며 한 사람의 태도와 표정과 말과 목소리의 어조까지 그 아름다운 생명수로 완전히 적실 정도로 그 내면에서 터져 흐를 때 가능합니다. 그 사람의 고집과 정죄하는 마음이 누그러지고 온유하게 되며 태도와 감정이 새로워지는 가운데 온 존재가 무한히 온유하시고 겸허하신 분의 형상을 닮아가는 것입니다.

긍휼의 마음은 빌려올 수도 없고 특별할 때 가면처럼 사용할 수도 없습니다. 이 마음은 경험상 초자연적인 것이므로 내면의 생명 샘에서 쉼 없이 흘러나와야 합니다.

지극한 긍휼의 마음은 신앙생활의 정수이자 골수입니다. 지구와 중력의 관계나 아름다움과 무지개의 의미, 향기와 장미의 관계, 골수와 뼈의 관계, 리듬과 시의 관계, 맥박과 심장의 관계, 화음과 음악, 열과 인간 신체의 관계처럼, 이 모든 것, 그 이상으로 긍휼의 마음은 신앙생활에 중요합니다. 매우 종교적이고 신실하며 그리스도인으로서 모든 의무에 충실할 수 있습니다. 심지어 성결할 수 있고, 성결의 용감한 방어자이자 설교자이며 체계적인 정통 신앙의 소유자로서 외적 생활에 아무 흠이 없고, 열정적으로 선을 행할 수도 있습니다. 그러나 그럼에도 불구하고 긍휼의 마음은 크게 모자랄 수 있습니다. 모든 것을 제압하고 녹이는 사랑, 천국의 성유이자 정수이며 거룩하신 예수님의 음성과 눈에서 끊임없이 흘러나오는 사랑이 완전히 결여될 수 있습니다.

영혼의 상처를 싸맬 수 있는
사람이기를 원합니다.
아픈 마음에 손 내밀고
고통에 시달리는 마음 어루만지며
밤이 지친 육신을 달래듯
그들을 달래어 주는 사람이기를 원합니다.
온 세상을 잠의 외투로 살며시 덮어 줄 때
차갑게 빛나는 별 하나 하나처럼
나도 그렇게 서 있다 하더라도
얼굴에 따뜻한 미소를 머금고 내 눈에
그분의 신성한 영혼의 형상이 비치기를 원합니다.

12월 5일

내어맡김

"아무것도 염려하지 말고" 빌 4:6

"신앙생활 중에 한 가지 경험이 기억납니다"라고 제임스 H. 맥콘키 James H. McConkey는 적었습니다. "아버지께서 근심과 걱정으로 질병을 얻으신 후 병이 심하게 악화되어 죽어가고 계셨습니다. 도시에서 훌륭한 의사를 모셔왔습니다. 그는 아버지와 한동안 대화를 나누었습니다. 대화가 끝나자 그는 심각한 얼굴로 고개를 저으며 병실을 나왔습니다. 가망이 없다는 것이었습니다. 아버지께서 이 땅의 경주를 마무리하시려는 모양이었습니다. 어머니는 그 명의에게 나를 데려가서 대화를 좀 나누어 달라고 부탁했습니다. 나 역시 몸이 크게 쇠약해져 있었는데 수많은 그리스도인들을 무너뜨린 무서운 적, 바로 염려증이 그 원인이었습니다.

그 의사는 나를 다른 방으로 데려갔고 우리는 흉금을 터놓고 대화를 나누었습니다. 전문가로서 면모를 유감없이 드러내며 그는 내가 염려의 희생 제물이며 그 무서운 결과로 고통당하고 있다는 수치스러운 사실을 내게서 확인했습니다. 그는 숨기려고도 하지 않고 아주 예리하고 날카롭게 아버지가 무너지게 된 것과 같은 습관의 제물이 되었다고 지적했습니다. 그리고 이런 염려증을 극복하지 않으면 아버지처럼 내게도 희망이 없다고 말했습니다.

나는 이층으로 올라갔습니다. 침실에서 주저앉듯이 무릎을 꿇었습니다. 그리고 영혼의 큰 고통에 짓눌리며 부르짖었습니다. '오, 그리스도여, 의사는 제가 염려증을 이겨야 한다고 말합니다. 제가 염려를 이기느라 얼마나 노력했는지 당신만은 아십니다. 계속해 염려와 싸웠고 이겨내려고 버둥거렸습니다. 심하게 통곡한 적이 한두 번이 아닙니다. 그래도 아무 소용이 없었습니다. 오, 주 예수님, 당신이 지금 저를 위해 나서 주지 않으신다면 더 이상 희망이 없습니다.'

그때 그곳에서 나는 완전히 무력한 상태로 그리스도께 나를 내어맡겼습니다. 어찌된 일인지 이전에는 버둥거리다가 결국 무너졌지만 이번에는 이전과 달리 주님을 온전히 신뢰하게 되었습니다. 그 이후로 예수 그리스도께서는 패배의 쓰라린 재 대신 승리의 아름다움을 맛보도록 해 주셨습니다."

내어맡기는 것이 하나님의 뜻입니다.
매일 나의 염려를 그분에게 맡겨드려야 합니다.
그분은 또한 명령하십니다.
내 믿음마저 함께 내던지지 말라고 하십니다.

그러나 오, 저는 얼마나 어리석은지 모릅니다.

나도 모르게 염려가 덮칠 때

내 믿음은 내던지고

내 염려는 그대로 지고 갑니다.

12월 6일

절박한 필요

"그는 궁핍한 자가 부르짖을 때에 건지며" 시 72:12

하나님은 무한한 사랑으로 우리를 굽어보시며 이렇게 말씀하십니다. "아이야, 너는 얼마나 절실하냐? 얼마나 무거운 짐을 지고 있느냐? 얼마나 쓰라린 슬픔이기에 믿음이 캄캄한 어둠에 잠겼느냐? 네 길에 암울한 그림자를 드리우는 미래에 대한 두려움은 무엇이더냐? 배불리 마시고 싶은 영혼의 갈증은 무엇이냐? 풍요롭게 채워지고 싶은 영혼의 황무함은 어떤 것이냐? 이 시간 너는 무엇이 필요하냐? 나는 궁핍한 자를 건져 줄 것이니라."

필요를 간과하면 기적을 놓칠 수도 있습니다!

당신은 하나님이 찾고 계신 바로 그 사람, 구원받을 때가 무르익은 바로 그 사람이며, 그분이 약속으로 도우시는 바로 그 특별한 사람입니다. 인간의 불완전함이 하나님의 완전함과 만나면 그 필요가 충족됩니다. 모든 영혼의 가장 깊은 갈망은 그분 안에서 그토록 바라던 만족을 얻게 됩니다.

자신의 필요를 외면하려고 너무 애쓰지 마십시오. 그렇게 하면 기도의 능력과도 무관해질지 모릅니다.

우리는 우리의 필요가 필요합니다!

오, 하나님, 나는 당신이 필요합니다.

아침이 어둔 밤을 몰아낼 때
눈뜨며 시작되는 일과로 내 마음이 가득 차 있을 때
나는 당신의 평안이 필요합니다.

오, 하나님, 나는 당신이 필요합니다.
나와 함께 길을 걸어가는 이들과
서로 충돌할 때
나는 당신의 미소가 필요합니다.

오, 하나님, 나는 당신이 필요합니다.
내 앞에 가야 할 길이 놓여 있고
용기가 저 멀리 달아나는 모습을 볼 때
나는 당신의 믿음이 필요합니다.

오, 하나님, 나는 당신이 필요합니다.
하루의 수고가 끝나고
지쳐서 낙심하여 기진해 있을 때
나는 당신의 안식이 필요합니다.

12월 7일

일부냐 전부냐

"우리가 주의 손에서 받은 것으로 주께 드렸을 뿐이니이다" 대상 29:14
"자신의 은사로 섬기는 자는 세 사람을 먹인다.
그 자신과 굶주린 이웃과 나다Me." 로웰Lowell

"안드레님, 저는 보리떡 다섯 개와 물고기 두 마리밖에 없습니다. 하지만 주님께서는 대부분을 가지고 계실 터이니 여기 셋 아니, 네 덩이를 드리고 한 덩어리는 제가 그냥 갖고 있겠습니다. 안드레님도 아시겠지만 제 집까지는 거리가 멉니다. 대신에 떡 네 덩이와 물고기는 주님께 드리겠습니다."

안드레가 주님께서 전부를 원하실 것이라고 설명하자 소년은 갈등했습니다. 소년은 처음에는 다섯 번째 떡을, 그다음에는 주님을 번갈아 보더니 "안드레님 다 가져가세요"라고 기쁨에 찬 목소리로 외쳤습니다. "다섯 덩이 모두 가져가시고 물고기도 가져가세요."

당신이 아직 드리지 못한 다섯 번째 떡은 무엇입니까? 그 모두를 주님이 다 가지시도록 내어드리기를 바랍니다. 돌만 목사 Pastor Dolman

우리 주님의 관심을 사로잡은 것은 '과부의 렙돈'이었습니까? 아니면 '그녀의 생활비 전부'였습니까? (막 12장)

마틴 루터는 이렇게 썼습니다. "나는 많은 것을 손에 움켜쥐고 있었지만 다 잃어버렸다. 하지만 하나님의 손에 맡길 수 있었던 것은 지금도 가지고 있다."

우리의 베풂과 관련한 하나님의 법이 있습니다. 그리스도는 빵 몇 덩어리와 물고기 몇 마리로 수천 명을 먹이십니다.

주라! 하늘에서 흘러나오는 아침처럼
주라! 파도가 해협으로 나뉘듯이
주라! 공기와 햇빛을 값없이 누리듯이
아낌없이! 남김없이! 기쁨으로 주라!
그대 가진 잔이 한 방울도 헛되이 흘러넘치지 않게
그대 마음의 믿음 불꽃 타버리지 않게
6월에 피는 장미 연한 봉오리 바람에 날아가지 않게
그대에게 살아가도록 베풀어 주신 분처럼 주라
그대 베푸는 날 거의 다 끝나가니
벌이 날아드는 클로버 풀 속에서 시들기 전에
그대 친구들과 연인들을 떠나갈지니

무덤에서 아무리 후회한들 무슨 소용이 있겠는가?
족쇄가 풀린 마음처럼 주라
생명, 사랑, 소망 그대의 모든 꿈과 일어남
곧 하늘의 강에서 그대 영혼의 갈증 해갈될지니
그대 하나님과 그가 주신 선물을 알게 되리라

로즈 테리 쿡 Rose Terry Cooke

12월 8일

정상을 향해

"내게 광대하고 유효한 문이 열렸으나 대적하는 자가 많음이라" 고전 16:9

또 다른 영국인 원정대가 세계에서 가장 높은 에베레스트산을 정복하려고 시도했습니다.

무서운 추위, 사나운 바람, 희박한 공기, 앞이 보이지 않을 정도의 눈보라, 모든 것을 삼킬 듯한 눈과 바위가 뒤섞인 산사태, 이 모든 위험들이 용감한 대원들과 우뚝 솟은 산의 꼭대기 사이를 가로막고 있었습니다.

마지막 원정대는 정상 정복에 가장 근접했습니다. 정상까지 불과 2천 피트를 앞두고 원정대 본팀은 가장 높은 캠프에 진을 쳤습니다. 그 캠프에서 맬로리와 어빈 두 사람이 산소통을 갖추고 정상까지 마지막 등정을 시도했습니다.

두 사람은 정상까지 올라가서 16시간여 후에 돌아올 생각이었습니다. 하지만 그들은 돌아오지 못했습니다. 그들에 대해 공식적인 원정 기록은 아주 단순하게 이렇게 말합니다. "마지막으로 보았을 때 그들은 정상을 향해 가고 있었다."

멈추지 말라. 깎아지른 바위산을 넘어
계곡 위로 줄을 타고 용감하게 올라가라

떨리는 무릎으로 엉금엉금 기는 자는 실패하리니
영웅처럼 거침없이 나아가는 이가 이기리라.
그대 영웅이 되라! 만년설을 밟고
그 길을 나아가라 칠흑 같은 밤의 장막을 뚫고
밝은 낮으로 가는 길을 내라.

파크 벤자민 Park Benjamin

마지막으로 보았을 때 정상을 향해 가고 있었던 그리스도인들이 있기에 하나님의 나라가 이 땅에 도래할 것입니다. 비록 당대에는 패배한다 할지라도 바울과 함께 '수많은 대적들'의 도전을 받아들이며 열린 문을 지키는 그리스도인들이 바로 그들입니다.

12월 9일

선로를 바꾸는 자

"내가 이제 큰 역사를 하니 내려가지 못하겠노라" 느 6:3

사탄이 좋아하는 고용인들 중 하나는 '전철원'switchman입니다. 사탄은 고귀한 사명을 받고 거룩한 뜻의 불꽃으로 가득한 하나님의 특급 열차들 중 하나라도 궤도에서 이탈하면 특별히 좋아합니다.

간절한 영혼이 가는 길에는 그의 관심을 끌고 그 힘과 생각을 모두 소진시킬 무엇인가가 나타날 것입니다. 때로 성가시게 하는 사소한 일에 화를 낼 수도 있습니다. 때로 길을 멈추고 해결하거나 적응해야 할 사소한 불만일 수도 있습니다.

우리는 미처 알아차리기도 전에 우리의 관심을 분산시키는 수많은 걱정거리와 재미에 몰두하여 우리 인생의 중요한 대의에서 완전히 멀어질 때가 얼마나 많은지 모릅니다. 크게 해로운 일은 하지 않을지 몰라도 우리는 연결점을 잃어버렸습니다. 본 궤도에서 이탈해 버렸습니다.

이런 사소한 일들은 그냥 놔둡시다. 관심을 분산시키는 일들이 생겼다가 사라지게 두고, 하나님이 맡기신 과업을 꾸준히 확실하게 끝까지 감당해 갑시다. 높은 창공을 나는 독수리는 저 아래 땅에서 무슨 일이 벌어지는지 관심이 전혀 혹은 거의 없습니다. 하나님의 자녀로서 우리는 모든 사소한 것들 "위"를 넘어 "하늘에서" 우리의 합당한 자리를 차지합시다(엡 1:20-21). 하나님은 우리가 '독수리 같은 성도들'이 되게 해주실 것입니다. 우리 자리를 굳건히 지키며 아래를 내려다보지 맙시다.A. B. 심슨A. B. Simpson

독수리는 파리를 잡지 않습니다!

12월 10일
믿음의 항해

"우리가 믿음으로 행하고 보는 것으로 행하지 아니함이로라" 고후 5:7

믿음은 하나님의 말씀 그대로 그분을 받아들이는 것입니다. 믿음은 증거가 결여된 신념이 아닙니다. 최고의 증거인 "거짓이 없으신" 분(딛 1:2)의 말씀에 근거한 신념입니다. 믿음은 이런 충분한 증거 외에 다른 증거를 요구하지 않을 정도로 합리적입니다. 거짓이 없으신 그분의 말씀 외에 다른 증거를 요구하는 것은 합리주의가 아니라 궁극의 비합리주의입니다.R. A. 토레이R. A. Torrey

볼 수 있다면 그것은 믿음이 아니라 이성입니다.

믿음으로 항해하는 선장을 보십시오! 그는 배를 고정시키던 밧줄을 풀고 항구를 떠납니다. 수일, 수주 심지어 몇 달 동안 배 한 척 보이지 않고 육지가 보이지 않더라도 두려움 없이 밤낮으로 항해합니다. 그러다가 어느 날 아침 그동안 목표로 삼고 왔던 항구, 정확히 정반대에 있었던 곳에 도달합니다.

길도 없는 대양에서 선장은 어떻게 그 길을 찾아갔을까요? 자신의 나침반과 항해력, 천체와 기압계를 의지했고 이 기구들의 안내를 따라 육지가 보이지 않더라도 정확하게 배를 항해해 1도도 놓치지 않고 항구에 도달할 수 있습니다.

보이지 않아도 항해할 수 있다니 참으로 놀랍습니다. 보고 느끼는 육안의 해안을 완전히 떠나는 것은 영적으로 복된 일입니다. 내 안의 감정들과 결별하고 섭리와 징조와 증거를 환영하는 것은 축복입니다. 하나님을 믿고 하나님의 말씀의 인도를 따라 천상을 향하는 직행 항로로 하나님 사랑의 망망대해로 나가는 것은 영광스러운 일입니다. 찰스 스펄전

Charles H. Spurgeon

12월 11일

상처

"여호와께서 자기 백성의 상처를 싸매시며
그들의 맞은 자리를 고치시는 날에는" 사 30:26

어떤 친구가 신의를 저버린 일이 발각되었을 때, 당신의 신뢰를 배신하며 자기 이득을 위해 당신을 이용하고 과거의 모든 아름다운 추억과 신성한 모든 관계들을 짓밟아 버렸을 때, 당신 안에 무엇인가가 죽어 마치 하늘로부터 빛이 사라진 느낌이 들 것입니다.

그러나 신의를 저버린 친구를 축복하고 그냥 웃으며 당신의 길을 가십시오. 하나님이 그 일의 재판관이 되어 주실 것입니다. 그분은 무엇이 옳고 그른지 아십니다. 인생은 짧습니다. 과거에 얽매여 시간을 허비하지 마십시오. 그분의 위대한 법은 선하고 공정합니다. 진리가 결국 이깁니다.

당신의 상처가 깊고 출혈이 심할지 모릅니다. 하지만 그 모든 고통이 사라지면 하나님이 직접 손길로 만져 주시고 우리는 다시 치유함을 받습니다. 믿음이 회복되고 신뢰가 회복된 우리는 별들을 바라봅니다. 세

상은 우리의 미소 짓는 얼굴을 보겠지만 하나님은 그 상처 자국을 보실 것입니다. 페이션스 스트롱Patience Strong, "상처"Scars

괴롭힘을 당할 때 사랑은 더욱 강해집니다.
모든 것이 다 실패해도 사랑은 승리합니다.
사랑은 저주하는 자들을 축복하고
호의를 악의로 갚더라도 아낌없이 내어줍니다.
사랑은 사람들을 사랑의 줄로 자유롭게 해줍니다.
사랑은 그 상처로 용서의 향유를 아낌없이 부어 줍니다.

주님, 저로 당신처럼 사랑하게 하소서!

12월 12일
약속하신 하나님

"약속하신 이는 미쁘시니" 히 10:23

하나님은 권능으로 약속을 지키십니다! 영혼을 위한 약속을, 몸에 대한 약속을, 다른 사람들을 위한 약속을, 우리 일과 우리 사업과 시간과 영원에 대한 약속을 지키십니다. 이런 것들을 우리에게 모두 주십니다. 당신의 약점이 하나님의 약속을 타파하는 것도 아니고, 당신의 강점 때문에 약속이 이루어지는 것도 아닙니다. 말씀하신 하나님이 직접 그 약속을 지키시는 것입니다. 하나님이 약속을 지키시는 것은 당신이나 나와는 무관합니다. 그것은 그분의 은혜입니다.

우리는 서명이 되어 있는 수표를 받았습니다. 그 수표를 내밀기를 두려워한다면 얼마나 어리석겠습니까? 단 한 장의 수표도 거절된 것이 없었습니다. "약속하신 이는 미쁘시니."

나는 받아들이고 그분이 실행하십니다. 약속을 제쳐두고 아무리 기도한다고 해도 결코 받을 수 없습니다. 구한다고 받는 것이 아닙니다. 간청한다고 주어지는 것이 아닙니다.

나는 거룩한 사랑의 손을 꼭 붙잡습니다.
은혜의 약속을 내 것이라 주장합니다.
그리고 그분의 서명에 제 서명을 더합니다.
나는 받아들이고 그분은 실행하십니다.

나는 그분의 말씀대로 그분을 받아들입니다.
내 기도를 들어주시는 그분을 찬양합니다.
그리고 주님께 응답해 주시도록 구합니다.
나는 받아들이고 그분은 실행하십니다.
A. B. 심슨 A. B. Simpson

당신이 받아들인 대로 모두 얻게 되리라는 것을 기억하기 바랍니다.

12월 13일

영혼의 깊은 곳

"모든 지각에 뛰어난 하나님의 평강이 그리스도 예수 안에서 너희 마음과 생각을 지키시리라" 빌 4:7

바다에는 어떤 폭풍이 몰아쳐도 요동하지 않는 깊은 심연이 있습니다. 그곳에는 바다 표면을 휘젓고 휩쓸어가는 온갖 폭풍의 손길이 전혀 미치지 못합니다. 저 멀리 푸른 하늘에는 어떤 구름도 올라가지 못하고 어떤 폭풍도 휘몰아치지 않고 늘 햇살로 찬란하게 빛나는 곳이 있습니다. 그 무엇으로도 깊은 청명함을 뒤흔들 수 없습니다. 태풍의 한가운데에도 고요한 쉼이 있습니다.

이는 모두 예수님이 함께하시는 영혼의 상징입니다. 그분은 이런 영혼에게 평안을 말씀하시고 두려움을 몰아내시며 소망의 등불을 가다듬어 주십니다.

잠수함은 점검을 받을 때 몇 시간이고 잠수를 합니다. 항구로 귀환했을 때 함장은 이런 질문을 받았습니다. "지난 밤 폭풍이 심했는데 괜찮았습니까?" 함장은 놀라서 그를 바라보며 "폭풍이요? 폭풍이 불었는지도 몰랐습니다"라고 말했습니다.

깊은 곳에 거하라.
의심에 시달리고 어둔 그림자가
어느 새 당신의 하늘을 뒤덮고 파멸의 예감이 마음에 가득할 때
천둥이 치고 번개가 섬광으로 번쩍거리며 두렵게 할 때
발밑에서 오래된 터들이 무너져 내리는 것 같을 때
깊은 곳에 거하라.
영원한 것들로 영혼의 안식을 누리라.
수면으로 폭풍이 휘몰아치고 인생의 해변마다 큰 물결이 덮치더라도
사방에서 재앙이 덮치더라도 당신의 영혼이 깊은 곳에 고요히 거한다면
그 무엇도 당신을 해하지 못하리라.
그러니 깊은 곳에 거하라.
하나님의 가슴에 머리를 기대고 쉬라.

"그분께서 고요함을 주실 때에 누가 소란하게 하겠느냐?"(욥 34:29, KJV).

12월 14일

주님의 평안

"그들이 주의 집에 있는 살진 것으로 풍족할 것이라" 시 36:8

찬란한 태양의 햇살을 한껏 만끽하는 독수리에게 저 아래 침침하고 먼 땅의 새장으로 가고 싶은지 물어보십시오. 잠시 멈추어 이전에 살던 낡은 새장을 본다 하더라도 구원의 노래를 부르며 높이 솟구쳐 아득한 태양 가까이 그 고향으로 날아가려 할 것입니다.

성령으로 충만한 마음은 독수리처럼 날개를 단 삶을 살아갑니다. 하나님께 자기를 내어드리지 않는 사람은 새장에 갇힌 삶을 살아갑니다. 이 새장은 기껏해야 잠깐의 짜릿한 흥분을 줄 뿐이며, 곧 철창을 두드리며 헛되이 퍼덕거릴 것입니다.

우리의 귀하신 구주는 십자가에서 죽으심으로 "포로 된 자에게 자유를" 선포하십니다(사 61:1). 우리를 자유하게 해주십니다. 근처 나뭇가지에 몸을 피하려고 자유한 것이 아니라, 창공을 날아올라 천상의 빛 가운데 걸으며 세상과 죄악을 넘어 오직 순결한 마음으로 흰 옷을 입고 보좌에 앉으신 그리스도가 계신 곳에 함께하려는 것입니다.

"그들이 주의 집에 있는 살진 것으로 풍족할 것이라." 당신은 매일 이렇게 마음의 노래를 부를 것입니다. "오, 그리스도여, 당신은 제가 원하는 전부이십니다. 그 모든 것을 당신 안에서 누리나이다."

과거를 잊어버리고, 마지막 남은 두려움을 벗어버리며, 담대하게 완전한 자유를 향해 날아가십시오.

오, 그리스도여, 당신 안에서 오직 당신 안에서만
내 영혼이 평화를 누리나이다.
그토록 갈망하던 기쁨을 누리나이다.
지금까지 아무도 경험하지 못한 행복을 누리나이다.

나는 안식과 행복을 갈망했나이다.
당신 대신 이것을 갈망했나이다.
그러나 나는 주님을 지나쳤어도
그분의 사랑이 나를 붙드나이다.

주님, 저는 터진 웅덩이를 팠나이다.
그러나 아, 물을 저축하지 못하는 웅덩이었나이다.
목을 축이려 몸을 숙였지만 물은 저 멀리 달아나며
소리 내어 우는 저를 비웃었습니다.

이제 그리스도 외에 누구도 만족함을 줄 수 없습니다.
다른 어떤 이름도 나를 만족시킬 수 없습니다.
사랑과 생명, 영원한 기쁨,
주 예수님, 당신 안에서 누리나이다.

12월 15일

진주 만들기

> "누구든지 나를 따라오려거든 자기를 부인하고
> 자기 십자가를 지고 나를 따를 것이니라" 마 16:24

영원의 빛 속에서 흰 옷을 입고 보좌 앞에 설 자가 누구입니까? 방해 받지 않은 고요함과 깨지지 않은 인간관계에서 안락함과 쾌락을 누린 자들입니까? 아닙니다. 오히려 큰 환란을 당한 사람들이 보좌 앞에 설 것입니다. 만일 밀턴이 실명을 하지 않았더라면, 그나 우리나 그렇게 분명하게 볼 수 없었을 것이고, 그는 결코 글을 쓸 수 없었을 것입니다.

당신이 내 눈을 어둡게 하셨으니 그것은 오직 당신만을 보게 하기 위해서입니다.

실명한 상태에서 그는 오늘날 왕성한 활동이 불가능한 사람들에게 절실히 필요한 교훈을 배웠습니다. 바로 "그저 묵묵히 서서 기다리는 자도 섬기는 자들이다"라는 것입니다.

테니슨이 친구 햄럼을 잃지 않았다면 "인 메모리엄"In memoriam(영국의 시인 테니슨이 1850년에 23세의 빈에서 객사한 친구를 추모하기 위해 쓴 추억의 대표적 장시—감수자)이 태어나지 않았을 것입니다.

"싸우지 않고는 승리를 얻을 수 없도다! 갈등이 없이는 고결한 인품도 없도다! 고난이 없이는 완벽한 사랑도 없도다!"

진주 양식장을 가보면 고통이 없는 삶은 진주를 남길 수 없음을 알게 됩니다. 나태하고 안락하게, 아무 상처도 없이, 고난이나 길고 긴 마찰 없이 산 인생은 어떤 보석도 빚어내지 못합니다.

우리가 살면서 발견하는 사실은 고난이 없이는 값비싼 진주와 같은 지극히 고귀한 덕성을 빚어내지 못한다는 것입니다. 고난을 온전히 감당하는 사람들에게는 그 고난이 기쁨으로 이어집니다. 만일 당신이 성공 없이 고난을 당했다면 누군가 다른 이를 성공시키기 위함입니다. 만일 당신이 고난 없이 성공했다면 누군가 다른 이가 고난을 당했기 때문입니다.

오, 하나님, 정녕 다른 길이 없단 말입니까?
슬픔과 고통, 상실만이 길이란 말입니까?
그래야 내 영혼에 그리스도의 형상이 새겨질 수 있단 말입니까?
십자가 외에 다른 길은 정녕 없습니까?

그때 내 영혼을 완전히 잠잠케 한 음성이 있었네.
갈릴리에서 파도를 잠잠케 하신 그 음성이었지.
"내가 불꽃 가운데로 함께 걷는다면
뜨거운 풀무를 견딜 수 있지 않겠느냐?"

"십자가를 져보았기에 나는 그 무게를 안다.

내가 너를 위해 잔을 마셨지.

내가 이끄는 곳으로 따라올 수 없겠느냐?

내가 힘을 주리니 너는 나를 의지하라."

12월 16일
풍성한 생명

"내가 온 것은 양으로 생명을 얻게 하고 더 풍성히 얻게 하려는 것이라" 요 10:10

"나는 … 왔다"(새번역). 이 얼마나 가슴 설레는 진리인지요! "아브라함이 나기 전부터 내가 있느니라"(요 8:58)와 같은 말씀입니다. 그분으로부터 모든 만물이 존재하게 되었습니다. 우리 주님은 선재하시는 분이며 "양으로 생명을 얻게" 한다는 분명한 목적을 위해 영원으로부터 오셨습니다. 영원으로부터 주시는 생명의 질은 양적으로도 영원히 많아질 것입니다. "더 풍성히 얻게 하려는 것이라."

그리스도께서 주시는 풍성한 생명은 그가 '내 양'이라고 지명하신 자들만 누릴 수 있습니다. 물질적 축복을 누리게 된다는 말이 아닙니다. 이것은 오로지 주님을 닮고 그분과 함께 걸으며 하나님께 순종함으로 행한다는 것을 조건으로 하는 영적인 풍성함을 말합니다. 일차적 조건은 십자가를 받아들이는 것입니다. 그러면 성도는 세상에 대해 못 박히고, 세상은 성도에 대해 못 박히게 됩니다. 그러나 이런 구별함을 인정받고 받아들이며 아버지의 뜻에 온전히 굴복하고 계속 순종할 때 주님의 임재와 내주하심으로 모든 갈망과 필요가 충족됩니다. 오직 그렇게 한 후에야 "내가 온 것은 양으로 생명을 얻게 하고 더 풍성히 얻게 하려는 것이라"라는 말씀의 의미를 이해하게 될 것입니다.

생명의 샘으로 나아왔습니까? 그 풍성한 생명을 마시고 있습니까? 그분의 사랑 안에 살고 있습니까? 이것이 우리 영의 생명이며, 우리 몸의 건강이고, 우리 기쁨의 비결입니다!

이 흘러넘치는 풍성한 생명을 구함으로 "그의 놀라운 능력이 우리를 통해 흘러가는" 통로가 되어 그분이 매일 매시간 우리를 사용하실 수 있기를 바랍니다. 에반스 H. 홉킨스 Evan H. Hopkins

영원의 샘으로 나아와 마음껏 마시기 바랍니다. 절대 마르지 않는 샘물입니다!

수백만이 넘는 사람들이 지금 그 갈증을 충족시킨다 하더라도
절대 마르지 않습니다.
수백만이 넘는 사람들이 끊임없이 마신다 하다라도
절대 마르지 않습니다!

12월 17일
갚아 주리라

"내가 전에 너희에게 보낸 큰 군대 곧 메뚜기와 느치와 황충과 팥중이가 먹은 햇수대로 너희에게 갚아 주리니" 욜 2:25

그 햇수가 몇 년인지는 말하지 않습니다. 다만 "너희에게 갚아 주리니"라고 말씀하십니다.

살다 보면 종종 헐벗고 괴로움을 당할 때가 있습니다. 우리의 실수로 밭이 황무하게 되고, 우리 인생이 사막으로 변하기도 합니다. 그러나 "메뚜기가 먹은 햇수대로 너희에게 갚아 주리니"라는 이 말씀이 얼마나 위로가 되는지 모릅니다.

수심에 잠겨 밤을 지새웠던 적은 없었습니까? 정오에 메뚜기 떼가 하늘을 뒤덮듯이 인생이 암울한 적은 없었습니까? 고통 중에 "다시는 해가 비치지 않을 것이다"라고 부르짖었던 적은 없었습니까? 그러나 그분이 약속하신 이 말씀을 읽어 보십시오. "메뚜기가 먹은 햇수대로 너희에

게 갚아 주리니."

사랑하는 성도여. 그분을 의지하십시오. 안락한 넓은 집에서 살 때는 잊어버렸을지 모르는 그분을 바라보십시오. 그분은 기다리고 계십니다. 한때 그렇게 의기양양했던 세상의 재물을 되돌려주시지는 않을지라도 이것을 기억하십시오. 더 고귀하고 좋은 상태로 그 세월을 갚아 주실 것입니다.

메뚜기가 먹은 햇수는 때로 또 다른 형태를 띠기도 합니다. 세속의 욕망과 자기만족을 쫓느라 하나님을 외면했던 세월들이 여기에 해당합니다. 이런 일을 했던 적이 얼마나 많은지 모릅니다. 논밭이 황량해도 전혀 놀랍지 않습니다. 하나님은 이런 세월들을 회복하실 수 있을까요? 나오미에게 그 세월을 회복해 주셨나요?

하나님은 하실 수 있습니다.

이집트의 알렉산드리아 여러 운하에는 파란 수련이 많이 자랍니다. 어떤 계절에는 이 운하들이 완전히 말라 버리는데, 내리쬐는 햇볕에 벽돌처럼 딱딱하게 말라붙은 이 운하 바닥은 짐을 실어 나르는 길로 사용됩니다. 그러나 물이 다시 운하로 흐를 때 수련은 다시 자라나서 이전보다 더욱 생생하고 아름다운 꽃을 피웁니다.

12월 18일
마지막까지 타오르게 하소서

"어둠에 있는 자의 빛이요" 롬 2:19

우리는 다른 사람들이 불을 밝힐 수 있도록 우리의 불을 밝힙니다. 만일 할 수만 있다면 버려지는 것 없이 끝날 때까지 타오르고 싶습니다. 그렇게 조용히 빛을 밝히며, 아직 불을 밝히지 않은 많은 초들에게 가능한 한 많이 하나님의 불을 나누어 주면서 전원이 들어올 때까지 꾸준히 불을 밝히었으면 합니다. 그리고 마지막으로 불이 꺼지기 전 한꺼번에 스물, 서른, 백 개의 촛불을 밝히고 싶습니다. 그래서 누군가 불이 꺼질 때 그렇게 나누어 준 불들이 타올라 예수님이 오실 때까지 세상을 밝히 도록 빛을 밝힐 수 있었으면 합니다.

사랑하는 주님, 당신을 위해 제가 타오르게 해주십시오.
당신을 위해 한줌 재가 되도록 불을 밝히게 해주십시오.
녹슬지 않게 해주시고
내 하나님 당신께 실패한 인생이 되지 않게 해주십시오.
사랑하는 주님, 저를, 제 모든 소유를 사용해 주시고
당신께 가까이 나아가게 해주십시오.
위대한 하나님의 심장 맥박 소리를 느끼도록 해주십시오.
당신을 위해 불을 밝혀 한줌 재가 될 때까지 말입니다.

베시 F. 해처 Bessie F. Hatcher

12월 19일
가난하게 되심

"부요하신 이로서 너희를 위하여 가난하게 되심은" 고후 8:9

이 땅의 먼지투성이 길을 걸으신 이들 중에 가장 가난한 분! 그분은 가난한 집에 태어나셔서 누구의 관심도 없이 어린 시절을 보내셨지만 온 인류를 부유하게 하셨습니다!

사람들이 우습게 보는 촌에서 목수 생활을 하시며 이십 년을 보내셨 습니다. "나사렛에서 무슨 선한 것이 날 수 있느냐"(요 1:46).

우리가 아는 한 그분은 단 한 푼의 재산도 소유하지 않으셨습니다. 광야에서 굶주리셨고 야곱의 우물에서는 목이 마르셨습니다. 사람들로 붐비는 도시에서는 집 한 채 없으셨습니다. 그렇게 그분은 사시고, 사랑 하시다가, 죽으셨습니다!

여우는 쉴 곳이 있고
새는 숲속 나무 그늘에
둥지를 틀지만
당신은 풀밭 위에 몸을 누이셨습니다.
오, 하나님의 아들이신 당신은
갈릴리 광야의 흙투성이에 몸을 누이셨습니다.

아무 대가를 받지 않고 말씀을 전하셨고, 한 푼도 받지 않고 기적을 베푸셨습니다. 세상은 그분의 사역지였습니다. 무화과나무에서 끼니를 해결하려고 하셨습니다. 밀밭을 걸으실 때 밀 이삭을 잘라 허기를 채우셨습니다. 돈이 없다고 그랬나요? 그분은 베드로를 바다로 보내셔서 세금을 낼 돈을 마련하도록 물고기를 잡게 하셨습니다. 밀밭도 어장도 하나 없으셨지만 5천 명을 먹일 식탁을 차리시고 떡과 물고기를 남기실 수 있었습니다. 발로 밟을 아름다운 카페트는 없었지만 물 위를 걸으셨습니다.

너무나 가난하셔서 몸소 십자가를 지고 성을 지나셔야 했고 휘청거리고 넘어지셔야 했습니다. 그분의 목숨 값은 겨우 은 삼십 냥에 지나지 않았습니다. 가장 낮은 노예의 몸값이었습니다. 그러나 하나님 편에서 그분의 끝없는 고통은 우리를 구속하시기에 결코 낮은 금액이 아니었습니다! 그분이 숨을 거두셨을 때 슬피 우는 사람들은 거의 없었습니다. 하지만 하늘은 검은 휘장으로 해를 가렸습니다. 그분의 십자가는 중형 중의 중형이었습니다!

갈보리 언덕에서 흘린 것은 단순히 인간의 피가 아니었습니다.

그분은 돌아가 몸 누일 집이 없으셨습니다.
어둠이 내리고 사람들이 좁은 거리를 내려갈 때
아이들이 간절한 시선으로 바라보는 거리
모두 마을에 쉴 집이 있어도

그리스도께서는 발길 닿는 대로 몸 누일 곳을 찾으셨습니다.
누군가의 집, 여관, 길가, 마구간이 그분의 집이었습니다.

그날 타신 배는 빌린 것이었습니다.
그분은 동쪽 호숫가로 몰려든 무리들에게 말씀하셨습니다.
빌린 방으로 그날 밤 택하신 열두 제자를 부르시고
함께 떡을 떼자고 말씀하셨습니다.
그리고 조금도 망설임 없이 승리의 행진을 하며
다른 사람의 새끼나귀를 타고 가셨습니다.

아리마대 출신 한 남자는 무덤이 있었습니다.
못이 그 소임을 다하자 그리스도를 그곳에 뉘었습니다.
사람들로 북적거릴 때는 몰랐습니다.
필요할 때 쓸 동전들이 있었습니다.
내가 갈망하는 이런 사소한 것들, 그런 것들은 중요하지 않습니다.
저로 그 일들을 잊게 하소서. 아버지여, 그리고 담대하게 하소서!

헬렌 웰시머 Helen Welshimer, "덧없는 것들" The Transient

12월 20일

예수

"너희의 하나님을 보라" 사 40:9

그분은 사람의 아들이 되심으로 우리로 하나님의 아들이 되게 하셨습니다. 잘 알려지지 않은 작은 마을에서 소작농을 하는 여인의 아들로 태어난 한 남자가 있습니다. 재물도 없었고, 유력자도 아니었고, 전문 훈련이나 교육도 받지 못하였습니다. 하지만 어린 시절 왕을 놀라게 했고 소년 시절에는 학자들을 당황하게 했습니다. 어른이 되어서는 폭풍 가운데 걸으시며 바다로 잠잠케 하셨습니다. 약을 쓰지 않고도 수많은 사람들의 병을 고쳐 주셨고, 아무 보수도 받지 않고 섬기셨습니다. 책 한 권 쓰지 않으셨지만 세계의 모든 도서관이 그분에 관해 쓴 책들을 소장하고 있습니다. 노래를 지으시지 않았지만 모든 작곡가들이 작곡한 노래보다 더 많은 노래의 주인공이 되셨습니다. 대학을 세우신 적이 없지만 모든 대학에서 그분을 배우고 기리는 학생들이 누구보다 많습니다.

"부요하신 이로서 너희를 위하여 가난하게 되심은"(고후 8:9).

얼마나 가난하셨을까요? 마리아에게 물어보십시오. 동방 박사들에게 물어보십시오. 그분은 남의 구유에서 주무셔야 했습니다. 남의 배로 호수를 건너가셨습니다. 다른 사람의 나귀를 타셨습니다. 다른 사람의 무덤에 묻히셨습니다.

아직 젊은 나이에 대중들의 여론 흐름이 그분에게 적대적으로 바뀌었습니다. 그분의 친구들은 그분을 버리고 도망갔습니다. 그들 중 한 명은 그분을 부인했고, 또 다른 한 명은 그분을 배신하여 적들에게 넘겨주었습니다. 부당한 재판으로 조롱과 모욕을 당하셨습니다. 양편의 두 도적과 함께 십자가에 못 박히셨습니다. 사형 집행관들은 그분의 겉옷을 두고 제비뽑기를 했습니다.

힘차게 진격하는 모든 군대와 진용을 갖춘 모든 해군, 착석한 모든 의원들, 통치한 모든 왕들을 다 합쳐도 이 고독하게 살다 가신 분처럼 사람들의 인생에 놀라운 영향을 미친 이는 없었습니다.

위대한 사람들이 등장했다 사라지지만 그분은 지금도 살아계십니다. 죽음으로 그분을 파괴할 수 없었습니다. 무덤도 그분을 가둘 수 없었습니다!

"보라 온 세상이 그를 따르는도다"(요 12:19).

"우리도 … 가자"(요 11:16).

"네가 만일 그를 찾으면 만날 것이요"(대상 28:9).

그분을 만나시기 바랍니다!

12월 21일

사명자의 길

"자기를 구원하고" 마 27:40

"당신 자신이나 구원하라!" 주님은 이런 말을 수없이 많이 들어 익숙하셨을 것입니다. 공생애 기간 내내 이와 비슷한 말을 들으셨습니다. 베다니에서 나사로가 죽었다는 전갈을 받았을 때, 그분의 제자들은 베다니로 가시지 말고 스스로를 구원하시라고 설득했습니다.

가버나움에서는 걱정을 떨치지 못한 가족이 그분을 찾아와 나사렛으로 돌아가 스스로를 구원하라고 간청했습니다. 마지막 유월절 때 몇 명의 헬라인들이 찾아와 위험한 곳을 빠져나갈 수 있는 기회를 주면서 스스로를 구하라고 했습니다.

그분은 겟세마네에서 최종 결심을 하셨는데, 그 결정은 지금까지 그분이 내린 결정들과 전혀 다르지 않았습니다. 그분은 스스로를 구하려 하지 않았습니다. 이제 십자가상에서 극도의 고통에 시달리실 때 스스로를 구원하고 자신도 구해 달라는 강도의 조롱 소리를 들으셨습니다. 그분을 비난하던 사람들과 십자가에 못 박은 자들이 그 조롱에 끼어들어 "네가 너를 구원하여 십자가에서 내려오라"(막 15:30)라고 소리쳤습니다.

그러나 자신을 부인하라고 제자들을 가르치셨고, 목숨을 버림으로 생명을 얻는다고 가르치신 분은 스스로를 내어주기로 굳게 결심하셨습니다. 다락방 The Upper Room

한 로마 군인은 그의 길을 안내하는 사람에게서 어떤 여정을 계속 고집한다면 큰 화를 당할 것이라는 말을 듣고 이렇게 대답했습니다. "나는 꼭 가야 한다. 내가 꼭 살아야 할 필요는 없다."

거기에는 깊이가 있습니다. 우리가 그와 같은 신념이 있다면 그리스도인이라는 우리 이름에 합당한 수준에 도달해야 할 것입니다.

거의 패배했으나 두려워하지 않고
폭풍과 어둔 밤과 직면하여
비틀거리며 거친 숨을 몰아쉬더라도 두려워하지 않고
여기서 싸움을 잠시 그치고 숨을 고르노라
나는 오직 당신께만 엎드려 절하리니
만군의 하나님이시여
손을 들어 당신께 간청하오니
용사의 마음을 주옵소서!

내가 승리자들과 함께 서 있을지
아니면 패배자들과 함께 넘어질지?
오직 비겁자만이 죄인이라
주어진 싸움을 끝까지 싸우는 것이 중요하도다.
대적은 강하고 거침없이 진격하니
오, 주님, 내 칼날이 부러졌나이다.
오만하게 휘날리는 적의 깃발과 창을 보소서
그러나 저의 칼자루를 지켜주소서!

12월 22일

견딤

"보이지 아니하는 자를 보는 것같이 하여 참았으며" 히 11:27

모세의 일생은 참는 것이 일상이었습니다. 당대의 왕궁 생활과 가장 화려한 궁궐에서 추방되었지만 견뎌야 했습니다. 특권을 박탈당하고 보장된 앞날이 사라지는 고통도 참아야 했습니다. 애굽에서 도망쳐 나와서 왕의 진노를 피해야 했습니다. 미디안에서 외롭게 추방자로 사는 삶을 견뎌야 했고 그곳에서 거의 무명의 삶을 견뎌야 했습니다. 노예살이를 하던 민족을 이끌고 광야로 나와서 기약 없이 힘들게 걸어야 했습니다. 그는 이들을 하나의 민족으로 통합하고자 애썼습니다. 무례한 태도를 견디고 패역하고 반항적인 세대의 수없는 도발을 견뎌야 했습니다. 느보산에서 홀로 숨을 거두어야 했고 천사들은 그곳에 그를 위해 이름 없는 무덤을 만들어 주었습니다. 우리는 여기에서 그의 놀라운 인내의 비밀을 알게 됩니다.

"보이지 아니하는 자를 보는 것같이 하여 참았으며."

그는 하나님의 임재를 깨달았습니다. '하나님이 나를 보고 계신다'고 의식하며 살았습니다. 하늘을 우러러보며 천상과 영원을 습관처럼 생각했습니다. 그의 영혼의 다락방에는 보이지 않는 세계를 내다볼 수 있는 하늘을 향해 열린 창문이 있었습니다. 옛 작가가 말한 대로 그는 바로보다 훨씬 넓고 멀리 보는 시야가 있었고, 이런 시야가 있었기에 그는 바른 길로 갈 수 있었습니다. 그렇습니다. 이렇게 하면 누구라도 바른 길로 갈 수 있습니다. 하나님이 우리를 살펴보고 계신다는 사실을 의식하며, 보이는 것이 아니라 믿음으로 행하며 살아갈 수 있습니다. 한 위대한 현대의 설교자는 이렇게 말합니다. "사람이 보이지 않는 곳에 계시는 그분의 성품의 일부분이라도 소유할 수 있다면 이 세상의 일들을 매일 잘 짊어지고 갈 수 있습니다."S. 로 윌슨 S. Law Wilson

12월 23일

마스터키

"아직도 무엇이 부족하니이까" 마 19:20

예수님이 부유한 젊은 관원의 질문에 대답해 주시자 그 청년은 "이 모든 것을 내가 지키었사온대 아직도 무엇이 부족하니이까"라고 반문했습니다. 예수님이 그의 부족한 부분을 지적해 주시자 그는 "근심하며" 갔습니다(22절). 그리고 대화는 끝나 버렸습니다. 예수님은 마스터키를 요구하셨고 그 청년은 그 키를 내놓지 않았습니다.

예수님이 당신 인생의 키를 가지고 계십니까? 당신 인생의 서재 열쇠를 갖고 계십니까? 아니면 당신이 읽고 싶은 대로 읽고 있습니까? 인생의 식당 열쇠를 그분이 갖고 계십니까? 그분의 말씀으로 영혼의 양식을 삼고 있습니까? 오락의 열쇠를 그분이 갖고 계십니까? 아니면 가고 싶은 대로 그냥 마음대로 즐기고 있습니까? 그리스도께 인생의 마스터키를 맡겨드렸습니까?

우리는 성령의 모든 것을 가지고 있는데, 그분은 우리의 전부를 가지고 계십니까? 아직 성령으로 충만하지 않은 곳은 없습니까? 우리가 우리 영혼의 집 지하실부터 다락까지 모든 열쇠를 다 맡겨드리지 않음으로 아직 그분이 온전히 임재하시지 않은 공간이나 방이나 골방은 없습니까?

주님의 집에는 수많은 방이 있습니다.
크고 높은 방, 낮고 작은 방
세상의 드넓은 대로에서 돌아와
현관으로 들어가는 문을 찾은 사람들
그들은 그 집의 그늘과 시원함에 만족합니다.
친구의 집에 왔다는 것을 알기에
평화로이 고요하게 거기서 쉼을 누리며
여행의 목적지에 와서 마침내 여장을 풀었다고 생각합니다.

어떤 사람들은 작은 대기실로 만족합니다.
현관으로 들어가는 문이 활짝 열려 있습니다.
향기로운 정원에서 불어오는 바람
음악처럼 분수에서 떨어지는 물방울들
그들은 봄이 하사하는 열매를 풍족하게 누리며
앞으로 맛볼 기쁨을 생각해 봅니다.

그리고 평화로이 고요하게 거기서 쉼을 누리며
주님이 그들을 집으로 데려다주셨다는 기쁨으로 미소 짓습니다.

그러나 더 높이 올라와
주인이 거주하는 이층 방으로
그들을 기다리는 보물 창고로 오라는 그분의 초청을
귀담아들은 사람들이 있습니다.
누가 이 보물 창고를 보았을까요?
어떤 마음이 그 보물을 알았을까요?
숨어있는 그 보물을 어떤 마음이 상상이나 했을까요?
주님을 사랑하는 자들을 위해 준비된 기쁨
그것을 찾는 자들에게만 보입니다.
그분의 영광으로 옷 입고 그들은 그분의 임재 안으로 나아갑니다.
그분의 능력으로 휘감고 행합니다.
지극히 높으신 하나님의 은밀한 곳,
내실로 난 문을 찾은 자들입니다.

애니 존슨 플린트 Annie Johnson Flint, "내실" The Inner Chamber

12월 24일

백색 장례식

"그와 함께 장사되었나니 이는 …
우리로 또한 새 생명 가운데서 행하게 하려 함이라" 롬 6:4

"백색 장례식"(다시 말해 옛 생활의 종말. 이런 죽음의 위기를 통과하지 않는다면 성화는 환상에 불과합니다)을 통과하지 않고는 그 누구도 온전한 성화의 경험을 할 수 없습니다. "백색 장례식", 단 한 번의 부활을 위한 죽음, 예수님의 생명에 참여하는 부활이 있어야 합니다. 그 무엇으로도 이 생명을 무너뜨릴 수 없습니다. 그것은 하나님의 증인이 된다는 한 가지 목적으로 하나님과 함께하는 삶을 말합니다.

정말 나는 나의 마지막 날을 맞았습니까? 감상에 젖어 마지막 날을 받아들이지만 진정으로 그 상태에 이르렀습니까? 흥분한 감정이 아직 살아있는 상태로 당신의 장례식에 갈 수도 없고, 그런 감정이 살아있는데 죽을 수도 없습니다. 죽음은 존재를 멈추는 것입니다. 지금까지 그리스도인이 되기 위해 열심히 노력했던 것을 그만두는 데에 하나님과 동의합니까? 우리는 무덤을 애써 외면하며 죽음의 자리로 나아가기를 늘 거부합니다. 하지만 그것은 죽음으로 나아가려고 애를 쓰는 것이 아니라 그냥 죽는 것입니다. "그의 죽으심과 합하여 세례를 받는" 것입니다(3절).

나는 "백색 장례식"을 치렀습니까? 아니면 내 영혼과 거룩 놀이를 하고 있습니까? 내 인생에 마지막 날로 표시된 곳이 있습니까? 징계를 받고 단련된, 특별히 감사하고 싶은 추억이 있습니까? 그렇습니다. 내가 하나님의 뜻과 함께한 때가 바로 그때였습니다. "하나님의 뜻은 이것이니 너희의 거룩함이라." 하나님의 뜻이 무엇인지 깨달을 때에 자연스럽게 성화의 자리로 나아갈 수 있는 것입니다. 이제 "백색 장례식"을 치를 마음의 준비가 되었습니까?

오늘이 지상의 마지막 날이라는 그분의 말씀을 받아들입니까? 그 순간은 당신에게 달려 있습니다. 오스왈드 챔버스Oswald Chambers, "주님은 나의 최고봉" My Utmost for His Highest

12월 25일

인구조사

"큰 기쁨의 좋은 소식" 눅 2:10

영광의 기쁜 소식! 하늘은 불이 난 듯 온통 붉게 물들고 천상은 모두 한 왕의 이름을 찬양합니다. 얼핏 보이는 눈부신 보좌와 왕관, 작은 한

마을에 쏟아지는 찬란한 광채! 기쁨의 소식, 큰 기쁨의 복된 소식, 순수한 천상의 희열! 더 이상 슬픔도 고통도 없는 더없는 행복과 축복이 영원히 다스릴지라! 구원의 소식! 예수, 구세주, 그리스도, 풍성한 자비의 주님, 죄의 사슬에서 해방되리라는 더없이 놀라운 소식 우리 마음에 전해지니, 주 예수여 오소서. 모든 이들에게, 만 백성과 왕들과 목자들에게, 큰 자나 작은 자를 가리지 않고 모두에게 전해지는 복된 소식이여. 부자나 가난한 자나 무지한 자나 지혜로운 자들에게 풍성한 하늘에서 내리는 그의 축복 일일이 전하여라! 오, 마음으로 준비된 눈과 귀들이 강림하는 빛을 보고 노래를 들을지어다! 온 세상의 모든 남자들과 여자들에게, 소녀와 소년들에게 큰 기쁨의 좋은 소식을 전하여라!|아모스 R. 웰스 Amos R. Wells

그분은 그분이 가진 최고의 것을 우리에게 주셨습니다!

베들레헴으로 그들은 호적을 신고하러 갔습니다.
그리고 그곳에서 오래된 가이사의 호구조사에
사람들의 아들들 중에 그분의 이름이 기록되었습니다.
가이사의 시민으로서 '예수'라고 적고
다윗의 마을에서 출생한 "다윗의 혈통 마리아의 아들"이라고 적었습니다.
그렇게 호구조사가 되었습니다.
세상의 생명책에, 세상을 구원하려 태어나신 "예수"의 이름을
그들은 그렇게 적었습니다.
사람들은 그분을 죄인들과 가난한 사람들과 동류로 여겼습니다.
하지만 그분은 하나님의 아들이자 거룩하고 순결한 분이었습니다.

하늘의 명부에는 그분의 이름만이
책 안에는 그분의 이름만 보입니다. 그분의 생명책입니다.
그 생명 책, 그 책에 선명하게 기록된 이름들이 있습니다.
그 왕국에서 태어난 사람들의 이름들,

영원히 살 모든 사람들이
영원토록 그 책에 기록되어 있을 것입니다.
그분이 한때 죄인들과 같이 헤아림을 받았으므로
우리는 하나님의 자녀로 다시 헤아림을 받을 수 있습니다.
가이사의 책은 오래 전에 사라지고 없어졌지만
어린양의 고귀한 생명책은 영원히 있을 것입니다.

케이 맥쿨러프Kay McCullough, "인구 조사" The Census Books

1900여 년 전 세상의 지평선을 건너가셨던 분은 단순히 요셉과 마리아의 아들이었습니까? 당신의 마음은 반드시 대답을 해야 합니다.
"나의 주 나의 하나님!"

12월 26일
흉물이 예술품으로

"이제 내 머리가 나를 둘러싼 내 원수 위에 들리리니" 시 27:6

스코틀랜드 북쪽 내 작은 여름 별장 근처에는 오래된 스코틀랜드 대저택이 있습니다. 그 저택은 가끔 방문한 예술가들이 벽에 그린 스케치들과 그림들로 유명한 방이 하나 있습니다. 세계 끝에서 사람들이 찾아와서 구경할 정도입니다. 그 모든 일은 이렇게 시작되었습니다.

그 방은 개조 공사를 한 방이었습니다. 회반죽 벽에 다시 페인트칠을 해두었습니다. 그런데 소다수가 담긴 관이 터지는 사고가 발생해 새로 페인트칠을 한 회반죽 벽은 얼룩으로 엉망이 되고 말았습니다. 당연히 그 집의 여주인은 새로 장식한 방에 그런 사고가 나자 짜증이 났습니다. 그녀는 심하게 역정을 부리고 화를 냈습니다.

마침 그 집에는 위대한 예술가가 머물고 있었습니다. 바로 에드윈 랜드시어 경이었습니다. 그는 그녀에게 한마디도 하지 않았습니다. 하지만 그다음 날도 그녀는 화가 가라앉지 않았습니다. 얼룩이 마르자 벽은 더 흉하게 보였고 도저히 나아질 것 같지 않았습니다. 일행이 모두 황무지로 구경을 나간 후 그는 집에 남았습니다. 그는 목탄을 들고 몇 번 능숙한 솜씨로 무엇인가를 그리더니 그 흉한 벽을 너무나 아름다운 작품으로 변모시켰습니다. 그는 그 벽을 배경으로 삼아 폭포를 그리고 그 주변에 바위와 전나무 한두 그루, 우아한 사슴도 그려 넣었습니다.

실제로 벽에 그려진 이 스케치는 랜드시어가 하이랜드 산악지대의 삶을 가장 성공적으로 스케치한 작품 중 하나로 꼽힙니다. 요점은 이것입니다. 흉물이 영구적인 아름다움과 값을 매길 수 없는 예술품으로 변화되었다는 것입니다.

어디서 당신이 실패했는지는 중요하지 않습니다. 마음속 가장 깊은 동기에서 비롯된 것인지도 중요치 않습니다. 얼마나 크게 넘어졌는지도 문제가 되지 않습니다. 얼마나 심하게 일그러지고 하나님의 형상을 상하게 했는지도 개의치 않습니다. 위대한 화가이자 위대한 장인이신 우리 모두의 주님께서 그 실패의 자리에서 우리 영혼을 건져내셔서 후에 사용할 수 있도록 아름답게 변화시켜 주실 수 있습니다. J. 스튜어트 홀던

J. Stuart Holden

하나님이 당신을 위해 그 일을 하시도록 하십시오!

12월 27일

사막의 단맛

"너희가 돌이켜 조용히 있어야 구원을 얻을 것이요
잠잠하고 신뢰하여야 힘을 얻을 것이거늘" 사 30:15

"사막의 단맛." 이것은 길가의 과일 가판대에 써 있던 푯말이었을 뿐입니다. 그러나 그것이 광고하는 황금빛 자몽은 새로운 가치를 지니게 되었습니다. 우리 주님이 주신 공식, "너희는 따로 한적한 곳에 가서 잠

간 쉬어라"(막 6:31)를 따르는 인생도 모두 그러할 것입니다. 구약의 매우 뛰어난 선지자들 중에는 "여호와께서 말씀하시되"와 같은 메시지를 이런 고독한 사막에서 받은 이들이 적지 않습니다. 광야에서 예수님은 시험을 받으셨고 승리하셨습니다. 바울은 3년간의 사막 생활을 끝내고 역사상 가장 위대한 선교사가 되었습니다.

"사막의 단맛!" 하루를 시작하고 마무리할 때 고요한 곳이 바로 그렇습니다. "침묵의 작은 채플, 많은 무리들과 함께 있지만 영혼이 들어가 기도할 수 있는 곳." 햇살과 적막, 이는 광야를 가리키는 동의어입니다. 이런 묵상의 순간에 그리스도와 대면하고 만났으므로 고요와 용기와 확신의 특별한 선물을 받을 수 있었으면 합니다!

영적인 능력의 약속의 땅으로 가는 길은 늘 "고요하고 세미한 음성"을 들을 기회가 있는 사막을 지나갑니다. 글렌 렌달 필립스 Glenn Randall Phillips

그가 임재하시는 은밀한 곳, 내 영혼 거기 숨기를 얼마나 기뻐하는지요!
오, 예수님의 무릎에서 배우는 교훈들은 얼마나 소중한지 모릅니다!
세상 근심이 절대 나를 흔들지 못하고 시련도 나를 무너뜨리지 못합니다.
사탄이 날 유혹하러 찾아오면 은밀한 그곳으로 피하니까요.
내 영혼 피곤하고 갈할 때 그분의 날개 그늘로 피합니다.

거기에는 서늘하고 아름다운 쉼터가 있고
신선하고 수정 같은 샘물이 있습니다.
내 구주께서 내 곁자리에 함께하시니 우리는 달콤한 교제를 나눕니다.
우리 그렇게 서로 얼굴을 대할 때
그가 하신 말씀을 내 입으로 한마디도 할 수 없어도
오직 이 하나는 알고 있습니다.
나의 모든 의심과 슬픔과 두려움을 그분께 다 털어놓을 수 있다는 것을.

오, 그분이 얼마나 참을성 있게 들어주시는지!

낙심한 내 영혼, 그분이 소생시켜 주십니다.
그분이 나를 책망하지 않는다고 생각하시나요?
만약 그렇다면 그분은 참된 친구가 아닙니다.
그분이 보셔야 하는 내 죄를 그분이 한 번도 지적하지 않으셨다면
참 친구가 아닙니다.

주님의 은밀한 기쁨을 알고 싶으신가요?
가서 그 그늘 아래 피하십시오.
그러면 그 기쁨을 상급으로 받을 것입니다.
그 행복한 만남의 자리, 그 고요한 자리를 떠날 때마다
그대 얼굴에 주님의 형상을 새기고 마음 깊이 지녀야 할 것입니다.

엘렌 라크쉬미 고레|Ellen Lakshmi Goreh

12월 28일

놀라운 사랑

"그대가 나를 사랑함이 기이하여" 삼하 1:26

　시련과 수고와 희생이 모두 다 지나가고 아름다운 우리 주님이 영광 중에 계신 것을 볼 때 이런 칭찬의 말씀을 들으리라는 희망이 지나친 것일까요? 우리에게 "그대가 나를 사랑함이 기이하다"와 같은 칭찬을 해 주시기를 바라는 것이 지나친 욕심일까요? 분명히 말씀드리건대 우리 주님의 입에서 이런 칭찬의 말씀을 듣고, 어떤 대가를 치르더라도 충성했던 사람에게 주님이 이렇게 말씀하시는 것을 들을 때, 그동안의 수고와 인생의 자발적 희생과 모든 포기는 아무것도 아닌 것처럼 보일 것입니다. "잘 하였도다. 땅에서 사람들에게 환호를 받지 못했고 너를 알아주는 자들이 아무도 없었구나. 힘든 의무를 묵묵히 순종함으로 나에게 영광을 돌리고자 한 네 인생이 사람들에게는 시간 낭비 같고 그 희생은 무

가치한 것처럼 보였을 것이다. 그대가 나를 사랑함이 기이하구나! 사람들은 네가 실수하는 것이라고, 세상풍조를 알지 못하는 좁은 시야 때문이라고 말했었구나. 사람들은 네가 광신자이자 어리석은 바보라고 생각하고 그렇게 너를 놀려대었구나. 나를 못 박았듯이 너를 십자가에 못 박았구나. 그러나 그대가 나를 사랑함이 기이하구나!"

구주여, 당신은 목숨을 버리시는 사랑을 제게 주셨나이다.
사랑하는 주님이여, 당신을
절대 떠나지 않겠나이다.
사랑으로 내 영혼이 경배하며
내 마음 그 맹세를 지키리이다.
지금 당신께 선물을 드리오니
당신을 위한 선물이니이다.

그는 지극히 사랑스러운 분입니다.

12월 29일

작은 구름

"바다에서 사람의 손만 한 작은 구름이 일어나나이다" 왕상 18:44

들판은 비가 오지 않아서 바짝 말라붙었습니다. 초록색 월계수 나뭇잎은 뜨거운 태양 속에 시들어 늘어져 있습니다. 땅은 마른 가루처럼 메말랐고, 나무 잎사귀는 잿빛 먼지가 수북이 쌓였습니다. 어디에도 초록색 빛이 보이지 않습니다. 아무리 눈을 둘러보아도 자연은 베옷을 입고 재를 뒤집어 쓴 듯한 모습입니다. 디셉 사람 엘리야 시대에 이스라엘에 닥친 것과 같은 가뭄을 우리는 한 번도 본 적이 없습니다. 3년 6개월 동안 비가 오지 않았습니다. 들판은 곡식을 내지 않았고 어린아이들은 먹을 것을 달라고 울부짖었습니다.

엘리야는 갈멜산에서 비를 달라고 기도했습니다. 그는 사환에게 "가서 바다 쪽을 살펴보고 비가 올 징조가 보이는지 말해 다오"라고 말했습니다. 사환은 일곱 번이나 가서 서쪽 수평선을 살펴보았지만 지중해의 하늘은 햇살만 반짝거렸습니다. 일곱 번째 갔다가 돌아온 사환은 "바다에서 사람의 손만 한 작은 구름이 일어나나이다"라고 말했습니다.

비록 작은 구름이었지만, 하나님이 기도에 응답하고 계시며 새로운 날이 온 이스라엘 땅에 임한다는 확신을 엘리야가 갖기에는 충분했습니다.

사람들은 늘 엘리야 같지 않습니다. 하나님께 부르짖을 때는 바로 하나님이 응답해 주시는 모습을 보려고 조바심을 냅니다. 기도하던 자리에서 일어나 하늘에 구름이 무겁게 걸리지 않은 것을 보면 하나님이 축복의 소나기를 내리시지 않는다고 쉽게 단정해 버립니다. 그러나 보통 하나님은 느린 속도로 우리에게 필요한 것을 주십니다.

우리가 조급해지는 이유는 하나님이 자비를 베푸시려고 하는 희미한 움직임을 우리 영혼이 제대로 감지하지 못하기 때문입니다. 동쪽 하늘을 스치듯이 지나가는 첫 회색 구름은 다가올 날의 약속입니다. 하나님께 부르짖을 때 우리 영혼을 처음으로 살짝 지나가는 빛의 광선은 그분이 응답하시기 시작한다는 신호입니다. 고통당하는 영혼으로 살짝 스며드는 부정할 수 없는 위로의 첫 감정은 만물이 소생할 소나기의 약속을 담은 작은 구름과 같습니다.

한 젊은 여성은 "무릎을 꿇고 기도를 드렸습니다. 한 줄기 빛이 비취는 듯한 느낌이 들었습니다. 그리고 나서 나를 괴롭히던 일이 해결되리라는 확신이 생겼습니다"라고 말했습니다. 마음의 은밀한 자리를 잠시 비추어 준 빛은 거대한 행복과 축복의 조짐이었습니다.

하나님의 위로를 구하는 상한 심령은 무겁게 짓누르던 슬픔의 무게가 잠시 가벼워질 때 휴식처럼 찾아오는 순간들에서 용기를 얻어야 합니다. 하나님은 얼마나 섬세하게 우리를 다루시는지 모릅니다. 이런 순간들은 하나님의 섭리의 과정에서 마침내 찾아올 평화를 알리는 신호입니다.

갈 바를 몰라 하나님께 인도하심을 구하는 마음은 인생의 방향을 특별한 방향으로 이끄는 사건들과 항상 우리 문제를 비추어 주는 빛을 보고 확신을 얻기 바랍니다. 하나님이 우리 기도에 응답하기 시작하셨음을 믿기 바랍니다.

오, 하나님의 용서를 구하며 죄책감에 시달리는 마음이여, 순결의 갈망과 영혼의 쓰라린 고통, 하나님의 사랑에 대한 희미한 속삭임을 오직 영혼의 귀로 들을지어다. 이 모든 것으로 하나님이 이미 들으시고 응답하고 계심을 알지어다. 하늘에는 작은 구름들이 점점이 떠 있어 하나님의 자비가 미세하게 시작되고 있음을 알립니다. 그들은 기다리는 마음에게 수평선 너머 그분의 축복을 가득 실은 더 큰 구름들이 오고 있음을 확인해 줍니다. 코스턴 J. 해럴Costen J. Harrell

하나님이 움직이시는 미세한 조짐을 잘 살펴보기 바랍니다!

12월 30일

낙심할 이유 없음!

"한 로뎀 나무 아래에 앉아서 자기가 죽기를 원하여 이르되" 왕상 19:4

이 사람은 바로 엘리야였습니다. 정말 놀랍고 당황스럽고 실망스럽습니다. 얼마 전에 그는 수천 명의 이스라엘 사람들에게 둘러싸여 갈멜산에 있었습니다. 바알 숭배자들의 저돌적이고 대담한 공세에 전혀 당황하지 않고, 하나님의 명예를 회복하시고 바알을 물리쳐 주시기를 확신 가운데 호소했습니다. 그런데 과거를 모두 잊어버리고 깊은 낙심의 제물이 되어 모든 것을 포기하고 하나님이 차라리 목숨을 거두어 주시기를 바라고 있습니다. 하나님은 한 번도 그를 실망시키신 적이 없었습니다.

그와 겨루어 이긴 대적은 단 한 명도 없었습니다. 낙심할 이유가 없었고 도망갈 이유도 없었습니다. 하나님께 목숨을 거두어 달라고 구할 이유도 없었습니다. 그 어떤 것도 옳은 태도가 아니었습니다. 과거에 하나님이 얼마나 놀랍도록 그와 함께하셨는지 기억하고 그분을 굳건히 신뢰해야 했습니다. 그의 그런 특권이 우리에게도 해당되지 않습니까? 하나님의 백성이라면 그분을 온전히, 흔들림 없이, 어떤 환경에서도, 늘 신뢰해야 하지 않겠습니까? 하나님은 '저 멀리' 계신 분이 아니며, 은혜 베푸시기를 잊지도 않으십니다. 약속하신 것을 정확히 기억하시고 이행하시는 분입니다. 그분의 손에, 그분의 돌보심 아래 늘 있지 않습니까? 왜 단 한 치의 두려움이라도 가져야 합니까? 왜 우리가 낙심하고 불안해해야 합니까?

오늘 구름으로 어둡다 해도 해가 뜰 것이니 하나님을 믿기 바랍니다! 하나님을 믿으십시오!

12월 31일

하늘 본향

"우리가 여기에는 영구한 도성이 없으므로 장차 올 것을 찾나니" 히 13:14

위대한 세계 정복자가 승리한 군대를 이끌고 본국인 이탈리아로 돌아가고 있었습니다. 강을 건너고 평지를 지나 숲속을 통과했고 드디어 까마득히 높은 알프스산 어귀에 당도했습니다. 험악한 고갯길로 가파른 암석을 타고 넘으면서, 지치고 피곤한 병사들의 길게 늘어선 줄은 흩어지기 시작했습니다. 더 높이 올라갈수록 눈부신 눈과 폭풍으로 인해 아무리 강건한 사람이라도 낙담할 수밖에 없었습니다. 병사들이 모두 내려다보이고 그들의 목소리가 다 들리는 곳에서 멈춘 그 위대한 장군은 험악한 장애물을 넘어 하늘을 가리키며 소리쳤습니다. "제군들이여, 저 알프스 아래 이탈리아가 있도다!"

이탈리아! 황금빛 물결 일렁이는 들판, 아름다운 과수원, 반짝거리는 샘! 어머니와 아버지들, 아내와 아이들, 연인들, 가족, 아 정다운 고향!

지쳐가던 마음들이 다시 생기를 얻었습니다. 피곤한 근육이 새 힘을 얻었습니다. 그 용감한 군대는 포기하지 않고 산을 넘고 온갖 장애물에 굴하지 않고 진군했습니다. 그리고 마침내 이겨냈습니다! 고향에 도착한 것입니다.

또 다른 장면이 있습니다. 온 세계에 임마누엘 왕의 군대가 있습니다. 많은 이들이 적과 결정적인 전투에서 승리를 거두었고 죄에 대해 대승을 거두었습니다. 인생의 험한 길을 걸으며 고군분투했고, 많은 이들이 싸움 중에 지칠 대로 지쳤습니다. 고향을 향해 진격한 지 오랜 시간이 흘렀습니다. 그러나 이제 그들은 어려움과 분쟁과 전쟁, 모든 사회적 도덕적 기준의 해체라는 위협과 같은 험한 산, 시간의 흐름상 험악한 알프스에 해당하는 어려움을 만났습니다. 이 광대한 군대를 향해 그들의 대장이 이렇게 외칩니다. "그리스도의 병사들이여, 고난의 이 산 너머 본향이 기다리고 있도다!"

천국이여! 생동감 넘치는 초록의 물결 치는 들판, 영원히 시들지 않는 잎으로 무성한 왕의 숲, 빛나는 샘들이여! 생명 나무와 생명의 강이여! 오래전 작고한 어머니와 아버지들, 친구들과 누이들, 남편과 아내들, 자녀들, 사랑하는 이들을 만나리니! 하나님 감사합니다. 우리의 하늘 본향이 눈앞에 기다리고 있습니다!

나는 세상 끝까지 그리고 그 너머까지 가보았으나
오늘 밤 고향으로 갈 것입니다.

E. W. 패튼 E. W. Patten

본향으로 갑니다!

골짜기의 샘

1판 1쇄 인쇄 2023년 5월 25일
1판 1쇄 발행 2023년 5월 30일

지은이	L. B. 카우만
옮긴이	장동숙, 김진선
발행인	조애신
편집	이소연
디자인	임은미
마케팅	전필영, 권희정
경영지원	전두표
발행처	도서출판 토기장이
주소	서울시 마포구 동교로 71-1 신광빌딩 2F
출판등록	1998년 5월 29일 제1998-000070호
전화	02-3143-0400
팩스	0505-300-0646
이메일	tletter77@naver.com
인스타그램	togijangi_books_
ISBN	978-89-7782-495-9

- 이 책은 저작권 법에 따라 보호를 받는 저작물이므로 무단 전재와 무단 복제를 금합니다.
- 이 책의 전부 또는 일부를 이용하려면 반드시 저자와 도서출판 토기장이의 동의를 받아야 합니다.

도서출판 토기장이는 생명 있는 책만 만듭니다.
"우리는 진흙이요 주는 토기장이시니 우리는 다 주의 손으로 지으신 것이니이다" (이사야 64:8)